[Wissen für die Praxis]

WALHALLA Kurzkommentare
Alle Sozialgesetzbücher SGB I bis SGB XII

SGB I
Allgemeiner Teil des Sozialgesetzbuches
ISBN 978-3-8029-7290-4

SGB II
Grundsicherung für Arbeitsuchende
ISBN 978-3-8029-7262-1

SGB III
Arbeitsförderung – Arbeitslosengeld I
ISBN 978-3-8029-7260-7

SGB IV
Gemeinsame Vorschriften für die Sozialversicherung
ISBN 978-3-8029-7271-3

SGB V
Gesetzliche Krankenversicherung
ISBN 978-3-8029-7270-6

SGB VI
Gesetzliche Rentenversicherung
ISBN 978-3-8029-7264-5

SGB VII
Gesetzliche Unfallversicherung
ISBN 978-3-8029-7269-0

SGB VIII
Kinder- und Jugendhilfe
ISBN 978-3-8029-7268-3

SGB IX
Rehabilitation und Teilhabe von Menschen mit Behinderungen
ISBN 978-3-8029-7261-4

SGB X
Verwaltungsverfahren und Datenschutz
ISBN 978-3-8029-7267-6

SGB XI
Soziale Pflegeversicherung
ISBN 978-3-8029-7266-9

SGB XII – Sozialhilfe
Grundsicherung im Alter und bei Erwerbsminderung
ISBN 978-3-8029-7263-8

WALHALLA

Horst Marburger

SGB IX
Rehabilitation und Teilhabe von Menschen mit Behinderungen

Textausgabe mit praxisorientierter Einführung

13., aktualisierte Auflage

WALHALLA Rechtshilfen

WISSEN FÜR DIE PRAXIS

Bibliografische Information der Deutschen Nationalbibliothek
Die Deutsche Nationalbibliothek verzeichnet diese Publikation in der Deutschen Nationalbibliografie; detaillierte bibliografische Daten sind im Internet über http://dnb.dnb.de abrufbar.

Zitiervorschlag:
Horst Marburger, SGB IX – Rehabilitation und Teilhabe von Menschen mit Behinderungen
Walhalla Fachverlag, Regensburg 2020

Hinweis: Unsere Werke sind stets bemüht, Sie nach bestem Wissen zu informieren. Alle Angaben in diesem Buch sind sorgfältig zusammengetragen und geprüft. Durch Neuerungen in der Gesetzgebung, Rechtsprechung sowie durch den Zeitablauf ergeben sich zwangsläufig Änderungen. Bitte haben Sie deshalb Verständnis dafür, dass wir für die Vollständigkeit und Richtigkeit des Inhalts keine Haftung übernehmen.
Bearbeitungsstand: Dezember 2019

13., aktualisierte Auflage

Produktion: Walhalla Fachverlag, 93042 Regensburg
Umschlaggestaltung: grubergrafik, Augsburg
Druck und Bindung: SDK Systemdruck Köln GmbH & Co. KG
Printed in Germany
ISBN 978-3-8029-7261-4

3WP-SDK-0220-256-POD

Schnellübersicht

Alle Ansprüche ausschöpfen

Die Schwerbehinderteneigenschaft räumt viele Vergünstigungen ein. So erhalten schwerbehinderte Menschen Nachteilsausgleiche im Beruf und im öffentlichen Personenverkehr. Steuerliche Vorteile etwa haben jedoch auch Personen, die behindert, aber nicht schwerbehindert sind.

Das Recht behinderter Menschen gliedert sich – von Ausnahmen abgesehen – im Neunten Buch des Sozialgesetzbuchs (SGB IX) in drei Bereiche:

- Regelungen für behinderte und von Behinderung bedrohte Menschen (Rehabilitationsrecht), darunter die sogenannte „Unterstützte Beschäftigung“ (§ 38a SGB IX): Sie hilft behinderten Menschen, wieder in ein reguläres Arbeitsverhältnis einzutreten.
- Besondere Leistungen zur selbstbestimmten Lebensführung für Menschen mit Behinderungen (Eingliederungshilferecht).
- Besondere Vorschriften zur Teilhabe schwerbehinderter Menschen, etwa Zusatzurlaub und Kündigungsschutz (Schwerbehindertenrecht).

Das SGB IX wurde durch das Gesetz zur Stärkung der Teilhabe und Selbstbestimmung von Menschen mit Behinderungen (Bundesteilhabegesetz – BTHG) vom 29. 12. 2016 umfassend geändert. So wurde das SGB IX mit Wirkung zum 1. 1. 2018 neu gefasst und zum 1. 1. 2020 das Recht der Eingliederungshilfe aus dem Sozialhilferecht entnommen und in das SGB IX integriert. Letzte Änderungen im SGB IX erfolgten durch das Gesetz zur Durchführung von Verordnungen der Europäischen Union zur Bereitstellung von Produkten auf dem Markt oder zur Änderung des Neunten und Zwölften Buches Sozialgesetzbuch vom 18. 4. 2019 (BGBl. I S. 473).

Praxisnah erläutert die nachfolgende Einführung Bedeutung und Tragweite des SGB IX, wie es seit 1. 1. 2018 gilt; sie macht es leicht, einen Überblick über das aktuelle Recht zu gewinnen.

Horst Marburger

Abkürzungen

Abs.	Absatz
Art.	Artikel
AGG	Allgemeines Gleichbehandlungsgesetz
BA	Bundesagentur für Arbeit
BAR	Bundesarbeitsgemeinschaft für Rehabilitation
BGG	Behindertengleichstellungsgesetz
BITV	Barrierefreie Informationstechnik-Verordnung
BTHG	Bundesteilhabegesetz
BVG	Bundesversorgungsgesetz
FrühV	Frühförderungsverordnung
GdB	Grad der Behinderung
KfzHV	Kraftfahrzeughilfe-Verordnung
KHV	Kommunikationshilfeverordnung
MDK	Medizinischer Dienst der Krankenversicherung
MZ	Merkzeichen
PNG	Pflege-Neuausrichtungs-Gesetz
RehaG	Rehabilitations-Angleichungsgesetz
SchwbAV	Schwerbehinderten-Ausgleichsabgabeverordnung
SGB	Sozialgesetzbuch
SGB I	Sozialgesetzbuch – Erstes Buch (Allgemeiner Teil)
SGB II	Sozialgesetzbuch – Zweites Buch (Grundsicherung für Arbeitsuchende)
SGB V	Sozialgesetzbuch – Fünftes Buch (Gesetzliche Krankenversicherung)
SGB VI	Sozialgesetzbuch – Sechstes Buch (Gesetzliche Rentenversicherung)
SGB VII	Sozialgesetzbuch – Siebtes Buch (Gesetzliche Unfallversicherung)
SGB IX	Sozialgesetzbuch – Neuntes Buch (Rehabilitation und Teilhabe von Menschen mit Behinderung)
SGB XI	Sozialgesetzbuch – Elftes Buch (Soziale Pflegeversicherung)
SGB XII	Sozialgesetzbuch – Zwölftes Buch (Sozialhilfe)
UN-BRK	UN-Behindertenrechtskonvention
VBD	Verordnung über barrierefreie Dokumente in der Bundesverwaltung
WVO	Werkstättenverordnung

2 **Einführung** – Teil 1: Rehabilitationsrecht

Kommentierung: Rehabilitationsrecht

Grundsätze des SGB IX

Das SGB IX trat ursprünglich zum 1. 7. 2001 in Kraft. Zuvor war das Recht behinderter Menschen sowie ihrer Rehabilitation in verschiedenen Gesetzen geregelt. Zu nennen ist hier insbesondere das Rehabilitations-Angleichungsgesetz (RehaG), das seit 1974 gewissermaßen das Grundgesetz des Rehabilitationsrechts war. Außerdem gab es das Schwerbehindertengesetz (SchwbG) sowie Vorschriften in vielen anderen Gesetzen.

2

Das SGB IX sollte die Selbstbestimmung und die gleichberechtigte gesellschaftliche Teilhabe behinderter und von Behinderung bedrohter Menschen fördern. Das Rehabilitationsrecht für diesen Personenkreis wurde weiterentwickelt und zusammengefasst.

Mit Inkrafttreten des SGB IX wurden das SchwbG und das RehaG aufgehoben. Darüber hinaus wurden die Träger der Sozialhilfe und der öffentlichen Jugendhilfe in den Kreis der Rehabilitationsträger – unter Berücksichtigung ihrer jeweiligen Besonderheiten – aufgenommen. Auf die Bedürftigkeitsprüfung bei Leistungen der Sozialhilfeträger zur medizinischen Rehabilitation, bei Leistungen zur Teilhabe am Arbeitsleben einschließlich der Leistungen im Arbeitsbereich anerkannter Werkstätten für Menschen mit Behinderungen ist bewusst verzichtet worden.

Am 26. 3. 2009 ist das Übereinkommen der Vereinten Nationen über die Rechte von Menschen mit Behinderungen (UN-Behindertenrechtskonvention – UN-BRK) in Deutschland in Kraft getreten. Die UN-BRK ist seither geltendes Recht und eine wichtige Leitlinie für die Behindertenpolitik in Deutschland. Bund, Länder und Gemeinden sowie die Sozialversicherung und andere Institutionen arbeiten ständig an der Weiterentwicklung der gleichberechtigten Teilhabe von Menschen mit Behinderungen. Mit der Ratifikation der UN-BRK hat sich die Bundesrepublik Deutschland dazu bekannt, das deutsche Recht grundsätzlich in Übereinstimmung mit diesem Menschenrechtsübereinkommen weiterzuentwickeln.

Der Ausschuss für die Rechte von Menschen mit Behinderungen bei den Vereinten Nationen gab Deutschland in seinen „Abschließenden Bemerkungen über den ersten Staatenbericht Deutschlands" vom 13. 5. 2015 eine Vielzahl von Handlungsempfehlungen zur weiteren Umsetzung der UN-BRK.

Die Koalitionsparteien CDU, CSU und SPD hatten sich im Koalitionsvertrag für die 18. Legislaturperiode darauf verständigt, die Integration von Menschen mit Behinderungen in den allgemeinen Arbeitsmarkt zu begleiten und so die Beschäftigungssituation nachhaltig zu verbessern.

Es wurde deshalb beschlossen, die gesetzlichen Änderungen mit einem Bundesteilhabegesetz einzuführen. Dieses Gesetz zur Stärkung der Teilhabe und Selbstbestimmung von Menschen mit Behinderungen (Bundesteilhabegesetz – BTHG, veröffentlicht im BGBl. I, S. 3234 vom 29. 12. 2016) vom 23. 10. 2016 trat zu verschiedenen Zeitpunkten in Kraft.

2

Folgende Ziele werden mit diesem Gesetz verwirklicht:

- Dem neuen gesellschaftlichen Verständnis einer inklusiven Gesellschaft wird durch einen neu gefassten Behindertenbegriff Rechnung getragen.
- Leistungen werden aus einer Hand erbracht und zeitintensive Zuständigkeitskonflikte der Träger untereinander sowie Doppelbegutachtungen zulasten der Menschen mit Behinderungen vermieden.
- Die Position der Menschen mit Behinderungen im Verhältnis zu den Rehabilitationsträgern und den Leistungserbringern wird durch eine ergänzende unabhängige Teilhabeberatung gestärkt.
- Die Anreize zur Aufnahme einer Tätigkeit auf dem allgemeinen Arbeitsmarkt werden auf persönlicher und institutioneller Ebene verbessert.
- Die Möglichkeiten einer individuellen und den persönlichen Wünschen entsprechenden Lebensplanung und -gestaltung werden unter Berücksichtigung des Sozialraums bei den Leistungen zur sozialen Teilhabe gestärkt.
- Die Leistungen zur Teilhabe an Bildung werden insbesondere im Hinblick auf studierende Menschen mit Behinderungen verbessert.
- Die Zusammenarbeit der unter dem Dach der Bundesarbeitsgemeinschaft für Rehabilitation befindlichen Rehabilitationsträger und die Transparenz des Rehabilitationsgeschehens werden verbessert.
- Gleichzeitig wird die Steuerungsfähigkeit der bisher im SGB XII geregelten Eingliederungshilfe verbessert, um keine neue Ausgabendynamik entstehen zu lassen und den insbesondere demografisch bedingten Ausgabenanstieg in der Eingliederungshilfe zu bremsen.
- Im SGB IX und im SGB VI werden präventive Maßnahmen ergriffen und neue Wege erprobt, um die Erwerbsfähigkeit von Menschen mit (drohenden) Behinderungen zu erhalten und so Übergänge in die Eingliederungshilfe zu reduzieren.
- Im Schwerbehindertenrecht wird das ehrenamtliche Engagement der Schwerbehindertenvertretungen gestärkt, werden Mitwirkungsmöglichkeiten von Menschen mit Behinderungen in Werkstätten für behinderte Menschen verbessert und die besonders schweren Beeinträchtigungen von taubblinden Menschen berücksichtigt.

Das Neunte Buch des Sozialgesetzbuches untergliedert sich in drei Teile.

Teil 1 enthält die Regelungen für behinderte und von Behinderung bedrohte Menschen (insgesamt acht Kapitel). Hier geht es um die Rehabilitation sowie die Leistungen zur Teilhabe am Arbeitsleben und am Leben in der Gemeinschaft. Außerdem werden unterhaltssichernde und andere ergänzende Leistungen vorgesehen.

In Teil 2 geht es um Besondere Leistungen zur selbstbestimmten Lebensführung für Menschen mit Behinderungen (Eingliederungshilferecht). Mit Ausnahme der Vorschriften über das Vertragsrecht, die seit 1. 1. 2018 gelten, trat der zweite Teil erst am 1. 1. 2020 in Kraft. Bei der Eingliederungshilfe handelt es sich um eine subsidiäre Maßnahme. Eingliederungshilfe erhält nämlich, wer die erforderliche Leistung nicht von anderen oder von Trägern anderer Sozialleistungen bezieht. Nach besonderen Vorschriften im zweiten Teil des SGB IX sind zu den Leistungen der Eingliederungshilfe eigene Beiträge aufzubringen.

Teil 3 enthält besondere Regelungen zur Teilhabe schwerbehinderter Menschen, also das Schwerbehindertenrecht (insgesamt 14 Kapitel).

Das Recht der behinderten Menschen sollte zwar vollständig im SGB IX geregelt werden. Trotzdem gibt es zahlreiche Vorschriften, die das SGB IX gewissermaßen ergänzen. Zu nennen ist hier insbesondere das Gesetz zur Gleichstellung behinderter Menschen (Behindertengleichstellungsgesetz – BGG) vom 27. 4. 2002. Ziel dieses Gesetzes ist es, die Benachteiligung von behinderten Menschen zu beseitigen und zu verhindern. Ferner soll die gleichberechtigte Teilhabe behinderter Menschen am Leben in der Gesellschaft gewährleistet und ihnen eine selbstbestimmte Lebensführung ermöglicht werden. Dabei wird besonderen Bedürfnissen Rechnung getragen.

Sowohl das SGB IX als auch das BGG werden durch die Barrierefreie Informationstechnik-Verordnung (BITV), die Kommunikationshilfeverordnung (KHV) und die Verordnung über barrierefreie Dokumente in der Bundesverwaltung (VBD) ergänzt. Alle drei Verordnungen datieren vom 17. 7. 2002. In § 1 SGB IX heißt es, dass behinderte oder von Behinderung bedrohte Menschen Leistungen nach dem SGB IX sowie nach den für die Rehabilitationsträger geltenden Leistungsgesetzen erhalten. Dies bedeutet, dass zusätzlich zum SGB IX zahlreiche Einzelvorschriften in verschiedenen Sozialleistungsgesetzen maßgebend sind. Dabei sind insbesondere das SGB V (Krankenversicherung), SGB VI (Rentenversicherung), SGB VII (Unfallversicherung) und das SGB XII (Sozialhilfe) zu nennen.

Zu erwähnen ist in diesem Zusammenhang auch das Allgemeine Gleichbehandlungsgesetz (AGG) vom 14. 8. 2006. Ziel dieses Gesetzes ist es, unter anderem Benachteiligungen wegen einer Behinderung zu verhindern oder zu beseitigen. So werden die Arbeitgeber verpflichtet, die erforderlichen Maßnahmen zum Schutz vor Benachteiligungen wegen Behinderung zu treffen. Dieser Schutz umfasst auch vorbeugende Maßnahmen.

Durch die Vorschriften des SGB IX sollen die Selbstbestimmung und gleichberechtigte Teilhabe am Leben in der Gesellschaft gefördert sowie Benachteiligungen vermieden und ihnen entgegengetreten werden.

Die Schwerbehinderung spielt erst in Teil 3 des SGB IX eine besondere Rolle.

Allgemeine Leistungsgrundsätze

Nach dem Schlusssatz des § 1 SGB IX wird den besonderen Bedürfnissen behinderter und von Behinderung bedrohter Frauen und Kinder sowie Menschen mit seelischer Behinderung oder von einer solchen Behinderung bedrohter Menschen Rechnung getragen.

2

§ 3 SGB IX stellt den Vorrang der Prävention vor der Rehabilitation fest. So haben die Rehabilitationsträger darauf hinzuwirken, dass der Eintritt einer Behinderung einschließlich einer chronischen Krankheit verhindert wird. Maßgebend sind auch hier die einzelnen Leistungsgesetze. Beispielhaft sei § 20 SGB V erwähnt, der sich mit Prävention und Selbsthilfe im Bereich der gesetzlichen Krankenversicherung beschäftigt. Danach sollen die Krankenkassen in ihrer Satzung Leistungen zur primären Prävention vorsehen, die bestimmten Anforderungen entsprechen müssen.

So sollen Leistungen zur Primärprävention den allgemeinen Gesundheitszustand verbessern und insbesondere zur Verminderung sozial bedingter Ungleichheit von Gesundheitschancen beitragen. Der Spitzenverband Bund der Krankenkassen beschließt Handlungsfelder und Kriterien für diese Leistungen. Dies gilt insbesondere hinsichtlich des Bedarfs, der Zielgruppen und der Inhalte.

Wie bereits erwähnt, behandelt Teil 1 des SGB IX Leistungen zur Teilhabe. Diese umfassen die notwendigen Sozialleistungen, um unabhängig von der Ursache der Behinderung bestimmte Ziele zu erreichen.

So soll beispielsweise die Behinderung abgewendet, beseitigt, gemindert bzw. ihre Verschlimmerung verhütet oder ihre Folgen gemindert werden (vgl. dazu im Einzelnen § 4 SGB IX).

Die Leistungsträger sind für unterschiedliche Leistungen zuständig. § 5 SGB IX zählt die Leistungsgruppen auf, während § 6 SGB IX sie bestimmten Leistungsträgern zuordnet.

§ 7 SGB IX enthält den Vorbehalt abweichender Regelungen. So heißt es hier, dass die Vorschriften des SGB IX für die Leistungen zur Teilhabe gelten, soweit sich aus den für den jeweiligen Rehabilitationsträger geltenden Leistungsgesetzen nichts Abweichendes ergibt. Die Zuständigkeit und die Voraussetzungen für die Leistungen zur Teilhabe richten sich nach den für den jeweiligen Rehabilitationsträger geltenden Leistungsgesetzen. Dabei wird das Recht der Eingliederungshilfe im Teil 2 des SGB IX als Leistungsgesetz im vorstehenden Sinne angesehen.

Die Spitzenverbände der Krankenkassen (jetzt: Spitzenverband Bund) weisen in ihrem Gemeinsamen Rundschreiben zum SGB IX vom 18. 6. 2001 darauf hin, dass diese Vorschrift verdeutliche, dass das SGB IX unmittelbar anzuwenden ist, soweit in den für die jeweiligen Rehabilitationsträger geltenden Leistungsgesetzen nichts Abweichendes geregelt ist. Demnach gilt auch für die Krankenversicherung das SGB IX, wenn das

Leistungsgruppen und zuständige Rehabilitationsträger

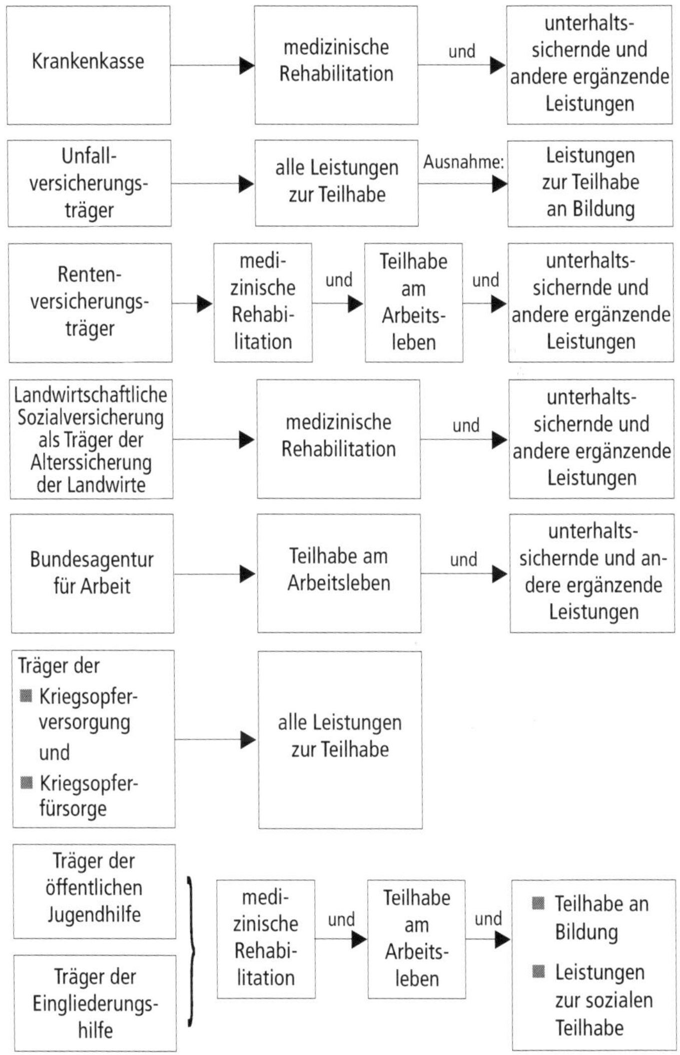

SGB V keine anders lautende Aussage erhält. Hinsichtlich der Leistungen und der Voraussetzungen für die Leistungen der Krankenversicherung gilt jedoch stets das SGB V. So kann beispielsweise Leistungen der gesetzlichen Krankenversicherung grundsätzlich nur erwarten, wer dort versichert ist.

2

Diese Grundsätze gelten für die anderen Leistungsträger ebenfalls, wie etwa die gesetzliche Unfall- oder Rentenversicherung, die Sozialhilfe usw.

Dem Gemeinsamen Rundschreiben der Spitzenverbände der Krankenkassen (jetzt Spitzenverband Bund) wird in diesem Zusammenhang das nachfolgende Beispiel entnommen:

Beispiel:

Zur Klärung der Anspruchsvoraussetzungen für Leistungen zur medizinischen Rehabilitation gilt in vollem Umfang das SGB V. Das Verfahren zur Zuständigkeitsklärung und die dabei einzuhaltenden Fristen richten sich (mit Ausnahme der Beauftragung von Sachverständigen) nach den Regelungen des § 14 SGB IX, da das SGB V hierzu keine anders lautenden Aussagen enthält. Die Beauftragung von Sachverständigen ist in § 275 SGB V geregelt. Die Krankenkasse hat zum Zweck der Begutachtung den Medizinischen Dienst in Anspruch zu nehmen.

Der im Beispiel erwähnte § 14 SGB IX enthält Einzelheiten über die Zuständigkeitsklärung. Dort wird bestimmt, wenn Leistungen zur Teilhabe beantragt werden, habe der Rehabilitationsträger innerhalb von zwei Wochen nach Eingang des Antrags festzustellen, ob er nach dem für ihn geltenden Leistungsgesetz für die Leistungen zuständig ist. Bei den Krankenkassen umfasst die Prüfung auch die Leistungspflicht nach § 40 Abs. 4 SGB V. § 40 SGB V beschreibt die Leistungen der medizinischen Rehabilitation in der gesetzlichen Krankenversicherung. Nach Abs. 4 werden die vorgesehenen Leistungen nur erbracht, wenn nach den für andere Sozialversicherungsträger geltenden Vorschriften mit Ausnahme des § 31 SGB VI (sonstige Leistungen zur Teilhabe) solche Leistungen nicht erbracht werden können.

Stellt der Leistungsträger, bei dem die Leistungen beantragt worden sind, bei seiner Prüfung fest, dass er für die Leistung nicht zuständig ist, leitet er den Antrag unverzüglich (das heißt ohne schuldhaftes Zögern) dem nach seiner Auffassung zuständigen Rehabilitationsträger zu. Muss für eine solche Feststellung die Ursache der Behinderung geklärt werden und ist diese Klärung innerhalb der Frist von zwei Wochen nicht möglich, wird der Antrag unverzüglich dem Rehabilitationsträger übersandt, der die Leistung ohne Rücksicht auf die Ursache erbringt. Bei Erwerbstätigen ist dies bei Leistungen der medizinischen Rehabilitation in der Regel der Rentenversicherungsträger, ansonsten die Krankenkasse des Antragstellers.

Nach § 14 Abs. 2 SGB IX hat der zuständige Rehabilitationsträger den Rehabilitationsbedarf unverzüglich festzustellen. Ist dazu keine gutachterliche Stellungnahme erforderlich, entscheidet der Rehabilitationsträger innerhalb von drei Wochen nach Eingang des Antrags bei ihm. Ist jedoch eine gutachterliche Stellungnahme einzuholen und kann dadurch die Drei-Wochen-Frist für eine Sachentscheidung nicht eingehalten werden, ist die Entscheidung innerhalb von zwei Wochen nach Vorliegen der gutachterlichen Stellungnahme zu treffen. Kann über den Antrag nicht innerhalb dieser Fristen entschieden werden, teilt der Rehabilitationsträger dies dem Betroffenen unter Darlegung der Gründe rechtzeitig mit (vgl. § 18 Abs. 1 Satz 1 SGB IX). Das Gesetz spricht hier von der begründeten Mitteilung.

Werden Leistungen zur Teilhabe nicht auf Antrag, sondern von Amts wegen gewährt, weil die Leistungen zur Teilhabe vom Rehabilitationsträger von sich aus eingeleitet werden, gelten die vorstehend aufgeführten Fristen entsprechend. Dabei tritt an die Stelle des Tages der Antragstellung der Tag der Kenntnis des voraussichtlichen Rehabilitationsbedarfs.

Wichtig: In der Krankenversicherung werden die Leistungen beispielsweise immer auf Antrag gewährt, in der gesetzlichen Unfallversicherung dagegen von Amts wegen.

Hat ein Rehabilitationsträger aufgrund eines ihm von einem anderen Rehabilitationsträger zugeleiteten Antrags die Leistungen übernommen und wird nachträglich seine Unzuständigkeit festgestellt, erstattet ihm der zuständige Rehabilitationsträger die Kosten. Die Höhe der Kostenerstattung bestimmt sich nach den für den unzuständigen Rehabilitationsträger geltenden Rechtsvorschriften.

Werden von einem Rehabilitationsträger Leistungen erbracht, die nicht zu den Leistungen des SGB IX gehören, muss der Träger trotzdem immer prüfen, ob Leistungen zur Teilhabe zu erbringen sind (§ 7 SGB IX).

Wichtig: Nach § 7 Abs. 2 SGB IX haben Leistungen zur Teilhabe ausdrücklich Vorrang vor Rentenleistungen, die bei erfolgreichen Leistungen zur Teilhabe nicht oder voraussichtlich erst zu einem späteren Zeitpunkt zu erbringen wären. Dies gilt während des Bezugs einer Rente entsprechend.

§ 8 SGB IX beschäftigt sich mit dem Wunsch- und Wahlrecht der Leistungsberechtigten. Danach ist bei der Entscheidung über die und bei Durchführung der Leistungen den berechtigten Wünschen der Leistungsberechtigten zu entsprechen. Dabei wird auch auf die persönliche Lebenssituation, das Alter, das Geschlecht, die Familie sowie die religiösen und weltanschaulichen Bedürfnisse der Leistungsberechtigten Rücksicht genommen. Außerdem ist den besonderen Bedürfnissen von Müttern und Vätern mit Behinderungen bei der Erfüllung ihres Erziehungsauftrages sowie den besonderen Bedürfnissen behinderter Kinder Rechnung zu tragen.

§ 8 Abs. 3 SGB IX sieht vor, dass Leistungen, Dienste und Einrichtungen den Leistungsberechtigten möglichst viel Raum zur eigenverantwortlichen Gestaltung ihrer Lebensumstände lassen und ihre Selbstbestimmung fördern. Bedeutungsvoll ist auch, dass die Leistungen zur Teilhabe immer der Zustimmung der Leistungsberechtigten bedürfen (§ 8 Abs. 4 SGB IX).

2

Mit der Koordinierung der Leistungen beschäftigt sich § 19 SGB IX. Soweit nämlich Leistungen verschiedener Leistungsgruppen oder mehrerer Rehabilitationsträger erforderlich sind (vgl. das Schaubild auf Seite 15), sind die nach § 15 SGB IX beteiligten Rehabilitationsträger verpflichtet, gemeinsam mit den Leistungsberechtigten die individuell erforderlichen Leistungen festzulegen. Der leistende Rehabilitationsträger erstellt einen Teilhabeplan innerhalb der für die Entscheidung über den Antrag maßgeblichen Frist (vgl. die obigen Ausführungen). Der Teilhabeplan dokumentiert insbesondere elf Einzelpunkte. Beispielsweise geht es um die besonderen Belange pflegender Angehöriger bei der Erbringung von Leistungen der medizinischen Rehabilitation.

Der Teilhabeplan wird entsprechend dem Verlauf der Rehabilitation angepasst (§ 19 Abs. 3 SGB IX). Er ist darauf auszurichten, den Leistungsberechtigten unter Berücksichtigung der Besonderheiten des Einzelfalls eine umfassende Teilhabe am Leben in der Gesellschaft zügig, wirksam, wirtschaftlich und auf Dauer zu ermöglichen. Der leistende Rehabilitationsträger sichert dabei durchgehend das Verfahren.

Wichtig: Die Leistungsberechtigten können von dem leistenden Rehabilitationsträger Einsicht in den Teilhabeplan oder die Erteilung von Kopien (gegen Kostenerstattung) verlangen.

Der leistende Rehabilitationsträger hat zu prüfen, ob durch geeignete Leistungen zur Teilhabe am Arbeitsleben die Erwerbsfähigkeit erhalten, gebessert oder wiederhergestellt werden kann. Dabei beteiligt er die Bundesagentur für Arbeit.

Wird während einer medizinischen Rehabilitationsleistung erkennbar, dass der bisherige Arbeitsplatz gefährdet ist, wird mit dem Betroffenen sowie dem zuständigen Rehabilitationsträger unverzüglich geklärt, ob Leistungen zur Teilhabe am Arbeitsleben erforderlich sind.

Zur Klärung eines Hilfebedarfs im Rahmen des Schwerbehindertenrechts (vgl. dazu die Ausführungen in Teil 3) wird das Integrationsamt beteiligt.

In diesem Zusammenhang ist die Verordnung zur Früherkennung und Frühförderung behinderter und von Behinderung bedrohter Kinder (Frühförderungsverordnung – FrühV) ergangen.

Dabei ist auch § 18 Abs. 6 Sozialgesetzbuch – Elftes Buch – (SGB XI) zu beachten. Dort wird bestimmt, dass bei Untersuchungen des Medizinischen Dienstes der Krankenversicherung (MDK) oder eines sonstigen beauftragten Gutachters bezüglich der Pflegebedürftigkeit auch auf das Erfordernis von medizinischer Rehabilitation zu achten ist. Diese Feststellungen sind in einer gesonderten Rehabilitationsempfehlung zu dokumentieren. Der durch das Pflege-Neuausrichtungs-Gesetz (PNG) geschaffene § 18a SGB XI beschäftigt sich mit der Weiterleitung der Rehabilitationsempfehlung sowie mit Berichtspflichten. Spätestens mit der Entscheidung über die Pflegebedürftigkeit führt die Pflegekasse dem Antragsteller die gesonderte Rehabilitationsempfehlung zu. Sie nimmt umfassend dazu Stellung und begründet, inwieweit eine Maßnahme zur medizinischen Rehabilitation angezeigt ist.

§ 25 SGB IX verpflichtet die Rehabilitationsträger zur Zusammenarbeit. Näheres wird auf Ebene der Bundesarbeitsgemeinschaft für Rehabilitation (BAR) in gemeinsamen Empfehlungen nach § 25 Abs. 1 SGB IX festgelegt.

Um dem gemeinsamen Handeln der am Rehabilitationsgeschehen Beteiligten einen stabilen Rahmen zu geben, sollen die Rehabilitationsträger und ihre Verbände nach § 25 Abs. 2 SGB IX insbesondere regionale Arbeitsgemeinschaften bilden. Mit Zustimmung der Leistungsberechtigten kann der für die Durchführung des Teilhabeplanverfahrens nach § 19 SGB IX verantwortliche Rehabilitationsträger zur gemeinsamen Beratung der Feststellung zum Rehabilitationsbedarf eine Teilhabeplankonferenz durchführen (§ 20 Abs. 1 SGB IX). Die Durchführung einer solchen Konferenz können

- die Leistungsberechtigten,
- die beteiligten Rehabilitationsträger und
- die Jobcenter

dem verantwortlichen Rehabilitationsträger vorschlagen. Von diesem Vorschlag kann z. B. abgewichen werden, wenn keine Einwilligung von der verantwortlichen Stelle für den Sozialdatenschutz (§ 23 SGB IX) vorliegt.

Ausführung von Leistungen zur Teilhabe

§ 28 Abs. 1 SGB IX enthält eine Aufzählung der Formen, in denen der zuständige Rehabilitationsträger die Leistungen ausführen kann, nämlich:

1. allein oder gemeinsam mit anderen Leistungsträgern
2. durch andere Leistungsträger
3. unter Inanspruchnahme von geeigneten Rehabilitationsdiensten und -einrichtungen (§ 36 SGB IX)

Wichtig: Der zuständige Rehabilitationsträger bleibt für die Ausführung der Leistungen verantwortlich.

Mit der vorstehenden Aufzählung ist kein Rangverhältnis verbunden. Der Rehabilitationsträger entscheidet eigenverantwortlich, welche Form der Leistungsausführung am geeignetsten ist, um die Leistung wirksam und wirtschaftlich zu erbringen.

2

Eine weitere Form der Leistungserbringung sieht § 29 SGB IX vor, nämlich das sogenannte Persönliche Budget. Auf Antrag der Leistungsberechtigten werden Leistungen zur Teilhabe in der Form eines Persönlichen Budgets ausgeführt, um den Menschen mit Behinderungen in eigener Verantwortung ein möglichst selbstbestimmtes Leben zu ermöglichen. Die Leistungsvoraussetzungen müssen allerdings auch bei Inanspruchnahme eines Persönlichen Budgets erfüllt sein.

Beteiligte Leistungsträger sind:

- Rehabilitationsträger
- Pflegekassen
- Integrationsämter

Sind an einem Persönlichen Budget mehrere Leistungsträger beteiligt, wird es als trägerübergreifende Komplexleistung „wie aus einer Hand“ erbracht. Für die den Antrag stellende Person bedeutet dies, dass ein zeitraubendes Zusammensuchen der Leistungen bei verschiedenen Trägern entfällt.

Budgetfähig sind außer den Leistungen zur Teilhabe die erforderlichen Leistungen der Kranken- und Pflegekassen. Das gilt auch für die Leistungen der Unfallversicherungsträger bei Pflegebedürftigkeit sowie hinsichtlich der Hilfe zur Pflege der Sozialhilfe für alltägliche und regelmäßig wiederkehrende Bedarfe.

Die Leistungen können als Geldleistung, in bestimmten Fällen aber auch in Form von Gutscheinen erbracht werden.

Der zuständige Leistungsträger unterrichtet unverzüglich die an der Komplexleistung beteiligten Leistungsträger. Er holt von diesen Stellungnahmen ein, insbesondere zu dem Bedarf, der durch budgetfähige Leistungen gedeckt werden kann, oder zur Höhe des Persönlichen Budgets als Geldleistung oder durch Gutschein.

Die zwischen dem Antragsteller und dem zuständigen Leistungsträger zu schließende Vereinbarung enthält unter anderem die Erforderlichkeit eines Nachweises für die Deckung des festgestellten individuellen Bedarfs sowie die Qualitätssicherung.

Nach § 18 SGB IX können Sach- und Dienstleistungen auch im Ausland erbracht werden. Voraussetzung ist allerdings, dass sie dort bei zumindest gleicher Qualität und Wirksamkeit wirtschaftlicher ausgeführt werden können. Leistungen zur Teilhabe am Arbeitsleben können im grenznahen Ausland ausgeführt werden, wenn sie für die Aufnahme oder Ausübung einer Beschäftigung oder selbstständigen Tätigkeit erforderlich sind.

Hier sind allerdings die für den jeweiligen Rehabilitationsträger maßgebenden Spezialvorschriften zu beachten, in der Krankenversicherung also beispielsweise die §§ 16 bis 18 SGB V. Im Bereich der gesetzlichen Rentenversicherung ist mit Einführung des SGB IX die Möglichkeit geschaffen worden, unter den genannten Voraussetzungen Sachleistungen zur Teilhabe im Ausland zu erbringen.

§ 36 SGB IX beschäftigt sich mit Rehabilitationsdiensten und -einrichtungen. § 36 Abs. 4 SGB IX gibt Vorgaben für die Auswahl der Rehabilitationsdienste und -einrichtungen. Die Rehabilitationsträger haben ihre Auswahl danach zu treffen, dass die Leistungen in der für den Betroffenen am besten geeigneten Form erbracht werden und die Dienste und Einrichtungen freier und gemeinnütziger Träger berücksichtigt werden. Die Vielfalt der Träger solcher Dienste und Einrichtungen soll gewahrt sowie deren Selbstständigkeit, Selbstverständnis und Unabhängigkeit beachtet werden. § 37 SGB IX beschreibt die Qualitätssicherung, insbesondere ein vorgesehenes Zertifizierungsverfahren.

Leistungen zur medizinischen Rehabilitation

Kapitel 9 des ersten Teils des SGB IX behandelt in den §§ 42 bis 48 die Leistungen zur medizinischen Rehabilitation. Die Aufzählung in § 42 Abs. 2 SGB IX entspricht z. B. im Wesentlichen dem Leistungskatalog der gesetzlichen Krankenversicherung. Besonderheiten regelt in diesem Zusammenhang Abs. 3.

Wie in der gesetzlichen Krankenversicherung (vgl. dort § 74 SGB V), so sieht im SGB IX § 44 die stufenweise Wiedereingliederung vor. Es geht darum, arbeitsunfähige Leistungsberechtigte schrittweise wieder in die Arbeitswelt einzugliedern. Die Möglichkeit, Selbsthilfegruppen, -organisationen und -kontaktstellen zu fördern, enthält § 45 SGB IX.

Leistungen zur Teilhabe am Arbeitsleben

Die Leistungen zur Teilhabe am Arbeitsleben wurden früher als berufsfördernde Maßnahmen bezeichnet. Sie werden im zehnten Kapitel in den §§ 49 bis 63 SGB IX geregelt. Diese Leistungen sollen die Teilhabe am Arbeitsleben für die Betroffenen möglichst auf Dauer sichern (§ 49 Abs. 1 SGB IX).

Nach § 49 Abs. 2 SGB IX werden behinderten Frauen gleiche Chancen am Arbeitsmarkt zugesichert. Dies geschieht insbesondere durch in der beruflichen Zielsetzung geeignete, wohnortnahe und auch in Teilzeit nutzbare Angebote.

§ 50 SGB IX sieht die Gewährung von Leistungen an Arbeitgeber vor. Dazu zählen neben Ausbildungszuschüssen zur betrieblichen Bildung auch Eingliederungszuschüsse und Zuschüsse für Arbeitshilfen im Betrieb. Außerdem ist die teilweise oder volle Kostenerstattung für eine befristete Probebeschäftigung vorgesehen.

Die Einrichtungen der beruflichen Rehabilitation werden in § 51 SGB IX aufgeführt. Danach werden die Leistungen durch Berufsbildungswerke, Berufsförderungswerke und vergleichbare Einrichtungen der beruflichen

Rehabilitation ausgeführt. Dies geschieht, soweit Art oder Schwere der Behinderung oder die Sicherung des Erfolgs die besonderen Hilfen dieser Einrichtungen erforderlich machen. Über die Einrichtungen vereinbaren die zuständigen Rehabilitationsträger gemeinsame Empfehlungen.

Bei Gewährung von Leistungen der beruflichen Rehabilitation sind die Leistungsberechtigten nicht in den Betrieb der Einrichtungen eingegliedert (§ 52 SGB IX). Sie sind keine Arbeitnehmer im Sinne des Betriebsverfassungsgesetzes, sondern wählen zu ihrer Mitwirkung besondere Vertreter.

Bedeutsam ist auch § 53 Abs. 2 SGB IX. Danach sollen Leistungen zur beruflichen Weiterbildung in der Regel bei ganztägigem Unterricht nicht länger als zwei Jahre dauern. Das gilt allerdings nicht, wenn das Teilhabeziel nur über eine länger dauernde Leistung erreicht werden kann oder die Eingliederungsaussichten nur durch eine länger dauernde Leistung wesentlich verbessert werden.

Das Gesetz zur Einführung Unterstützter Beschäftigung vom 22. 12. 2008 hat die unterstützte Beschäftigung als neue Leistung eingeführt, die seit 1. 1. 2018 in § 55 SGB IX geregelt wird. Diese soll behinderten Menschen mit besonderem Unterstützungsbedarf eine angemessene geeignete und sozialversicherungspflichtige Beschäftigung – außerhalb von Werkstätten für behinderte Menschen – ermöglichen.

Gewährt werden Leistungen zur individuellen betrieblichen Qualifizierung, so auch Leistungen zur Vermittlung von berufsübergreifenden Lerninhalten und Schlüsselqualifikationen. Außerdem werden bei Bedarf Leistungen der Berufsbegleitung erbracht.

Mit Besonderheiten beschäftigen sich die §§ 56 bis 63 SGB IX. Es geht hier um Leistungen in Werkstätten für behinderte Menschen (§ 56 SGB IX, vgl. dazu auch § 63 SGB IX). In § 57 SGB IX werden Leistungen im Eingangsverfahren und im Berufsbildungsbereich von anerkannten Werkstätten für behinderte Menschen behandelt. So werden Zeiten der individuellen betrieblichen Qualifizierung im Rahmen einer Unterstützten Beschäftigung zur Hälfte auf die Dauer des Berufsbildungsbereichs angerechnet. Einzelheiten zu Leistungen im Arbeitsbereich einer anerkannten Werkstatt für behinderte Menschen regelt § 58 SGB IX. Welche Leistungsträger für Leistungen in Werkstätten für behinderte Menschen zuständig sind, bestimmt § 63 SGB IX.

Nach § 58 Abs. 3 SGB IX erhalten die Werkstätten für ihre Leistungen vom zuständigen Rehabilitationsträger angemessene Vergütungen. Diese Vergütungen müssen den Grundsätzen der Wirtschaftlichkeit, Sparsamkeit und Leistungsfähigkeit entsprechen. Zur Auszahlung an die in den Werkstätten beschäftigten behinderten Menschen erhalten die Werkstätten zusätzlich ein Arbeitsförderungsgeld (§ 59 SGB IX). Dieses beträgt monatlich 52 Euro für jeden im Arbeitsbereich beschäftigten behinderten Menschen. Voraussetzung ist, dass sein Arbeitsentgelt zusammen mit dem Arbeitsförderungsgeld im Monat 351 Euro nicht übersteigt. Ist das Arbeitsentgelt höher als 299 Euro, beträgt das Arbeitsförderungsgeld monatlich den Unterschiedsbetrag zwischen dem Arbeitsentgelt und 351 Euro.

Wichtig: Das Arbeitsförderungsgeld bleibt bei Sozialleistungen, deren Zahlung von anderen Einkommen abhängig ist, als Einkommen unberücksichtigt (§ 59 Abs. 2 SGB IX).

Menschen mit Behinderungen, die Anspruch auf Leistungen im Eingangsverfahren und im Berufsbildungsbereich sowie auf Leistungen im Arbeitsbereich (§§ 57, 58 SGB IX) haben, können diese nach § 60 Abs. 1 SGB IX auch bei einem anderen Leistungsanbieter in Anspruch nehmen. Dabei regelt § 60 Abs. 2 SGB IX, mit welchen Maßnahmen die Vorschriften für Werkstätten für behinderte Menschen für andere Leistungsanbieter gelten.

Eine Verpflichtung des zuständigen Leistungsträgers, Leistungen durch andere Leistungsanbieter zu ermöglichen, besteht nicht (§ 60 Abs. 3 SGB IX).

Seit 1. 1. 2018 bestimmt § 61 SGB IX über ein Budget für Arbeit. Es geht dabei um Ansprüche für Menschen mit Behinderungen, die Leistungen im Arbeitsbereich (§ 58 SGB IX) erhalten. Außerdem muss ihnen von einem privaten oder öffentlichen Arbeitgeber ein sozialversicherungspflichtiges Arbeitsverhältnis mit einer tarifvertraglichen oder ortsüblichen Entlohnung angeboten werden. Mit Abschluss dieses Arbeitsvertrags erhalten sie als Leistungen zur Teilhabe am Arbeitsleben ein Budget für Arbeit. Dieses umfasst einen Lohnkostenzuschuss an den Arbeitgeber zum Ausgleich der Leistungsminderung des Beschäftigten und die Aufwendungen für die wegen der Behinderung erforderlichen Anleitung und Begleitung am Arbeitsplatz. Der Lohnkostenzuschuss beträgt bis zu 75 Prozent des vom Arbeitgeber regelmäßig gezahlten Arbeitsentgelts, höchstens jedoch 40 Prozent der monatlichen Bezugsgröße (West). 2020 handelt es sich hier um 1.274 Euro.

Dauer und Umfang der Leistungen bestimmen sich nach den Umständen des Einzelfalls. Durch Landesrecht kann vom Prozentsatz der Bezugsgröße nach oben abgewichen werden.

Nach § 61 Abs. 3 SGB IX ist ein Lohnkostenzuschuss ausgeschlossen, wenn zu vermuten ist, dass der Arbeitgeber die Beendigung eines anderen Beschäftigungsverhältnisses veranlasst hat, um durch die ersatzweise Einstellung eines Menschen mit Behinderungen den Lohnkostenzuschuss zu erhalten.

Im Übrigen können mehrere Leistungsberechtigte gemeinsam die am Arbeitsplatz wegen der Behinderung erforderliche Anleitung und Begleitung in Anspruch nehmen (§ 61 Abs. 4 SGB IX).

Nach § 61 Abs. 5 SGB IX besteht keine Verpflichtung des Leistungsträgers, Leistungen zur Beschäftigung bei privaten oder öffentlichen Arbeitgebern zu ermöglichen.

In diesem Zusammenhang beschäftigt sich § 225 SGB IX mit dem Anerkennungsverfahren für Werkstätten für behinderte Menschen. Die Entscheidung über die Anerkennung trifft auf Antrag die Bundesagentur für Arbeit im Einvernehmen mit dem überörtlichen Sozialhilfeträger.

2

Auf Wunsch des Menschen mit Behinderungen werden die Leistungen im Eingangsverfahren und im Berufsbildungsbereich sowie die Leistungen im Arbeitsbereich

- von einer nach § 225 SGB IX anerkannten Werkstatt für behinderte Menschen,
- von dieser zusammen mit einem oder mehreren anderen Leistungsanbietern oder
- von einem oder mehreren anderen Leistungsanbietern

erbracht (§ 62 SGB IX).

Das Gesetz spricht hier vom Wahlrecht des Menschen mit Behinderungen.

Es ist die Zustimmung des unmittelbar verantwortlichen Leistungsanbieters erforderlich, wenn Teile einer Leistung im Verantwortungsbereich einer Werkstatt für behinderte Menschen oder eines anderen Leistungsanbieters erbracht werden.

Unterhaltssichernde und andere ergänzende Leistungen

Das elfte Kapitel des SGB IX – Erster Teil – sieht unterhaltssichernde und andere ergänzende Leistungen vor. Es handelt sich hier um eine Ergänzung der Leistungen zur medizinischen Rehabilitation und zur Teilhabe am Arbeitsleben (siehe nachfolgendes Schaubild).

Die Aufzählung der ergänzenden Leistungen findet sich in § 64 SGB IX. Dagegen regelt § 65 SGB IX, welcher Rehabilitationsträger die einzelnen Leistungen zum Lebensunterhalt erbringt. Dabei ist zu unterscheiden, ob Leistungen zur medizinischen Rehabilitation oder zur Teilhabe am Arbeitsleben erbracht werden. In Zusammenhang mit Leistungen zur medizinischen Rehabilitation gewähren

- die gesetzlichen Krankenkassen Krankengeld,
- die Träger der Unfallversicherung Verletztengeld,
- die Träger der Rentenversicherung Übergangsgeld und
- die Träger der Kriegsopferversorgung Versorgungskrankengeld.

Weitere Leistungen werden von den Trägern der öffentlichen Jugendhilfe, der Bundesagentur für Arbeit sowie den Trägern der Kriegsopferfürsorge und den Trägern der Eingliederungshilfe erbracht.

Werden Leistungen zur Teilhabe am Arbeitsleben gewährt, gibt es nur die Geldleistung „Übergangsgeld“. Diese wird von den Unfallversicherungs-

Ergänzende Leistungen

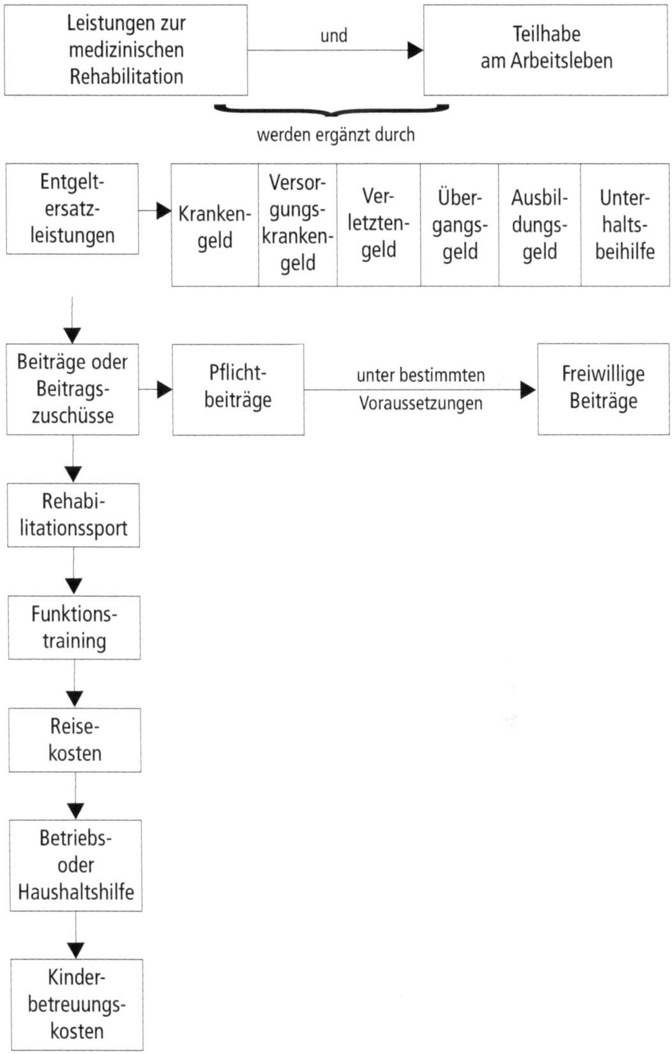

trägern, den Trägern der Rentenversicherung, der Bundesagentur für Arbeit und den Trägern der Kriegsopferfürsorge gezahlt.

Die Bundesagentur für Arbeit ist nachrangig Rehabilitationsträger für die Leistungen zur Teilhabe am Arbeitsleben für behinderte erwerbsfähige Leistungsberechtigte im Sinne des Sozialgesetzbuchs Zweites Buch (SGB II) – § 6 Abs. 3 SGB IX, sofern kein anderer Rehabilitationsträger zuständig ist.

Die Bundesagentur für Arbeit zahlt Ausbildungsgeld in folgenden Fällen:

- berufliche Ausbildung von Menschen mit Behinderungen
- berufsvorbereitende Bildungsmaßnahmen einschließlich einer Grundausbildung
- Leistungen zur individuellen betrieblichen Qualifizierung im Rahmen Unterstützter Beschäftigung
- Leistungen im Eingangsverfahren und im Berufsbildungsbereich von Werkstätten für behinderte Menschen

Voraussetzung ist jeweils, dass kein Übergangsgeld gezahlt wurde.

Ist der Träger der Kriegsopferfürsorge zuständig, wird Unterhaltsbeihilfe gezahlt.

Nach ausdrücklicher Vorschrift in § 65 Abs. 7 SGB IX werden das Krankengeld, das Versorgungskrankengeld, das Verletztengeld und das Übergangsgeld für Kalendertage gezahlt. Wird die Leistung für einen ganzen Kalendermonat gewährt, so wird dieser mit 30 Tagen angesetzt. Die vorstehend aufgeführten Leistungen werden aus dem sogenannten Regelentgelt berechnet (vgl. insbesondere § 67 SGB IX). Berücksichtigt wird hierfür das während des letzten vor Beginn der Leistung liegenden Entgeltabrechnungszeitraumes gezahlte Bruttoarbeitsentgelt (siehe nachfolgende Formel Regelentgelt).

Formel Regelentgelt

Entgelt des letzten Abrechnungszeitraumes
./. einmalig gezahltes Entgelt

Ergebnis:

$$\frac{\text{zu berücksichtigendes Entgelt}}{\text{Zahl der Stunden}} = \text{Stundenlohn}$$

Stundenlohn x wöchentliche Arbeitsstunden : 7 = Regelentgelt

Wird das Arbeitsentgelt nach Monaten berechnet oder ist eine Berechnung des Regelentgelts nach den vorstehenden Grundsätzen nicht möglich, gilt der 30. Teil des im letzten vor Beginn der Arbeitsunfähigkeit abgerechneten Kalendermonats erzielten und um einmalig gezahltes Arbeitsentgelt verminderten Arbeitsentgelts als Regelentgelt (siehe nachfolgende Formel Regelentgelt/Alternativberechnung).

Formel Regelentgelt/Alternativberechnung

Arbeitsentgelt des letzten Bemessungszeitraumes
./. einmalig gezahltes Arbeitsentgelt

Ergebnis: zu berücksichtigendes Arbeitsentgelt

$$\frac{\text{zu berücksichtigendes Arbeitsentgelt}}{30} = \text{Regelentgelt}$$

Das Bruttoarbeitsentgelt wird bis zur jeweiligen Leistungsbemessungsgrenze des zuständigen Rehabilitationsträgers berücksichtigt, vom Rentenversicherungsträger bis zur Beitragsbemessungsgrenze der gesetzlichen Rentenversicherung.

Mit der Berechnungsgrundlage für Übergangsgeld in Sonderfällen beschäftigt sich § 78 SGB IX. Die Entgeltersatzleistungen werden gegebenenfalls zum 1. 7. eines Jahres angepasst (§ 60 SGB IX). Zum 1. 7. 2019 ist letztmals eine Anpassung vorgenommen worden.

Mit der Anrechnung von Einkommen beschäftigt sich § 72 SGB IX, während § 73 SGB IX die Übernahme von Reisekosten behandelt.

Leistungen zur Teilhabe an Bildung

Nach § 75 SGB IX werden Leistungen zur Teilhabe an Bildung erbracht. Dabei handelt es sich um unterstützende Leistungen, die erforderlich sind, damit Menschen mit Behinderungen Bildungsangebote gleichberechtigt wahrnehmen können.

Die Leistungen umfassen insbesondere:

- Hilfen zur Schulbildung, so im Rahmen der Schulpflicht einschließlich der Vorbereitung hierzu
- Hilfen zur schulischen Berufsausbildung
- Hilfen zur Hochschulbildung
- Hilfen zur schulischen und hochschulischen beruflichen Weiterbildung

Sicherung und Koordinierung der Teilhabe

Das vierte Kapitel des SGB IX – Erster Teil (§§ 14 bis 24) – behandelt die Sicherung und Koordinierung der Teilhabe. In § 33 SGB IX werden die Pflichten Personensorgeberechtigter dargestellt. Angesprochen sind hier Eltern, Vormünder, Pfleger und Betreuer. Sie sollen im Rahmen ihres Erziehungs- oder Betreuungsauftrags die behinderten Menschen einer Beratungsstelle nach § 32 SGB IX oder einer sonstigen Beratungsstelle für Rehabilitation zur Beratung über die geeigneten Leistungen zur Teilhabe vorstellen.

Leistungen zur sozialen Teilhabe am Leben in der Gemeinschaft

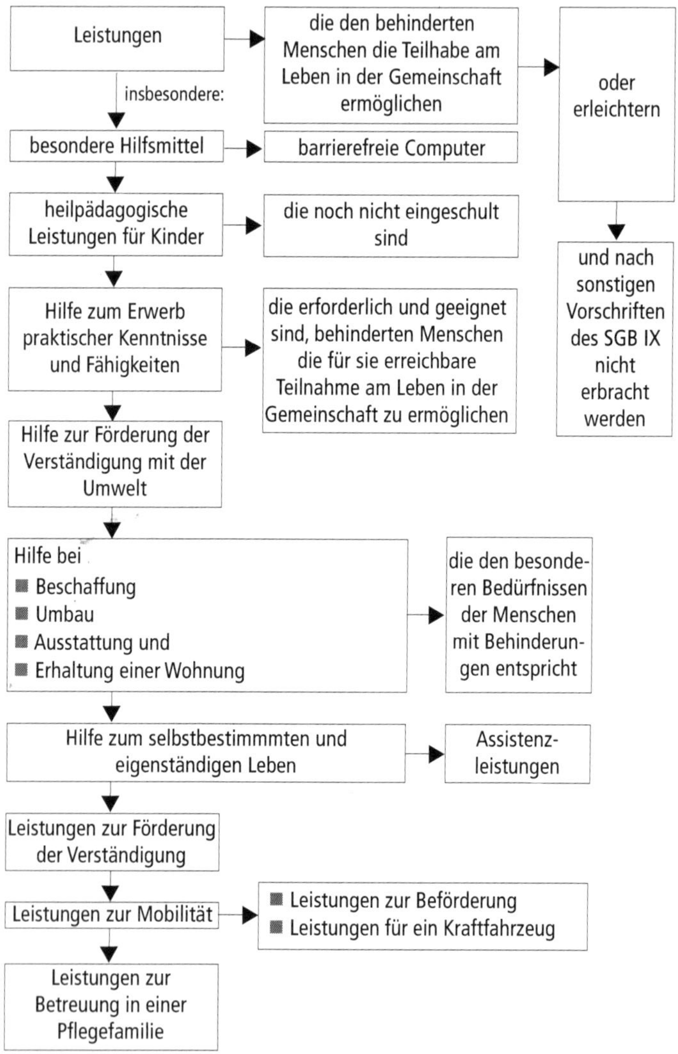

Die Ärzte haben eine behinderte Person über geeignete Leistungen zur Teilhabe (§ 34 SGB IX) zu beraten. Sie weisen dabei auf die Möglichkeit der Beratung durch die Beratungsstellen der Rehabilitationsträger hin und informieren über wohnortnahe Angebote.

In den Ländern können Landesärzte bestellt werden, die über besondere Erfahrungen in der Hilfe für behinderte und von Behinderung bedrohte Menschen verfügen (§ 35 SGB IX).

Mit dem für Menschen mit Behinderungen sehr wichtigen Klagerecht der Verbände beschäftigt sich § 85 SGB IX. Werden danach Menschen mit Behinderungen in ihren Rechten nach dem SGB IX verletzt, können an ihrer Stelle und mit ihrem Einverständnis Verbände klagen. Es muss sich dabei um Verbände handeln, die nach ihrer Satzung Menschen mit Behinderungen auf Bundes- oder Landesebene vertreten und nicht selbst am Prozess beteiligt sind. In einem solchen Fall müssen alle Verfahrensvoraussetzungen wie bei einem Rechtsschutzersuchen durch den Menschen mit Behinderungen selbst vorliegen.

§ 86 SGB IX sieht die Bildung des Beirats für Menschen mit Behinderungen beim Bundesministerium für Arbeit und Soziales vor.

3 **Einführung** – Teil 2: Eingliederungshilferecht

Kommentierung: Eingliederungshilferecht

Grundsätze

Teil 2 des SGB IX (§§ 90 bis 150) beschäftigt sich mit den besonderen Leistungen zur selbstbestimmten Lebensführung für Menschen mit Behinderungen (Eingliederungshilferecht). Diese Regelungen sind aus dem SGB XII (Sozialhilfe) entnommen und in das SGB IX übernommen worden.

Die Vorschriften über die Eingliederungshilfe traten – mit Ausnahme der meisten Vorschriften des Vertragsrechts – erst am 1. 1. 2020 in Kraft.

Nach § 90 SGB IX ist es Aufgabe der Eingliederungshilfe, Leistungsberechtigten eine individuelle Lebensführung zu ermöglichen, die der Würde des Menschen entspricht, und die volle, wirksame und gleichberechtigte Teilhabe am Leben in der Gesellschaft zu fördern. Die Leistung soll sie befähigen, ihre Lebensplanung und -führung möglichst selbstbestimmt und eigenverantwortlich wahrnehmen zu können.

Eingliederungshilfe ist nachrangig und erhält nur, wer die erforderliche Leistung nicht von anderen oder von Trägern anderer Sozialleistungen erhält. Nach Maßgabe der §§ 135 bis 142 SGB IX muss der Leistungsberechtigte einen Beitrag zu den Leistungen aufbringen (Eigenanteil).

Besondere Aufgaben der Eingliederungshilfe

Als besondere Aufgabe der Sozialen Teilhabe bezeichnet es das Gesetz, die gleichberechtigte Teilhabe am Leben in der Gesellschaft zu ermöglichen oder zu erleichtern.

§ 90 Abs. 2 bis 4 SGB IX sieht weitere besondere Aufgaben vor. So wird es als besondere Aufgabe der medizinischen Rehabilitation bezeichnet, eine Beeinträchtigung nach § 99 Abs. 1 SGB IX abzuwenden, zu beseitigen, zu mindern, auszugleichen, eine Verschlimmerung zu verhüten oder die Leistungsberechtigten soweit wie möglich unabhängig von Pflege zu machen. § 99 SGB IX bezieht sich unter anderem auf § 53 Abs. 1 und 2 SGB XII. Es werden hier Personen angesprochen, die durch eine Behinderung im Sinne des SGB IX wesentlich in ihrer Fähigkeit, an der Gesellschaft teilzuhaben, eingeschränkt oder von einer solchen wesentlichen Behinderung bedroht sind. Sie erhalten Leistungen der Eingliederungshilfe, wenn und so lange nach der Besonderheit des Einzelfalls, insbesondere nach Art und Schwere der Behinderung, Aussicht besteht, dass die Aufgabe der Eingliederungshilfe erfüllt werden kann. Personen mit einer anderen körperlichen, geistigen oder seelischen Behinderung können Leistungen der Eingliederungshilfe erhalten.

Personen sind von einer Behinderung bedroht, wenn der Eintritt der Behinderung nach fachlicher Erkenntnis mit hoher Wahrscheinlichkeit zu erwarten ist. Das gilt für Personen, für die vorbeugende Gesundheitshilfe und Hilfe bei Krankheit erforderlich ist, nur, wenn auch bei Durchführung dieser Leistungen eine Behinderung einzutreten droht.

§ 99 SGB IX verweist auch auf die §§ 1 bis 3 der Eingliederungshilfe-Verordnung in der am 31. 12. 2019 geltenden Fassung. Seit 1. 1. 2020 ist diese außer Kraft getreten (vgl. Art. 26 BTHG vom 23. 12. 2016). Durch Art. 25a BTHG wird § 99 SGB IX neu gefasst (vgl. dazu Art. 26 Abs. 5 BTHG).

Wichtig: Leistungen anderer dürfen nicht deshalb versagt werden, weil der Teil 2 des SGB IX entsprechende Leistungen vorsieht. Dies gilt insbesondere bei einer gesetzlichen Verpflichtung der Träger anderer Sozialleistungen oder anderer Stellen, in ihrem Verantwortungsbereich die Verwirklichung der Rechte für Menschen mit Behinderungen zu gewährleisten oder zu fördern.

Das Verhältnis zu anderen Rechtsbereichen behandelt § 93 SGB IX. Danach bleiben die Vorschriften über die Leistungen zur Sicherung des Lebensunterhalts nach dem SGB II sowie über die Hilfe zum Lebensunterhalt und die Grundsicherung im Alter und bei Erwerbsminderung nach dem SGB XII unberührt.

Das gilt auch für die Vorschriften über die Hilfe zur Überwindung besonderer sozialer Schwierigkeiten nach dem SGB XII über die Alten- sowie über die Blindenhilfe.

Die Hilfen zur Gesundheit nach dem SGB XII im Rahmen der Sozialhilfe gehen den Leistungen der Eingliederungshilfe vor. Voraussetzung ist, dass sie zur Beseitigung einer Beeinträchtigung mit drohender erheblicher Teilhabeeinschränkung geeignet sind.

Zuständige Stellen

Die Bundesländer bestimmen die für die Durchführung des Teils 2 des SGB IX zuständigen Träger der Eingliederungshilfe. Dabei ist sicherzustellen, dass die Träger der Eingliederungshilfe nach ihrer Leistungsfähigkeit zur Erfüllung dieser Aufgaben geeignet sind. § 94 SGB IX sieht weitere Einzelheiten vor. So bildete jedes Land zur Förderung und Weiterentwicklung der Strukturen der Eingliederungshilfe eine Arbeitsgemeinschaft.

Die Träger der Eingliederungshilfe schließen Vereinbarungen mit den Leistungsanbietern nach §§ 123 bis 134 SGB IX ab (§ 95 SGB IX). Darüber hinaus arbeiten sie mit Leistungsanbietern und anderen Stellen, deren Aufgabe es ist die Lebenssituation von Menschen mit Behinderungen zusammen zu verbessern (§ 96 Abs. 1 SGB IX).

Die Stellung der Kirchen und Religionsgesellschaften des öffentlichen Rechts sowie der Verbände der Freien Wohlfahrtspflege als Träger eigener sozialer Aufgaben und ihre Tätigkeit zur Erfüllung dieser Aufgaben, bleiben von Teil 2 des SGB IX unberührt (§ 96 Abs. 2 SGB IX).

Sind die Beratung und Sicherung der gleichmäßigen, gemeinsamen oder ergänzenden Erbringung von Leistungen geboten, sollen zu diesem Zweck Arbeitsgemeinschaften gebildet werden (§ 96 Abs. 3 SGB IX).

§ 96 Abs. 4 SGB IX beschäftigt sich mit der Erhebung, Verarbeitung oder Nutzung von Sozialdaten im Rahmen der Zusammenarbeit. Dies ist nur möglich, soweit sie zur Erfüllung von Aufgaben nach Teil 2 des SGB IX erforderlich oder durch Rechtsvorschriften des SGB (vgl. insbesondere SGB X) angeordnet oder erlaubt.

Wichtig: Die Leistungsberechtigten sind über die Erhebung, Verarbeitung und Nutzung ihrer Daten zu informieren und auf ihr Recht auf Widerspruch dagegen hinzuweisen.

Die Träger der Eingliederungshilfe beschäftigen zur Durchführung ihrer Aufgaben eine dem Bedarf entsprechende Anzahl an Fachkräften aus unterschiedlichen Fachdisziplinen. Diese sollen eine ihre Aufgaben entsprechende Ausbildung erhalten haben. Insbesondere sollen sie über umfassende Kenntnisse des Sozial- und Verwaltungsrechts, über den leistungsberechtigten Personenkreis oder von Teilhabebedarfen und -barrieren verfügen.

Des Weiteren sollen sie umfassende Kenntnisse über den regionalen Sozialraum und seine Möglichkeiten zur Durchführung von Leistungen der Eingliederungshilfe sowie die Fähigkeit zur Kommunikation mit allen Beteiligten haben.

Soweit Mitarbeiter der Leistungsträger nicht oder nur zum Teil die vorstehenden Voraussetzungen erfüllen, ist ihnen Gelegenheit zur Fortbildung und zum Austausch mit Menschen mit Behinderungen zu geben. Die fachliche Fortbildung der Fachkräfte, die insbesondere die Durchführung der Aufgaben nach §§ 106 und 117 SGB IX umfasst, ist zu gewährleisten.

In § 106 SGB IX geht es um die Beratung und Unterstützung (vgl. die folgenden Ausführungen), während § 17 SGB IX das Gesamtplanverfahren regelt.

Gewöhnlicher Aufenthalt

Die örtliche Zuständigkeit für die Leistungsgewährung regelt § 98 SGB IX. Danach ist für die Eingliederungshilfe der Träger der Eingliederungshilfe örtlich zuständig, in dessen Bereich die leistungsberechtigte Person ihren gewöhnlichen Aufenthalt zum Zeitpunkt der ersten Antragstellung oder in den zwei Monaten vor den Leistungen einer Betreuung über Tag und Nacht zuletzt hatte.

Nach § 30 Abs. 3 Sozialgesetzbuch – Erstes Buch (SGB I) hat eine Person ihren gewöhnlichen Aufenthalt dort, wo sie sich unter Umständen aufhält, die erkennen lassen, dass sie an diesem Ort oder in diesem Gebiet nicht nur vorübergehend verweilt.

Bedarf es zur Leistungsgewährung keines Antrags, ist der Beginn des Verfahrens maßgeblich.

Die Zuständigkeit bleibt bis zur Beendigung des Leistungsbezugs bestehen. Sie ist aber neu festzustellen, wenn für einen zusammenhängenden Zeit-

3

raum von mindestens sechs Monaten keine Leistungen bezogen wurden. Eine Unterbrechung des Leistungsbezugs wegen stationärer Krankenhausbehandlung oder medizinischer Rehabilitation gilt nicht als Beendigung des Leistungsbezugs.

Steht innerhalb von vier Wochen nicht fest, ob und wo der gewöhnliche Aufenthalt begründet worden ist, ist ein gewöhnlicher Aufenthalt nicht vorhanden oder nicht zu ermitteln, hat der für den tatsächlichen Aufenthalt zuständige Träger der Eingliederungshilfe über die Leistungen unverzüglich, das heißt ohne schuldhaftes Zögern, zu entscheiden und vorläufig zu erbringen.

Steht in diesen Fällen der gewöhnliche Aufenthalt fest, wird der Träger der Eingliederungshilfe örtlich zuständig. Er hat dann dem leistenden Träger die Kosten zu erstatten.

Ist kein gewöhnlicher Aufenthalt im Bundesgebiet vorhanden oder zu ermitteln, ist der Träger der Eingliederungshilfe örtlich zuständig, in dessen Bereich sich die leistungsberechtigte Person tatsächlich aufhält.

§ 98 Abs. 3 und 4 SGB IX regelt zwei Sonderfälle:

Werden nämlich für ein Kind vom Zeitpunkt der Geburt an Leistungen nach Teil 2 des SGB IX über Tag und Nacht beantragt, tritt an die Stelle seines gewöhnlichen Aufenthalts der gewöhnliche Aufenthalt der Mutter.

Außerdem wird vorgeschrieben, dass als gewöhnlicher Aufenthalt im Sinne der Eingliederungshilfe nicht der stationäre Aufenthalt oder der auf richterlich angeordneter Freiheitsentziehung beruhende Aufenthalt in einer Vollzugsanstalt gilt. In diesen Fällen ist der Träger der Eingliederungshilfe örtlich zuständig, in dessen Bereich die leistungsberechtigte Person ihren gewöhnlichen Aufenthalt in den letzten zwei Monaten vor der Aufnahme hatte.

Grundsätze der Leistungen zur Eingliederung

In den vorausgehenden Ausführungen wurde bereits der Personenkreis geschildert, der Anspruch auf Leistungen der Eingliederungshilfe hat. Sonderregelungen dazu sehen §§ 100 und 101 SGB IX vor. So regelt § 100 SGB IX die Eingliederungshilfe für Ausländer. Danach können Ausländer, die sich im Inland tatsächlich aufhalten, Leistungen nach Teil 2 des SGB XI erhalten, soweit dies im Einzelfall gerechtfertigt ist. Die Leistungsgewährung liegt im Ermessen des Leistungsträgers.

Dabei ist unbedingt § 39 SGB I zu beachten. Sind die Leistungsträger ermächtigt, bei der Entscheidung über Sozialleistungen nach ihrem Ermessen zu handeln, haben sie ihr Ermessen entsprechend dem Zweck der Ermächtigung auszuüben und die gesetzlichen Grenzen des Ermessens einzuhalten. Auf pflichtgemäße Ausübung des Ermessens besteht ein Anspruch.

Für Ermessensleistungen gelten die Vorschriften über Sozialleistungen, auf die ein Anspruch besteht, entsprechend, soweit sich aus den Vorschriften des SGB nichts Abweichendes ergibt.

Nach § 100 Abs. 1 SGB IX gilt die Einschränkung auf Ermessensleistungen jedoch nicht für Ausländer, die im Besitz einer Niederlassungserlaubnis oder eines befristeten Aufenthaltstitels sind und sich voraussichtlich dauerhaft im Bundesgebiet aufhalten. Andere Rechtsvorschriften, nach denen Leistungen der Eingliederungshilfe zu erbringen sind, bleiben unberührt.

Leistungsberechtigte nach § 1 Asylbewerberleistungsgesetz erhalten keine Leistungen der Eingliederungshilfe. Das Gleiche gilt für Ausländer, die eingereist sind, um Leistungen nach Teil 2 des SGB IX zu erlangen.

§ 101 SGB IX beschäftigt sich mit der Eingliederungshilfe für Deutsche im Ausland. Danach erhalten Deutsche, die ihren gewöhnlichen Aufenthalt im Ausland haben, keine Leistungen der Eingliederungshilfe. Im Einzelfall kann hiervon allerdings abgewichen werden. Voraussetzung ist, dass dies wegen einer außergewöhnlichen Notlage unabweisbar ist und zugleich nachgewiesen wird, dass eine Rückkehr in das Inland aus folgenden Gründen nicht möglich ist:

- Pflege und Erziehung eines Kindes, das aus rechtlichen Gründen im Ausland bleiben muss
- längerfristige stationäre Betreuung in einer Einrichtung oder Schwere der Pflegebedürftigkeit
- hoheitliche Gewalt

Wichtig: Leistungen der Eingliederungshilfe werden nicht erbracht, soweit sie von dem dazu verpflichteten Aufenthaltsland oder von anderen erbracht werden oder zu erwarten sind.

Im Rahmen des § 101 SGB IX richten sich Art und Maß der Leistungserbringung sowie der Einsatz des Einkommens und Vermögens (vgl. Seite 41) nach den besonderen Verhältnissen im Aufenthaltsland.

Für die Gewährung der Leistungen ist der Träger der Eingliederungshilfe zuständig, in dessen Bereich die antragstellende Person geboren ist. Liegt der Geburtsort im Ausland oder ist er nicht zu ermitteln, wird der örtlich zuständige Träger von einer Schiedsstelle bestimmt.

Die Träger der Eingliederungshilfe arbeiten ausdrücklich mit den deutschen Dienststellen im Ausland zusammen.

Nach § 102 SGB IX umfassen die Leistungen der Eingliederungshilfe:

- Leistungen zur medizischen Rehabilitation
- Leistungen zur Teilhabe am Arbeitsleben
- Leistungen zur Teilhabe an Bildung
- Leistungen zur sozialen Teilhabe

Leistungen zur Teilhabe an Bildung gehen den Leistungen zur sozialen Teilhabe vor (vgl. die noch folgenden Ausführungen).

Werden Leistungen der Eingliederungshilfe in einer vollstationären Einrichtung der Hilfe für Menschen mit Behinderungen (§ 43a SGB IX) erbracht, umfasst die Leistung auch die Pflegeleistungen in diesen Einrichtungen oder Räumlichkeiten (§ 103 SGB IX). Es handelt sich hier um Menschen mit Behinderungen und Pflegebedarf.

Im Übrigen sieht § 104 SGB IX vor, dass die Leistungen der Eingliederungshilfe auf die Besonderheit des Einzelfalls abzustimmen sind. Berücksichtigt werden insbesondere:

3

- die Art des Bedarfs
- die persönlichen Verhältnisse
- der Sozialraum
- die eigenen Kräfte und Mitteln

Dabei ist auch die Wohnform zu berücksichtigen.

Sie werden so lange geleistet, wie die Teilhabeziele nach Maßgabe des Gesamtplans (vgl. Seite 40) erreichbar sind.

Wünschen der Leistungsberechtigten, die sich auf die Gestaltung der Leistung richten, ist zu entsprechen, soweit sie angemessen sind. Allerdings gelten sie nicht als angemessen, wenn

- und soweit die Höhe der Kosten der gewünschten Leistung die Höhe der Kosten für eine vergleichbare Leistung von Leistungserbringern, mit denen eine entsprechende Vereinbarung besteht, unverhältnismäßig übersteigt und
- der Bedarf nach der Besonderheit des Einzelfalls durch die vergleichbare Leistung abgedeckt werden kann.

Wird von den Wünschen des Leistungsberechtigten abgewichen, hat der Leistungsträger zu prüfen, ob dies zulässig ist. Dabei sind die persönlichen, familiären und örtlichen Umstände einschließlich der gewünschten Wohnform angemessen zu berücksichtigen.

Auf Wunsch der Leistungsberechtigten sollen die Leistungen der Eingliederungshilfe von einem Leistungsanbieter erbracht werden, der die Betreuung durch Geistliche ihres Bekenntnisses ermöglicht.

Nach § 105 SGB IX werden die Leistungen der Einrichtung der Eingliederungshilfe nach Sach-, Geld- und Dienstleistung erbracht, eine Regelung, die der für die sonstigen Teilhabeleistungen des SGB IX entspricht.

Allerdings können nach § 105 Abs. 3 SGB IX die Leistungen zur sozialen Teilhabe mit Zustimmung der Leistungsberechtigten auch in Form einer pauschalen Geldleistung erbracht werden, soweit es Teil 2 des SGB IX vorsieht. Das Nähere zur Höhe und Ausgestaltung der Pauschalen regeln die Träger der Eingliederungshilfe.

Zur Erfüllung der Aufgaben der Eingliederungshilfe beraten die Träger der Eingliederungshilfe die Leistungsberechtigten, auf ihren Wunsch auch im Beisein einer Person ihres Vertrauens, und unterstützen sie, soweit erforderlich. Die Beratung erfolgt in einer für den Leistungsberechtigten wahrnehmbaren Form. Das ist zum Beispiel für gehörlose Menschen von besonderer Bedeutung.

§ 105 SGB IX zählt zahlreiche Unterstützungs- und Beratungsleistungen auf, z. B. die Beratung über Leistungen anderer Leistungsträger, aber auch über die Verwaltungsabläufe. Soweit geboten, wird eine Budgetberatung durchgeführt.

Die Unterstützung umfasst insbesondere Hilfe bei der Antragstellung sowie bei der Erfüllung von Mitwirkungspflichten.

Die Leistungen der Eingliederungshilfe müssen beantragt werden (§ 108 SGB IX).

Einzelne Leistungen

Die Leistungen zur medizinischen Rehabilitation entsprechen den Rehabilitationsleistungen der gesetzlichen Krankenversicherung (§ 108 SGB IX). Es besteht die freie Wahl unter den Ärzten und Zahnärzten sowie unter den Krankenhäusern und den Vorsorge- und Rehabilitationseinrichtungen.

Nach § 111 SGB IX umfassen die Leistungen zur Beschäftigung unter anderem Leistungen im Arbeitsbereich anerkannter Werkstätten für Menschen mit Behinderungen.

Die §§ 112 bis 116 SGB IX regeln die Teilhabe an Bildung. Dazu zählen:

- Hilfen zu einer Schulbildung, insbesondere im Rahmen der allgemeinen Schulpflicht und zum Besuch weiterführender Schulen, einschließlich der Vorbereitung hierzu; die Bestimmungen über die Ermöglichung der Schulbildung im Rahmen der allgemeinen Schulpflicht bleiben unberührt
- Hilfen zur schulischen oder hochschulischen Ausbildung oder Weiterbildung für einen Beruf

Letztere Hilfen werden für eine schulische oder hochschulische berufliche Weiterbildung erbracht, die

- in einem zeitlichen Zusammenhang an eine duale, schulische oder hochschulische Berufsausbildung anschließt,
- in dieselbe fachliche Richtung weiterführt und
- es dem Leistungsberechtigten ermöglicht, das von ihm angestrebte Berufsziel zu erreichen.

Sonderregelungen bestehen für die Hilfen für ein Masterstudium. Angesprochen werden auch:

- Hilfen zur Teilhabe am Fernunterricht
- Hilfen zur Ableistung eines Praktikums, das für den Schul- oder Fachschulbesuch oder die Berufszulassung erforderlich ist
- Hilfen zur Teilnahme an Maßnahmen zur Vorbereitung auf die schulische oder hochschulische Ausbildung oder Weiterbildung für einen Beruf

§ 113 SGB IX beschäftigt sich mit den Leistungen zur sozialen Teilhabe. Diese Leistungen werden erbracht, um eine gleichberechtigte Teilhabe am Leben in der Gemeinschaft zu ermöglichen oder zu erleichtern, soweit sie nicht nach anderen Vorschriften der Eingliederungshilfe im SGB IX erbracht werden.

Leistungen zur sozialen Teilhabe sind insbesondere:

- Leistungen für Wohnraum
- Assistenzleistungen
- Heilpädagogische Leistungen
- Leistungen zur Betreuung in einer Pflegefamilie
- Leistungen zum Erwerb und Erhalt praktischer Kenntnisse und Fähigkeiten
- Leistungen zur Förderung der Verständigung
- Leistungen zur Mobilität
- Hilfsmittel
- Besuchsbeihilfen

Verschiedene dieser Leistungen können an mehrere Leistungsberechtigte gemeinsam erbracht werden (§ 116 Abs. 2 SGB IX).

Gesamtplanung

Der Träger der Eingliederungshilfe stellt unverzüglich nach der Feststellung der Leistungen einen Gesamtplan, insbesondere zur Durchführung der einzelnen Leistungen oder einer Einzelleistung, auf (§ 121 Abs. 1 SGB IX). Der Gesamtplan dient nach § 121 Abs. 2 SGB IX der Steuerung, Wirkungskontrolle und Dokumentation des Teilhabeprozesses. Er bedarf der Schriftform und soll regelmäßig, spätestens nach zwei Jahren, überprüft und fortgeschrieben werden.

Der Träger der Eingliederungshilfe stellt den Gesamtplan auf in Absprache zusammen mit

- dem Leistungsberechtigten,
- einer Person seines Vertrauens und

- den im Einzelfall Beteiligten, insbesondere mit dem behandelnden Arzt, dem Gesundheitsamt, dem Landesarzt, dem Jugendamt und den Dienststellen der Bundesagentur für Arbeit.

Der Gesamtplan enthält die Inhalte des Teilhabeplans (§ 19 SGB IX), außerdem z. B. die Erkenntnisse aus vorliegenden, sozialmedizinischen Gutachten.

Der Träger der Eingliederungshilfe stellt der leistungsberechtigten Person den Gesamtplan zur Verfügung (§ 121 Abs. 5 SGB IX).

Nach § 122 SGB IX kann der Träger der Eingliederungshilfe mit dem Leistungsberechtigten eine Teilhabezielvereinbarung zur Umsetzung der Mindestinhalte des Gesamtplans oder von Teilen dieser Mindestinhalte abschließen.

Berücksichtigung von Einkommen und Vermögen

Bei den Leistungen nach Teil 2 des SGB IX hat der Leistungsberechtigte einen Beitrag zu den Aufwendungen aufzubringen, wenn das Einkommen der antragstellenden Person sowie bei minderjährigen Personen der im Haushalt lebenden Eltern oder des im Haushalt lebenden Elternteils bestimmte Beträge übersteigt (§ 136 Abs. 1 SGB IX). Wird das Einkommen überwiegend aus einer sozialversicherungspflichtigen Beschäftigung oder selbstständigen Tätigkeit erzielt, ist ein Beitrag zu den Aufwendungen zu leisten. Voraussetzung ist allerdings, dass es 85 Prozent der monatlichen Bezugsgröße übersteigt. 2020 sind hier 2.707,25 Euro maßgebend. Dieser Betrag gilt bundeseinheitlich.

Der Leistungsberechtigte hat auch dann einen Beitrag zu leisten, wenn das Einkommen überwiegend aus einer nicht sozialversicherungspflichtigen Beschäftigung erzielt wird und 75 Prozent der jährlichen Bezugsgröße übersteigt. 2020 gelten hier 28.665 Euro. Gleiches gilt, wenn das Einkommen überwiegend aus Renteneinkünften erzielt wird und 60 Prozent der jährlichen Bezugsgröße übersteigt (2020: 22.932 Euro).

Die vorstehenden Beträge erhöhen sich für den nicht getrennt lebenden Ehegatten oder Lebenspartner, den Partner einer eheähnlichen oder lebenspartnerschaftsähnlichen Gemeinschaft um 15 Prozent sowie für jedes unterhaltsberechtigte Kind im Haushalt um 10 Prozent der jährlichen Bezugsgröße. Im Jahr 2020 gelten 5.733 Euro bzw. 3.822 Euro (§ 136 Abs. 3 SGB IX). Ist der Leistungsberechtigte minderjährig, erhöht sich der Grenzwert um 75 Prozent der jährlichen Bezugsgrenze (vgl. oben).

Übersteigt das Einkommen den maßgebenden Grenzwert nach § 136 Abs. 2 SGB IX, ist ein monatlicher Beitrag in Höhe von 2 Prozent des den Grenzwert übersteigenen Betrags als monatlicher Betrag aufzubringen. Der aufzubringende Beitrag ist auf volle 10 Euro abzurunden und von der zu erbringenden Leistung abzuziehen (§ 137 Abs. 3 SGB IX).

Bei bestimmten Leistungen entfällt die Zahlung eines Beitrags(§ 138 Abs. 1 SGB IX), nämlich bei:

- heilpädagogischen Leistungen
- Leistungen zur medizinischen Rehabilitation
- Leistungen zur Teilhabe am Arbeitsleben
- Leistungen zur Teilhabe an Bildung
- Leistungen zur schulischen Ausbildung, soweit diese Leistungen in besonderen Ausbildungsstätten über Tag und Nacht für Menschen mit Behinderungen erbracht werden
- Leistungen zum Erwerb und Erhalt praktischer Kenntnisse und Fähigkeiten, soweit diese der Vorbereitung auf die Teilhabe am Arbeitsleben dienen
- Leistungen, die noch nicht eingeschulten, leistungsberechtigen Personen die für sie erreichbare Teilnahme am Leben in der Gemeinschaft ermöglichen sollen
- gleichzeitiger Gewährung von Leistungen zum Lebensunterhalt nach dem SGB II und SGB XII oder nach § 27a BVG

Bei einmaligen Leistungen zur Beschaffung von Bedarfsgegenständen, deren Gebrauch für mindestens ein Jahr bestimmt sind, ist höchstens das Vierfache des monatlichen Betrags einmalig aufzubringen.

Die antragstellende Person sowie bei minderjährigen Personen die im Haushalt lebenden Eltern oder ein im Haushalt lebender Elternteil haben vor der Inanspruchnahme von Leistungen nach Teil 2 des SGB IX die erforderlichen Mittel aus ihrem Vermögen aufzubringen (§ 140 Abs. 1 SGB IX). Bei den in § 138 Abs. 1 SGB IX genannten Leistungen ist das Vermögen nicht einzusetzen.

Zum Vermögen im vorstehenden Sinne gehört das gesamte verwertbare Vermögen (§ 139 SGB IX). Hierzu gibt es allerdings zahlreiche Sonderregelungen (§§ 139 bis 142 SGB IX).

Vertragsrecht

Das am 1. 1. 2018 in Kraft getretene Vertragsrecht zum Eingliederungsrecht umfasst die §§ 123 bis 134 SGB IX.

Nach § 123 SGB IX darf der Träger der Eingliederungshilfe (wird durch die Länder bestimmt, § 94 SGB IX) entsprechende Leistungen durch Dritte nur bewilligen, soweit eine schriftliche Vereinbarung zwischen dem Träger des Leistungserbringers und dem für den Ort der Leistungserbringung zuständigen Träger der Eingliederungshilfe besteht. Die Vereinbarung kann auch zwischen dem Träger der Eingliederungshilfe und dem Verband, dem der Leistungserbringer angehört, geschlossen werden, soweit der Verband eine entsprechende Vollmacht nachweist.

Die Vereinbarungen sind für alle übrigen Träger der Eingliederungshilfe bindend. Der Inhalt der schriftlichen Vereinbarung ist nach § 125 SGB IX bindend festzulegen.

Das Gesetz sieht nach § 128 SGB IX eine Wirtschaftlichkeits- und Qualitätsprüfung vor. Die Vorschrift wurde zum 1. 1. 2020 geändert. Hält ein Leistungserbringer seine gesetzlichen oder vertraglichen Verpflichtungen ganz oder teilweise nicht ein, ist die vertragliche Vergütung für die Dauer der Pflichtverletzung entsprechend zu kürzen (§ 129 SGB IX). Bei grober Verletzung der gesetzlichen oder vertraglichen Pflichten kann der Träger der Eingliederungshilfe die Vereinbarung mit dem Leistungserbringer fristlos kündigen (§ 130 SGB IX).

Grobe Pflichtverletzungen liegen beispielsweise vor, wenn der Leistungsberechtigte infolge der Pflichtverletzung zu Schaden kommt oder gravierende Mängel bei der Leistungserbringung bestehen.

Die Träger der Eingliederungshilfe schließen auf Landesebene mit den Vereinigungen der Leistungserbringer gemeinsam und einheitlich Rahmenverträge zu den behandelten schriftlichen Vereinbarungen ab (§ 131 SGB IX).

Nach § 132 SGB IX können Leistungsträger und Träger der Leistungserbringer Zielvereinbarungen zur Erprobung neuer und zur Weiterentwicklung der bestehenden Leistungs- und Finanzierungsstrukturen abschließen. Dabei bleiben aber die individuellen Leistungsansprüche der Leistungsberechtigten unberührt.

§ 133 SGB IX sieht die Errichtung von Schiedsstellen für jedes Land oder für Teile eines Landes vor.

§ 134 SGB IX sieht eine Sonderregelung zum Inhalt der Vereinbarungen zur Erbringung von Leistungen für minderjährige Leistungsberechtigte und in Sonderfällen vor.

4 **Einführung** – Teil 3: Schwerbehindertenrecht

Kommentierung: Schwerbehindertenrecht

Grundzüge

Teil 3 des SGB IX beinhaltet in 14 Kapiteln (§§ 151 bis 241) die besonderen Regelungen zur Teilhabe schwerbehinderter Menschen (Schwerbehindertenrecht). Angesprochen werden insbesondere:

- der geschützte Personenkreis (der schwerbehinderte Mensch)
- die Beschäftigungspflicht der Arbeitgeber
- sonstige Pflichten der Arbeitgeber und Rechte der schwerbehinderten Menschen
- der Kündigungsschutz
- die Schwerbehindertenvertretung
- die Durchführung der besonderen Regelungen zur Teilhabe schwerbehinderter Menschen
- die Integrationsfachdienste
- die Beendigung der Anwendung der besonderen Regelungen zur Teilhabe schwerbehinderter und gleichgestellter behinderter Menschen
- das Widerspruchsverfahren
- Inklusionsbetriebe
- die Werkstätten für behinderte Menschen (vgl. dazu die Werkstättenverordnung – WVO im Kapitel „Verordnungen“)
- die unentgeltliche Beförderung schwerbehinderter Menschen im öffentlichen Personenverkehr
- Straf-, Bußgeld- und Schlussvorschriften

Die Schwerbehinderteneigenschaft beruht auf folgenden medizinischen Voraussetzungen:

- Dauerhafte Abweichung von körperlichen Funktionen, geistigen Fähigkeiten oder seelischer Gesundheit von dem für das Lebensalter typischen Zustand in solchem Maße, dass eine Teilhabe am Leben in der Gesellschaft beeinträchtigt ist.
- Die Funktionsbehinderungen müssen durch ärztliche Befunde nachweisbar und für die medizinische Begutachtung des Versorgungsamtes nach Aktenlage nachvollziehbar sein.
- Die Funktionsbehinderungen müssen mindestens über sechs Monate bestehen.
- Das Ausmaß einer nicht vorübergehenden Funktionsbehinderung muss, um als Behinderung anerkannt zu werden, mindestens 10 Einzel-GdB betragen.
- Die Anerkennung einer Schwerbehinderteneigenschaft bedingt mindestens einen Gesamt-GdB von 50.
- Die Tatsache des Vorliegens einer Arbeits-, Dienst-, Erwerbs-, Berufsunfähigkeit oder teilweise bzw. volle Erwerbsminderung allein reicht zur Anerkennung einer Behinderung nicht aus.

- Die geltend gemachten Gesundheitsstörungen müssen eine „Regelwidrigkeit gegenüber dem für das Lebensalter typischen Zustand" darstellen. „Alterserscheinungen" oder das Fehlen der biologischen entwicklungsbedingten Fähigkeiten (bei Kindern) gelten nicht als Behinderung.

Um sich als schwerbehinderter Mensch ausweisen zu können, muss zunächst eine zuständige Behörde die Schwerbehinderung feststellen. Diese Feststellung führt zur Ausgabe eines Schwerbehindertenausweises, der bestimmte Merkzeichen enthält.

Zuständig für die Ausstellung des Schwerbehindertenausweises sind nach § 152 SGB IX die für die Durchführung des Bundesversorgungsgesetzes zuständigen Behörden (allgemein als Versorgungsämter bezeichnet). Diese stellen fest:

- das Vorliegen einer Behinderung und
- den Grad der Behinderung zum Zeitpunkt der Antragstellung

Die Auswirkungen auf die Teilhabe am Leben in der Gemeinschaft werden als Grad der Behinderung nach Zehnergraden abgestuft festgestellt. Eine Feststellung wird getroffen, sobald ein Grad der Behinderung von wenigstens 20 vorliegt.

§ 152 Abs. 1 Satz 2 SGB IX bestimmt ausdrücklich, dass auf Antrag eine Feststellung dahingehend getroffen werden kann, dass ein Grad der Behinderung oder gesundheitliche Merkmale bereits zu einem früheren Zeitpunkt vorgelegen haben. Voraussetzung ist, dass dafür ein besonderes Interesse glaubhaft gemacht wird.

Liegen mehrere Beeinträchtigungen der Teilhabe am Leben in der Gemeinschaft vor, so wird der GdB nach den Auswirkungen der Beeinträchtigungen in seiner Gesamtheit festgestellt.

Wichtig: Wenn neben dem Vorliegen der Behinderung weitere gesundheitliche Merkmale Voraussetzung für die Inanspruchnahme von Nachteilsausgleichen sind, so treffen die zuständigen Behörden die erforderlichen Feststellungen.

Die bereits erwähnten Merkzeichen geben Auskunft über bestehende Nachteilsausgleiche:

Merkzeichen (MZ)

B	Freifahrt für eine Begleitperson wegen der Notwendigkeit ständiger Begleitung
Bl	Nachteilsausgleich wegen Blindheit
G	Nachteilsausgleich im Nahverkehr (wegen Gehbehinderung)
aG	Parkerleichterung wegen außergewöhnlicher Gehbehinderung
Gl	Nachteilsausgleich im Nahverkehr (wegen Hörminderung)

Behinderung und Grad der Behinderung

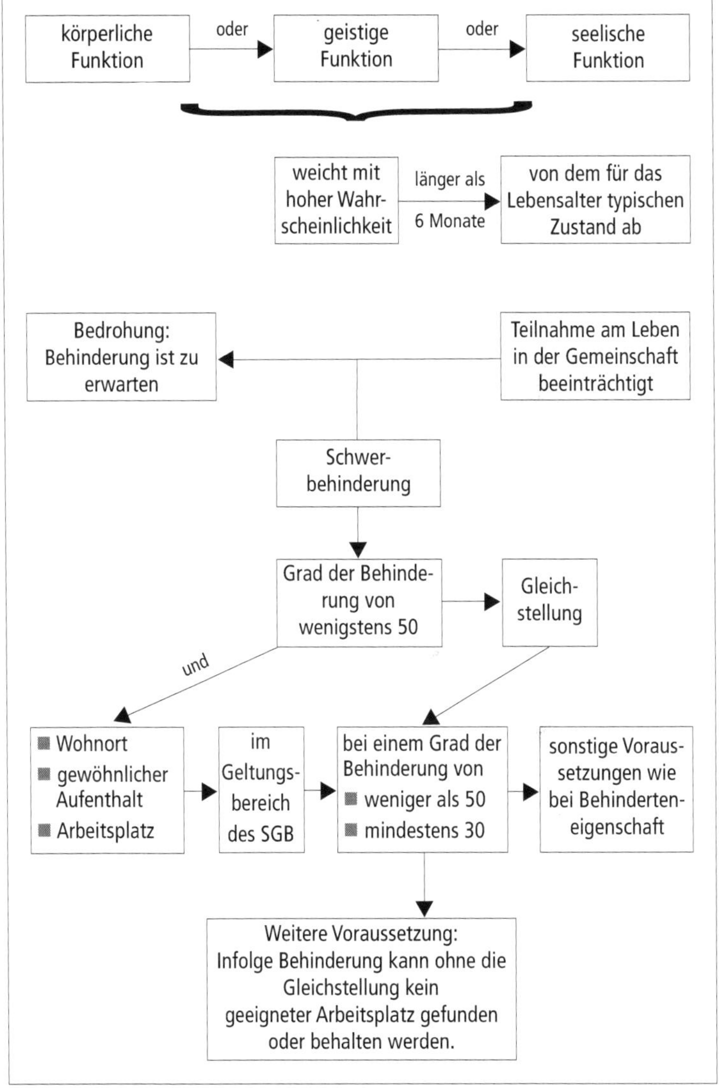

H Nachteilsausgleich wegen Hilflosigkeit
RF Ermäßigung des Rundfunkbeitrags und Sozialtarif für Telefonanschlüsse
TBl Taubblindheit; mit diesem Merkzeichen sind keine gesonderten Nachteilsausgleiche verbunden

§ 152 Abs. 4 SGB IX spricht von der Inanspruchnahme von Nachteilsausgleichen.

Hier geht es um Ansprüche schwerbehinderter Menschen, die diese aufgrund der Art und Schwere ihrer Behinderung haben. So berechtigt das Merkzeichen „G“ zur unentgeltlichen Beförderung im öffentlichen Personenverkehr oder zur Kraftfahrzeugsteuerermäßigung. Im Zusammenhang mit Kraftfahrzeugen ist die Kraftfahrzeughilfe-Verordnung (KfzHV) zu beachten (vgl. Kapitel 6).

4

Wurde das Merkzeichen „aG“ ausgegeben, können Parkerleichterungen im Straßenverkehr sowie eine Steuerbefreiung in Anspruch genommen werden.

Das Merkzeichen „B“ berechtigt schwerbehinderte Menschen, im öffentlichen Personenverkehr ohne Kilometerbegrenzung eine Begleitperson kostenlos mitzunehmen.

Das Merkzeichen „H“ bedeutet Hilflosigkeit. Hilflos ist ein schwerbehinderter Mensch, wenn er „infolge seiner Behinderung nicht nur vorübergehend – also länger als sechs Monate – für eine Reihe von häufig und regelmäßig wiederkehrenden Verrichtungen zur Sicherung seiner persönlichen Existenz im Ablauf eines jeden Tages fremder Hilfe dauernd bedarf“.

Unter „häufig und regelmäßig wiederkehrenden Verrichtungen zur Sicherung der Existenz im Ablauf eines jeden Tages“ versteht man: Hilfe morgens beim Aufstehen, Körperpflege wie Baden, Duschen, Waschen, Kämmen, Zähneputzen, An- und Auskleiden, Nahrungsaufnahme, Verrichten der Notdurft. Dabei ist auch die Notwendigkeit körperlicher Bewegung, geistiger Anregung und Kommunikation zu berücksichtigen.

In der Praxis wird Hilflosigkeit bei bestimmten schwerbehinderten Menschen ohne nähere Prüfung allein anhand der Diagnose angenommen. Dies trifft zu bei: Blindheit und hochgradiger Sehbehinderung, Querschnittslähmung, Gehbehinderung, die auf Dauer, auch innerhalb des Wohnraums, die Benutzung eines Rollstuhls erfordert. Das gilt auch bei Hirnschäden, Anfallsleiden, geistigen Behinderungen und Psychosen, wenn diese Erkrankungen einen Einzel-GdB von 100 bedingen. Ferner ist es beim Verlust von zwei oder mehr Gliedmaßen und bei Schwerbehinderung mit dauerndem Krankenlager anzuwenden.

Der Schwerbehindertenausweis mit dem Merkzeichen „H“ berechtigt beispielsweise zur Befreiung von der Kraftfahrzeugsteuer, aber auch zu

Ermäßigungen der Einkommen- bzw. Lohnsteuer. Ferner berechtigt dieses Merkzeichen zur unentgeltlichen Beförderung im öffentlichen Personenverkehr (vgl. dazu die Ausführungen zum Thema „Unentgeltliche Beförderung schwerbehinderter Menschen im öffentlichen Personenverkehr“).

Außerdem gibt es höhere Einkommensfreibeträge für Wohngeld und gestaffelte höhere Freibeträge für Wohnungsbauförderung. Eine Befreiung von der Hundesteuer ist im Übrigen ebenfalls möglich. Hier ist aber die jeweilige Gemeindesatzung maßgebend.

Das Merkzeichen „RF“ ermäßigt den Rundfunkgebührenbeitrag. Es richtet sich nach Länderrecht, unter welchen Voraussetzungen schwerbehinderte Menschen mit bestimmten Gesundheitsschäden eine Ermäßigung erhalten. Dieser Nachteilsausgleich begünstigt diejenigen schwerbehinderten Menschen, die überhaupt nicht in der Lage sind, an öffentlichen Veranstaltungen im Allgemeinen teilzunehmen.

Das gilt auch, wenn eine bestimmte Erkrankung des schwerbehinderten Menschen für seine Umgebung eine unzumutbare Belastung darstellt. Bestimmte schwerbehinderte Menschen, die einen GdB von mindestens 80 haben müssen, gelten als anspruchsberechtigt. Dazu gehören beispielsweise sehbehinderte Personen mit einem Einzel-GdB von mindestens 60 sowie schwerbehinderte Menschen mit unzureichend verschließbarem Anus praeter (vorverlegter Darmausgang) oder undichten Harnblasenkathetern. Hierzu zählen auch schwerbehinderte Menschen mit nicht nur vorübergehender Ansteckungsgefahr.

Allerdings werden insoweit recht strenge Maßstäbe zugrunde gelegt. So kann einem Gehbehinderten, der an den Rollstuhl gebunden ist, zugemutet werden, ohne oder mit Begleitperson, öffentliche Veranstaltungen zu besuchen. Bei reiner Schallleitungsschwerhörigkeit ist eine genügende Verständigung durch Hörhilfe möglich.

Der Antrag auf Rundfunkgebührenbefreiung muss an die zuständige Ortsbehörde gerichtet werden. In der Regel beginnt die Rundfunkgebührenbefreiung mit dem Antragsmonat. Zu berücksichtigen ist hier auch der Telekom-Sozialtarif, der bei einer Niederlassung der Deutschen Telekom zu beantragen ist.

Ist das Merkzeichen „Bl“ im Schwerbehindertenausweis eingetragen, bedeutet dies, dass der Ausweisinhaber blind ist. Dem sind folgende Sehbehinderungen gleichzusetzen: Einengung des Gesichtsfeldes unter bestimmten Bedingungen, große Skotome und Hemianopsien unter bestimmten Bedingungen (Gesichtsfeldausfälle), vollständiger Ausfall der Sehrinde. Blinde und hochgradig Sehbehinderte sind als hilflos (Merkzeichen „H“) anzusehen. Ihnen steht auch eine Begleitperson im Straßenverkehr (Merkzeichen „B“) zu. Das Merkzeichen „Bl“ ist für jene Stellen, die zur Gewährung von Blindengeld zuständig sind, bindend.

Schwerbehinderte Menschen mit dem Merkzeichen „Bl“ haben zahlreiche Vergünstigungen. Beispielsweise zählen Einkommensteuer- bzw. Lohnsteuerermäßigung sowie der Erlass der Hundesteuer und die Befreiung von der Kraftfahrzeugsteuer dazu. Außerdem geht es um die unentgeltliche Beförderung im öffentlichen Personenverkehr, um Begünstigungen bei der Umsatzsteuer, beim Postversand, im Fernsprechwesen sowie bei Radio und Fernsehen und um Parkerleichterungen. Nach Landesrecht richtet sich, ob und in welchem Umfang Anspruch auf Blindengeld besteht.

Weitere Nachteilsausgleiche gibt es im Arbeitsverhältnis, wie zum Beispiel Sonderurlaub für schwerbehinderte Arbeitnehmer. Dieser Sonderurlaub beläuft sich in der Regel auf fünf Arbeitstage im Urlaubsjahr. Sonderregelungen gelten bei einer Beschäftigung von weniger als fünf Arbeitstagen in der Kalenderwoche, bei Feststellung der Schwerbehinderteneigenschaft im Laufe eines Kalenderjahres oder bei rückwirkender Feststellung der Schwerbehinderteneigenschaft. Nähere Einzelheiten ergeben sich aus § 208 SGB IX. Außerdem besteht Kündigungsschutz und eine Beschäftigungspflicht usw. (beachten Sie dazu die nachfolgenden Ausführungen). Darüber hinaus gibt es beispielsweise verbilligte Flüge, Erleichterung von Bauvorschriften, Gebührenbefreiung bei Wohnungskauf usw., Ermäßigung für Kurtaxe, vorzeitige Verfügung über Sparbeiträge ohne Abzüge. Dazu gehört auch die Möglichkeit, der gesetzlichen Krankenversicherung freiwillig beizutreten und vorzeitig Altersrente zu beziehen.

Die Altersrente für schwerbehinderte Menschen wird in § 37 SGB VI geregelt. Dort wird auch ausgeführt, dass die vorzeitige Inanspruchnahme einer solchen Altersrente (mit Abschlägen) nach Vollendung des 62. Lebensjahres möglich ist. Anspruch auf Altersrente ohne Abschläge besteht, wenn

- das 65. Lebensjahr vollendet ist,
- bei Beginn der Altersrente der Betreffende als schwerbehinderter Mensch anerkannt ist und
- die Wartezeit von 35 Jahren (420 Kalendermonate) erfüllt wurde.

Allerdings gibt es Übergangsregelungen (§ 236a SGB VI). Versicherte, die vor dem 1. 1. 1964 geboren sind, haben Anspruch auf Altersrente für schwerbehinderte Menschen, wenn sie

- das 63. Lebensjahr vollendet haben,
- bei Beginn der Altersrente als schwerbehinderte Menschen anerkannt sind,
- die Wartezeit von 35 Jahren erfüllt haben.

Die vorzeitige Inanspruchnahme dieser Altersrente ist frühestens nach Vollendung des 60. Lebensjahres möglich.

Für nach dem 31. 12. 1951 geborene Versicherte wird die Altersgrenze stufenweise angehoben.

Beachten Sie zu den Rechten schwerbehinderter Menschen das im Walhalla Fachverlag erschienene Buch „Wie bekomme ich einen Schwerbehindertenausweis?“ sowie zum Thema „Früher in Rente“ den gleichnamigen, ebenfalls im Walhalla Fachverlag erschienenen Fachratgeber.

Beschäftigungspflicht der Arbeitgeber

Die Schwerbehinderteneigenschaft bringt schwerbehinderten Menschen verschiedene Rechte im Arbeitsleben. Das wohl wichtigste Recht ist die gesetzlich vorgesehene Beschäftigungspflicht. Verpflichtet werden (in § 154 SGB IX) sowohl private als auch öffentliche Arbeitgeber, die im Jahresdurchschnitt monatlich mindestens 20 Arbeitsplätze haben. Auf diesen Arbeitsplätzen müssen sie wenigstens 5 Prozent schwerbehinderte Menschen beschäftigen. Dabei sind schwerbehinderte Frauen besonders zu berücksichtigen (§ 154 Abs. 1 SGB IX).

Arbeitgeber mit jahresdurchschnittlich monatlich weniger als 40 Arbeitsplätzen haben einen schwerbehinderten Menschen, Arbeitgeber mit jahresdurchschnittlich monatlich weniger als 60 Arbeitsplätzen haben je Monat zwei schwerbehinderte Menschen zu beschäftigen.

In § 155 SGB IX geht es um die Beschäftigung besonderer Gruppen schwerbehinderter Menschen. Dazu gehören beispielsweise schwerbehinderte Menschen, die das 50. Lebensjahr vollendet haben. Angesprochen sind im Übrigen schwerbehinderte Menschen, die nach Art oder Schwere ihrer Behinderung im Arbeitsleben besonders betroffen sind. Beispielsweise werden hier schwerbehinderte Menschen angesprochen, die infolge ihrer Behinderung nicht nur vorübergehend offensichtlich nur eine wesentlich verminderte Arbeitsleistung erbringen können.

Arbeitgeber, die berufliche Ausbildung durchführen, haben im Rahmen der Erfüllung der Beschäftigungspflicht einen angemessenen Anteil dieser Stellen mit schwerbehinderten Menschen zu besetzen (§ 155 Abs. 2 SGB IX).

Der Begriff des Arbeitsplatzes wird in § 156 SGB IX erläutert. Danach sind Arbeitsplätze im Sinne des Teils 3 des SGB IX alle Stellen, auf denen Arbeitnehmer, Beamte, Richter sowie Auszubildende und andere zu ihrer beruflichen Bildung Eingestellte beschäftigt werden.

§ 156 Abs. 2 SGB IX sieht zahlreiche Ausnahmen vor. Dies bedeutet, dass es sich beim Vorliegen der hier geschilderten Tatbestände nicht um Arbeitsplätze handelt. Auch Stellen, die nach der Natur der Sache oder den getroffenen Vereinbarungen (Arbeitsverträge) nur auf die Dauer von höchstens acht Wochen besetzt sind, gelten nicht als Arbeitsplätze. Das gilt auch für Stellen, auf denen Beschäftigte weniger als 18 Stunden wöchentlich beschäftigt werden.

Stellen, auf denen Auszubildende beschäftigt sind, werden weder bei der Berechnung der Mindestzahl der Arbeitsplätze noch bei der Zahl der Arbeitsplätze, auf denen schwerbehinderte Menschen beschäftigt werden, mitgezählt (§ 157 SGB IX). Das Gleiche gilt im Übrigen für Stellen, auf denen Rechts- oder Studienreferendare beschäftigt werden, die einen Rechtsanspruch auf Einstellung haben.

Bei der Berechnung sich ergebende Bruchteile von 0,5 und mehr sind aufzurunden, allerdings bei Arbeitgebern mit jahresdurchschnittlich bis zu 60 Arbeitsplätzen abzurunden.

Wird ein schwerbehinderter Mensch auf einem Arbeitsplatz beschäftigt, wird er auf einen Pflichtarbeitsplatz für schwerbehinderte Menschen angerechnet. Das gilt auch für Teilzeitbeschäftigte, sofern sie mindestens 18 Stunden wöchentlich beschäftigt werden. Wird ein schwerbehinderter Mensch weniger als 18 Stunden in der Woche beschäftigt, lässt die Agentur für Arbeit die Anrechnung auf einen dieser Pflichtarbeitsplätze zu. Voraussetzung ist, dass die Teilzeitbeschäftigung wegen Art oder Schwere der Behinderung notwendig ist (§ 158 SGB IX).

Die Agentur für Arbeit kann die Anrechnung eines schwerbehinderten Menschen auf mehr als einen Pflichtarbeitsplatz zulassen. Die Mehrfachanrechnung ist auf höchstens drei Pflichtarbeitsplätze zulässig. Dies kann geschehen, wenn die Teilhabe des schwerbehinderten Menschen auf besondere Schwierigkeiten stößt. Das gilt z. B. auch für teilzeitbeschäftigte schwerbehinderte Menschen (§ 158 Abs. 1 SGB IX).

Ein schwerbehinderter Mensch, der beruflich ausgebildet wird, wird auf zwei Pflichtarbeitsplätze für schwerbehinderte Menschen angerechnet. Die Agentur für Arbeit kann gemäß § 158 Abs. 2 SGB IX die Anrechnung auf drei Pflichtarbeitsplätze zulassen, wenn die Vermittlung in eine berufliche Ausbildungsstelle wegen Art oder Schwere der Behinderung auf besondere Schwierigkeiten stößt.

§ 160 SGB IX beschäftigt sich damit, dass Arbeitgeber die Pflichtarbeitsplätze nicht mit schwerbehinderten Menschen besetzen. Dazu ist eine Ausgleichsabgabe vorgesehen. Diese Abgabe war oft schon im Mittelpunkt der Kritik, und zwar nicht deshalb, weil sie etwa zu hoch ist. Vielmehr wurde und wird oft die Auffassung vertreten, viele Betriebe würden sich durch diese Abgabe von der Verpflichtung, schwerbehinderte Menschen einzustellen, freikaufen.

Solange Arbeitgeber die vorgeschriebene Zahl schwerbehinderter Menschen nicht beschäftigen, haben sie für jeden unbesetzten Pflichtarbeitsplatz diese Ausgleichsabgabe zu entrichten. Allerdings entbindet die Zahlung der Abgabe nicht von der Pflicht, schwerbehinderte Menschen zu beschäftigen. Die Ausgleichsabgabe wird auf der Grundlage einer jahresdurchschnittlichen Beschäftigungsquote ermittelt.

Nach § 160 Abs. 2 SGB IX beträgt die Ausgleichsabgabe monatlich je nicht besetztem Pflichtarbeitsplatz

- 125 Euro, wenn die jahresdurchschnittliche Beschäftigungsquote zwischen 5 und 3 Prozent beträgt,
- 220 Euro, wenn die jahresdurchschnittliche Beschäftigungsquote zwischen 2 und 3 Prozent liegt,
- 320 Euro bei einer jahresdurchschnittlichen Beschäftigungsquote von weniger als 2 Prozent.

Von diesen Grundsätzen gibt es Ausnahmen. Diese beziehen sich auf die oben geschilderten Ausnahmeregelungen bezüglich der Errechnung der Beschäftigungsquote. So beträgt die Ausgleichsabgabe je unbesetztem Pflichtarbeitsplatz 125 Euro, wenn ein Arbeitgeber mit jahresdurchschnittlich bis zu 39 zu berücksichtigenden Arbeitsplätzen nur eine jahresdurchschnittliche Beschäftigung von weniger als einem schwerbehinderten Menschen hat. Ebenfalls 125 Euro sind fällig bei bis zu 59 zu berücksichtigenden Arbeitsplätzen, wenn weniger als zwei schwerbehinderte Menschen beschäftigt werden. Wird hier weniger als ein schwerbehinderter Mensch beschäftigt, sind 220 Euro zu zahlen.

Die Ausgleichsabgabe ist dynamischer Natur. Sie ändert sich entsprechend den Veränderungen der Bezugsgröße jeweils zum 1. 1. eines Jahres. Allerdings ist Voraussetzung, dass sich die Bezugsgröße um wenigstens 10 Prozent erhöht hat.

§ 161 SGB IX sieht die Errichtung eines Ausgleichsfonds vor, der vom Bundesministerium für Gesundheit verwaltet wird.

Aufgrund einer in § 162 SGB IX enthaltenen Verordnungsermächtigung ist die Schwerbehinderten-Ausgleichsabgabeverordnung (SchwbAV) ergangen, die vom 28. 3. 1988 datiert und zuletzt durch das Gesetz zur Einführung Unterstützter Beschäftigung vom 22. 12. 2008 geändert worden ist. Sie beschäftigt sich mit

- der Förderung der Teilhabe schwerbehinderter Menschen am Arbeitsleben aus Mitteln der Ausgleichsabgabe durch die Integrationsämter sowie
- Einzelheiten zum Ausgleichsfonds.

Die SchwbAV sieht neben Leistungen für schwerbehinderte Menschen, wie zum Beispiel auf Übernahme der Kosten einer Berufsbegleitung, auch Leistungen an die Arbeitgeber vor. Gelder aus der Ausgleichsabgabe werden zum einen bei außergewöhnlichen Belastungen und zum anderen zur behindertengerechten Einrichtung von Arbeits- und Ausbildungsplätzen für schwerbehinderte Menschen gewährt. Außerdem können Arbeitgeber Darlehen oder Zuschüsse bis zur vollen Höhe der entstehenden notwendigen Kosten zu den Aufwendungen bestimmter Maßnahmen erhalten.

Angesprochen wird hier die Schaffung neuer geeigneter, erforderlichenfalls behindertengerecht ausgestatteter Arbeitsplätze in Betrieben oder Dienststellen für bestimmte schwerbehinderte Menschen. Dabei handelt es sich um solche schwerbehinderte Menschen, die beispielsweise im Anschluss an eine Beschäftigung in einer anerkannten Werkstatt für behinderte Menschen oder nach einer längerfristigen Arbeitslosigkeit von mehr als zwölf Monaten eingestellt werden sollen.

Zuständig für die Leistungsgewährung sowohl an Arbeitgeber als auch an schwerbehinderte Menschen sind die Integrationsämter. Sie haben die ihnen zur Verfügung stehenden Mittel der Ausgleichsabgabe einschließlich der Zinsen, der Tilgungsbeträge aus Darlehen, der zurückgezahlten Zuschüsse sowie der unverbrauchten Mittel des Vorjahres für die in der SchwbAV vorgesehenen Leistungen zu verwenden.

Sonstige Pflichten der Arbeitgeber: Rechte der schwerbehinderten Menschen

§ 163 SGB IX verpflichtet die Arbeitgeber, ein Verzeichnis der bei ihnen beschäftigten schwerbehinderten oder gleichgestellten Menschen zu führen. Sie haben diese Listen den Vertretern der Agentur für Arbeit und des Integrationsamts, die für den Sitz des Betriebs oder der Dienststelle zuständig sind, vorzulegen. Die Arbeitgeber haben der zuständigen Agentur für Arbeit die Daten anzuzeigen, die zur Berechnung des Umfangs der Beschäftigungspflicht, zur Überwachung ihrer Erfüllung und der Ausgleichsabgabe notwendig sind. Dies hat bis zum 31. 3. eines jeden Jahres für das Vorjahr zu geschehen. Die Agentur für Arbeit hat einen Feststellungsbescheid auch ohne diese Daten zu erlassen, wenn der Arbeitgeber seiner Verpflichtung nicht bis zum 30. 6. des Jahres nachkommt.

§ 164 SGB IX enthält die Verpflichtung der Arbeitgeber, selbstständig und unaufgefordert zu prüfen, ob die Einstellung schwerbehinderter Menschen möglich ist, ob also freie Arbeitsplätze vorhanden sind. Dies gilt insbesondere für bei der Agentur für Arbeit arbeitslos oder arbeitssuchend gemeldete schwerbehinderte Menschen. Die Agentur für Arbeit hat den Arbeitgebern entsprechende Vorschläge zu machen. Ein klares Benachteiligungsverbot für schwerbehinderte Menschen sieht § 164 Abs. 2 SGB IX vor. Danach dürfen schwerbehinderte Menschen wegen ihrer Behinderung vom Arbeitgeber nicht benachteiligt werden. Dies gilt beispielsweise in Zusammenhang mit dem beruflichen Aufstieg. Es gilt aber auch bei Begründung eines Beschäftigungsverhältnisses, also bei der Entscheidung über eine Bewerbung für eine freie Stelle. Wird hiergegen verstoßen, entstehen für den schwerbehinderten Menschen Entschädigungsansprüche. Allerdings besteht kein Anspruch auf Begründung eines Arbeits- oder sonstigen Beschäftigungsverhältnisses. Im Übrigen gelten die Regelungen des Allgemeinen Gleichbehandlungsgesetzes.

Wichtige Rechte für die schwerbehinderten Menschen enthält insbesondere § 164 Abs. 4 SGB IX. So haben sie gegenüber ihren Arbeitgebern Anspruch auf eine Beschäftigung, bei der sie ihre Fähigkeiten und Kenntnisse möglichst voll verwerten und weiterentwickeln können. Außerdem haben sie z. B. Anspruch auf bevorzugte Berücksichtigung bei innerbetrieblichen Maßnahmen der beruflichen Bildung, die das berufliche Fortkommen fördern sollen.

Im Übrigen haben die Arbeitgeber die Einrichtung von Teilzeitarbeitsplätzen zu fördern (§ 164 Abs. 5 SGB IX).

Besondere Pflichten sieht § 165 SGB IX für öffentliche Arbeitgeber vor. Die Dienststellen öffentlicher Arbeitgeber sind verpflichtet, der zuständigen Agentur für Arbeit frühzeitig nach einer erfolglosen Prüfung zur internen Besetzung des Arbeitsplatzes frei werdende und neu zu besetzende sowie neue Arbeitsplätze zu melden.

§ 166 SGB IX verpflichtet die Arbeitgeber, mit der Schwerbehindertenvertretung in Zusammenarbeit mit dem Inklusionsbeauftragten des Arbeitgebers eine verbindliche Inklusionsvereinbarung zu treffen. Dabei ist die gleichberechtigte Teilhabe schwerbehinderter Menschen am Arbeitsleben bei der Gestaltung von Arbeitsprozessen und Rahmenbedingungen vo Anfang an zu berücksichtigen. Welche Regelungen diese Vereinbarungen zu enthalten haben, bestimmt im Einzelnen § 166 Abs. 2 SGB IX. Zu erwähnen sind hier insbesondere Bestimmungen zur Eingliederung schwerbehinderter Menschen. Der Arbeitgeber ist zudem verpflichtet, in Versammlungen schwerbehinderter Menschen über alle Angelegenheiten zu berichten, die mit der Eingliederung schwerbehinderter Menschen in Zusammenhang stehen. Im Übrigen können in der Vereinbarung weitere Regelungen, z. B. zur Teilzeitarbeit, getroffen werden.

Treten in einem Beschäftigungsverhältnis mit schwerbehinderten Menschen Schwierigkeiten auf, die personen-, verhaltens- oder betriebsbedingt sind, muss der Arbeitgeber möglichst frühzeitig die Schwerbehindertenvertretung einschalten (§ 167 SGB IX). Es müssen dann Einzelheiten darüber erörtert werden, wie diese Schwierigkeiten beseitigt werden können. Ist ein schwerbehinderter Mensch länger als sechs Wochen innerhalb eines Jahres arbeitsunfähig, muss ebenfalls die Schwerbehindertenvertretung eingeschaltet werden.

Stimmt das Integrationsamt der Kündigung zu, beträgt die Kündigungsfrist mindestens vier Wochen (§§ 168, 169 SGB IX). Nach § 170 SGB IX beantragt der Arbeitgeber die Zustimmung zur Kündigung bei dem für den Sitz des Betriebes oder der Dienststelle zuständigen Integrationsamt. Die Beantragung hat schriftlich oder elektronisch zu erfolgen.

Kündigungsschutz

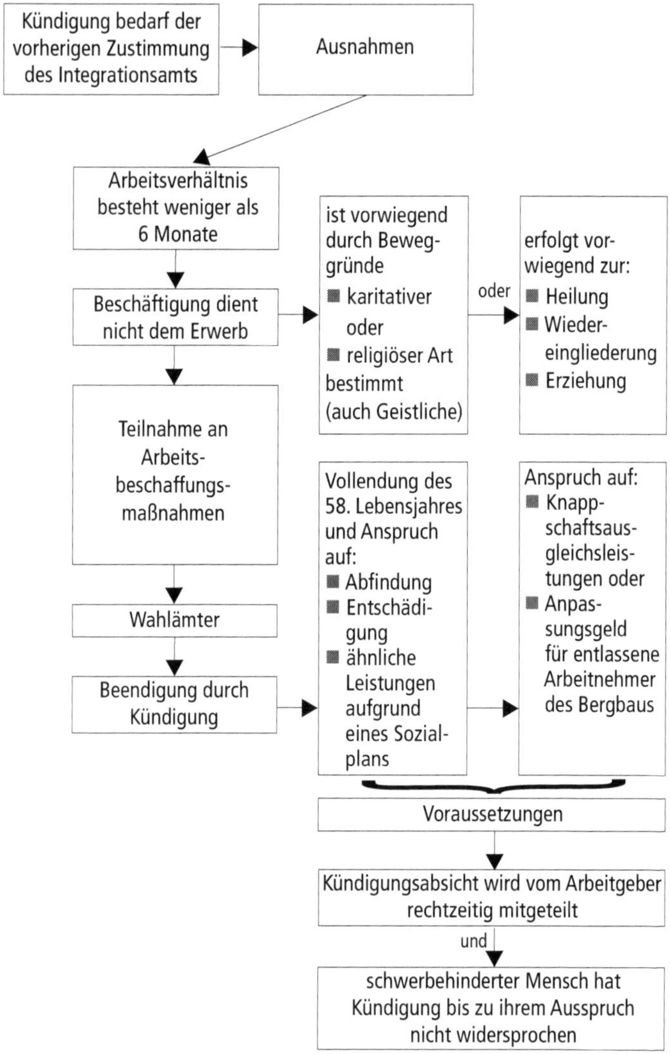

Wichtig: Das Integrationsamt ist verpflichtet, eine Stellungnahme der Personalvertretung (Betriebs- oder Personalrat, Schwerbehindertenvertretung) einzuholen. Seine Entscheidung ist – falls erforderlich – aufgrund mündlicher Verhandlung innerhalb eines Monats, gerechnet vom Tag des Eingangs des Antrags an, zu treffen (§ 171 Abs. 1 SGB IX).

Mit dem Sonderfall der Einstellung oder Auflösung des Betriebs beschäftigt sich § 172 SGB IX, während § 173 SGB IX die im Schaubild (vgl. Seite 58) bereits aufgeführten Ausnahmen vorsieht.

Die vorstehenden Regelungen gelten – mit Ausnahme der Bestimmung des § 169 SGB IX – auch im Fall einer außerordentlichen (fristlosen) Kündigung. § 174 SGB IX sieht hier vor, dass die Zustimmung zur Kündigung nur innerhalb von zwei Wochen beantragt werden kann. Maßgebend ist der Eingang des Antrags beim Integrationsamt. Das Integrationsamt trifft die Entscheidung innerhalb von zwei Wochen vom Tag des Eingangs des Antrags an. Wird innerhalb dieser Frist keine Entscheidung getroffen, gilt die Zustimmung als erteilt. Das Integrationsamt soll die Zustimmung in den Fällen erteilen, in denen die Kündigung aus einem Grund erfolgt, der nicht im Zusammenhang mit der Behinderung des Beschäftigten steht.

In Abs. 6 wird bestimmt, dass schwerbehinderte Menschen, denen lediglich aus Anlass eines Streiks oder einer Aussperrung fristlos gekündigt worden ist, nach Beendigung des Streiks oder der Aussperrung wieder eingestellt werden müssen.

Endet das Beschäftigungsverhältnis ohne Kündigung, wenn teilweise Erwerbsminderung, Erwerbsminderung auf Zeit oder Berufsunfähigkeit vorliegt, ist ebenfalls die Zustimmung des Integrationsamtes erforderlich. Das gilt nicht, wenn die Beendigung wegen voller Erwerbsminderung oder Erwerbsunfähigkeit (aufgrund einer Übergangsregelung im SGB VI) erfolgt.

Rechtsgrundlagen für die Personalvertretungen in Zusammenhang mit schwerbehinderten Menschen sind die §§ 176 bis 183 SGB IX. § 177 SGB IX beschäftigt sich mit Wahl und Amtszeit der Schwerbehindertenvertretung.

Danach werden in Betrieben und Dienststellen, in denen wenigstens fünf schwerbehinderte Menschen nicht nur vorübergehend beschäftigt sind, eine Vertrauensperson und wenigstens ein stellvertretendes Mitglied gewählt. Letzteres vertritt die Vertrauensperson im Fall der Verhinderung bei Abwesenheit oder Wahrnehmung anderer Aufgaben.

Vergleichbare Regelungen gelten für die anderen im nachfolgenden Schaubild aufgeführten Personalvertretungen (vgl. Seite 61).

Betriebe oder Dienststellen, die nicht über die notwendige Arbeitnehmerzahl verfügen, können für die Wahl mit räumlich nahe liegenden

Betrieben des Arbeitgebers oder gleichstufigen Dienststellen derselben Verwaltung zusammengefasst werden. Über die Zusammenfassung entscheidet der Arbeitgeber im Benehmen mit dem für den Sitz der Betriebe oder Dienststellen bzw. Gerichten zuständigen Integrationsamt.

Wahlberechtigt sind alle in dem Betrieb oder der Dienststelle beschäftigten schwerbehinderten Menschen. Dagegen sind alle in dem Betrieb oder der Dienststelle nicht nur vorübergehend Beschäftigten wählbar. Sie müssen am Wahltag das 18. Lebensjahr vollendet haben. Ferner müssen sie dem Betrieb oder der Dienststelle seit sechs Monaten angehören. Besteht der Betrieb oder die Dienststelle weniger als ein Jahr, so bedarf es für die Wählbarkeit nicht der sechsmonatigen Zugehörigkeit.

Die regelmäßigen Wahlen finden alle vier Jahre in der Zeit vom 1. 10. bis 30. 11. statt, außerhalb dieser Zeiten in den in § 177 Abs. 5 SGB IX aufgeführten Fällen.

Die Vertrauensperson und das stellvertretende Mitglied werden in geheimer und unmittelbarer Wahl nach den Grundsätzen der Mehrheitswahl gewählt.

Nach § 179 SGB IX führen die Vertrauenspersonen ihr Amt unentgeltlich als Ehrenamt. Sie dürfen in der Ausübung ihres Amtes nicht behindert oder wegen ihres Amtes nicht benachteiligt oder begünstigt werden. Dies gilt auch für ihre berufliche Entwicklung. Sie besitzen den gleichen Kündigungs-, Versetzungs- und Abordnungsschutz wie ein Mitglied des Betriebs-, Personal-, Staatsanwalts- oder Richterrats. Das gilt auch für das stellvertretende Mitglied während der Dauer der Vertretung. Die Vertrauenspersonen werden von ihrer beruflichen Tätigkeit ohne Minderung des Arbeitsentgelts oder der Dienstbezüge befreit, wenn und soweit es zur Durchführung ihrer Aufgaben erforderlich ist. Sind in den Betrieben und Dienststellen in der Regel wenigstens 100 schwerbehinderte Menschen beschäftigt, wird die Vertrauensperson auf ihren Wunsch ganz freigestellt. Weitergehende Vereinbarungen sind zulässig. Eine Freistellung von der Arbeitsleistung ohne Minderung des Entgeltes erfolgt auch für die Teilnahme an Schulungs- und Bildungsveranstaltungen. Dies gilt aber nur, soweit diese Kenntnisse vermitteln, die für die Arbeit der Schwerbehindertenvertretung erforderlich sind.

Mit der Konzern-, Gesamt-, Bezirks- und Hauptschwerbehindertenvertretung beschäftigt sich § 180 SGB IX. Eine Gesamtschwerbehindertenvertretung ist zu wählen, wenn für mehrere Betriebe eines Arbeitgebers ein Gesamtbetriebsrat oder für den Geschäftsbereich mehrerer Dienststellen ein Gesamtpersonalrat errichtet ist.

Aufgrund § 181 SGB IX bestellt der Arbeitgeber einen Beauftragten (Inklusionsbeauftragter), der ihn in Angelegenheiten schwerbehinderter Menschen verantwortlich vertritt. Falls erforderlich, können mehrere Beauftragte bestellt werden. Nach Möglichkeit soll der Beauftragte

Personalvertretungen der schwerbehinderten Menschen

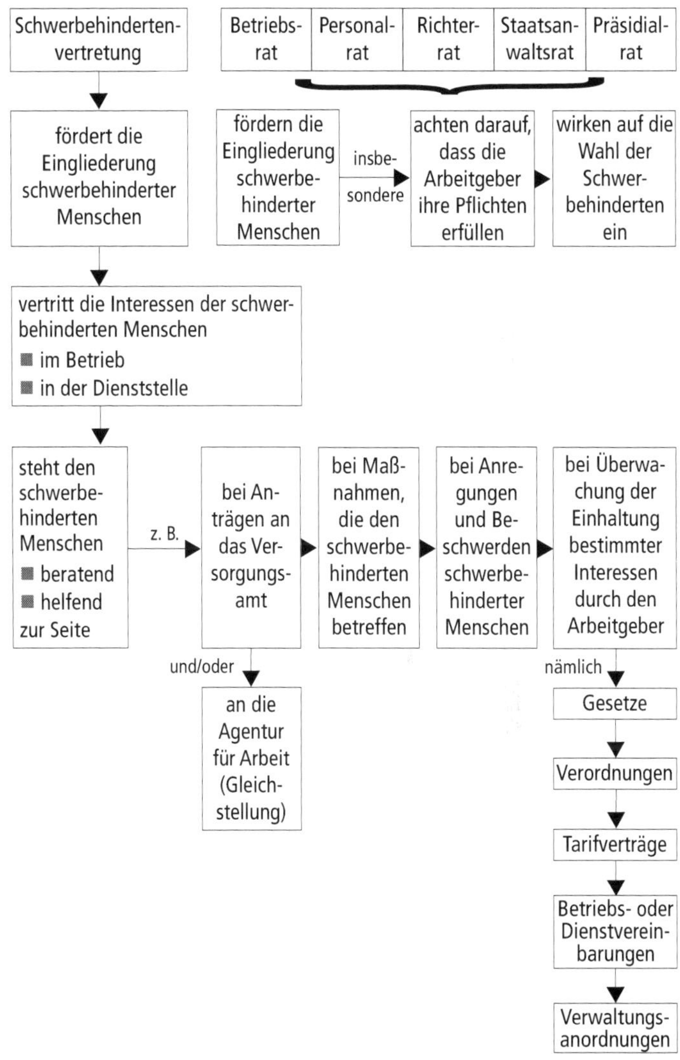

selbst ein schwerbehinderter Mensch sein. Der Beauftragte achtet vor allem darauf, dass dem Arbeitgeber obliegende Verpflichtungen erfüllt werden. Der Arbeitgeber und der Inklusionsbeauftragte sowie die Schwerbehindertenvertretung arbeiten zur Teilhabe schwerbehinderter Menschen am Arbeitsleben in dem Betrieb oder der Dienststelle zusammen. Sie unterstützen sich gegenseitig bei der Erfüllung ihrer Aufgaben. Vertrauensperson und Beauftragter des Arbeitgebers sind Verbindungspersonen sowohl zur Bundesagentur für Arbeit als auch zu dem Integrationsamt.

Durchführung der besonderen Regelungen zur Teilhabe schwerbehinderter Menschen

Die Durchführung der besonderen Regelungen zur Teilhabe schwerbehinderter Menschen wird in Teil 3 Kapitel 6 des SGB IX in den §§ 184 bis 191 geregelt.

Eine wichtige Rolle kommt dem Integrationsamt zu (vgl. Schaubild, Seite 63):

Nach § 186 SGB IX wird bei jedem Integrationsamt ein Beratender Ausschuss für behinderte Menschen gebildet. Dieser Ausschuss fördert die Teilhabe behinderter Menschen am Arbeitsleben. Der Ausschuss unterstützt im Übrigen das Integrationsamt bei der Durchführung der besonderen Regelungen für die schwerbehinderten Menschen zur Teilhabe am Arbeitsleben und wirkt bei der Vergabe der Mittel der Ausgleichsabgabe mit. Soweit die Mittel der Ausgleichsabgabe zur institutionellen Förderung verwendet werden, macht der Beratende Ausschuss Vorschläge für die Entscheidung des Integrationsamtes. Der Ausschuss besteht aus zehn Mitgliedern. Er setzt sich nach näherer Maßgabe des § 186 Abs. 2 SGB IX zusammen.

§ 187 SGB IX sieht die Aufgaben der Bundesagentur für Arbeit vor. Es handelt sich hier um Aufgaben, die im SGB III geregelt sind. Als Besonderheit ist zu beachten, dass bei der Bundesagentur für Arbeit ein beratender Ausschuss für behinderte Menschen zu bilden ist (§ 188 SGB IX). Er hat die Aufgabe, die Teilhabe der behinderten Menschen am Arbeitsleben durch Vorschläge zu fördern. Ferner hat er die Bundesagentur für Arbeit bei der Durchführung der zur Teilhabe behinderter und schwerbehinderter Menschen am Arbeitsleben übertragenen Aufgaben zu unterstützen. Die Zusammensetzung des aus elf Mitgliedern bestehenden Ausschusses ergibt sich aus § 188 Abs. 2 SGB IX.

Integrationsfachdienste und Inklusionsbetriebe

Integrationsfachdienste sind Dienste Dritter, die im Auftrag der Bundesagentur für Arbeit, der Rehabilitationsträger und der Integrationsämter bei der Durchführung der Maßnahmen zur Teilhabe schwerbehinder-

Integrationsämter

Ämter für die Sicherung der Integration schwerbehinderter Menschen im Arbeitsleben

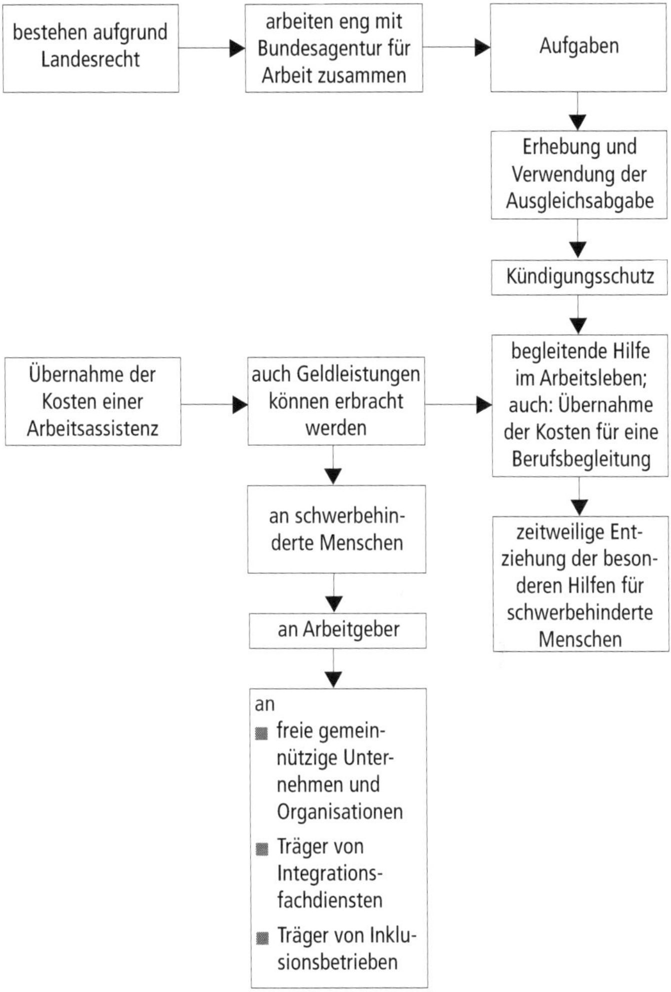

4

ter Menschen am Arbeitsleben beteiligt werden. Angesprochen sind hier insbesondere

- schwerbehinderte Menschen mit einem besonderen Bedarf an arbeitsbegleitender Betreuung,
- schwerbehinderte Menschen, die nach zielgerichteter Vorbereitung durch die Werkstatt für behinderte Menschen am Arbeitsleben auf dem allgemeinen Arbeitsmarkt teilhaben sollen und dabei auf aufwändige, personalintensive und individuelle arbeitsbegleitende Hilfen angewiesen sind,

Werkstätten für behinderte Menschen

Einrichtung zur Teilhabe behinderter Menschen am Arbeitsleben →	Einrichtung hat denjenigen behinderten Menschen, die wegen Art und Schwere der Behinderung noch nicht oder noch nicht wieder auf dem allgemeinen Arbeitsmarkt beschäftigt werden können, ■ eine angemessene berufliche Bildung und eine Beschäftigung zu einem ihrer Leistung angemessenen Arbeitsentgelt aus dem Arbeitsergebnis anzubieten und ■ zu ermöglichen, dass die Leistungs- oder Erwerbsfähigkeit erhalten, entwickelt, erhöht oder wiedergewonnen wird. Dabei ist die Persönlichkeit dieser Menschen weiterzuentwickeln.
Steht allen behinderten Menschen unabhängig von Art und Schwere der Behinderung offen →	Voraussetzung: Es muss erwartet werden können, dass die behinderten Menschen spätestens nach Teilnahme an Maßnahmen im Berufsbildungsbereich wenigstens ein Mindestmaß wirtschaftlich verwertbarer Arbeitsleistung erbringen werden.
Behinderte Menschen, die die Voraussetzungen für eine Beschäftigung in einer Werkstatt *nicht* erfüllen →	sollen in Einrichtungen oder Gruppen betreut und gefördert werden, die der Werkstatt angegliedert sind.

- schwerbehinderte Schulabgänger, die für die Aufnahme einer Beschäftigung auf dem allgemeinen Arbeitsmarkt auf die Unterstützung eines Integrationsfachdienstes angewiesen sind.

Die Aufgaben der Integrationsfachdienste ergeben sich aus § 193 SGB IX. Als Grundsatz gilt, dass sie zur Teilhabe schwerbehinderter Menschen am Arbeitsleben beteiligt werden.

Das geschieht, indem sie die schwerbehinderten Menschen beraten, unterstützen und auf geeignete Arbeitsplätze vermitteln. Ferner haben sie die Arbeitgeber zu informieren, zu beraten und ihnen Hilfe zu leisten. Weitere Aufgaben der Integrationsfachdienste ergeben sich aus § 193 Abs. 2 SGB IX.

Inklusionsbetriebe sind gemäß § 215 SGB IX rechtlich und wirtschaftlich selbstständige Unternehmen (Integrationsunternehmen) oder unternehmensinterne oder von öffentlichen Arbeitgebern geführte Betriebe oder Abteilungen. Sie dienen der Beschäftigung schwerbehinderter Menschen auf dem Arbeitsmarkt. Dabei muss es sich um schwerbehinderte Menschen handeln, deren Teilhabe an einer sonstigen Beschäftigung auf dem allgemeinen Arbeitsmarkt auf besondere Schwierigkeiten stößt. Diese Voraussetzung muss aufgrund von Art oder Schwere der Behinderung oder wegen sonstiger Umstände voraussichtlich trotz Ausschöpfung aller Fördermöglichkeiten und des Einsatzes von Integrationsfachdiensten vorliegen.

§ 215 Abs. 2 SGB IX regelt im Übrigen, wer schwerbehinderte Menschen im vorstehenden Sinne sind.

Im obigen Sinne müssen bei Inklusionsbetrieben, damit sie als solche gelten können, mindestens 30 Prozent aller Arbeitnehmer als schwerbehinderte Menschen beschäftigt werden. Allerdings soll der Anteil schwerbehinderter Menschen in der Regel 50 Prozent nicht übersteigen. Näheres zu den Aufgaben der Inklusionsbetriebe bestimmt § 216 SGB IX. Im Übrigen können Inklusionsbetriebe aus Mitteln der Ausgleichsabgabe Leistungen für Aufbau, Erweiterung, Modernisierung und Ausstattung einschließlich einer betriebswirtschaftlichen Beratung und für besonderen Aufwand erhalten.

Unentgeltliche Beförderung schwerbehinderter Menschen im öffentlichen Personenverkehr

Teil 3 des SGB IX beschäftigt sich in seinem 13. Kapitel (§§ 228 bis 237) mit der unentgeltlichen Beförderung schwerbehinderter Menschen im öffentlichen Personenverkehr. Anspruch haben gemäß § 228 SGB IX schwerbehinderte Menschen, die infolge ihrer Behinderung in ihrer Bewegungsfähigkeit im Straßenverkehr erheblich beeinträchtigt oder hilflos oder gehörlos sind. Sie werden von Unternehmen, die öffentlichen Personenverkehr betreiben, gegen Vorzeigen eines entsprechend gekennzeichneten Ausweises (Schwerbehindertenausweis mit entsprechenden Merkzeichen) im Nahverkehr unentgeltlich befördert. Die unentgeltliche Beförderung verpflichtet zur Zahlung eines tarifmäßigen Zuschlags bei der Benutzung zuschlagspflichtiger Züge des Nahverkehrs. Voraussetzung für die unentgeltliche Beförderung ist eine gültige Wertmarke im Ausweis des schwerbehinderten Menschen. Diese Wertmarke wird gegen Entrichtung eines Betrages von 80 Euro für ein Jahr oder 40 Euro für ein halbes Jahr ausgegeben. Beim Vorliegen bestimmter Voraussetzungen erhält der schwerbehinderte Mensch eine Jahres-Wertmarke auch ohne Zahlung. Dies ist unter anderem bei Vorliegen von Blindheit der Fall.

Jemand ist in seiner Bewegungsfähigkeit im Straßenverkehr erheblich beeinträchtigt, wenn er infolge einer Einschränkung des Gehvermögens nicht ohne erhebliche Schwierigkeiten oder nicht ohne Gefahren für sich oder andere Wegstrecken im Ortsverkehr zurückzulegen vermag, die üblicherweise noch zu Fuß zurückgelegt werden. Rechtsgrundlage für die persönlichen Voraussetzungen für den Anspruch auf unentgeltliche Beförderung im öffentlichen Personenverkehr ist § 229 SGB IX.

Schwerbehinderte Menschen mit außergewöhnlicher Gehbehinderung sind in § 229 Abs. 3 SGB IX als Personen mit erheblichen mobilitätsbezogenen Teilhabebeeinträchtigungen beschrieben, die einem Grad der Behinderung von mindestens 80 entspricht. Eine erhebliche mobilitätsbezogene Teilhabebeeinträchtigung liegt vor, wenn sich die schwerbehinderten Menschen wegen der Schwere ihrer Beeinträchtigung dauernd nur mit fremder Hilfe oder mit großer Anstrengung außerhalb ihres Kraftfahrzeugs bewegen können. Hierzu zählen insbesondere schwerbehinderte Menschen, die aufgrund der Beeinträchtigung der Gehfähigkeit und Fortbewegung – dauerhaft auch für sehr kurze Entfernungen – aus medizinischer Notwendigkeit auf die Verwendung eines Rollstuhls angewiesen sind. Verschiedenste Gesundheitsstörungen können die Gehfähigkeit erheblich beeinträchtigen.

Diese sind als außergewöhnliche Gehbehinderung anzusehen, wenn nach versorgungsärztlicher Feststellung die Auswirkung der Gesundheitsstörungen sowie deren Kombination auf die Gehfähigkeit dauerhaft so schwer ist, dass sie einer außergewöhnlichen Gehbehinderung gleichkommt.

Unter bestimmten Voraussetzungen besteht für die Begleitperson eines schwerbehinderten Menschen ein Anspruch auf unentgeltliche Beförderung im Nah- und Fernverkehr. Das Gleiche gilt für die unentgeltliche Beförderung des Handgepäcks sowie bestimmter Hilfsmittel (einschl. Blindenführhund) – vgl. dazu im Einzelnen § 229 Abs. 2 SGB IX.

Was als Nah- und Fernverkehr anzusehen ist, ergibt sich aus § 230 SGB IX. Die §§ 231 bis 233 SGB IX beschäftigen sich mit dem Verfahren zur Erstattung der Fahrgeldausfälle an die Beförderungsunternehmen.

Bußgeld- und Strafbestimmungen

§ 238 SGB IX sieht ein Bußgeld für den Fall vor, dass jemand gegen bestimmte Vorschriften verstößt. Das Vorliegen einer Ordnungswidrigkeit setzt Vorsatz oder Fahrlässigkeit voraus. Vorsätzlich handelt, wer bewusst etwas tut, also den schädigenden Erfolg seines Tuns kennt. Dagegen handelt fahrlässig, wer die im Rechtsverkehr erforderliche Sorgfalt außer Acht lässt. Grobe Fahrlässigkeit wird im Übrigen nicht gefordert, es genügt leicht fahrlässiges Verhalten.

Nach § 238 Abs. 1 Nr. 1 SGB IX handelt ordnungswidrig, wer schwerbehinderte Menschen nicht beschäftigt, also gegen § 154 Abs. 1 Satz 1 SGB IX verstößt. Das Gleiche gilt für denjenigen, der das in § 163 Abs. 1 SGB IX vorgesehene Verzeichnis nicht führt (§ 238 Abs. 1 Nr. 2 SGB IX). Ordnungswidrig handelt auch, wer gemäß § 163 Abs. 2 SGB IX die Anzeige an die Bundesagentur für Arbeit nicht, nicht richtig, nicht vollständig oder nicht in der vorgeschriebenen Weise bzw. nicht rechtzeitig erstattet.

Wichtig: Wer eine Auskunft der Bundesagentur für Arbeit oder dem Integrationsamt nicht, nicht richtig, nicht vollständig oder nicht rechtzeitig erteilt, handelt ordnungswidrig (§ 238 Abs. 1 Nr. 4 SGB IX).

Das Gleiche gilt für denjenigen, der den vorgeschriebenen Einblick in den Betrieb nicht gibt oder eine Vertrauensperson nicht oder nicht rechtzeitig benennt (§ 238 Abs. 1 Nr. 5, 6 SGB IX). Wer bestimmte Personen über Bewerbungen schwerbehinderter Menschen nicht informiert, handelt genauso fahrlässig wie jemand, der die Nichterfüllung seiner Beschäftigungspflicht nicht erörtert oder die Schwerbehindertenvertretung nicht, nicht richtig, nicht vollständig oder nicht rechtzeitig unterrichtet oder nicht bzw. nicht rechtzeitig anhört (§ 238 Abs. 1 Nr. 7, 8 SGB IX).

Die Ordnungswidrigkeit kann mit einer Geldbuße bis zu 10.000 Euro geahndet werden (§ 238 Abs. 2 SGB IX). Die Geldbuße ist an das Integrationsamt abzuführen. Sie ist wie die Ausgleichsabgabe zu verwenden.

5 Gesetzliche Grundlagen

-K-U-N-D-E-N-B-E-L-E-G-

UG Dr. Eckert GmbH
Presse & Buch im Hbf.
Trankgasse 11
50667 Koeln
1260107

Terminal-ID : 54027710
TA-Nr 590015 BNr 5328

Kartenzahlung
SEPA Lastschrift
TSD Online

EUR 12,95

CDGM
Kurz-BLZ #####
Kto. ######2200
Karte 1
IBAN
DE5243############2200
G-ID DE91SCL00000000756
M-ID
5402771053282101141037
AID 000000
Datum 14.01.21 10:37 Uhr

Zahlung erfolgt

BITTE BELEG AUFBEWAHREN

Der Lastschrifteinzug erfolgt frühestens am nächsten Bankarbeitstag.

Kauf. Zudem wer… ungsdaten zur Verhinderung vo
Kartenmissbrauch gemeinsam mit den Rücklastschriftdate
zur Begrenzung des Risikos von Zahlungsausfälle
gespeichert und genutzt. TeleCash erteilt insoweit auch a
andere Händler, die an ihrem System angeschlossen sin
Empfehlungen, ob eine Zahlung mit girocard und Unterschri
akzeptiert werden kann. Die o.g. Daten können bei Bedarf zu
Störungsbehebung auch von Konzernunternehmen vo
TeleCash und ihren Auftragnehmern außerhalb der EU unt
Beachtung der Datenschutzbestimmungen verarbeitet werden

SEPA Lastschriftmandat
Ich ermächtige oben/umseitig genanntes Unternehmen
einmalig eine Zahlung von meinem Konto mittels Lastschri
einzuziehen. Bei Nichteinlösung der Lastschrift ermächtige ic
das Unternehmen oder die TeleCash GmbH & Co. K
Konrad-Adenauer-Allee 1, 61118 Bad Vilbel (Gläubiger I
DE80RLS00000190298) ("TeleCash") zum neuerlichen Einzu
des Zahlungsbetrages zzgl. Kosten (z.B. Rücklastschriftentge
meines Kreditinstituts). Zugleich weise ich mein Kreditinstitut a
die auf mein Konto gezogene Lastschrift einzulösen. Hinweis: Ic
kann innerhalb von acht Wochen, beginnend mit de
Belastungsdatum, die Erstattung des belasteten Betrage
verlangen. Es gelten dabei die mit meinem Kreditinstit
vereinbarten Bedingungen. Der Lastschrifteinzug erfol
frühestens am nächsten Bankarbeitstag.

Adressweitergabe
Ich weise mein Kreditinstitut unwiderruflich an, b
Nichteinlösung der Lastschrift dem Unternehmen oder TeleCas
auf Anforderung meinen Namen und meine Anschrift z
Geltendmachung der Forderung mitzuteilen.

Unterschrift

Datenschutzrechtliche Information
Meine Zahlungsdaten (meine Bankverbindung, Kartenve
fallsdatum, Kartenfolgenummer, Datum, Uhrzeit, Zahlung
betrag, Terminalkennung) werden zur Kartenprüfung ur
Zahlungsabwicklung an TeleCash übermittelt. An TeleCash wi
ferner übermittelt, wenn eine Lastschrift – Näheres siehe Anhang
mir widerrufen wurde (Rücklastschrift), mit dem Widerr
außer wenn ich im Zusammenhang liegenden Geschä
erklärtermaßen Rechte aus dem zugrunde eines Sachmangels bei eine
geltend gemacht habe, z.B. wegen
Kauf. Zudem werden die Zahlungsdaten **zur Verhinderung vo**
Kartenmissbrauch gemeinsam mit den Rücklastschriftdate
zur Begrenzung des Risikos von Zahlungsausfälle
gespeichert und genutzt. TeleCash erteilt insoweit auch a
andere Händler, die an ihrem System angeschlossen sin
Empfehlungen, ob eine Zahlung mit girocard und Unterschr
akzeptiert werden kann. Die o.g. Daten können bei Bedarf z
Störungsbehebung auch von Konzernunternehmen vo
TeleCash und ihren Auftragnehmern außerhalb der EU unt
Beachtung der Datenschutzbestimmungen verarbeitet werde

Sozialgesetzbuch Neuntes Buch – Rehabilitation und Teilhabe von Menschen mit Behinderungen – (Neuntes Buch Sozialgesetzbuch – SGB IX)

Vom 23. Dezember 2016 (BGBl. I S. 3234)

Inhaltsübersicht

5

Kapitel 14
Beteiligung der Verbände und Träger

Teil 2
Besondere Leistungen zur selbstbestimmten Lebensführung für Menschen mit Behinderungen (Eingliederungshilferecht)

Kapitel 1
Allgemeine Vorschriften

Kapitel 2
Grundsätze der Leistungen

Kapitel 3
Medizinische Rehabilitation

Kapitel 4
Teilhabe am Arbeitsleben

Kapitel 5
Teilhabe an Bildung

Kapitel 6
Soziale Teilhabe

Kapitel 7
Gesamtplanung

Kapitel 8
Vertragsrecht

Teil 1
Regelungen für behinderte und von Behinderung bedrohte Menschen

Kapitel 1
Allgemeine Vorschriften

§ 1 Selbstbestimmung und Teilhabe am Leben in der Gesellschaft

1Menschen mit Behinderungen oder von Behinderung bedrohte Menschen erhalten Leistungen nach diesem Buch und den für die Rehabilitationsträger geltenden Leistungsgesetzen, um ihre Selbstbestimmung und ihre volle, wirksame und gleichberechtigte Teilhabe am Leben in der Gesellschaft zu fördern, Benachteiligungen zu vermeiden oder ihnen entgegenzuwirken. 2Dabei wird den besonderen Bedürfnissen von Frauen und Kindern mit Behinderungen und von Behinderung bedrohter Frauen und Kinder sowie Menschen mit seelischen Behinderungen oder von einer solchen Behinderung bedrohter Menschen Rechnung getragen.

§ 2 Begriffsbestimmungen

(1) 1Menschen mit Behinderungen sind Menschen, die körperliche, seelische, geistige oder Sinnesbeeinträchtigungen haben, die sie in Wechselwirkung mit einstellungs- und umweltbedingten Barrieren an der gleichberechtigten Teilhabe an der Gesellschaft mit hoher Wahrscheinlichkeit länger als sechs Monate hindern können. 2Eine Beeinträchtigung nach Satz 1 liegt vor, wenn der Körper- und Gesundheitszustand von dem für das Lebensalter typischen Zustand abweicht. 3Menschen sind von Behinderung bedroht, wenn eine Beeinträchtigung nach Satz 1 zu erwarten ist.

(2) Menschen sind im Sinne des Teils 3 schwerbehindert, wenn bei ihnen ein Grad der Behinderung von wenigstens 50 vorliegt und sie ihren Wohnsitz, ihren gewöhnlichen Aufenthalt oder ihre Beschäftigung auf einem Arbeitsplatz im Sinne des § 156 rechtmäßig im Geltungsbereich dieses Gesetzbuches haben.

(3) Schwerbehinderten Menschen gleichgestellt werden sollen Menschen mit Behinderungen mit einem Grad der Behinderung von weniger als 50, aber wenigstens 30, bei denen die übrigen Voraussetzungen des Absatzes 2 vorliegen, wenn sie infolge ihrer Behinderung ohne die Gleichstellung einen geeigneten Arbeitsplatz im Sinne des § 156 nicht erlangen oder nicht behalten können (gleichgestellte behinderte Menschen).

§ 3 Vorrang von Prävention

(1) Die Rehabilitationsträger und die Integrationsämter wirken bei der Aufklärung, Beratung, Auskunft und Ausführung von Leistungen im Sinne des Ersten Buches sowie im Rahmen der Zusammenarbeit mit den Arbeitgebern nach § 167 darauf hin, dass der Eintritt einer Behinderung einschließlich einer chronischen Krankheit vermieden wird.

(2) Die Rehabilitationsträger nach § 6 Absatz 1 Nummer 1 bis 4 und 6 und ihre Verbände wirken bei der Entwicklung und Umsetzung der Nationalen Präventionsstrategie nach den Bestimmungen der §§ 20d bis 20g des Fünften Buches mit, insbesondere mit der Zielsetzung der Vermeidung von Beeinträchtigungen bei der Teilhabe am Leben in der Gesellschaft.

(3) Bei der Erbringung von Leistungen für Personen, deren berufliche Eingliederung auf Grund gesundheitlicher Einschränkungen besonders erschwert ist, arbeiten die Krankenkassen mit der Bundesagentur für Arbeit und mit den kommunalen Trägern der Grundsicherung für Arbeitsuchende nach § 20a des Fünften Buches eng zusammen.

§ 4 Leistungen zur Teilhabe

(1) Die Leistungen zur Teilhabe umfassen die notwendigen Sozialleistungen, um unabhängig von der Ursache der Behinderung

1. die Behinderung abzuwenden, zu beseitigen, zu mindern, ihre Verschlimmerung zu verhüten oder ihre Folgen zu mildern,
2. Einschränkungen der Erwerbsfähigkeit oder Pflegebedürftigkeit zu vermeiden, zu überwinden, zu mindern oder eine Verschlimmerung zu verhüten sowie den vorzeitigen Bezug anderer Sozialleistungen zu vermeiden oder laufende Sozialleistungen zu mindern,
3. die Teilhabe am Arbeitsleben entsprechend den Neigungen und Fähigkeiten dauerhaft zu sichern oder
4. die persönliche Entwicklung ganzheitlich zu fördern und die Teilhabe am Leben in

5

der Gesellschaft sowie eine möglichst selbständige und selbstbestimmte Lebensführung zu ermöglichen oder zu erleichtern.

(2) 1Die Leistungen zur Teilhabe werden zur Erreichung der in Absatz 1 genannten Ziele nach Maßgabe dieses Buches und der für die zuständigen Leistungsträger geltenden besonderen Vorschriften neben anderen Sozialleistungen erbracht. 2Die Leistungsträger erbringen die Leistungen im Rahmen der für sie geltenden Rechtsvorschriften nach Lage des Einzelfalles so vollständig, umfassend und in gleicher Qualität, dass Leistungen eines anderen Trägers möglichst nicht erforderlich werden.

(3) 1Leistungen für Kinder mit Behinderungen oder von Behinderung bedrohte Kinder werden so geplant und gestaltet, dass nach Möglichkeit Kinder nicht von ihrem sozialen Umfeld getrennt und gemeinsam mit Kindern ohne Behinderungen betreut werden können. 2Dabei werden Kinder mit Behinderungen alters- und entwicklungsentsprechend an der Planung und Ausgestaltung der einzelnen Hilfen beteiligt und ihre Sorgeberechtigten intensiv in Planung und Gestaltung der Hilfen einbezogen.

(4) Leistungen für Mütter und Väter mit Behinderungen werden gewährt, um diese bei der Versorgung und Betreuung ihrer Kinder zu unterstützen.

§ 5 Leistungsgruppen

Zur Teilhabe am Leben in der Gesellschaft werden erbracht:

1. Leistungen zur medizinischen Rehabilitation,
2. Leistungen zur Teilhabe am Arbeitsleben,
3. unterhaltssichernde und andere ergänzende Leistungen,
4. Leistungen zur Teilhabe an Bildung und
5. Leistungen zur sozialen Teilhabe.

§ 6 Rehabilitationsträger

(1) Träger der Leistungen zur Teilhabe (Rehabilitationsträger) können sein:

1. die gesetzlichen Krankenkassen für Leistungen nach § 5 Nummer 1 und 3,
2. die Bundesagentur für Arbeit für Leistungen nach § 5 Nummer 2 und 3,
3. die Träger der gesetzlichen Unfallversicherung für Leistungen nach § 5 Nummer 1 bis 3 und 5; für Versicherte nach § 2 Absatz 1 Nummer 8 des Siebten Buches die für diese zuständigen Unfallversicherungsträger für Leistungen nach § 5 Nummer 1 bis 5,
4. die Träger der gesetzlichen Rentenversicherung für Leistungen nach § 5 Nummer 1 bis 3, der Träger der Alterssicherung der Landwirte für Leistungen nach § 5 Nummer 1 und 3,
5. die Träger der Kriegsopferversorgung und die Träger der Kriegsopferfürsorge im Rahmen des Rechts der sozialen Entschädigung bei Gesundheitsschäden für Leistungen nach § 5 Nummer 1 bis 5,
6. die Träger der öffentlichen Jugendhilfe für Leistungen nach § 5 Nummer 1, 2, 4 und 5 sowie
7. die Träger der Eingliederungshilfe für Leistungen nach § 5 Nummer 1, 2, 4 und 5.

(2) Die Rehabilitationsträger nehmen ihre Aufgaben selbständig und eigenverantwortlich wahr.

(3) 1Die Bundesagentur für Arbeit ist auch Rehabilitationsträger für die Leistungen zur Teilhabe am Arbeitsleben für erwerbsfähige Leistungsberechtigte mit Behinderungen im Sinne des Zweiten Buches, sofern nicht ein anderer Rehabilitationsträger zuständig ist. 2Die Zuständigkeit der Jobcenter nach § 6d des Zweiten Buches für die Leistungen zur beruflichen Teilhabe von Menschen mit Behinderungen nach § 16 Absatz 1 des Zweiten Buches bleibt unberührt. 3Mit Zustimmung und Beteiligung des Leistungsberechtigten kann die Bundesagentur für Arbeit mit dem zuständigen Jobcenter eine gemeinsame Beratung zur Vorbereitung des Eingliederungsvorschlags durchführen, wenn eine Teilhabeplankonferenz nach § 20 nicht durchzuführen ist. 4Die Leistungsberechtigten und das Jobcenter können der Bundesagentur für Arbeit in diesen Fällen die Durchführung einer gemeinsamen Beratung vorschlagen. 5§ 20 Absatz 3 und § 23 Absatz 2 gelten entsprechend. 6Die Bundesagentur für Arbeit unterrichtet das zuständige Jobcenter und die Leistungsberechtigten schriftlich oder elekt-

ronisch über den festgestellten Rehabilitationsbedarf und ihren Eingliederungsvorschlag. 7Das Jobcenter entscheidet unter Berücksichtigung des Eingliederungsvorschlages innerhalb von drei Wochen über die Leistungen zur beruflichen Teilhabe.

§ 7 Vorbehalt abweichender Regelungen

(1) 1Die Vorschriften im Teil 1 gelten für die Leistungen zur Teilhabe, soweit sich aus den für den jeweiligen Rehabilitationsträger geltenden Leistungsgesetzen nichts Abweichendes ergibt. 2Die Zuständigkeit und die Voraussetzungen für die Leistungen zur Teilhabe richten sich nach den für den jeweiligen Rehabilitationsträger geltenden Leistungsgesetzen. 3Das Recht der Eingliederungshilfe im Teil 2 ist ein Leistungsgesetz im Sinne der Sätze 1 und 2.

(2) 1Abweichend von Absatz 1 gehen die Vorschriften der Kapitel 2 bis 4 den für die jeweiligen Rehabilitationsträger geltenden Leistungsgesetzen vor. 2Von den Vorschriften in Kapitel 4 kann durch Landesrecht nicht abgewichen werden.

§ 8 Wunsch- und Wahlrecht der Leistungsberechtigten

(1) 1Bei der Entscheidung über die Leistungen und bei der Ausführung der Leistungen zur Teilhabe wird berechtigten Wünschen der Leistungsberechtigten entsprochen. 2Dabei wird auch auf die persönliche Lebenssituation, das Alter, das Geschlecht, die Familie sowie die religiösen und weltanschaulichen Bedürfnisse der Leistungsberechtigten Rücksicht genommen; im Übrigen gilt § 33 des Ersten Buches. 3Den besonderen Bedürfnissen von Müttern und Vätern mit Behinderungen bei der Erfüllung ihres Erziehungsauftrages sowie den besonderen Bedürfnissen von Kindern mit Behinderungen wird Rechnung getragen.

(2) 1Sachleistungen zur Teilhabe, die nicht in Rehabilitationseinrichtungen auszuführen sind, können auf Antrag der Leistungsberechtigten als Geldleistungen erbracht werden, wenn die Leistungen hierdurch voraussichtlich bei gleicher Wirksamkeit wirtschaftlich zumindest gleichwertig ausgeführt werden können. 2Für die Beurteilung der Wirksamkeit stellen die Leistungsberechtigten dem Rehabilitationsträger geeignete Unterlagen zur Verfügung. 3Der Rehabilitationsträger begründet durch Bescheid, wenn er den Wünschen des Leistungsberechtigten nach den Absätzen 1 und 2 nicht entspricht.

(3) Leistungen, Dienste und Einrichtungen lassen den Leistungsberechtigten möglichst viel Raum zu eigenverantwortlicher Gestaltung ihrer Lebensumstände und fördern ihre Selbstbestimmung.

(4) Die Leistungen zur Teilhabe bedürfen der Zustimmung der Leistungsberechtigten.

Kapitel 2 Einleitung der Rehabilitation von Amts wegen

§ 9 Vorrangige Prüfung von Leistungen zur Teilhabe

(1) 1Werden bei einem Rehabilitationsträger Sozialleistungen wegen oder unter Berücksichtigung einer Behinderung oder einer drohenden Behinderung beantragt oder erbracht, prüft dieser unabhängig von der Entscheidung über diese Leistungen, ob Leistungen zur Teilhabe voraussichtlich zur Erreichung der Ziele nach den §§ 1 und 4 erfolgreich sein können. 2Er prüft auch, ob hierfür weitere Rehabilitationsträger im Rahmen ihrer Zuständigkeit zur Koordinierung der Leistungen zu beteiligen sind. 3Werden Leistungen zur Teilhabe nach den Leistungsgesetzen nur auf Antrag erbracht, wirken die Rehabilitationsträger nach § 12 auf eine Antragstellung hin.

(2) 1Leistungen zur Teilhabe haben Vorrang vor Rentenleistungen, die bei erfolgreichen Leistungen zur Teilhabe nicht oder voraussichtlich erst zu einem späteren Zeitpunkt zu erbringen wären. 2Dies gilt während des Bezuges einer Rente entsprechend.

(3) 1Absatz 1 ist auch anzuwenden, um durch Leistungen zur Teilhabe Pflegebedürftigkeit zu vermeiden, zu überwinden, zu mindern oder eine Verschlimmerung zu verhüten. 2Die Aufgaben der Pflegekassen als Träger der sozialen Pflegeversicherung bei der Sicherung des Vorrangs von Rehabilitation vor Pflege nach den §§ 18a und 31 des Elften Buches bleiben unberührt.

(4) Absatz 1 gilt auch für die Jobcenter im Rahmen ihrer Zuständigkeit für Leistungen zur beruflichen Teilhabe nach § 6 Absatz 3 mit der Maßgabe, dass sie mögliche Rehabilitationsbedarfe erkennen und auf eine Antragstellung beim voraussichtlich zuständigen Rehabilitationsträger hinwirken sollen.

§ 10 Sicherung der Erwerbsfähigkeit

(1) $_1$Soweit es im Einzelfall geboten ist, prüft der zuständige Rehabilitationsträger gleichzeitig mit der Einleitung einer Leistung zur medizinischen Rehabilitation, während ihrer Ausführung und nach ihrem Abschluss, ob durch geeignete Leistungen zur Teilhabe am Arbeitsleben die Erwerbsfähigkeit von Menschen mit Behinderungen oder von Behinderung bedrohten Menschen erhalten, gebessert oder wiederhergestellt werden kann. $_2$Er beteiligt die Bundesagentur für Arbeit nach § 54.

(2) Wird während einer Leistung zur medizinischen Rehabilitation erkennbar, dass der bisherige Arbeitsplatz gefährdet ist, wird mit den Betroffenen sowie dem zuständigen Rehabilitationsträger unverzüglich geklärt, ob Leistungen zur Teilhabe am Arbeitsleben erforderlich sind.

(3) Bei der Prüfung nach den Absätzen 1 und 2 wird zur Klärung eines Hilfebedarfs nach Teil 3 auch das Integrationsamt beteiligt.

(4) $_1$Die Rehabilitationsträger haben in den Fällen nach den Absätzen 1 und 2 auf eine frühzeitige Antragstellung im Sinne von § 12 nach allen in Betracht kommenden Leistungsgesetzen hinzuwirken und den Antrag ungeachtet ihrer Zuständigkeit für Leistungen zur Teilhabe am Arbeitsleben entgegenzunehmen. $_2$Soweit es erforderlich ist, beteiligen sie unverzüglich die zuständigen Rehabilitationsträger zur Koordinierung der Leistungen nach Kapitel 4.

(5) $_1$Die Rehabilitationsträger wirken auch in den Fällen der Hinzuziehung durch Arbeitgeber infolge einer Arbeitsplatzgefährdung nach § 167 Absatz 2 Satz 4 auf eine frühzeitige Antragstellung auf Leistungen zur Teilhabe nach allen in Betracht kommenden Leistungsgesetzen hin. $_2$Absatz 4 Satz 2 gilt entsprechend.

§ 11 Förderung von Modellvorhaben zur Stärkung der Rehabilitation, Verordnungsermächtigung

(1) Das Bundesministerium für Arbeit und Soziales fördert im Rahmen der für diesen Zweck zur Verfügung stehenden Haushaltsmittel im Aufgabenbereich der Grundsicherung für Arbeitsuchende und der gesetzlichen Rentenversicherung Modellvorhaben, die den Vorrang von Leistungen zur Teilhabe nach § 9 und die Sicherung der Erwerbsfähigkeit nach § 10 unterstützen.

(2) $_1$Das Nähere regeln Förderrichtlinien des Bundesministeriums für Arbeit und Soziales. $_2$Die Förderdauer der Modellvorhaben beträgt fünf Jahre. $_3$Die Förderrichtlinien enthalten ein Datenschutzkonzept.

(3) Das Bundesministerium für Arbeit und Soziales kann durch Rechtsverordnung ohne Zustimmung des Bundesrates regeln, ob und inwieweit die Jobcenter nach § 6d des Zweiten Buches, die Bundesagentur für Arbeit und die Träger der gesetzlichen Rentenversicherung bei der Durchführung eines Modellvorhabens nach Absatz 1 von den für sie geltenden Leistungsgesetzen sachlich und zeitlich begrenzt abweichen können.

(4) $_1$ Die zuwendungsrechtliche und organisatorische Abwicklung der Modellvorhaben nach Absatz 1 erfolgt durch die Deutsche Rentenversicherung Knappschaft-Bahn-See unter der Aufsicht des Bundesministeriums für Arbeit und Soziales. $_2$Die Aufsicht erstreckt sich auch auf den Umfang und die Zweckmäßigkeit der Modellvorhaben. $_3$Die Ausgaben, welche der Deutschen Rentenversicherung Knappschaft-Bahn-See aus der Abwicklung der Modellvorhaben entstehen, werden aus den Haushaltsmitteln nach Absatz 1 vom Bund erstattet. $_4$Das Nähere ist durch Verwaltungsvereinbarung zu regeln.

(5) $_1$Das Bundesministerium für Arbeit und Soziales untersucht die Wirkungen der Modellvorhaben. $_2$Das Bundesministerium für Arbeit und Soziales kann Dritte mit diesen Untersuchungen beauftragen.

Kapitel 3
Erkennung und Ermittlung des Rehabilitationsbedarfs

§ 12 Maßnahmen zur Unterstützung der frühzeitigen Bedarfserkennung

(1) $_{1}$Die Rehabilitationsträger stellen durch geeignete Maßnahmen sicher, dass ein Rehabilitationsbedarf frühzeitig erkannt und auf eine Antragstellung der Leistungsberechtigten hingewirkt wird. $_{2}$Die Rehabilitationsträger unterstützen die frühzeitige Erkennung des Rehabilitationsbedarfs insbesondere durch die Bereitstellung und Vermittlung von geeigneten barrierefreien Informationsangeboten über

1. Inhalte und Ziele von Leistungen zur Teilhabe,
2. die Möglichkeit der Leistungsausführung als Persönliches Budget,
3. das Verfahren zur Inanspruchnahme von Leistungen zur Teilhabe und
4. Angebote der Beratung, einschließlich der ergänzenden unabhängigen Teilhabeberatung nach § 32.

$_{3}$Die Rehabilitationsträger benennen Ansprechstellen, die Informationsangebote nach Satz 2 an Leistungsberechtigte, an Arbeitgeber und an andere Rehabilitationsträger vermitteln. $_{4}$Für die Zusammenarbeit der Ansprechstellen gilt § 15 Absatz 3 des Ersten Buches entsprechend.

(2) Absatz 1 gilt auch für Jobcenter im Rahmen ihrer Zuständigkeit für Leistungen zur beruflichen Teilhabe nach § 6 Absatz 3, für die Integrationsämter in Bezug auf Leistungen und sonstige Hilfen für schwerbehinderte Menschen nach Teil 3 und für die Pflegekassen als Träger der sozialen Pflegeversicherung nach dem Elften Buch.

(3) $_{1}$Die Rehabilitationsträger, Integrationsämter und Pflegekassen können die Informationsangebote durch ihre Verbände und Vereinigungen bereitstellen und vermitteln lassen. $_{2}$Die Jobcenter können die Informationsangebote durch die Bundesagentur für Arbeit bereitstellen und vermitteln lassen.

§ 13 Instrumente zur Ermittlung des Rehabilitationsbedarfs

(1) $_{1}$Zur einheitlichen und überprüfbaren Ermittlung des individuellen Rehabilitationsbedarfs verwenden die Rehabilitationsträger systematische Arbeitsprozesse und standardisierte Arbeitsmittel (Instrumente) nach den für sie geltenden Leistungsgesetzen. $_{2}$Die Instrumente sollen den von den Rehabilitationsträgern vereinbarten Grundsätzen für Instrumente zur Bedarfsermittlung nach § 26 Absatz 2 Nummer 7 entsprechen. $_{3}$Die Rehabilitationsträger können die Entwicklung von Instrumenten durch ihre Verbände und Vereinigungen wahrnehmen lassen oder Dritte mit der Entwicklung beauftragen.

(2) Die Instrumente nach Absatz 1 Satz 1 gewährleisten eine individuelle und funktionsbezogene Bedarfsermittlung und sichern die Dokumentation und Nachprüfbarkeit der Bedarfsermittlung, indem sie insbesondere erfassen,

1. ob eine Behinderung vorliegt oder einzutreten droht,
2. welche Auswirkung die Behinderung auf die Teilhabe der Leistungsberechtigten hat,
3. welche Ziele mit Leistungen zur Teilhabe erreicht werden sollen und
4. welche Leistungen im Rahmen einer Prognose zur Erreichung der Ziele voraussichtlich erfolgreich sind.

(3) Das Bundesministerium für Arbeit und Soziales untersucht die Wirkung der Instrumente nach Absatz 1 und veröffentlicht die Untersuchungsergebnisse bis zum 31. Dezember 2019.

(4) Auf Vorschlag der Rehabilitationsträger nach § 6 Absatz 1 Nummer 6 und 7 und mit Zustimmung der zuständigen obersten Landesbehörden kann das Bundesministerium für Arbeit und Soziales die von diesen Rehabilitationsträgern eingesetzten Instrumente im Sinne von Absatz 1 in die Untersuchung nach Absatz 3 einbeziehen.

Kapitel 4
Koordinierung der Leistungen

§ 14 Leistender Rehabilitationsträger

(1) $_{1}$Werden Leistungen zur Teilhabe beantragt, stellt der Rehabilitationsträger innerhalb von zwei Wochen nach Eingang des Antrages bei ihm fest, ob er nach dem für ihn

geltenden Leistungsgesetz für die Leistung zuständig ist; bei den Krankenkassen umfasst die Prüfung auch die Leistungspflicht nach § 40 Absatz 4 des Fünften Buches. 2Stellt er bei der Prüfung fest, dass er für die Leistung insgesamt nicht zuständig ist, leitet er den Antrag unverzüglich dem nach seiner Auffassung zuständigen Rehabilitationsträger zu und unterrichtet hierüber den Antragsteller. 3Muss für eine solche Feststellung die Ursache der Behinderung geklärt werden und ist diese Klärung in der Frist nach Satz 1 nicht möglich, soll der Antrag unverzüglich dem Rehabilitationsträger zugeleitet werden, der die Leistung ohne Rücksicht auf die Ursache der Behinderung erbringt. 4Wird der Antrag bei der Bundesagentur für Arbeit gestellt, werden bei der Prüfung nach den Sätzen 1 und 2 keine Feststellungen nach § 11 Absatz 2a Nummer 1 des Sechsten Buches und § 22 Absatz 2 des Dritten Buches getroffen.

5

(2) 1Wird der Antrag nicht weitergeleitet, stellt der Rehabilitationsträger den Rehabilitationsbedarf anhand der Instrumente zur Bedarfsermittlung nach § 13 unverzüglich und umfassend fest und erbringt die Leistungen (leistender Rehabilitationsträger). 2Muss für diese Feststellung kein Gutachten eingeholt werden, entscheidet der leistende Rehabilitationsträger innerhalb von drei Wochen nach Antragseingang. 3Ist für die Feststellung des Rehabilitationsbedarfs ein Gutachten erforderlich, wird die Entscheidung innerhalb von zwei Wochen nach Vorliegen des Gutachtens getroffen. 4Wird der Antrag weitergeleitet, gelten die Sätze 1 bis 3 für den Rehabilitationsträger, an den der Antrag weitergeleitet worden ist, entsprechend; die Frist beginnt mit dem Antragseingang bei diesem Rehabilitationsträger. 5In den Fällen der Anforderung einer gutachterlichen Stellungnahme bei der Bundesagentur für Arbeit nach § 54 gilt Satz 3 entsprechend.

(3) Ist der Rehabilitationsträger, an den der Antrag nach Absatz 1 Satz 2 weitergeleitet worden ist, nach dem für ihn geltenden Leistungsgesetz für die Leistung insgesamt nicht zuständig, kann er den Antrag im Einvernehmen mit dem nach seiner Auffassung zuständigen Rehabilitationsträger an diesen weiterleiten, damit von diesem als leistendem Rehabilitationsträger über den Antrag innerhalb der bereits nach Absatz 2 Satz 4 laufenden Fristen entschieden wird und unterrichtet hierüber den Antragsteller.

(4) 1Die Absätze 1 bis 3 gelten sinngemäß, wenn der Rehabilitationsträger Leistungen von Amts wegen erbringt. 2Dabei tritt an die Stelle des Tages der Antragstellung der Tag der Kenntnis des voraussichtlichen Rehabilitationsbedarfs.

(5) Für die Weiterleitung des Antrages ist § 16 Absatz 2 Satz 1 des Ersten Buches nicht anzuwenden, wenn und soweit Leistungen zur Teilhabe bei einem Rehabilitationsträger beantragt werden.

§ 15 Leistungsverantwortung bei Mehrheit von Rehabilitationsträgern

(1) 1Stellt der leistende Rehabilitationsträger fest, dass der Antrag neben den nach seinem Leistungsgesetz zu erbringenden Leistungen weitere Leistungen zur Teilhabe umfasst, für die er nicht Rehabilitationsträger nach § 6 Absatz 1 sein kann, leitet er den Antrag insoweit unverzüglich dem nach seiner Auffassung zuständigen Rehabilitationsträger zu. 2Dieser entscheidet über die weiteren Leistungen nach den für ihn geltenden Leistungsgesetzen in eigener Zuständigkeit und unterrichtet hierüber den Antragsteller.

(2) 1Hält der leistende Rehabilitationsträger für die umfassende Feststellung des Rehabilitationsbedarfs nach § 14 Absatz 2 die Feststellungen weiterer Rehabilitationsträger für erforderlich und liegt kein Fall nach Absatz 1 vor, fordert er von diesen Rehabilitationsträgern die für den Teilhabeplan nach § 19 erforderlichen Feststellungen unverzüglich an und berät diese nach § 19 trägerübergreifend. 2Die Feststellungen binden den leistenden Rehabilitationsträger bei seiner Entscheidung über den Antrag, wenn sie innerhalb von zwei Wochen nach Anforderung oder im Fall der Begutachtung innerhalb von zwei Wochen nach Vorliegen des Gutachtens beim leistenden Rehabilitationsträger eingegangen sind. 3Anderenfalls stellt der leistende Rehabilitationsträger den Rehabilitationsbedarf nach allen in Betracht kommenden Leistungsgesetzen umfassend fest.

(3) $_{1}$Die Rehabilitationsträger bewilligen und erbringen die Leistungen nach den für sie jeweils geltenden Leistungsgesetzen im eigenen Namen, wenn im Teilhabeplan nach § 19 dokumentiert wurde, dass

1. die erforderlichen Feststellungen nach allen in Betracht kommenden Leistungsgesetzen von den zuständigen Rehabilitationsträgern getroffen wurden,
2. auf Grundlage des Teilhabeplans eine Leistungserbringung durch die nach den jeweiligen Leistungsgesetzen zuständigen Rehabilitationsträger sichergestellt ist und
3. die Leistungsberechtigten einer nach Zuständigkeiten getrennten Leistungsbewilligung und Leistungserbringung nicht aus wichtigem Grund widersprechen.

$_{2}$Anderenfalls entscheidet der leistende Rehabilitationsträger über den Antrag in den Fällen nach Absatz 2 und erbringt die Leistungen im eigenen Namen.

(4) $_{1}$In den Fällen der Beteiligung von Rehabilitationsträgern nach den Absätzen 1 bis 3 ist abweichend von § 14 Absatz 2 innerhalb von sechs Wochen nach Antragseingang zu entscheiden. $_{2}$Wird eine Teilhabeplankonferenz nach § 20 durchgeführt, ist innerhalb von zwei Monaten nach Antragseingang zu entscheiden. $_{3}$Die Antragsteller werden von dem leistenden Rehabilitationsträger über die Beteiligung von Rehabilitationsträgern sowie über die für die Entscheidung über den Antrag maßgeblichen Zuständigkeiten und Fristen unverzüglich unterrichtet.

§ 16 Erstattungsansprüche zwischen Rehabilitationsträgern

(1) Hat ein leistender Rehabilitationsträger nach § 14 Absatz 2 Satz 4 Leistungen erbracht, für die ein anderer Rehabilitationsträger insgesamt zuständig ist, erstattet der zuständige Rehabilitationsträger die Aufwendungen des leistenden Rehabilitationsträgers nach den für den leistenden Rehabilitationsträger geltenden Rechtsvorschriften.

(2) $_{1}$Hat ein leistender Rehabilitationsträger nach § 15 Absatz 3 Satz 2 Leistungen im eigenen Namen erbracht, für die ein beteiligter Rehabilitationsträger zuständig ist, erstattet der beteiligte Rehabilitationsträger die Aufwendungen des leistenden Rehabilitationsträgers nach den Rechtsvorschriften, die den nach § 15 Absatz 2 eingeholten Feststellungen zugrunde liegen. $_{2}$Hat ein beteiligter Rehabilitationsträger die angeforderten Feststellungen nicht oder nicht rechtzeitig nach § 15 Absatz 2 beigebracht, erstattet der beteiligte Rehabilitationsträger die Aufwendungen des leistenden Rehabilitationsträgers nach den Rechtsvorschriften, die der Leistungsbewilligung zugrunde liegen.

(3) $_{1}$Der Erstattungsanspruch nach den Absätzen 1 und 2 umfasst die nach den jeweiligen Leistungsgesetzen entstandenen Leistungsaufwendungen und eine Verwaltungskostenpauschale in Höhe von 5 Prozent der erstattungsfähigen Leistungsaufwendungen. $_{2}$Eine Erstattungspflicht nach Satz 1 besteht nicht, soweit Leistungen zu Unrecht von dem leistenden Rehabilitationsträger erbracht worden sind und er hierbei grob fahrlässig oder vorsätzlich gehandelt hat.

(4) $_{1}$Für unzuständige Rehabilitationsträger ist § 105 des Zehnten Buches nicht anzuwenden, wenn sie eine Leistung erbracht haben,

1. ohne den Antrag an den zuständigen Rehabilitationsträger nach § 14 Absatz 1 Satz 2 weiterzuleiten oder
2. ohne einen weiteren zuständigen Rehabilitationsträger nach § 15 zu beteiligen,

es sei denn, die Rehabilitationsträger vereinbaren Abweichendes. $_{2}$Hat ein Rehabilitationsträger von der Weiterleitung des Antrages abgesehen, weil zum Zeitpunkt der Prüfung nach § 14 Absatz 1 Satz 3 Anhaltspunkte für eine Zuständigkeit auf Grund der Ursache der Behinderung bestanden haben, bleibt § 105 des Zehnten Buches unberührt.

(5) $_{1}$Hat der leistende Rehabilitationsträger in den Fällen des § 18 Aufwendungen für selbstbeschaffte Leistungen nach dem Leistungsgesetz eines nach § 15 beteiligten Rehabilitationsträgers zu erstatten, kann er von dem beteiligten Rehabilitationsträger einen Ausgleich verlangen, soweit dieser durch die Erstattung nach § 18 Absatz 4 Satz 2 von seiner Leistungspflicht befreit wurde. $_{2}$Hat ein beteiligter Rehabilitationsträger den Eintritt der Erstattungspflicht für selbstbeschaffte

Leistungen zu vertreten, umfasst der Ausgleich den gesamten Erstattungsbetrag abzüglich des Betrages, der sich aus der bei anderen Rehabilitationsträgern eingetretenen Leistungsbefreiung ergibt.

(6) Für den Erstattungsanspruch des Trägers der Eingliederungshilfe, der öffentlichen Jugendhilfe und der Kriegsopferfürsorge gilt § 108 Absatz 2 des Zehnten Buches entsprechend.

§ 17 Begutachtung

(1) $_{1}$Ist für die Feststellung des Rehabilitationsbedarfs ein Gutachten erforderlich, beauftragt der leistende Rehabilitationsträger unverzüglich einen geeigneten Sachverständigen. $_{2}$Er benennt den Leistungsberechtigten in der Regel drei möglichst wohnortnahe Sachverständige, soweit nicht gesetzlich die Begutachtung durch einen sozialmedizinischen Dienst vorgesehen ist. $_{3}$Haben sich Leistungsberechtigte für einen benannten Sachverständigen entschieden, wird dem Wunsch Rechnung getragen.

(2) $_{1}$Der Sachverständige nimmt eine umfassende sozialmedizinische, bei Bedarf auch psychologische Begutachtung vor und erstellt das Gutachten innerhalb von zwei Wochen nach Auftragserteilung. $_{2}$Das Gutachten soll den von den Rehabilitationsträgern vereinbarten einheitlichen Grundsätzen zur Durchführung von Begutachtungen nach § 25 Absatz 1 Nummer 4 entsprechen. $_{3}$Die in dem Gutachten getroffenen Feststellungen zum Rehabilitationsbedarf werden den Entscheidungen der Rehabilitationsträger zugrunde gelegt. $_{4}$Die gesetzlichen Aufgaben der Gesundheitsämter, des Medizinischen Dienstes der Krankenversicherung nach § 275 des Fünften Buches und die gutachterliche Beteiligung der Bundesagentur für Arbeit nach § 54 bleiben unberührt.

(3) $_{1}$Hat der leistende Rehabilitationsträger nach § 15 weitere Rehabilitationsträger beteiligt, setzt er sich bei seiner Entscheidung über die Beauftragung eines geeigneten Sachverständigen mit den beteiligten Rehabilitationsträgern über Anlass, Ziel und Umfang der Begutachtung ins Benehmen. $_{2}$Die beteiligten Rehabilitationsträger informieren den leistenden Rehabilitationsträger unverzüglich über die Notwendigkeit der Einholung von Gutachten. $_{3}$Die in dem Gutachten getroffenen Feststellungen zum Rehabilitationsbedarf werden in den Teilhabeplan nach § 19 einbezogen. $_{4}$Absatz 2 Satz 3 gilt entsprechend.

(4) Die Rehabilitationsträger stellen sicher, dass sie Sachverständige beauftragen können, bei denen keine Zugangs- und Kommunikationsbarrieren bestehen.

§ 18 Erstattung selbstbeschaffter Leistungen

(1) Kann über den Antrag auf Leistungen zur Teilhabe nicht innerhalb einer Frist von zwei Monaten ab Antragseingang bei dem leistenden Rehabilitationsträger entschieden werden, teilt er den Leistungsberechtigten vor Ablauf der Frist die Gründe hierfür schriftlich mit (begründete Mitteilung).

(2) $_{1}$In der begründeten Mitteilung ist auf den Tag genau zu bestimmen, bis wann über den Antrag entschieden wird. $_{2}$In der begründeten Mitteilung kann der leistende Rehabilitationsträger die Frist von zwei Monaten nach Absatz 1 nur in folgendem Umfang verlängern:

1. um bis zu zwei Wochen zur Beauftragung eines Sachverständigen für die Begutachtung infolge einer nachweislich beschränkten Verfügbarkeit geeigneter Sachverständiger,
2. um bis zu vier Wochen, soweit von dem Sachverständigen die Notwendigkeit für einen solchen Zeitraum der Begutachtung schriftlich bestätigt wurde und
3. für die Dauer einer fehlenden Mitwirkung der Leistungsberechtigten, wenn und soweit den Leistungsberechtigten nach § 66 Absatz 3 des Ersten Buches schriftlich eine angemessene Frist zur Mitwirkung gesetzt wurde.

(3) $_{1}$Erfolgt keine begründete Mitteilung, gilt die beantragte Leistung nach Ablauf der Frist als genehmigt. $_{2}$Die beantragte Leistung gilt auch dann als genehmigt, wenn der in der Mitteilung bestimmte Zeitpunkt der Entscheidung über den Antrag ohne weitere begründete Mitteilung des Rehabilitationsträgers abgelaufen ist.

(4) $_{1}$Beschaffen sich Leistungsberechtigte eine als genehmigt geltende Leistung selbst,

ist der leistende Rehabilitationsträger zur Erstattung der Aufwendungen für selbstbeschaffte Leistungen verpflichtet. 2Mit der Erstattung gilt der Anspruch der Leistungsberechtigten auf die Erbringung der selbstbeschafften Leistungen zur Teilhabe als erfüllt. 3Der Erstattungsanspruch umfasst auch die Zahlung von Abschlägen im Umfang fälliger Zahlungsverpflichtungen für selbstbeschaffte Leistungen.

(5) Die Erstattungspflicht besteht nicht,

1. wenn und soweit kein Anspruch auf Bewilligung der selbstbeschafften Leistungen bestanden hätte und
2. die Leistungsberechtigten dies wussten oder infolge grober Außerachtlassung der allgemeinen Sorgfalt nicht wussten.

(6) 1Konnte der Rehabilitationsträger eine unaufschiebbare Leistung nicht rechtzeitig erbringen oder hat er eine Leistung zu Unrecht abgelehnt und sind dadurch Leistungsberechtigten für die selbstbeschaffte Leistung Kosten entstanden, sind diese vom Rehabilitationsträger in der entstandenen Höhe zu erstatten, soweit die Leistung notwendig war. 2Der Anspruch auf Erstattung richtet sich gegen den Rehabilitationsträger, der zum Zeitpunkt der Selbstbeschaffung über den Antrag entschieden hat. 3Lag zum Zeitpunkt der Selbstbeschaffung noch keine Entscheidung vor, richtet sich der Anspruch gegen den leistenden Rehabilitationsträger.

(7) Die Absätze 1 bis 5 gelten nicht für die Träger der Eingliederungshilfe, der öffentlichen Jugendhilfe und der Kriegsopferfürsorge.

§ 19 Teilhabeplan

(1) Soweit Leistungen verschiedener Leistungsgruppen oder mehrerer Rehabilitationsträger erforderlich sind, ist der leistende Rehabilitationsträger dafür verantwortlich, dass er und die nach § 15 beteiligten Rehabilitationsträger im Benehmen miteinander und in Abstimmung mit den Leistungsberechtigten die nach dem individuellen Bedarf voraussichtlich erforderlichen Leistungen hinsichtlich Ziel, Art und Umfang funktionsbezogen feststellen und schriftlich oder elektronisch so zusammenstellen, dass sie nahtlos ineinandergreifen.

(2) 1Der leistende Rehabilitationsträger erstellt in den Fällen nach Absatz 1 einen Teilhabeplan innerhalb der für die Entscheidung über den Antrag maßgeblichen Frist. 2Der Teilhabeplan dokumentiert

1. den Tag des Antragseingangs beim leistenden Rehabilitationsträger und das Ergebnis der Zuständigkeitsklärung und Beteiligung nach den §§ 14 und 15,
2. die Feststellungen über den individuellen Rehabilitationsbedarf auf Grundlage der Bedarfsermittlung nach § 13,
3. die zur individuellen Bedarfsermittlung nach § 13 eingesetzten Instrumente,
4. die gutachterliche Stellungnahme der Bundesagentur für Arbeit nach § 54,
5. die Einbeziehung von Diensten und Einrichtungen bei der Leistungserbringung,
6. erreichbare und überprüfbare Teilhabeziele und deren Fortschreibung,
7. die Berücksichtigung des Wunsch- und Wahlrechts nach § 8, insbesondere im Hinblick auf die Ausführung von Leistungen durch ein Persönliches Budget,
8. die Dokumentation der einvernehmlichen, umfassenden und trägerübergreifenden Feststellung des Rehabilitationsbedarfs in den Fällen nach § 15 Absatz 3 Satz 1,
9. die Ergebnisse der Teilhabeplankonferenz nach § 20,
10. die Erkenntnisse aus den Mitteilungen der nach § 22 einbezogenen anderen öffentlichen Stellen und
11. die besonderen Belange pflegender Angehöriger bei der Erbringung von Leistungen der medizinischen Rehabilitation.

3Wenn Leistungsberechtigte die Erstellung eines Teilhabeplans wünschen und die Voraussetzungen nach Absatz 1 nicht vorliegen, ist Satz 2 entsprechend anzuwenden.

(3) 1Der Teilhabeplan wird entsprechend dem Verlauf der Rehabilitation angepasst und darauf ausgerichtet, den Leistungsberechtigten unter Berücksichtigung der Besonderheiten des Einzelfalles eine umfassende Teilhabe am Leben in der Gesellschaft zügig, wirksam, wirtschaftlich und auf Dauer zu ermöglichen. 2Dabei sichert der leistende Rehabilitationsträger durchgehend das Verfahren. 3Die Leistungsberechtigten können von dem leistenden

5

Rehabilitationsträger Einsicht in den Teilhabeplan oder die Erteilung von Ablichtungen nach § 25 des Zehnten Buches verlangen.

(4) $_1$Die Rehabilitationsträger legen den Teilhabeplan bei der Entscheidung über den Antrag zugrunde. $_2$Die Begründung der Entscheidung über die beantragten Leistungen nach § 35 des Zehnten Buches soll erkennen lassen, inwieweit die im Teilhabeplan enthaltenen Feststellungen bei der Entscheidung berücksichtigt wurden.

(5) $_1$Ein nach § 15 beteiligter Rehabilitationsträger kann das Verfahren nach den Absätzen 1 bis 3 anstelle des leistenden Rehabilitationsträgers durchführen, wenn die Rehabilitationsträger dies in Abstimmung mit den Leistungsberechtigten vereinbaren. $_2$Die Vorschriften über die Leistungsverantwortung der Rehabilitationsträger nach den §§ 14 und 15 bleiben hiervon unberührt.

(6) Setzen unterhaltssichernde Leistungen den Erhalt von anderen Leistungen zur Teilhabe voraus, gelten die Leistungen im Verhältnis zueinander nicht als Leistungen verschiedener Leistungsgruppen im Sinne von Absatz 1.

§ 20 Teilhabeplankonferenz

(1) $_1$Mit Zustimmung der Leistungsberechtigten kann der für die Durchführung des Teilhabeplanverfahrens nach § 19 verantwortliche Rehabilitationsträger zur gemeinsamen Beratung der Feststellungen zum Rehabilitationsbedarf eine Teilhabeplankonferenz durchführen. $_2$Die Leistungsberechtigten, die beteiligten Rehabilitationsträger und die Jobcenter können dem nach § 19 verantwortlichen Rehabilitationsträger die Durchführung einer Teilhabeplankonferenz vorschlagen. $_3$Von dem Vorschlag auf Durchführung einer Teilhabeplankonferenz kann abgewichen werden,

1. wenn der zur Feststellung des Rehabilitationsbedarfs maßgebliche Sachverhalt schriftlich ermittelt werden kann,
2. wenn der Aufwand zur Durchführung nicht in einem angemessenen Verhältnis zum Umfang der beantragten Leistung steht oder
3. wenn eine Einwilligung nach § 23 Absatz 2 nicht erteilt wurde.

(2) $_1$Wird von dem Vorschlag der Leistungsberechtigten auf Durchführung einer Teilhabeplankonferenz abgewichen, sind die Leistungsberechtigten über die dafür maßgeblichen Gründe zu informieren und hierzu anzuhören. $_2$Von dem Vorschlag der Leistungsberechtigten auf Durchführung einer Teilhabeplankonferenz kann nicht abgewichen werden, wenn Leistungen an Mütter und Väter mit Behinderungen bei der Versorgung und Betreuung ihrer Kinder beantragt wurden.

(3) $_1$An der Teilhabeplankonferenz nehmen Beteiligte nach § 12 des Zehnten Buches sowie auf Wunsch der Leistungsberechtigten die Bevollmächtigten und Beistände nach § 13 des Zehnten Buches sowie sonstige Vertrauenspersonen teil. $_2$Auf Wunsch oder mit Zustimmung der Leistungsberechtigten können Rehabilitationsdienste, Rehabilitationseinrichtungen und Jobcenter sowie sonstige beteiligte Leistungserbringer an der Teilhabeplankonferenz teilnehmen. $_3$Vor der Durchführung einer Teilhabeplankonferenz sollen die Leistungsberechtigten auf die Angebote der ergänzenden unabhängigen Teilhabeberatung nach § 32 besonders hingewiesen werden.

(4) Wird eine Teilhabeplankonferenz nach Absatz 1 auf Wunsch und mit Zustimmung der Leistungsberechtigten eingeleitet, richtet sich die Frist zur Entscheidung über den Antrag nach § 15 Absatz 4.

§ 21 Besondere Anforderungen an das Teilhabeplanverfahren

$_1$Ist der Träger der Eingliederungshilfe der für die Durchführung des Teilhabeplanverfahrens verantwortliche Rehabilitationsträger, gelten für ihn die Vorschriften für die Gesamtplanung ergänzend; dabei ist das Gesamtplanverfahren ein Gegenstand des Teilhabeplanverfahrens. $_2$Ist der Träger der öffentlichen Jugendhilfe der für die Durchführung des Teilhabeplans verantwortliche Rehabilitationsträger, gelten für ihn die Vorschriften für den Hilfeplan nach § 36 des Achten Buches ergänzend.

§ 22 Einbeziehung anderer öffentlicher Stellen

(1) Der für die Durchführung des Teilhabeplanverfahrens verantwortliche Rehabilitationsträger bezieht unter Berücksichtigung der

Interessen der Leistungsberechtigten andere öffentliche Stellen in die Erstellung des Teilhabeplans in geeigneter Art und Weise ein, soweit dies zur Feststellung des Rehabilitationsbedarfs erforderlich ist.

(2) 1Bestehen im Einzelfall Anhaltspunkte für eine Pflegebedürftigkeit nach dem Elften Buch, wird die zuständige Pflegekasse mit Zustimmung des Leistungsberechtigten vom für die Durchführung des Teilhabeplanverfahrens verantwortlichen Rehabilitationsträger informiert und muss am Teilhabeplanverfahren beratend teilnehmen, soweit dies für den Rehabilitationsträger zur Feststellung des Rehabilitationsbedarfs erforderlich und nach den für die zuständige Pflegekasse geltenden Grundsätzen der Datenverwendung zulässig ist. 2Die §§ 18a und 31 des Elften Buches bleiben unberührt.

(3) 1Die Integrationsämter sind bei der Durchführung des Teilhabeplanverfahrens zu beteiligen, soweit sie Leistungen für schwerbehinderte Menschen nach Teil 3 erbringen. 2Das zuständige Integrationsamt kann das Teilhabeplanverfahren nach § 19 Absatz 5 anstelle des leistenden Rehabilitationsträgers durchführen, wenn die Rehabilitationsträger und das Integrationsamt dies in Abstimmung mit den Leistungsberechtigten vereinbaren.

(4) 1Die Jobcenter können dem nach Absatz 1 verantwortlichen Rehabilitationsträger ihre Beteiligung an der Durchführung des Teilhabeplanverfahrens vorschlagen. 2Sie sind zu beteiligen, soweit es zur Feststellung des Rehabilitationsbedarfs erforderlich ist und dies den Interessen der Leistungsberechtigten entspricht. 3Die Aufgaben und die Beteiligung der Bundesagentur für Arbeit im Rahmen ihrer Zuständigkeit nach § 6 Absatz 3 bleiben unberührt.

(5) Bestehen im Einzelfall Anhaltspunkte für einen Betreuungsbedarf nach § 1896 Absatz 1 des Bürgerlichen Gesetzbuches, informiert der für die Durchführung des Teilhabeplanverfahrens verantwortliche Rehabilitationsträger mit Zustimmung der Leistungsberechtigten die zuständige Betreuungsbehörde über die Erstellung des Teilhabeplans, soweit dies zur Vermittlung anderer Hilfen, bei denen kein Betreuer bestellt wird, erforderlich ist.

§ 23 Verantwortliche Stelle für den Sozialdatenschutz

(1) Bei der Erstellung des Teilhabeplans und der Durchführung der Teilhabeplankonferenz ist der für die Durchführung des Teilhabeplanverfahrens verantwortliche Rehabilitationsträger die verantwortliche Stelle für die Erhebung, Verarbeitung und Nutzung von Sozialdaten nach § 67 Absatz 9 des Zehnten Buches sowie Stelle im Sinne von § 35 Absatz 1 des Ersten Buches.

(2) 1Vor Durchführung einer Teilhabeplankonferenz hat die nach Absatz 1 verantwortliche Stelle die Einwilligung der Leistungsberechtigten im Sinne von § 67b Absatz 2 des Zehnten Buches einzuholen, wenn und soweit anzunehmen ist, dass im Rahmen der Teilhabeplankonferenz Sozialdaten erhoben, verarbeitet oder genutzt werden, deren Erforderlichkeit für die Erstellung des Teilhabeplans zum Zeitpunkt der Durchführung der Teilhabeplankonferenz nicht abschließend bewertet werden kann. 2Die Verarbeitung und Nutzung von Sozialdaten nach Durchführung der Teilhabeplankonferenz ist nur zulässig, soweit diese für die Erstellung des Teilhabeplans erforderlich sind.

(3) Die datenschutzrechtlichen Vorschriften des Ersten und des Zehnten Buches sowie der jeweiligen Leistungsgesetze der Rehabilitationsträger bleiben bei der Zuständigkeitsklärung und bei der Erstellung des Teilhabeplans unberührt.

§ 24 Vorläufige Leistungen

1Die Bestimmungen dieses Kapitels lassen die Verpflichtung der Rehabilitationsträger zur Erbringung vorläufiger Leistungen nach den für sie jeweils geltenden Leistungsgesetzen unberührt. 2Vorläufig erbrachte Leistungen binden die Rehabilitationsträger nicht bei der Feststellung des Rehabilitationsbedarfs nach diesem Kapitel. 3Werden Leistungen zur Teilhabe beantragt, ist § 43 des Ersten Buches nicht anzuwenden.

Kapitel 5 Zusammenarbeit

§ 25 Zusammenarbeit der Rehabilitationsträger

(1) Im Rahmen der durch Gesetz, Rechtsverordnung oder allgemeine Verwaltungsvorschrift getroffenen Regelungen sind die Rehabilitationsträger verantwortlich, dass

1. die im Einzelfall erforderlichen Leistungen zur Teilhabe nahtlos, zügig sowie nach Gegenstand, Umfang und Ausführung einheitlich erbracht werden,
2. Abgrenzungsfragen einvernehmlich geklärt werden,
3. Beratung entsprechend den in den §§ 1 und 4 genannten Zielen geleistet wird,
4. Begutachtungen möglichst nach einheitlichen Grundsätzen durchgeführt werden,
5. Prävention entsprechend dem in § 3 Absatz 1 genannten Ziel geleistet wird sowie
6. die Rehabilitationsträger im Fall eines Zuständigkeitsübergangs rechtzeitig eingebunden werden.

(2) $_{1}$Die Rehabilitationsträger und ihre Verbände sollen zur gemeinsamen Wahrnehmung von Aufgaben zur Teilhabe von Menschen mit Behinderungen insbesondere regionale Arbeitsgemeinschaften bilden. $_{2}$§ 88 Absatz 1 Satz 1 und Absatz 2 des Zehnten Buches gilt entsprechend.

§ 26 Gemeinsame Empfehlungen

(1) Die Rehabilitationsträger nach § 6 Absatz 1 Nummer 1 bis 5 vereinbaren zur Sicherung der Zusammenarbeit nach § 25 Absatz 1 gemeinsame Empfehlungen.

(2) Die Rehabilitationsträger nach § 6 Absatz 1 Nummer 1 bis 5 vereinbaren darüber hinaus gemeinsame Empfehlungen,

1. welche Maßnahmen nach § 3 geeignet sind, um den Eintritt einer Behinderung zu vermeiden,
2. in welchen Fällen und in welcher Weise rehabilitationsbedürftigen Menschen notwendige Leistungen zur Teilhabe angeboten werden, insbesondere, um eine durch eine Chronifizierung von Erkrankungen bedingte Behinderung zu verhindern,
3. über die einheitliche Ausgestaltung des Teilhabeplanverfahrens,
4. in welcher Weise die Bundesagentur für Arbeit nach § 54 zu beteiligen ist,
5. wie Leistungen zur Teilhabe nach den §§ 14 und 15 koordiniert werden,
6. in welcher Weise und in welchem Umfang Selbsthilfegruppen, -organisationen und -kontaktstellen, die sich die Prävention, Rehabilitation, Früherkennung und Bewältigung von Krankheiten und Behinderungen zum Ziel gesetzt haben, gefördert werden,
7. für Grundsätze der Instrumente zur Ermittlung des Rehabilitationsbedarfs nach § 13,
8. in welchen Fällen und in welcher Weise der behandelnde Hausarzt oder Facharzt und der Betriebs- oder Werksarzt in die Einleitung und Ausführung von Leistungen zur Teilhabe einzubinden sind,
9. zu einem Informationsaustausch mit Beschäftigten mit Behinderungen, Arbeitgebern und den in § 166 genannten Vertretungen zur möglichst frühzeitigen Erkennung des individuellen Bedarfs voraussichtlich erforderlicher Leistungen zur Teilhabe sowie
10. über ihre Zusammenarbeit mit Sozialdiensten und vergleichbaren Stellen.

(3) Bestehen für einen Rehabilitationsträger Rahmenempfehlungen auf Grund gesetzlicher Vorschriften und soll bei den gemeinsamen Empfehlungen von diesen abgewichen werden oder sollen die gemeinsamen Empfehlungen Gegenstände betreffen, die nach den gesetzlichen Vorschriften Gegenstand solcher Rahmenempfehlungen werden sollen, stellt der Rehabilitationsträger das Einvernehmen mit den jeweiligen Partnern der Rahmenempfehlungen sicher.

(4) $_{1}$Die Träger der Renten-, Kranken- und Unfallversicherung können sich bei der Vereinbarung der gemeinsamen Empfehlungen durch ihre Spitzenverbände vertreten lassen. $_{2}$Der Spitzenverband Bund der Krankenkassen schließt die gemeinsamen Empfehlungen auch als Spitzenverband Bund der Pflegekassen ab, soweit die Aufgaben der Pflegekassen von den gemeinsamen Empfehlungen berührt sind.

(5) 1An der Vorbereitung der gemeinsamen Empfehlungen werden die Träger der Eingliederungshilfe und der öffentlichen Jugendhilfe über die Bundesvereinigung der Kommunalen Spitzenverbände, die Bundesarbeitsgemeinschaft der überörtlichen Träger der Sozialhilfe, die Bundesarbeitsgemeinschaft der Landesjugendämter sowie die Integrationsämter in Bezug auf Leistungen und sonstige Hilfen für schwerbehinderte Menschen nach Teil 3 über die Bundesarbeitsgemeinschaft der Integrationsämter und Hauptfürsorgestellen beteiligt. 2Die Träger der Eingliederungshilfe und der öffentlichen Jugendhilfe orientieren sich bei der Wahrnehmung ihrer Aufgaben nach diesem Buch an den vereinbarten Empfehlungen oder können diesen beitreten.

(6) 1Die Verbände von Menschen mit Behinderungen einschließlich der Verbände der Freien Wohlfahrtspflege, der Selbsthilfegruppen und der Interessenvertretungen von Frauen mit Behinderungen sowie die für die Wahrnehmung der Interessen der ambulanten und stationären Rehabilitationseinrichtungen auf Bundesebene maßgeblichen Spitzenverbände werden an der Vorbereitung der gemeinsamen Empfehlungen beteiligt. 2Ihren Anliegen wird bei der Ausgestaltung der Empfehlungen nach Möglichkeit Rechnung getragen. 3Die Empfehlungen berücksichtigen auch die besonderen Bedürfnisse von Frauen und Kindern mit Behinderungen oder von Behinderung bedrohter Frauen und Kinder.

(7) 1Die beteiligten Rehabilitationsträger vereinbaren die gemeinsamen Empfehlungen im Rahmen der Bundesarbeitsgemeinschaft für Rehabilitation im Benehmen mit dem Bundesministerium für Arbeit und Soziales und den Ländern auf der Grundlage eines von ihnen innerhalb der Bundesarbeitsgemeinschaft vorbereiteten Vorschlags. 2Der oder die Bundesbeauftragte für den Datenschutz und die Informationsfreiheit wird beteiligt. 3Hat das Bundesministerium für Arbeit und Soziales zu einem Vorschlag aufgefordert, legt die Bundesarbeitsgemeinschaft für Rehabilitation den Vorschlag innerhalb von sechs Monaten vor. 4Dem Vorschlag wird gefolgt, wenn ihm berechtigte Interessen eines Rehabilitationsträgers nicht entgegenstehen. 5Einwände nach Satz 4 sind innerhalb von vier Wochen nach Vorlage des Vorschlags auszuräumen.

(8) 1Die Rehabilitationsträger teilen der Bundesarbeitsgemeinschaft für Rehabilitation alle zwei Jahre ihre Erfahrungen mit den gemeinsamen Empfehlungen mit, die Träger der Renten-, Kranken- und Unfallversicherung über ihre Spitzenverbände. 2Die Bundesarbeitsgemeinschaft für Rehabilitation stellt dem Bundesministerium für Arbeit und Soziales und den Ländern eine Zusammenfassung zur Verfügung.

(9) Die gemeinsamen Empfehlungen können durch die regional zuständigen Rehabilitationsträger konkretisiert werden.

§ 27 Verordnungsermächtigung

1Vereinbaren die Rehabilitationsträger nicht innerhalb von sechs Monaten, nachdem das Bundesministerium für Arbeit und Soziales sie dazu aufgefordert hat, gemeinsame Empfehlungen nach § 26 oder ändern sie unzureichend gewordene Empfehlungen nicht innerhalb dieser Frist, kann das Bundesministerium für Arbeit und Soziales mit dem Ziel der Vereinheitlichung des Verwaltungsvollzugs in dem Anwendungsbereich der §§ 25 und 26 Regelungen durch Rechtsverordnung mit Zustimmung des Bundesrates erlassen. 2Richten sich die Regelungen nur an Rehabilitationsträger, die nicht der Landesaufsicht unterliegen, wird die Rechtsverordnung ohne Zustimmung des Bundesrates erlassen. 3Soweit sich die Regelungen an die Rehabilitationsträger nach § 6 Absatz 1 Nummer 1 richten, erlässt das Bundesministerium für Arbeit und Soziales die Rechtsverordnung im Einvernehmen mit dem Bundesministerium für Gesundheit.

Kapitel 6
Leistungsformen, Beratung

Abschnitt 1
Leistungsformen

§ 28 Ausführung von Leistungen

(1) 1Der zuständige Rehabilitationsträger kann Leistungen zur Teilhabe

1. allein oder gemeinsam mit anderen Leistungsträgern,
2. durch andere Leistungsträger oder

3. unter Inanspruchnahme von geeigneten, insbesondere auch freien und gemeinnützigen oder privaten Rehabilitationsdiensten und -einrichtungen nach § 36

ausführen. $_2$Der zuständige Rehabilitationsträger bleibt für die Ausführung der Leistungen verantwortlich. $_3$Satz 1 gilt insbesondere dann, wenn der Rehabilitationsträger die Leistung dadurch wirksamer oder wirtschaftlicher erbringen kann.

(2) Die Leistungen werden dem Verlauf der Rehabilitation angepasst und sind darauf ausgerichtet, den Leistungsberechtigten unter Berücksichtigung der Besonderheiten des Einzelfalles zügig, wirksam, wirtschaftlich und auf Dauer eine den Zielen der §§ 1 und 4 Absatz 1 entsprechende umfassende Teilhabe am Leben in der Gesellschaft zu ermöglichen.

§ 29 Persönliches Budget

(1) $_1$Auf Antrag der Leistungsberechtigten werden Leistungen zur Teilhabe durch die Leistungsform eines Persönlichen Budgets ausgeführt, um den Leistungsberechtigten in eigener Verantwortung ein möglichst selbstbestimmtes Leben zu ermöglichen. $_2$Bei der Ausführung des Persönlichen Budgets sind nach Maßgabe des individuell festgestellten Bedarfs die Rehabilitationsträger, die Pflegekassen und die Integrationsämter beteiligt. $_3$Das Persönliche Budget wird von den beteiligten Leistungsträgern trägerübergreifend als Komplexleistung erbracht. $_4$Das Persönliche Budget kann auch nicht trägerübergreifend von einem einzelnen Leistungsträger erbracht werden. $_5$Budgetfähig sind auch die neben den Leistungen nach Satz 1 erforderlichen Leistungen der Krankenkassen und der Pflegekassen, Leistungen der Träger der Unfallversicherung bei Pflegebedürftigkeit sowie Hilfe zur Pflege der Sozialhilfe, die sich auf alltägliche und regelmäßig wiederkehrende Bedarfe beziehen und als Geldleistungen oder durch Gutscheine erbracht werden können. $_6$An die Entscheidung sind die Leistungsberechtigten für die Dauer von sechs Monaten gebunden.

(2) $_1$Persönliche Budgets werden in der Regel als Geldleistung ausgeführt, bei laufenden Leistungen monatlich. $_2$In begründeten Fällen sind Gutscheine auszugeben. $_3$Mit der Auszahlung oder der Ausgabe von Gutscheinen an die Leistungsberechtigten gilt deren Anspruch gegen die beteiligten Leistungsträger insoweit als erfüllt. $_4$Das Bedarfsermittlungsverfahren für laufende Leistungen wird in der Regel im Abstand von zwei Jahren wiederholt. $_5$In begründeten Fällen kann davon abgewichen werden. $_6$Persönliche Budgets werden auf der Grundlage der nach Kapitel 4 getroffenen Feststellungen so bemessen, dass der individuell festgestellte Bedarf gedeckt wird und die erforderliche Beratung und Unterstützung erfolgen kann. $_7$Dabei soll die Höhe des Persönlichen Budgets die Kosten aller bisher individuell festgestellten Leistungen nicht überschreiten, die ohne das Persönliche Budget zu erbringen sind. $_8$§ 35a des Elften Buches bleibt unberührt.

(3) $_1$Werden Leistungen zur Teilhabe in der Leistungsform des Persönlichen Budgets beantragt, ist der nach § 14 leistende Rehabilitationsträger für die Durchführung des Verfahrens zuständig. $_2$Satz 1 findet entsprechend Anwendung auf die Pflegekassen und die Integrationsämter. $_3$Enthält das Persönliche Budget Leistungen, für die der Leistungsträger nach den Sätzen 1 und 2 nicht Leistungsträger nach § 6 Absatz 1 sein kann, leitet er den Antrag insoweit unverzüglich dem nach seiner Auffassung zuständigen Leistungsträger nach § 15 zu.

(4) $_1$Der Leistungsträger nach Absatz 3 und die Leistungsberechtigten schließen zur Umsetzung des Persönlichen Budgets eine Zielvereinbarung ab. $_2$Sie enthält mindestens Regelungen über

1. die Ausrichtung der individuellen Förder- und Leistungsziele,
2. die Erforderlichkeit eines Nachweises zur Deckung des festgestellten individuellen Bedarfs,
3. die Qualitätssicherung sowie
4. die Höhe der Teil- und des Gesamtbudgets.

$_3$Satz 1 findet keine Anwendung, wenn allein Pflegekassen Leistungsträger nach Absatz 3 sind und sie das Persönliche Budget nach Absatz 1 Satz 4 erbringen. $_4$Die Beteiligten, die die Zielvereinbarung abgeschlossen haben, können diese aus wichtigem Grund mit sofortiger Wirkung schriftlich kündigen, wenn ihnen die Fortsetzung der Vereinbarung nicht zumutbar ist. 5Ein wichtiger Grund kann für die Leistungsberechtigten insbesondere in der persönlichen Lebenssituation liegen. 6Für den Leistungsträger kann ein wichtiger Grund dann vorliegen, wenn die Leistungsberechtigten die Vereinbarung, insbesondere hinsichtlich des Nachweises zur Bedarfsdeckung und der Qualitätssicherung nicht einhalten. 7Im Fall der Kündigung der Zielvereinbarung wird der Verwaltungsakt aufgehoben. 8Die Zielvereinbarung wird im Rahmen des Bedarfsermittlungsverfahrens für die Dauer des Bewilligungszeitraumes der Leistungen in Form des Persönlichen Budgets abgeschlossen.

§ 30 Verordnungsermächtigung

Das Bundesministerium für Arbeit und Soziales wird ermächtigt, im Einvernehmen mit dem Bundesministerium für Gesundheit durch Rechtsverordnung mit Zustimmung des Bundesrates Näheres zum Inhalt und zur Ausführung des Persönlichen Budgets, zum Verfahren sowie zur Zuständigkeit bei Beteiligung mehrerer Rehabilitationsträger zu regeln.

§ 31 Leistungsort

1Sach- und Dienstleistungen können auch im Ausland erbracht werden, wenn sie dort bei zumindest gleicher Qualität und Wirksamkeit wirtschaftlicher ausgeführt werden können. 2Leistungen zur Teilhabe am Arbeitsleben können im grenznahen Ausland auch ausgeführt werden, wenn sie für die Aufnahme oder Ausübung einer Beschäftigung oder selbständigen Tätigkeit erforderlich sind.

Abschnitt 2
Beratung

§ 32 Ergänzende unabhängige Teilhabeberatung

(1) 1Zur Stärkung der Selbstbestimmung von Menschen mit Behinderungen und von Behinderung bedrohter Menschen fördert das Bundesministerium für Arbeit und Soziales eine von Leistungsträgern und Leistungserbringern unabhängige ergänzende Beratung als niedrigschwelliges Angebot, das bereits im Vorfeld der Beantragung konkreter Leistungen zur Verfügung steht. 2Dieses Angebot besteht neben dem Anspruch auf Beratung durch die Rehabilitationsträger.

(2) 1Das ergänzende Angebot erstreckt sich auf die Information und Beratung über Rehabilitations- und Teilhabeleistungen nach diesem Buch. 2Die Rehabilitationsträger informieren im Rahmen der vorhandenen Beratungsstrukturen und ihrer Beratungspflicht über dieses ergänzende Angebot.

(3) Bei der Förderung von Beratungsangeboten ist die von Leistungsträgern und Leistungserbringern unabhängige ergänzende Beratung von Betroffenen für Betroffene besonders zu berücksichtigen.

(4) 1Das Bundesministerium für Arbeit und Soziales erlässt eine Förderrichtlinie, nach deren Maßgabe die Dienste gefördert werden können, welche ein unabhängiges ergänzendes Beratungsangebot anbieten. 2Das Bundesministerium für Arbeit und Soziales entscheidet im Benehmen mit der zuständigen obersten Landesbehörde über diese Förderung.

(5) 1Die Förderung erfolgt aus Bundesmitteln und ist bis zum 31. Dezember 2022 befristet. 2Die Bundesregierung berichtet den gesetzgebenden Körperschaften des Bundes bis zum 30. Juni 2021 über die Einführung und Inanspruchnahme der ergänzenden unabhängigen Teilhabeberatung.

§ 33 Pflichten der Personensorgeberechtigten

Eltern, Vormünder, Pfleger und Betreuer, die bei den ihnen anvertrauten Personen Beeinträchtigungen (§ 2 Absatz 1) wahrnehmen oder durch die in § 34 genannten Personen hierauf hingewiesen werden, sollen im Rahmen ihres Erziehungs- oder Betreuungsauftrags diese Personen einer Beratungsstelle nach § 32 oder einer sonstigen Beratungsstelle für Rehabilitation zur Beratung über die geeigneten Leistungen zur Teilhabe vorstellen.

§ 34 Sicherung der Beratung von Menschen mit Behinderungen

(1) 1Die Beratung durch Ärzte, denen eine Person nach § 33 vorgestellt wird, erstreckt sich auf geeignete Leistungen zur Teilhabe. 2Dabei weisen sie auf die Möglichkeit der Beratung durch die Beratungsstellen der Rehabilitationsträger hin und informieren über wohnortnahe Angebote zur Beratung nach § 32. 3Werdende Eltern werden außerdem auf

5

den Beratungsanspruch bei den Schwangerschaftsberatungsstellen hingewiesen.

(2) Nehmen Hebammen, Entbindungspfleger, medizinisches Personal außer Ärzten, Lehrer, Sozialarbeiter, Jugendleiter und Erzieher bei der Ausübung ihres Berufs Behinderungen wahr, weisen sie die Personensorgeberechtigten auf die Behinderung und auf entsprechende Beratungsangebote nach § 32 hin.

(3) Nehmen medizinisches Personal außer Ärzten und Sozialarbeiter bei der Ausübung ihres Berufs Behinderungen bei volljährigen Personen wahr, empfehlen sie diesen Personen oder ihren bestellten Betreuern, eine Beratungsstelle für Rehabilitation oder eine ärztliche Beratung über geeignete Leistungen zur Teilhabe aufzusuchen.

§ 35 Landesärzte

(1) In den Ländern können Landesärzte bestellt werden, die über besondere Erfahrungen in der Hilfe für Menschen mit Behinderungen und von Behinderung bedrohte Menschen verfügen.

(2) Die Landesärzte haben insbesondere folgende Aufgaben:

1. Gutachten für die Landesbehörden, die für das Gesundheitswesen, die Sozialhilfe und Eingliederungshilfe zuständig sind, sowie für die zuständigen Träger der Sozialhilfeund Eingliederungshilfe in besonders schwierig gelagerten Einzelfällen oder in Fällen von grundsätzlicher Bedeutung zu erstatten,
2. die für das Gesundheitswesen zuständigen obersten Landesbehörden beim Erstellen von Konzeptionen, Situations- und Bedarfsanalysen und bei der Landesplanung zur Teilhabe von Menschen mit Behinderungen und von Behinderung bedrohter Menschen zu beraten und zu unterstützen sowie selbst entsprechende Initiativen zu ergreifen und
3. die für das Gesundheitswesen zuständigen Landesbehörden über Art und Ursachen von Behinderungen und notwendige Hilfen sowie über den Erfolg von Leistungen zur Teilhabe von Menschen mit Behinderungen und von Behinderung bedrohter Menschen regelmäßig zu unterrichten.

Kapitel 7
Struktur, Qualitätssicherung und Verträge

§ 36 Rehabilitationsdienste und -einrichtungen

(1) $_1$Die Rehabilitationsträger wirken gemeinsam unter Beteiligung der Bundesregierung und der Landesregierungen darauf hin, dass die fachlich und regional erforderlichen Rehabilitationsdienste und -einrichtungen in ausreichender Anzahl und Qualität zur Verfügung stehen. $_2$Dabei achten die Rehabilitationsträger darauf, dass für eine ausreichende Anzahl von Rehabilitationsdiensten und -einrichtungen keine Zugangs- und Kommunikationsbarrieren bestehen. $_3$Die Verbände von Menschen mit Behinderungen einschließlich der Verbände der Freien Wohlfahrtspflege, der Selbsthilfegruppen und der Interessenvertretungen von Frauen mit Behinderungen sowie die für die Wahrnehmung der Interessen der ambulanten und stationären Rehabilitationseinrichtungen auf Bundesebene maßgeblichen Spitzenverbände werden beteiligt.

(2) $_1$Nehmen Rehabilitationsträger zur Ausführung von Leistungen Rehabilitationsdienste und -einrichtungen in Anspruch, erfolgt die Auswahl danach, wer die Leistung in der am besten geeigneten Form ausführt. $_2$Dabei werden Rehabilitationsdienste und -einrichtungen freier oder gemeinnütziger Träger entsprechend ihrer Bedeutung für die Rehabilitation und Teilhabe von Menschen mit Behinderungen berücksichtigt und die Vielfalt der Träger gewahrt sowie deren Selbständigkeit, Selbstverständnis und Unabhängigkeit beachtet. $_3$§ 51 Absatz 1 Satz 2 Nummer 4 ist anzuwenden.

(3) Rehabilitationsträger können nach den für sie geltenden Rechtsvorschriften Rehabilitationsdienste oder -einrichtungen fördern, wenn dies zweckmäßig ist und die Arbeit dieser Dienste oder Einrichtungen in anderer Weise nicht sichergestellt werden kann.

(4) Rehabilitationsdienste und -einrichtungen mit gleicher Aufgabenstellung sollen Arbeitsgemeinschaften bilden.

§ 37 Qualitätssicherung, Zertifizierung

(1) $_1$Die Rehabilitationsträger nach § 6 Absatz 1 Nummer 1 bis 5 vereinbaren gemein-

same Empfehlungen zur Sicherung und Weiterentwicklung der Qualität der Leistungen, insbesondere zur barrierefreien Leistungserbringung, sowie für die Durchführung vergleichender Qualitätsanalysen als Grundlage für ein effektives Qualitätsmanagement der Leistungserbringer. 2§ 26 Absatz 4 ist entsprechend anzuwenden. 3Die Rehabilitationsträger nach § 6 Absatz 1 Nummer 6 und 7 können den Empfehlungen beitreten.

(2) 1Die Erbringer von Leistungen stellen ein Qualitätsmanagement sicher, das durch zielgerichtete und systematische Verfahren und Maßnahmen die Qualität der Versorgung gewährleistet und kontinuierlich verbessert. 2Stationäre Rehabilitationseinrichtungen haben sich an dem Zertifizierungsverfahren nach Absatz 3 zu beteiligen.

(3) 1Die Spitzenverbände der Rehabilitationsträger nach § 6 Absatz 1 Nummer 1 und 3 bis 5 vereinbaren im Rahmen der Bundesarbeitsgemeinschaft für Rehabilitation grundsätzliche Anforderungen an ein einrichtungsinternes Qualitätsmanagement nach Absatz 2 Satz 1 sowie ein einheitliches, unabhängiges Zertifizierungsverfahren, mit dem die erfolgreiche Umsetzung des Qualitätsmanagements in regelmäßigen Abständen nachgewiesen wird. 2Den für die Wahrnehmung der Interessen der stationären Rehabilitationseinrichtungen auf Bundesebene maßgeblichen Spitzenverbänden sowie den Verbänden von Menschen mit Behinderungen einschließlich der Verbände der Freien Wohlfahrtspflege, der Selbsthilfegruppen und der Interessenvertretungen von Frauen mit Behinderungen ist Gelegenheit zur Stellungnahme zu geben. 3Stationäre Rehabilitationseinrichtungen sind nur dann als geeignet anzusehen, wenn sie zertifiziert sind.

(4) Die Rehabilitationsträger können mit den Einrichtungen, die für sie Leistungen erbringen, über Absatz 1 hinausgehende Anforderungen an die Qualität und das Qualitätsmanagement vereinbaren.

(5) In Rehabilitationseinrichtungen mit Vertretungen der Menschen mit Behinderungen sind die nach Absatz 3 Satz 1 zu erstellenden Nachweise über die Umsetzung des Qualitätsmanagements diesen Vertretungen zur Verfügung zu stellen.

(6) § 26 Absatz 3 ist entsprechend anzuwenden für Vereinbarungen auf Grund gesetzlicher Vorschriften für die Rehabilitationsträger.

§ 38 Verträge mit Leistungserbringern

(1) Verträge mit Leistungserbringern müssen insbesondere folgende Regelungen über die Ausführung von Leistungen durch Rehabilitationsdienste und -einrichtungen, die nicht in der Trägerschaft eines Rehabilitationsträgers stehen, enthalten:

1. Qualitätsanforderungen an die Ausführung der Leistungen, das beteiligte Personal und die begleitenden Fachdienste,
2. die Übernahme von Grundsätzen der Rehabilitationsträger zur Vereinbarung von Vergütungen,
3. Rechte und Pflichten der Teilnehmer, soweit sich diese nicht bereits aus dem Rechtsverhältnis ergeben, das zwischen ihnen und dem Rehabilitationsträger besteht,
4. angemessene Mitwirkungsmöglichkeiten der Teilnehmer an der Ausführung der Leistungen,
5. Regelungen zur Geheimhaltung personenbezogener Daten,
6. Regelungen zur Beschäftigung eines angemessenen Anteils von Frauen mit Behinderungen, insbesondere Frauen mit Schwerbehinderungen sowie
7. das Angebot, Beratung durch den Träger der öffentlichen Jugendhilfe bei gewichtigen Anhaltspunkten für eine Kindeswohlgefährdung in Anspruch zu nehmen.

(2) 1Die Bezahlung tarifvertraglich vereinbarter Vergütungen sowie entsprechender Vergütungen nach kirchlichen Arbeitsrechtsregelungen kann bei Verträgen auf der Grundlage dieses Buches nicht als unwirtschaftlich abgelehnt werden. 2Auf Verlangen des Rehabilitationsträgers ist die Zahlung von Vergütungen nach Satz 1 nachzuweisen.

(3) 1Die Rehabilitationsträger wirken darauf hin, dass die Verträge nach einheitlichen Grundsätzen abgeschlossen werden. 2Dabei sind einheitliche Grundsätze der Wirksamkeit, Zweckmäßigkeit und Wirtschaftlichkeit zu berücksichtigen. 3Die Rehabilitationsträger können über den Inhalt der Verträge gemeinsame

Empfehlungen nach § 26 vereinbaren. $_{4}$Mit den Arbeitsgemeinschaften der Rehabilitationsdienste und -einrichtungen können sie Rahmenverträge schließen. $_{5}$Der oder die Bundesbeauftragte für den Datenschutz und die Informationsfreiheit wird beteiligt.

(4) Absatz 1 Nummer 1 und 3 bis 6 wird für eigene Einrichtungen der Rehabilitationsträger entsprechend angewendet.

Kapitel 8
Bundesarbeitsgemeinschaft für Rehabilitation

§ 39 Aufgaben

(1) $_{1}$Die Rehabilitationsträger nach § 6 Absatz 1 Nummer 1 bis 5 gestalten und organisieren die trägerübergreifende Zusammenarbeit zur einheitlichen personenzentrierten Gestaltung der Rehabilitation und der Leistungen zur Teilhabe im Rahmen einer Arbeitsgemeinschaft nach § 94 des Zehnten Buches. $_{2}$Sie trägt den Namen „Bundesarbeitsgemeinschaft für Rehabilitation".

(2) Die Aufgaben der Bundesarbeitsgemeinschaft für Rehabilitation sind insbesondere

1. die Beobachtung der Zusammenarbeit der Rehabilitationsträger und die regelmäßige Auswertung und Bewertung der Zusammenarbeit; hierzu bedarf es
   a) der Erstellung von gemeinsamen Grundsätzen für die Erhebung von Daten, die der Aufbereitung und Bereitstellung von Statistiken über das Rehabilitationsgeschehen der Träger und ihrer Zusammenarbeit dienen,
   b) der Datenaufbereitung und Bereitstellung von Statistiken über das Rehabilitationsgeschehen der Träger und ihrer Zusammenarbeit und
   c) der Erhebung und Auswertung nicht personenbezogener Daten über Prozesse und Abläufe des Rehabilitationsgeschehens aus dem Aufgabenfeld der medizinischen und beruflichen Rehabilitation der Sozialversicherung mit Zustimmung des Bundesministeriums für Arbeit und Soziales,
2. die Erarbeitung von gemeinsamen Grundsätzen zur Bedarfserkennung, Bedarfsermittlung und Koordinierung von Rehabilitationsmaßnahmen und zur trägerübergreifenden Zusammenarbeit,
3. die Erarbeitung von gemeinsamen Empfehlungen zur Sicherung der Zusammenarbeit nach § 25,
4. die trägerübergreifende Fort- und Weiterbildung zur Unterstützung und Umsetzung trägerübergreifender Kooperation und Koordination,
5. die Erarbeitung trägerübergreifender Beratungsstandards und Förderung der Weitergabe von eigenen Lebenserfahrungen an andere Menschen mit Behinderungen durch die Beratungsmethode des Peer Counseling,
6. die Erarbeitung von Qualitätskriterien zur Sicherung der Struktur-, Prozess- und Ergebnisqualität im trägerübergreifenden Rehabilitationsgeschehen und Initiierung von deren Weiterentwicklung,
7. die Förderung der Partizipation Betroffener durch stärkere Einbindung von Selbsthilfe- und Selbstvertretungsorganisationen von Menschen mit Behinderungen in die konzeptionelle Arbeit der Bundesarbeitsgemeinschaft für Rehabilitation und deren Organe,
8. die Öffentlichkeitsarbeit zur Inklusion und Rehabilitation sowie
9. die Beobachtung und Bewertung der Forschung zur Rehabilitation sowie Durchführung trägerübergreifender Forschungsvorhaben.

§ 40 Rechtsaufsicht

Die Bundesarbeitsgemeinschaft für Rehabilitation untersteht der Rechtsaufsicht des Bundesministeriums für Arbeit und Soziales.

§ 41 Teilhabeverfahrensbericht

(1) Die Rehabilitationsträger nach § 6 Absatz 1 erfassen

1. die Anzahl der gestellten Anträge auf Leistungen zur Rehabilitation und Teilhabe differenziert nach Leistungsgruppen im Sinne von § 5 Nummer 1, 2, 4 und 5,
2. die Anzahl der Weiterleitungen nach § 14 Absatz 1 Satz 2,

3. in wie vielen Fällen
   a) die Zweiwochenfrist nach § 14 Absatz 1 Satz 1,
   b) die Dreiwochenfrist nach § 14 Absatz 2 Satz 2 sowie
   c) die Zweiwochenfrist nach § 14 Absatz 2 Satz 3

   nicht eingehalten wurde,
4. die durchschnittliche Zeitdauer zwischen Erteilung des Gutachtenauftrages in Fällen des § 14 Absatz 2 Satz 3 und der Vorlage des Gutachtens,
5. die durchschnittliche Zeitdauer zwischen Antragseingang beim leistenden Rehabilitationsträger und der Entscheidung nach den Merkmalen der Erledigung und der Bewilligung,
6. die Anzahl der Ablehnungen von Anträgen sowie der nicht vollständigen Bewilligung der beantragten Leistungen,
7. die durchschnittliche Zeitdauer zwischen dem Datum des Bewilligungsbescheides und dem Beginn der Leistungen mit und ohne Teilhabeplanung nach § 19, wobei in den Fällen, in denen die Leistung von einem Rehabilitationsträger nach § 6 Absatz 1 Nummer 1 erbracht wurde, das Merkmal „mit und ohne Teilhabeplanung nach § 19" nicht zu erfassen ist,
8. die Anzahl der trägerübergreifenden Teilhabeplanungen und Teilhabeplankonferenzen,
9. die Anzahl der nachträglichen Änderungen und Fortschreibungen der Teilhabepläne einschließlich der durchschnittlichen Geltungsdauer des Teilhabeplanes,
10. die Anzahl der Erstattungsverfahren nach § 16 Absatz 2 Satz 2,
11. die Anzahl der beantragten und bewilligten Leistungen in Form des Persönlichen Budgets,
12. die Anzahl der beantragten und bewilligten Leistungen in Form des trägerübergreifenden Persönlichen Budgets,
13. die Anzahl der Mitteilungen nach § 18 Absatz 1,
14. die Anzahl der Anträge auf Erstattung nach § 18 nach den Merkmalen „Bewilligung" oder „Ablehnung",
15. die Anzahl der Rechtsbehelfe sowie der erfolgreichen Rechtsbehelfe aus Sicht der Leistungsberechtigten jeweils nach den Merkmalen „Widerspruch" und „Klage",
16. die Anzahl der Leistungsberechtigten, die sechs Monate nach dem Ende der Maßnahme zur Teilhabe am Arbeitsleben eine sozialversicherungspflichtige Beschäftigung aufgenommen haben, soweit die Maßnahme von einem Rehabilitationsträger nach § 6 Absatz 1 Nummer 2 bis 7 erbracht wurde.

(2) 1Die Rehabilitationsträger nach § 6 Absatz 1 Nummer 1 bis 5 melden jährlich die im Berichtsjahr nach Absatz 1 erfassten Angaben an ihre Spitzenverbände, die Rehabilitationsträger nach § 6 Absatz 1 Nummer 6 und 7 jeweils über ihre obersten Landesjugend- und Sozialbehörden, zur Weiterleitung an die Bundesarbeitsgemeinschaft für Rehabilitation in einem mit ihr technisch abgestimmten Datenformat. 2Die Bundesarbeitsgemeinschaft für Rehabilitation wertet die Angaben unter Beteiligung der Rehabilitationsträger aus und erstellt jährlich eine gemeinsame Übersicht. 3Die Erfassung der Angaben soll mit dem 1. Januar 2018 beginnen und ein Kalenderjahr umfassen. 4Der erste Bericht ist 2019 zu veröffentlichen.

(3) Der Bund erstattet der Bundesarbeitsgemeinschaft für Rehabilitation die notwendigen Aufwendungen für folgende Tätigkeiten:

1. die Bereitstellung von Daten,
2. die Datenaufarbeitung und
3. die Auswertungen über das Rehabilitationsgeschehen.

Kapitel 9 Leistungen zur medizinischen Rehabilitation

§ 42 Leistungen zur medizinischen Rehabilitation

(1) Zur medizinischen Rehabilitation von Menschen mit Behinderungen und von Behinderung bedrohter Menschen werden die erforderlichen Leistungen erbracht, um

1. Behinderungen einschließlich chronischer Krankheiten abzuwenden, zu beseitigen,

5

zu mindern, auszugleichen, eine Verschlimmerung zu verhüten oder
2. Einschränkungen der Erwerbsfähigkeit und Pflegebedürftigkeit zu vermeiden, zu überwinden, zu mindern, eine Verschlimmerung zu verhindern sowie den vorzeitigen Bezug von laufenden Sozialleistungen zu verhüten oder laufende Sozialleistungen zu mindern.

(2) Leistungen zur medizinischen Rehabilitation umfassen insbesondere
1. Behandlung durch Ärzte, Zahnärzte und Angehörige anderer Heilberufe, soweit deren Leistungen unter ärztlicher Aufsicht oder auf ärztliche Anordnung ausgeführt werden, einschließlich der Anleitung, eigene Heilungskräfte zu entwickeln,
2. Früherkennung und Frühförderung für Kinder mit Behinderungen und von Behinderung bedrohte Kinder,
3. Arznei- und Verbandsmittel,
4. Heilmittel einschließlich physikalischer, Sprach- und Beschäftigungstherapie,
5. Psychotherapie als ärztliche und psychotherapeutische Behandlung,
6. Hilfsmittel sowie
7. Belastungserprobung und Arbeitstherapie.

5

(3) $_1$Bestandteil der Leistungen nach Absatz 1 sind auch medizinische, psychologische und pädagogische Hilfen, soweit diese Leistungen im Einzelfall erforderlich sind, um die in Absatz 1 genannten Ziele zu erreichen. $_2$Solche Leistungen sind insbesondere
1. Hilfen zur Unterstützung bei der Krankheits- und Behinderungsverarbeitung,
2. Hilfen zur Aktivierung von Selbsthilfepotentialen,
3. die Information und Beratung von Partnern und Angehörigen sowie von Vorgesetzten und Kollegen, wenn die Leistungsberechtigten dem zustimmen,
4. die Vermittlung von Kontakten zu örtlichen Selbsthilfe- und Beratungsmöglichkeiten,
5. Hilfen zur seelischen Stabilisierung und zur Förderung der sozialen Kompetenz, unter anderem durch Training sozialer und kommunikativer Fähigkeiten und im Umgang mit Krisensituationen,
6. das Training lebenspraktischer Fähigkeiten sowie
7. die Anleitung und Motivation zur Inanspruchnahme von Leistungen der medizinischen Rehabilitation.

§ 43 Krankenbehandlung und Rehabilitation

Die in § 42 Absatz 1 genannten Ziele und § 12 Absatz 1 und 3 sowie § 19 gelten auch bei Leistungen der Krankenbehandlung.

§ 44 Stufenweise Wiedereingliederung

Können arbeitsunfähige Leistungsberechtigte nach ärztlicher Feststellung ihre bisherige Tätigkeit teilweise ausüben und können sie durch eine stufenweise Wiederaufnahme ihrer Tätigkeit voraussichtlich besser wieder in das Erwerbsleben eingegliedert werden, sollen die medizinischen und die sie ergänzenden Leistungen mit dieser Zielrichtung erbracht werden.

§ 45 Förderung der Selbsthilfe

$_1$Selbsthilfegruppen, Selbsthilfeorganisationen und Selbsthilfekontaktstellen, die sich die Prävention, Rehabilitation, Früherkennung, Beratung, Behandlung und Bewältigung von Krankheiten und Behinderungen zum Ziel gesetzt haben, sollen nach einheitlichen Grundsätzen gefördert werden. $_2$Die Daten der Rehabilitationsträger über Art und Höhe der Förderung der Selbsthilfe fließen in den Bericht der Bundesarbeitsgemeinschaft für Rehabilitation nach § 41 ein.

§ 46 Früherkennung und Frühförderung

(1) Die medizinischen Leistungen zur Früherkennung und Frühförderung für Kinder mit Behinderungen und von Behinderung bedrohte Kinder nach § 42 Absatz 2 Nummer 2 umfassen auch
1. die medizinischen Leistungen der fachübergreifend arbeitenden Dienste und Einrichtungen sowie
2. nichtärztliche sozialpädiatrische, psychologische, heilpädagogische, psychosoziale Leistungen und die Beratung der Erziehungsberechtigten, auch in fachübergreifend arbeitenden Diensten und Einrichtungen, wenn sie unter ärztlicher Verantwortung erbracht werden und erforderlich

sind, um eine drohende oder bereits eingetretene Behinderung zum frühestmöglichen Zeitpunkt zu erkennen und einen individuellen Behandlungsplan aufzustellen.

(2) 1Leistungen zur Früherkennung und Frühförderung für Kinder mit Behinderungen und von Behinderung bedrohte Kinder umfassen weiterhin nichtärztliche therapeutische, psychologische, heilpädagogische, sonderpädagogische, psychosoziale Leistungen und die Beratung der Erziehungsberechtigten durch interdisziplinäre Frühförderstellen oder nach Landesrecht zugelassene Einrichtungen mit vergleichbarem interdisziplinärem Förder-, Behandlungs- und Beratungsspektrum. 2Die Leistungen sind erforderlich, wenn sie eine drohende oder bereits eingetretene Behinderung zum frühestmöglichen Zeitpunkt erkennen helfen oder die eingetretene Behinderung durch gezielte Förder- und Behandlungsmaßnahmen ausgleichen oder mildern.

(3) 1Leistungen nach Absatz 1 werden in Verbindung mit heilpädagogischen Leistungen nach § 79 als Komplexleistung erbracht. 2Die Komplexleistung umfasst auch Leistungen zur Sicherung der Interdisziplinarität. 3Maßnahmen zur Komplexleistung können gleichzeitig oder nacheinander sowie in unterschiedlicher und gegebenenfalls wechselnder Intensität ab Geburt bis zur Einschulung eines Kindes mit Behinderungen oder drohender Behinderung erfolgen.

(4) In den Landesrahmenvereinbarungen zwischen den beteiligten Rehabilitationsträgern und den Verbänden der Leistungserbringer wird Folgendes geregelt:

1. die Anforderungen an interdisziplinäre Frühförderstellen, nach Landesrecht zugelassene Einrichtungen mit vergleichbarem interdisziplinärem Förder-, Behandlungs- und Beratungsspektrum und sozialpädiatrische Zentren zu Mindeststandards, Berufsgruppen, Personalausstattung, sachlicher und räumlicher Ausstattung,
2. die Dokumentation und Qualitätssicherung,
3. der Ort der Leistungserbringung sowie
4. die Vereinbarung und Abrechnung der Entgelte für die als Komplexleistung nach Absatz 3 erbrachten Leistungen unter Berücksichtigung der Zuwendungen Dritter, insbesondere der Länder, für Leistungen nach der Verordnung zur Früherkennung und Frühförderung.

(5) 1Die Rehabilitationsträger schließen Vereinbarungen über die pauschalierte Aufteilung der nach Absatz 4 Nummer 4 vereinbarten Entgelte für Komplexleistungen auf der Grundlage der Leistungszuständigkeit nach Spezialisierung und Leistungsprofil des Dienstes oder der Einrichtung, insbesondere den vertretenen Fachdisziplinen und dem Diagnosespektrum der leistungsberechtigten Kinder. 2Regionale Gegebenheiten werden berücksichtigt. 3Der Anteil der Entgelte, der auf die für die Leistungen nach § 6 der Verordnung zur Früherkennung und Frühförderung jeweils zuständigen Träger entfällt, darf für Leistungen in interdisziplinären Frühförderstellen oder in nach Landesrecht zugelassenen Einrichtungen mit vergleichbarem interdisziplinärem Förder-, Behandlungs- und Beratungsspektrum 65 Prozent und in sozialpädiatrischen Zentren 20 Prozent nicht überschreiten. 4Landesrecht kann andere als pauschale Abrechnungen vorsehen.

(6) Kommen Landesrahmenvereinbarungen nach Absatz 4 bis zum 31. Juli 2019 nicht zustande, sollen die Landesregierungen Regelungen durch Rechtsverordnung entsprechend Absatz 4 Nummer 1 bis 3 treffen.

§ 47 Hilfsmittel

(1) Hilfsmittel (Körperersatzstücke sowie orthopädische und andere Hilfsmittel) nach § 42 Absatz 2 Nummer 6 umfassen die Hilfen, die von den Leistungsberechtigten getragen oder mitgeführt oder bei einem Wohnungswechsel mitgenommen werden können und unter Berücksichtigung der Umstände des Einzelfalles erforderlich sind, um

1. einer drohenden Behinderung vorzubeugen,
2. den Erfolg einer Heilbehandlung zu sichern oder
3. eine Behinderung bei der Befriedigung von Grundbedürfnissen des täglichen Lebens auszugleichen, soweit die Hilfsmittel nicht allgemeine Gebrauchsgegenstände des täglichen Lebens sind.

(2) 1Der Anspruch auf Hilfsmittel umfasst auch die notwendige Änderung, Instandhal-

5

tung, Ersatzbeschaffung sowie die Ausbildung im Gebrauch der Hilfsmittel. $_{2}$Der Rehabilitationsträger soll

1. vor einer Ersatzbeschaffung prüfen, ob eine Änderung oder Instandsetzung von bisher benutzten Hilfsmitteln wirtschaftlicher und gleich wirksam ist und
2. die Bewilligung der Hilfsmittel davon abhängig machen, dass die Leistungsberechtigten sich die Hilfsmittel anpassen oder sich in ihrem Gebrauch ausbilden lassen.

(3) Wählen Leistungsberechtigte ein geeignetes Hilfsmittel in einer aufwendigeren Ausführung als notwendig, tragen sie die Mehrkosten selbst.

(4) $_{1}$Hilfsmittel können auch leihweise überlassen werden. $_{2}$In diesem Fall gelten die Absätze 2 und 3 entsprechend.

§ 48 Verordnungsermächtigungen

Das Bundesministerium für Arbeit und Soziales wird ermächtigt, im Einvernehmen mit dem Bundesministerium für Gesundheit durch Rechtsverordnung mit Zustimmung des Bundesrates Näheres zu regeln

1. zur Abgrenzung der in § 46 genannten Leistungen und der weiteren Leistungen dieser Dienste und Einrichtungen und
2. zur Auswahl der im Einzelfall geeigneten Hilfsmittel, insbesondere zum Verfahren, zur Eignungsprüfung, Dokumentation und leihweisen Überlassung der Hilfsmittel sowie zur Zusammenarbeit der anderen Rehabilitationsträger mit den orthopädischen Versorgungsstellen.

Kapitel 10
Leistungen zur Teilhabe am Arbeitsleben

§ 49 Leistungen zur Teilhabe am Arbeitsleben, Verordnungsermächtigung

(1) Zur Teilhabe am Arbeitsleben werden die erforderlichen Leistungen erbracht, um die Erwerbsfähigkeit von Menschen mit Behinderungen oder von Behinderung bedrohter Menschen entsprechend ihrer Leistungsfähigkeit zu erhalten, zu verbessern, herzustellen oder wiederherzustellen und ihre Teilhabe am Arbeitsleben möglichst auf Dauer zu sichern.

(2) Frauen mit Behinderungen werden gleiche Chancen im Erwerbsleben zugesichert, insbesondere durch in der beruflichen Zielsetzung geeignete, wohnortnahe und auch in Teilzeit nutzbare Angebote.

(3) Die Leistungen zur Teilhabe am Arbeitsleben umfassen insbesondere

1. Hilfen zur Erhaltung oder Erlangung eines Arbeitsplatzes einschließlich Leistungen zur Aktivierung und beruflichen Eingliederung,
2. eine Berufsvorbereitung einschließlich einer wegen der Behinderung erforderlichen Grundausbildung,
3. die individuelle betriebliche Qualifizierung im Rahmen Unterstützter Beschäftigung,
4. die berufliche Anpassung und Weiterbildung, auch soweit die Leistungen einen zur Teilnahme erforderlichen schulischen Abschluss einschließen,
5. die berufliche Ausbildung, auch soweit die Leistungen in einem zeitlich nicht überwiegenden Abschnitt schulisch durchgeführt werden,
6. die Förderung der Aufnahme einer selbständigen Tätigkeit durch die Rehabilitationsträger nach § 6 Absatz 1 Nummer 2 bis 5 und
7. sonstige Hilfen zur Förderung der Teilhabe am Arbeitsleben, um Menschen mit Behinderungen eine angemessene und geeignete Beschäftigung oder eine selbständige Tätigkeit zu ermöglichen und zu erhalten.

(4) $_{1}$Bei der Auswahl der Leistungen werden Eignung, Neigung, bisherige Tätigkeit sowie Lage und Entwicklung auf dem Arbeitsmarkt angemessen berücksichtigt. $_{2}$Soweit erforderlich, wird dabei die berufliche Eignung abgeklärt oder eine Arbeitserprobung durchgeführt; in diesem Fall werden die Kosten nach Absatz 7, Reisekosten nach § 73 sowie Haushaltshilfe und Kinderbetreuungskosten nach § 74 übernommen.

(5) Die Leistungen werden auch für Zeiten notwendiger Praktika erbracht.

(6) $_{1}$Die Leistungen umfassen auch medizinische, psychologische und pädagogische Hilfen, soweit diese Leistungen im Einzelfall erforderlich sind, um die in Absatz 1 genannten Ziele zu erreichen oder zu sichern und Krankheitsfolgen zu vermeiden, zu überwinden, zu

mindern oder ihre Verschlimmerung zu verhüten. $_2$Leistungen sind insbesondere

1. Hilfen zur Unterstützung bei der Krankheits- und Behinderungsverarbeitung,
2. Hilfen zur Aktivierung von Selbsthilfepotentialen,
3. die Information und Beratung von Partnern und Angehörigen sowie von Vorgesetzten und Kollegen, wenn die Leistungsberechtigten dem zustimmen,
4. die Vermittlung von Kontakten zu örtlichen Selbsthilfe- und Beratungsmöglichkeiten,
5. Hilfen zur seelischen Stabilisierung und zur Förderung der sozialen Kompetenz, unter anderem durch Training sozialer und kommunikativer Fähigkeiten und im Umgang mit Krisensituationen,
6. das Training lebenspraktischer Fähigkeiten,
7. das Training motorischer Fähigkeiten,
8. die Anleitung und Motivation zur Inanspruchnahme von Leistungen zur Teilhabe am Arbeitsleben und
9. die Beteiligung von Integrationsfachdiensten im Rahmen ihrer Aufgabenstellung (§ 193).

(7) Zu den Leistungen gehört auch die Übernahme

1. der erforderlichen Kosten für Unterkunft und Verpflegung, wenn für die Ausführung einer Leistung eine Unterbringung außerhalb des eigenen oder des elterlichen Haushalts wegen Art oder Schwere der Behinderung oder zur Sicherung des Erfolges der Teilhabe am Arbeitsleben notwendig ist sowie
2. der erforderlichen Kosten, die mit der Ausführung einer Leistung in unmittelbarem Zusammenhang stehen, insbesondere für Lehrgangskosten, Prüfungsgebühren, Lernmittel, Leistungen zur Aktivierung und beruflichen Eingliederung.

(8) $_1$Leistungen nach Absatz 3 Nummer 1 und 7 umfassen auch

1. die Kraftfahrzeughilfe nach der Kraftfahrzeughilfe-Verordnung,
2. den Ausgleich für unvermeidbare Verdienstausfälle des Leistungsberechtigten oder einer erforderlichen Begleitperson wegen Fahrten der An- und Abreise zu einer Bildungsmaßnahme und zur Vorstellung bei einem Arbeitgeber, bei einem Träger oder einer Einrichtung für Menschen mit Behinderungen, durch die Rehabilitationsträger nach § 6 Absatz 1 Nummer 2 bis 5,
3. die Kosten einer notwendigen Arbeitsassistenz für schwerbehinderte Menschen als Hilfe zur Erlangung eines Arbeitsplatzes,
4. die Kosten für Hilfsmittel, die wegen Art oder Schwere der Behinderung erforderlich sind
   a) zur Berufsausübung,
   b) zur Teilhabe an einer Leistung zur Teilhabe am Arbeitsleben oder zur Erhöhung der Sicherheit auf dem Weg vom und zum Arbeitsplatz und am Arbeitsplatz selbst, es sei denn, dass eine Verpflichtung des Arbeitgebers besteht oder solche Leistungen als medizinische Leistung erbracht werden können,
5. die Kosten technischer Arbeitshilfen, die wegen Art oder Schwere der Behinderung zur Berufsausübung erforderlich sind und
6. die Kosten der Beschaffung, der Ausstattung und der Erhaltung einer behinderungsgerechten Wohnung in angemessenem Umfang.

$_2$Die Leistung nach Satz 1 Nummer 3 wird für die Dauer von bis zu drei Jahren bewilligt und in Abstimmung mit dem Rehabilitationsträger nach § 6 Absatz 1 Nummer 1 bis 5 durch das Integrationsamt nach § 185 Absatz 4 ausgeführt. $_3$Der Rehabilitationsträger erstattet dem Integrationsamt seine Aufwendungen. $_4$Der Anspruch nach § 185 Absatz 4 bleibt unberührt.

(9) Die Bundesregierung kann durch Rechtsverordnung mit Zustimmung des Bundesrates Näheres über Voraussetzungen, Gegenstand und Umfang der Leistungen der Kraftfahrzeughilfe zur Teilhabe am Arbeitsleben regeln.

§ 50 Leistungen an Arbeitgeber

(1) Die Rehabilitationsträger nach § 6 Absatz 1 Nummer 2 bis 5 können Leistungen zur Teilhabe am Arbeitsleben auch an Arbeitgeber erbringen, insbesondere als

1. Ausbildungszuschüsse zur betrieblichen Ausführung von Bildungsleistungen,

2. Eingliederungszuschüsse,
3. Zuschüsse für Arbeitshilfen im Betrieb und
4. teilweise oder volle Kostenerstattung für eine befristete Probebeschäftigung.

(2) Die Leistungen können unter Bedingungen und Auflagen erbracht werden.

(3) 1Ausbildungszuschüsse nach Absatz 1 Nummer 1 können für die gesamte Dauer der Maßnahme geleistet werden. 2Die Ausbildungszuschüsse sollen bei Ausbildungsmaßnahmen die monatlichen Ausbildungsvergütungen nicht übersteigen, die von den Arbeitgebern im letzten Ausbildungsjahr gezahlt wurden.

5

(4) 1Eingliederungszuschüsse nach Absatz 1 Nummer 2 betragen höchstens 50 Prozent der vom Arbeitgeber regelmäßig gezahlten Entgelte, soweit sie die tariflichen Arbeitsentgelte oder, wenn eine tarifliche Regelung nicht besteht, die für vergleichbare Tätigkeiten ortsüblichen Arbeitsentgelte im Rahmen der Beitragsbemessungsgrenze in der Arbeitsförderung nicht übersteigen. 2Die Eingliederungszuschüsse sollen im Regelfall für höchstens ein Jahr gezahlt werden. 3Soweit es für die Teilhabe am Arbeitsleben erforderlich ist, können die Eingliederungszuschüsse um bis zu 20 Prozentpunkte höher festgelegt und bis zu einer Förderungshöchstdauer von zwei Jahren gezahlt werden. 4Werden die Eingliederungszuschüsse länger als ein Jahr gezahlt, sind sie um mindestens 10 Prozentpunkte zu vermindern, entsprechend der zu erwartenden Zunahme der Leistungsfähigkeit der Leistungsberechtigten und den abnehmenden Eingliederungserfordernissen gegenüber der bisherigen Förderungshöhe. 5Bei der Berechnung der Eingliederungszuschüsse nach Satz 1 wird auch der Anteil des Arbeitgebers am Gesamtsozialversicherungsbeitrag berücksichtigt. 6Eingliederungszuschüsse sind zurückzuzahlen, wenn die Arbeitsverhältnisse während des Förderungszeitraums oder innerhalb eines Zeitraums, der der Förderungsdauer entspricht, längstens jedoch von einem Jahr, nach dem Ende der Leistungen beendet werden. 7Der Eingliederungszuschuss muss nicht zurückgezahlt werden, wenn

1. die Leistungsberechtigten die Arbeitsverhältnisse durch Kündigung beenden oder das Mindestalter für den Bezug der gesetzlichen Altersrente erreicht haben oder
2. die Arbeitgeber berechtigt waren, aus wichtigem Grund ohne Einhaltung einer Kündigungsfrist oder aus Gründen, die in der Person oder dem Verhalten des Arbeitnehmers liegen, oder aus dringenden betrieblichen Erfordernissen, die einer Weiterbeschäftigung in diesem Betrieb entgegenstehen, zu kündigen.

8Die Rückzahlung ist auf die Hälfte des Förderungsbetrages, höchstens aber den im letzten Jahr vor der Beendigung des Beschäftigungsverhältnisses gewährten Förderungsbetrag begrenzt; nicht geförderte Nachbeschäftigungszeiten werden anteilig berücksichtigt.

§ 51 Einrichtungen der beruflichen Rehabilitation

(1) 1Leistungen werden durch Berufsbildungswerke, Berufsförderungswerke und vergleichbare Einrichtungen der beruflichen Rehabilitation ausgeführt, wenn Art oder Schwere der Behinderung der Leistungsberechtigten oder die Sicherung des Erfolges die besonderen Hilfen dieser Einrichtungen erforderlich machen. 2Die Einrichtung muss

1. eine erfolgreiche Ausführung der Leistung erwarten lassen nach Dauer, Inhalt und Gestaltung der Leistungen, nach der Unterrichtsmethode, Ausbildung und Berufserfahrung der Leitung und der Lehrkräfte sowie nach der Ausgestaltung der Fachdienste,
2. angemessene Teilnahmebedingungen bieten und behinderungsgerecht sein, insbesondere auch die Beachtung der Erfordernisse des Arbeitsschutzes und der Unfallverhütung gewährleisten,
3. den Teilnehmenden und den von ihnen zu wählenden Vertretungen angemessene Mitwirkungsmöglichkeiten an der Ausführung der Leistungen bieten sowie
4. die Leistung nach den Grundsätzen der Wirtschaftlichkeit und Sparsamkeit, insbesondere zu angemessenen Vergütungssätzen, ausführen.

3Die zuständigen Rehabilitationsträger vereinbaren hierüber gemeinsame Empfehlungen nach den §§ 26 und 37.

(2) 1Werden Leistungen zur beruflichen Ausbildung in Einrichtungen der beruflichen Rehabilitation ausgeführt, sollen die Einrichtungen bei Eignung der Leistungsberechtigten darauf hinwirken, dass diese Ausbildung teilweise auch in Betrieben und Dienststellen durchgeführt wird. 2Die Einrichtungen der beruflichen Rehabilitation unterstützen die Arbeitgeber bei der betrieblichen Ausbildung und bei der Betreuung der auszubildenden Jugendlichen mit Behinderungen.

§ 52 Rechtsstellung der Teilnehmenden

1Werden Leistungen in Einrichtungen der beruflichen Rehabilitation ausgeführt, werden die Teilnehmenden nicht in den Betrieb der Einrichtungen eingegliedert. 2Sie sind keine Arbeitnehmer im Sinne des Betriebsverfassungsgesetzes und wählen zu ihrer Mitwirkung besondere Vertreter. 3Bei der Ausführung werden die arbeitsrechtlichen Grundsätze über den Persönlichkeitsschutz, die Haftungsbeschränkung sowie die gesetzlichen Vorschriften über den Arbeitsschutz, den Schutz vor Diskriminierungen in Beschäftigung und Beruf, den Erholungsurlaub und die Gleichberechtigung von Männern und Frauen entsprechend angewendet.

§ 53 Dauer von Leistungen

(1) 1Leistungen werden für die Zeit erbracht, die vorgeschrieben oder allgemein üblich ist, um das angestrebte Teilhabeziel zu erreichen. 2Eine Förderung kann darüber hinaus erfolgen, wenn besondere Umstände dies rechtfertigen.

(2) 1Leistungen zur beruflichen Weiterbildung sollen in der Regel bei ganztägigem Unterricht nicht länger als zwei Jahre dauern, es sei denn, dass das Teilhabeziel nur über eine länger andauernde Leistung erreicht werden kann oder die Eingliederungsaussichten nur durch eine länger andauernde Leistung wesentlich verbessert werden. 2Abweichend von Satz 1 erster Teilsatz sollen Leistungen zur beruflichen Weiterbildung, die zu einem Abschluss in einem allgemein anerkannten Ausbildungsberuf führen und für die eine allgemeine Ausbildungsdauer von mehr als zwei Jahren vorgeschrieben ist, nicht länger als zwei Drittel der üblichen Ausbildungszeit dauern.

§ 54 Beteiligung der Bundesagentur für Arbeit

1Die Bundesagentur für Arbeit nimmt auf Anforderung eines anderen Rehabilitationsträgers gutachterlich Stellung zu Notwendigkeit, Art und Umfang von Leistungen unter Berücksichtigung arbeitsmarktlicher Zweckmäßigkeit. 2Dies gilt auch, wenn sich die Leistungsberechtigten in einem Krankenhaus oder einer Einrichtung der medizinischen oder der medizinisch-beruflichen Rehabilitation aufhalten.

§ 55 Unterstützte Beschäftigung

(1) 1Ziel der Unterstützten Beschäftigung ist es, Leistungsberechtigten mit besonderem Unterstützungsbedarf eine angemessene, geeignete und sozialversicherungspflichtige Beschäftigung zu ermöglichen und zu erhalten. 2Unterstützte Beschäftigung umfasst eine individuelle betriebliche Qualifizierung und bei Bedarf Berufsbegleitung.

(2) 1Leistungen zur individuellen betrieblichen Qualifizierung erhalten Menschen mit Behinderungen insbesondere, um sie für geeignete betriebliche Tätigkeiten zu erproben, auf ein sozialversicherungspflichtiges Beschäftigungsverhältnis vorzubereiten und bei der Einarbeitung und Qualifizierung auf einem betrieblichen Arbeitsplatz zu unterstützen. 2Die Leistungen umfassen auch die Vermittlung von berufsübergreifenden Lerninhalten und Schlüsselqualifikationen sowie die Weiterentwicklung der Persönlichkeit der Menschen mit Behinderungen. 3Die Leistungen werden vom zuständigen Rehabilitationsträger nach § 6 Absatz 1 Nummer 2 bis 5 für bis zu zwei Jahre erbracht, soweit sie wegen Art oder Schwere der Behinderung erforderlich sind. 4Sie können bis zu einer Dauer von weiteren zwölf Monaten verlängert werden, wenn auf Grund der Art oder Schwere der Behinderung der gewünschte nachhaltige Qualifizierungserfolg im Einzelfall nicht anders erreicht werden kann und hinreichend gewährleistet ist, dass eine weitere Qualifizierung zur Aufnahme einer sozialversicherungspflichtigen Beschäftigung führt.

(3) 1Leistungen der Berufsbegleitung erhalten Menschen mit Behinderungen insbesondere, um nach Begründung eines sozialversiche-

5

rungspflichtigen Beschäftigungsverhältnisses die zu dessen Stabilisierung erforderliche Unterstützung und Krisenintervention zu gewährleisten. 2Die Leistungen werden bei Zuständigkeit eines Rehabilitationsträgers nach § 6 Absatz 1 Nummer 3 oder 5 von diesem, im Übrigen von dem Integrationsamt im Rahmen seiner Zuständigkeit erbracht, solange und soweit sie wegen Art oder Schwere der Behinderung zur Sicherung des Beschäftigungsverhältnisses erforderlich sind.

(4) Stellt der Rehabilitationsträger während der individuellen betrieblichen Qualifizierung fest, dass voraussichtlich eine anschließende Berufsbegleitung erforderlich ist, für die ein anderer Leistungsträger zuständig ist, beteiligt er diesen frühzeitig.

5

(5) 1Die Unterstützte Beschäftigung kann von Integrationsfachdiensten oder anderen Trägern durchgeführt werden. 2Mit der Durchführung kann nur beauftragt werden, wer über die erforderliche Leistungsfähigkeit verfügt, um seine Aufgaben entsprechend den individuellen Bedürfnissen der Menschen mit Behinderungen erfüllen zu können. 3Insbesondere müssen die Beauftragten

1. über Fachkräfte verfügen, die eine geeignete Berufsqualifikation, eine psychosoziale oder arbeitspädagogische Zusatzqualifikation und eine ausreichende Berufserfahrung besitzen,
2. in der Lage sein, den Menschen mit Behinderungen geeignete individuelle betriebliche Qualifizierungsplätze zur Verfügung zu stellen und ihre berufliche Eingliederung zu unterstützen,
3. über die erforderliche räumliche und sächliche Ausstattung verfügen sowie
4. ein System des Qualitätsmanagements im Sinne des § 37 Absatz 2 Satz 1 anwenden.

(6) 1Zur Konkretisierung und Weiterentwicklung der in Absatz 5 genannten Qualitätsanforderungen vereinbaren die Rehabilitationsträger nach § 6 Absatz 1 Nummer 2 bis 5 sowie die Bundesarbeitsgemeinschaft der Integrationsämter und Hauptfürsorgestellen im Rahmen der Bundesarbeitsgemeinschaft für Rehabilitation eine gemeinsame Empfehlung. 2Die gemeinsame Empfehlung kann auch Ausführungen zu möglichen Leistungsinhalten und zur Zusammenarbeit enthalten. 3§ 26 Absatz 4, 6 und 7 sowie § 27 gelten entsprechend.

§ 56 Leistungen in Werkstätten für behinderte Menschen

Leistungen in anerkannten Werkstätten für behinderte Menschen (§ 219) werden erbracht, um die Leistungs- oder Erwerbsfähigkeit der Menschen mit Behinderungen zu erhalten, zu entwickeln, zu verbessern oder wiederherzustellen, die Persönlichkeit dieser Menschen weiterzuentwickeln und ihre Beschäftigung zu ermöglichen oder zu sichern.

§ 57 Leistungen im Eingangsverfahren und im Berufsbildungsbereich

(1) Leistungen im Eingangsverfahren und im Berufsbildungsbereich einer anerkannten Werkstatt für behinderte Menschen erhalten Menschen mit Behinderungen

1. im Eingangsverfahren zur Feststellung, ob die Werkstatt die geeignete Einrichtung für die Teilhabe des Menschen mit Behinderungen am Arbeitsleben ist sowie welche Bereiche der Werkstatt und welche Leistungen zur Teilhabe am Arbeitsleben für die Menschen mit Behinderungen in Betracht kommen, und um einen Eingliederungsplan zu erstellen;
2. im Berufsbildungsbereich, wenn die Leistungen erforderlich sind, um die Leistungs- oder Erwerbsfähigkeit des Menschen mit Behinderungen so weit wie möglich zu entwickeln, zu verbessern oder wiederherzustellen und erwartet werden kann, dass der Mensch mit Behinderungen nach Teilnahme an diesen Leistungen in der Lage ist, wenigstens ein Mindestmaß wirtschaftlich verwertbarer Arbeitsleistung im Sinne des § 219 zu erbringen.

(2) 1Die Leistungen im Eingangsverfahren werden für drei Monate erbracht. 2Die Leistungsdauer kann auf bis zu vier Wochen verkürzt werden, wenn während des Eingangsverfahrens im Einzelfall festgestellt wird, dass eine kürzere Leistungsdauer ausreichend ist.

(3) 1Die Leistungen im Berufsbildungsbereich werden für zwei Jahre erbracht. 2Sie werden in der Regel zunächst für ein Jahr bewilligt.

$_{3}$Sie werden für ein weiteres Jahr bewilligt, wenn auf Grund einer fachlichen Stellungnahme, die rechtzeitig vor Ablauf des Förderzeitraums nach Satz 2 abzugeben ist, angenommen wird, dass die Leistungsfähigkeit des Menschen mit Behinderungen weiterentwickelt oder wiedergewonnen werden kann.

(4) $_{1}$Zeiten der individuellen betrieblichen Qualifizierung im Rahmen einer Unterstützten Beschäftigung nach § 55 werden zur Hälfte auf die Dauer des Berufsbildungsbereichs angerechnet. $_{2}$Allerdings dürfen die Zeiten individueller betrieblicher Qualifizierung und die Zeiten des Berufsbildungsbereichs insgesamt nicht mehr als 36 Monate betragen.

§ 58 Leistungen im Arbeitsbereich

(1) $_{1}$Leistungen im Arbeitsbereich einer anerkannten Werkstatt für behinderte Menschen erhalten Menschen mit Behinderungen, bei denen wegen Art oder Schwere der Behinderung

1. eine Beschäftigung auf dem allgemeinen Arbeitsmarkt einschließlich einer Beschäftigung in einem Inklusionsbetrieb (§ 215) oder
2. eine Berufsvorbereitung, eine individuelle betriebliche Qualifizierung im Rahmen Unterstützter Beschäftigung, eine berufliche Anpassung und Weiterbildung oder eine berufliche Ausbildung (§ 49 Absatz 3 Nummer 2 bis 6)

nicht, noch nicht oder noch nicht wieder in Betracht kommt und die in der Lage sind, wenigstens ein Mindestmaß wirtschaftlich verwertbarer Arbeitsleistung zu erbringen. $_{2}$Leistungen im Arbeitsbereich werden im Anschluss an Leistungen im Berufsbildungsbereich (§ 57) oder an entsprechende Leistungen bei einem anderen Leistungsanbieter (§ 60) erbracht; hiervon kann abgewichen werden, wenn der Mensch mit Behinderungen bereits über die für die in Aussicht genommene Beschäftigung erforderliche Leistungsfähigkeit verfügt, die er durch eine Beschäftigung auf dem allgemeinen Arbeitsmarkt erworben hat. $_{3}$Die Leistungen sollen in der Regel längstens bis zum Ablauf des Monats erbracht werden, in dem das für die Regelaltersrente im Sinne des Sechsten Buches erforderliche Lebensalter erreicht wird.

(2) Die Leistungen im Arbeitsbereich sind gerichtet auf

1. die Aufnahme, Ausübung und Sicherung einer der Eignung und Neigung des Menschen mit Behinderungen entsprechenden Beschäftigung,
2. die Teilnahme an arbeitsbegleitenden Maßnahmen zur Erhaltung und Verbesserung der im Berufsbildungsbereich erworbenen Leistungsfähigkeit und zur Weiterentwicklung der Persönlichkeit sowie
3. die Förderung des Übergangs geeigneter Menschen mit Behinderungen auf den allgemeinen Arbeitsmarkt durch geeignete Maßnahmen.

(3) $_{1}$Die Werkstätten erhalten für die Leistungen nach Absatz 2 vom zuständigen Rehabilitationsträger angemessene Vergütungen, die den Grundsätzen der Wirtschaftlichkeit, Sparsamkeit und Leistungsfähigkeit entsprechen. $_{2}$Die Vergütungen berücksichtigen

1. alle für die Erfüllung der Aufgaben und der fachlichen Anforderungen der Werkstatt notwendigen Kosten sowie
2. die mit der wirtschaftlichen Betätigung der Werkstatt in Zusammenhang stehenden Kosten, soweit diese unter Berücksichtigung der besonderen Verhältnisse in der Werkstatt und der dort beschäftigten Menschen mit Behinderungen nach Art und Umfang über die in einem Wirtschaftsunternehmen üblicherweise entstehenden Kosten hinausgehen.

$_{3}$Können die Kosten der Werkstatt nach Satz 2 Nummer 2 im Einzelfall nicht ermittelt werden, kann eine Vergütungspauschale für diese werkstattspezifischen Kosten der wirtschaftlichen Betätigung der Werkstatt vereinbart werden.

(4) $_{1}$Bei der Ermittlung des Arbeitsergebnisses der Werkstatt nach § 12 Absatz 4 der Werkstättenverordnung werden die Auswirkungen der Vergütungen auf die Höhe des Arbeitsergebnisses dargestellt. $_{2}$Dabei wird getrennt ausgewiesen, ob sich durch die Vergütung Verluste oder Gewinne ergeben. $_{3}$Das Arbeitsergebnis der Werkstatt darf nicht zur Minderung der Vergütungen nach Absatz 3 verwendet werden.

§ 59 Arbeitsförderungsgeld

(1) $_{1}$Die Werkstätten für behinderte Menschen erhalten von dem zuständigen Rehabilitationsträger zur Auszahlung an die im Arbeitsbereich beschäftigten Menschen mit Behinderungen zusätzlich zu den Vergütungen nach § 58 Absatz 3 ein Arbeitsförderungsgeld. $_{2}$Das Arbeitsförderungsgeld beträgt monatlich 52 Euro für jeden im Arbeitsbereich beschäftigten Menschen mit Behinderungen, dessen Arbeitsentgelt zusammen mit dem Arbeitsförderungsgeld den Betrag von 351 Euro nicht übersteigt. $_{3}$Ist das Arbeitsentgelt höher als 299 Euro, beträgt das Arbeitsförderungsgeld monatlich den Differenzbetrag zwischen dem Arbeitsentgelt und 351 Euro.

(2) Das Arbeitsförderungsgeld bleibt bei Sozialleistungen, deren Zahlung von anderen Einkommen abhängig ist, als Einkommen unberücksichtigt.

§ 60 Andere Leistungsanbieter

(1) Menschen mit Behinderungen, die Anspruch auf Leistungen nach den §§ 57 und 58 haben, können diese auch bei einem anderen Leistungsanbieter in Anspruch nehmen.

(2) Die Vorschriften für Werkstätten für behinderte Menschen gelten mit folgenden Maßgaben für andere Leistungsanbieter:

1. sie bedürfen nicht der förmlichen Anerkennung,
2. sie müssen nicht über eine Mindestplatzzahl und die für die Erbringung der Leistungen in Werkstätten erforderliche räumliche und sächliche Ausstattung verfügen,
3. sie können ihr Angebot auf Leistungen nach § 57 oder § 58 oder Teile solcher Leistungen beschränken,
4. sie sind nicht verpflichtet, Menschen mit Behinderungen Leistungen nach § 57 oder § 58 zu erbringen, wenn und solange die Leistungsvoraussetzungen vorliegen,
5. eine dem Werkstattrat vergleichbare Vertretung wird ab fünf Wahlberechtigten gewählt. Sie besteht bei bis zu 20 Wahlberechtigten aus einem Mitglied und
6. eine Frauenbeauftragte wird ab fünf wahlberechtigten Frauen gewählt, eine Stellvertreterin ab 20 wahlberechtigten Frauen.

(3) Eine Verpflichtung des Leistungsträgers, Leistungen durch andere Leistungsanbieter zu ermöglichen, besteht nicht.

(4) Für das Rechtsverhältnis zwischen dem anderen Leistungsanbieter und dem Menschen mit Behinderungen gilt § 221 entsprechend.

§ 61 Budget für Arbeit

(1) Menschen mit Behinderungen, die Anspruch auf Leistungen nach § 58 haben und denen von einem privaten oder öffentlichen Arbeitgeber ein sozialversicherungspflichtiges Arbeitsverhältnis mit einer tarifvertraglichen oder ortsüblichen Entlohnung angeboten wird, erhalten mit Abschluss dieses Arbeitsvertrages als Leistungen zur Teilhabe am Arbeitsleben ein Budget für Arbeit.

(2) $_{1}$Das Budget für Arbeit umfasst einen Lohnkostenzuschuss an den Arbeitgeber zum Ausgleich der Leistungsminderung des Beschäftigten und die Aufwendungen für die wegen der Behinderung erforderliche Anleitung und Begleitung am Arbeitsplatz. $_{2}$Der Lohnkostenzuschuss beträgt bis zu 75 Prozent des vom Arbeitgeber regelmäßig gezahlten Arbeitsentgelts, höchstens jedoch 40 Prozent der monatlichen Bezugsgröße nach § 18 Absatz 1 des Vierten Buches. $_{3}$Dauer und Umfang der Leistungen bestimmen sich nach den Umständen des Einzelfalles. $_{4}$Durch Landesrecht kann von dem Prozentsatz der Bezugsgröße nach Satz 2 zweiter Halbsatz nach oben abgewichen werden.

(3) Ein Lohnkostenzuschuss ist ausgeschlossen, wenn zu vermuten ist, dass der Arbeitgeber die Beendigung eines anderen Beschäftigungsverhältnisses veranlasst hat, um durch die ersatzweise Einstellung eines Menschen mit Behinderungen den Lohnkostenzuschuss zu erhalten.

(4) Die am Arbeitsplatz wegen der Behinderung erforderliche Anleitung und Begleitung kann von mehreren Leistungsberechtigten gemeinsam in Anspruch genommen werden.

(5) Eine Verpflichtung des Leistungsträgers, Leistungen zur Beschäftigung bei privaten oder öffentlichen Arbeitgebern zu ermöglichen, besteht nicht.

§ 62 Wahlrecht des Menschen mit Behinderungen

(1) Auf Wunsch des Menschen mit Behinderungen werden die Leistungen nach den §§ 57 und 58 von einer nach § 225 anerkannten Werkstatt für behinderte Menschen, von dieser zusammen mit einem oder mehreren anderen Leistungsanbietern oder von einem oder mehreren anderen Leistungsanbietern erbracht.

(2) Werden Teile einer Leistung im Verantwortungsbereich einer Werkstatt für behinderte Menschen oder eines anderen Leistungsanbieters erbracht, so bedarf die Leistungserbringung der Zustimmung des unmittelbar verantwortlichen Leistungsanbieters.

§ 63 Zuständigkeit nach den Leistungsgesetzen

(1) Die Leistungen im Eingangsverfahren und im Berufsbildungsbereich einer anerkannten Werkstatt für behinderte Menschen erbringen

1. die Bundesagentur für Arbeit, soweit nicht einer der in den Nummern 2 bis 4 genannten Träger zuständig ist,
2. die Träger der Unfallversicherung im Rahmen ihrer Zuständigkeit für durch Arbeitsunfälle Verletzte und von Berufskrankheiten Betroffene,
3. die Träger der Rentenversicherung unter den Voraussetzungen der §§ 11 bis 13 des Sechsten Buches und
4. die Träger der Kriegsopferfürsorge unter den Voraussetzungen der §§ 26 und 26a des Bundesversorgungsgesetzes.

(2) Die Leistungen im Arbeitsbereich einer anerkannten Werkstatt für behinderte Menschen erbringen

1. die Träger der Unfallversicherung im Rahmen ihrer Zuständigkeit für durch Arbeitsunfälle Verletzte und von Berufskrankheiten Betroffene,
2. die Träger der Kriegsopferfürsorge unter den Voraussetzungen des § 27d Absatz 1 Nummer 3 des Bundesversorgungsgesetzes,
3. die Träger der öffentlichen Jugendhilfe unter den Voraussetzungen des § 35a des Achten Buches und
4. im Übrigen die Träger der Eingliederungshilfe unter den Voraussetzungen des § 99.

(3) 1Absatz 1 gilt auch für die Leistungen zur beruflichen Bildung bei einem anderen Leistungsanbieter. 2Absatz 2 gilt auch für die Leistungen zur Beschäftigung bei einem anderen Leistungsanbieter sowie die Leistung des Budgets für Arbeit.

Kapitel 11
Unterhaltssichernde und andere ergänzende Leistungen

§ 64 Ergänzende Leistungen

(1) Die Leistungen zur medizinischen Rehabilitation und zur Teilhabe am Arbeitsleben der in § 6 Absatz 1 Nummer 1 bis 5 genannten Rehabilitationsträger werden ergänzt durch

1. Krankengeld, Versorgungskrankengeld, Verletztengeld, Übergangsgeld, Ausbildungsgeld oder Unterhaltsbeihilfe,
2. Beiträge und Beitragszuschüsse
   a) zur Krankenversicherung nach Maßgabe des Fünften Buches, des Zweiten Gesetzes über die Krankenversicherung der Landwirte sowie des Künstlersozialversicherungsgesetzes,
   b) zur Unfallversicherung nach Maßgabe des Siebten Buches,
   c) zur Rentenversicherung nach Maßgabe des Sechsten Buches sowie des Künstlersozialversicherungsgesetzes,
   d) zur Bundesagentur für Arbeit nach Maßgabe des Dritten Buches,
   e) zur Pflegeversicherung nach Maßgabe des Elften Buches,
3. ärztlich verordneten Rehabilitationssport in Gruppen unter ärztlicher Betreuung und Überwachung, einschließlich Übungen für behinderte oder von Behinderung bedrohte Frauen und Mädchen, die der Stärkung des Selbstbewusstseins dienen,
4. ärztlich verordnetes Funktionstraining in Gruppen unter fachkundiger Anleitung und Überwachung,
5. Reisekosten sowie
6. Betriebs- oder Haushaltshilfe und Kinderbetreuungskosten.

(2) 1Ist der Schutz von Menschen mit Behinderungen bei Krankheit oder Pflege während der Teilnahme an Leistungen zur Teilhabe am

5

Arbeitsleben nicht anderweitig sichergestellt, können die Beiträge für eine freiwillige Krankenversicherung ohne Anspruch auf Krankengeld und zur Pflegeversicherung bei einem Träger der gesetzlichen Kranken- oder Pflegeversicherung oder, wenn dort im Einzelfall ein Schutz nicht gewährleistet ist, die Beiträge zu einem privaten Krankenversicherungsunternehmen erbracht werden. ₂Arbeitslose Teilnehmer an Leistungen zur medizinischen Rehabilitation können für die Dauer des Bezuges von Verletztengeld, Versorgungskrankengeld oder Übergangsgeld einen Zuschuss zu ihrem Beitrag für eine private Versicherung gegen Krankheit oder für die Pflegeversicherung erhalten. ₃Der Zuschuss wird nach § 174 Absatz 2 des Dritten Buches berechnet.

5

§ 65 Leistungen zum Lebensunterhalt

(1) Im Zusammenhang mit Leistungen zur medizinischen Rehabilitation leisten

1. Krankengeld: die gesetzlichen Krankenkassen nach Maßgabe der §§ 44 und 46 bis 51 des Fünften Buches und des § 8 Absatz 2 in Verbindung mit den §§ 12 und 13 des Zweiten Gesetzes über die Krankenversicherung der Landwirte,
2. Verletztengeld: die Träger der Unfallversicherung nach Maßgabe der §§ 45 bis 48, 52 und 55 des Siebten Buches,
3. Übergangsgeld: die Träger der Rentenversicherung nach Maßgabe dieses Buches und der §§ 20 und 21 des Sechsten Buches,
4. Versorgungskrankengeld: die Träger der Kriegsopferversorgung nach Maßgabe der §§ 16 bis 16h und 18a des Bundesversorgungsgesetzes.

(2) Im Zusammenhang mit Leistungen zur Teilhabe am Arbeitsleben leisten Übergangsgeld

1. die Träger der Unfallversicherung nach Maßgabe dieses Buches und der §§ 49 bis 52 des Siebten Buches,
2. die Träger der Rentenversicherung nach Maßgabe dieses Buches und der §§ 20 und 21 des Sechsten Buches,
3. die Bundesagentur für Arbeit nach Maßgabe dieses Buches und der §§ 119 bis 121 des Dritten Buches,
4. die Träger der Kriegsopferfürsorge nach Maßgabe dieses Buches und des § 26a des Bundesversorgungsgesetzes.

(3) Menschen mit Behinderungen oder von Behinderung bedrohte Menschen haben Anspruch auf Übergangsgeld wie bei Leistungen zur Teilhabe am Arbeitsleben für den Zeitraum, in dem die berufliche Eignung abgeklärt oder eine Arbeitserprobung durchgeführt wird (§ 49 Absatz 4 Satz 2) und sie wegen der Teilnahme an diesen Maßnahmen kein oder ein geringeres Arbeitsentgelt oder Arbeitseinkommen erzielen.

(4) Der Anspruch auf Übergangsgeld ruht, solange die Leistungsempfängerin einen Anspruch auf Mutterschaftsgeld hat; § 52 Nummer 2 des Siebten Buches bleibt unberührt.

(5) Während der Ausführung von Leistungen zur erstmaligen beruflichen Ausbildung von Menschen mit Behinderungen, berufsvorbereitenden Bildungsmaßnahmen und Leistungen zur individuellen betrieblichen Qualifizierung im Rahmen Unterstützter Beschäftigung sowie im Eingangsverfahren und im Berufsbildungsbereich von anerkannten Werkstätten für behinderte Menschen und anderen Leistungsanbietern leisten

1. die Bundesagentur für Arbeit Ausbildungsgeld nach Maßgabe der §§ 122 bis 126 des Dritten Buches und
2. die Träger der Kriegsopferfürsorge Unterhaltsbeihilfe unter den Voraussetzungen der §§ 26 und 26a des Bundesversorgungsgesetzes.

(6) Die Träger der Kriegsopferfürsorge leisten in den Fällen des § 27d Absatz 1 Nummer 3 des Bundesversorgungsgesetzes ergänzende Hilfe zum Lebensunterhalt nach § 27a des Bundesversorgungsgesetzes.

(7) Das Krankengeld, das Versorgungskrankengeld, das Verletztengeld und das Übergangsgeld werden für Kalendertage gezahlt; wird die Leistung für einen ganzen Kalendermonat gezahlt, so wird dieser mit 30 Tagen angesetzt.

§ 66 Höhe und Berechnung des Übergangsgelds

(1) ₁Der Berechnung des Übergangsgelds werden 80 Prozent des erzielten regelmäßi-

gen Arbeitsentgelts und Arbeitseinkommens, soweit es der Beitragsberechnung unterliegt (Regelentgelt), zugrunde gelegt, höchstens jedoch das in entsprechender Anwendung des § 67 berechnete Nettoarbeitsentgelt; als Obergrenze gilt die für den Rehabilitationsträger jeweils geltende Beitragsbemessungsgrenze. 2Bei der Berechnung des Regelentgelts und des Nettoarbeitsentgelts werden die für die jeweilige Beitragsbemessung und Beitragstragung geltenden Besonderheiten des Übergangsbereichs nach § 20 Absatz 2 des Vierten Buches nicht berücksichtigt. 3Das Übergangsgeld beträgt

1. 75 Prozent der Berechnungsgrundlage für Leistungsempfänger,
   a) die mindestens ein Kind im Sinne des § 32 Absatz 1, 3 bis 5 des Einkommensteuergesetzes haben,
   b) die ein Stiefkind (§ 56 Absatz 2 Nummer 1 des Ersten Buches) in ihren Haushalt aufgenommen haben oder
   c) deren Ehegatten oder Lebenspartner, mit denen sie in häuslicher Gemeinschaft leben, eine Erwerbstätigkeit nicht ausüben können, weil sie die Leistungsempfänger pflegen oder selbst der Pflege bedürfen und keinen Anspruch auf Leistungen aus der Pflegeversicherung haben,
2. 68 Prozent der Berechnungsgrundlage für die übrigen Leistungsempfänger.

4Leisten Träger der Kriegsopferfürsorge Übergangsgeld, beträgt das Übergangsgeld 80 Prozent der Berechnungsgrundlage, wenn die Leistungsempfänger eine der Voraussetzungen von Satz 3 Nummer 1 erfüllen, und im Übrigen 70 Prozent der Berechnungsgrundlage.

(2) 1Das Nettoarbeitsentgelt nach Absatz 1 Satz 1 berechnet sich, indem der Anteil am Nettoarbeitsentgelt, der sich aus dem kalendertäglichen Hinzurechnungsbetrag nach § 67 Absatz 1 Satz 6 ergibt, mit dem Prozentsatz angesetzt wird, der sich aus dem Verhältnis des kalendertäglichen Regelentgeltbetrages nach § 67 Absatz 1 Satz 1 bis 5 zu dem sich aus diesem Regelentgeltbetrag ergebenden Nettoarbeitsentgelt ergibt. 2Das kalendertägliche Übergangsgeld darf das kalendertägliche Nettoarbeitsentgelt, das sich aus dem Arbeitsentgelt nach § 67 Absatz 1 Satz 1 bis 5 ergibt, nicht übersteigen.

§ 67 Berechnung des Regelentgelts

(1) 1Für die Berechnung des Regelentgelts wird das von den Leistungsempfängern im letzten vor Beginn der Leistung oder einer vorangegangenen Arbeitsunfähigkeit abgerechneten Entgeltabrechnungszeitraum, mindestens das während der letzten abgerechneten vier Wochen (Bemessungszeitraum) erzielte und um einmalig gezahltes Arbeitsentgelt verminderte Arbeitsentgelt durch die Zahl der Stunden geteilt, für die es gezahlt wurde. 2Das Ergebnis wird mit der Zahl der sich aus dem Inhalt des Arbeitsverhältnisses ergebenden regelmäßigen wöchentlichen Arbeitsstunden vervielfacht und durch sieben geteilt. 3Ist das Arbeitsentgelt nach Monaten bemessen oder ist eine Berechnung des Regelentgelts nach den Sätzen 1 und 2 nicht möglich, gilt der 30. Teil des in dem letzten vor Beginn der Leistung abgerechneten Kalendermonat erzielten und um einmalig gezahltes Arbeitsentgelt verminderten Arbeitsentgelts als Regelentgelt. 4Wird mit einer Arbeitsleistung Arbeitsentgelt erzielt, das für Zeiten einer Freistellung vor oder nach dieser Arbeitsleistung fällig wird (Wertguthaben nach § 7b des Vierten Buches), ist für die Berechnung des Regelentgelts das im Bemessungszeitraum der Beitragsberechnung zugrunde liegende und um einmalig gezahltes Arbeitsentgelt verminderte Arbeitsentgelt maßgebend; Wertguthaben, die nicht nach einer Vereinbarung über flexible Arbeitszeitregelungen verwendet werden (§ 23b Absatz 2 des Vierten Buches), bleiben außer Betracht. 5Bei der Anwendung des Satzes 1 gilt als regelmäßige wöchentliche Arbeitszeit die Arbeitszeit, die dem gezahlten Arbeitsentgelt entspricht. 6Für die Berechnung des Regelentgelts wird der 360. Teil des einmalig gezahlten Arbeitsentgelts, das in den letzten zwölf Kalendermonaten vor Beginn der Leistung nach § 23a des Vierten Buches der Beitragsberechnung zugrunde gelegen hat, dem nach den Sätzen 1 bis 5 berechneten Arbeitsentgelt hinzugerechnet.

(2) Bei Teilarbeitslosigkeit ist für die Berechnung das Arbeitsentgelt maßgebend, das in

der infolge der Teilarbeitslosigkeit nicht mehr ausgeübten Beschäftigung erzielt wurde.

(3) Für Leistungsempfänger, die Kurzarbeitergeld bezogen haben, wird das regelmäßige Arbeitsentgelt zugrunde gelegt, das zuletzt vor dem Arbeitsausfall erzielt wurde.

(4) Das Regelentgelt wird bis zur Höhe der für den Rehabilitationsträger jeweils geltenden Leistungs- oder Beitragsbemessungsgrenze berücksichtigt, in der Rentenversicherung bis zur Höhe des der Beitragsbemessung zugrunde liegenden Entgelts.

(5) Für Leistungsempfänger, die im Inland nicht einkommensteuerpflichtig sind, werden für die Feststellung des entgangenen Nettoarbeitsentgelts die Steuern berücksichtigt, die bei einer Steuerpflicht im Inland durch Abzug vom Arbeitsentgelt erhoben würden.

§ 68 Berechnungsgrundlage in Sonderfällen

(1) Für die Berechnung des Übergangsgeldes während des Bezuges von Leistungen zur Teilhabe am Arbeitsleben werden 65 Prozent eines fiktiven Arbeitsentgelts zugrunde gelegt, wenn

1. die Berechnung nach den §§ 66 und 67 zu einem geringeren Betrag führt,
2. Arbeitsentgelt oder Arbeitseinkommen nicht erzielt worden ist oder
3. der letzte Tag des Bemessungszeitraums bei Beginn der Leistungen länger als drei Jahre zurückliegt.

(2) Für die Festsetzung des fiktiven Arbeitsentgelts ist der Leistungsempfänger der Qualifikationsgruppe zuzuordnen, die seiner beruflichen Qualifikation entspricht. Dafür gilt folgende Zuordnung:

1. für eine Hochschul- oder Fachhochschulausbildung (Qualifikationsgruppe 1) ein Arbeitsentgelt in Höhe von einem Dreihundertstel der Bezugsgröße,
2. für einen Fachschulabschluss, den Nachweis über eine abgeschlossene Qualifikation als Meisterin oder Meister oder einen Abschluss in einer vergleichbaren Einrichtung (Qualifikationsgruppe 2) ein Arbeitsentgelt in Höhe von einem Dreihundertsechzigstel der Bezugsgröße,
3. für eine abgeschlossene Ausbildung in einem Ausbildungsberuf (Qualifikationsgruppe 3) ein Arbeitsentgelt in Höhe von einem Vierhundertfünfzigstel der Bezugsgröße und
4. bei einer fehlenden Ausbildung (Qualifikationsgruppe 4) ein Arbeitsentgelt in Höhe von einem Sechshundertstel der Bezugsgröße.

Maßgebend ist die Bezugsgröße, die für den Wohnsitz oder für den gewöhnlichen Aufenthaltsort der Leistungsempfänger im letzten Kalendermonat vor dem Beginn der Leistung gilt.

§ 69 Kontinuität der Bemessungsgrundlage

Haben Leistungsempfänger Krankengeld, Verletztengeld, Versorgungskrankengeld oder Übergangsgeld bezogen und wird im Anschluss daran eine Leistung zur medizinischen Rehabilitation oder zur Teilhabe am Arbeitsleben ausgeführt, so wird bei der Berechnung der diese Leistungen ergänzenden Leistung zum Lebensunterhalt von dem bisher zugrunde gelegten Arbeitsentgelt ausgegangen; es gilt die für den Rehabilitationsträger jeweils geltende Beitragsbemessungsgrenze.

§ 70 Anpassung der Entgeltersatzleistungen

(1) Die Berechnungsgrundlage, die dem Krankengeld, dem Versorgungskrankengeld, dem Verletztengeld und dem Übergangsgeld zugrunde liegt, wird jeweils nach Ablauf eines Jahres ab dem Ende des Bemessungszeitraums an die Entwicklung der Bruttoarbeitsentgelte angepasst und zwar entsprechend der Veränderung der Bruttolöhne und -gehälter je Arbeitnehmer (§ 68 Absatz 2 Satz 1 des Sechsten Buches) vom vorvergangenen zum vergangenen Kalenderjahr.

(2) Der Anpassungsfaktor wird errechnet, indem die Bruttolöhne und -gehälter je Arbeitnehmer für das vergangene Kalenderjahr durch die entsprechenden Bruttolöhne und -gehälter für das vorvergangene Kalenderjahr geteilt werden; § 68 Absatz 7 und § 121 Absatz 1 des Sechsten Buches gelten entsprechend.

(3) Eine Anpassung nach Absatz 1 erfolgt, wenn der nach Absatz 2 berechnete Anpassungsfaktor den Wert 1,0000 überschreitet.

(4) Das Bundesministerium für Arbeit und Soziales gibt jeweils zum 30. Juni eines Kalenderjahres den Anpassungsfaktor, der für die folgenden zwölf Monate maßgebend ist, im Bundesanzeiger bekannt.

§ 71 Weiterzahlung der Leistungen

(1) 1Sind nach Abschluss von Leistungen zur medizinischen Rehabilitation oder von Leistungen zur Teilhabe am Arbeitsleben weitere Leistungen zur Teilhabe am Arbeitsleben erforderlich, während derer dem Grunde nach Anspruch auf Übergangsgeld besteht, und können diese Leistungen aus Gründen, die die Leistungsempfänger nicht zu vertreten haben, nicht unmittelbar anschließend durchgeführt werden, werden das Verletztengeld, das Versorgungskrankengeld oder das Übergangsgeld für diese Zeit weitergezahlt. 2Voraussetzung für die Weiterzahlung ist, dass

1. die Leistungsempfänger arbeitsunfähig sind und keinen Anspruch auf Krankengeld mehr haben oder
2. den Leistungsempfängern eine zumutbare Beschäftigung aus Gründen, die sie nicht zu vertreten haben, nicht vermittelt werden kann.

(2) 1Leistungsempfänger haben die Verzögerung von Weiterzahlungen insbesondere dann zu vertreten, wenn sie zumutbare Angebote von Leistungen zur Teilhabe am Arbeitsleben nur deshalb ablehnen, weil die Leistungen in größerer Entfernung zu ihren Wohnorten angeboten werden. 2Für die Beurteilung der Zumutbarkeit ist § 140 Absatz 4 des Dritten Buches entsprechend anzuwenden.

(3) Können Leistungsempfänger Leistungen zur Teilhabe am Arbeitsleben allein aus gesundheitlichen Gründen nicht mehr, aber voraussichtlich wieder in Anspruch nehmen, werden Übergangsgeld und Unterhaltsbeihilfe bis zum Ende dieser Leistungen, höchstens bis zu sechs Wochen weitergezahlt.

(4) 1Sind die Leistungsempfänger im Anschluss an eine abgeschlossene Leistung zur Teilhabe am Arbeitsleben arbeitslos, werden Übergangsgeld und Unterhaltsbeihilfe während der Arbeitslosigkeit bis zu drei Monate weitergezahlt, wenn sie sich bei der Agentur für Arbeit arbeitslos gemeldet haben und einen Anspruch auf Arbeitslosengeld von mindestens drei Monaten nicht geltend machen können; die Anspruchsdauer von drei Monaten vermindert sich um die Anzahl von Tagen, für die Leistungsempfänger im Anschluss an eine abgeschlossene Leistung zur Teilhabe am Arbeitsleben einen Anspruch auf Arbeitslosengeld geltend machen können. 2In diesem Fall beträgt das Übergangsgeld

1. 67 Prozent bei Leistungsempfängern, bei denen die Voraussetzungen des erhöhten Bemessungssatzes nach § 66 Absatz 1 Satz 2 Nummer 1 vorliegen und
2. 60 Prozent bei den übrigen Leistungsempfängern,

des sich aus § 66 Absatz 1 Satz 1 oder § 68 ergebenden Betrages.

(5) Ist im unmittelbaren Anschluss an Leistungen zur medizinischen Rehabilitation eine stufenweise Wiedereingliederung (§ 44) erforderlich, wird das Übergangsgeld bis zum Ende der Wiedereingliederung weitergezahlt.

§ 72 Einkommensanrechnung

(1) Auf das Übergangsgeld der Rehabilitationsträger nach § 6 Absatz 1 Nummer 2, 4 und 5 wird Folgendes angerechnet:

1. Erwerbseinkommen aus einer Beschäftigung oder einer während des Anspruchs auf Übergangsgeld ausgeübten Tätigkeit, das bei Beschäftigten um die gesetzlichen Abzüge und um einmalig gezahltes Arbeitsentgelt und bei sonstigen Leistungsempfängern um 20 Prozent zu vermindern ist,
2. Leistungen des Arbeitgebers zum Übergangsgeld, soweit sie zusammen mit dem Übergangsgeld das vor Beginn der Leistung erzielte, um die gesetzlichen Abzüge verminderte Arbeitsentgelt übersteigen,
3. Geldleistungen, die eine öffentlich-rechtliche Stelle im Zusammenhang mit einer Leistung zur medizinischen Rehabilitation oder einer Leistung zur Teilhabe am Arbeitsleben erbringt,

5

4. Renten wegen verminderter Erwerbsfähigkeit oder Verletztenrenten in Höhe des sich aus § 18a Absatz 3 Satz 1 Nummer 4 des Vierten Buches ergebenden Betrages, wenn sich die Minderung der Erwerbsfähigkeit auf die Höhe der Berechnungsgrundlage für das Übergangsgeld nicht ausgewirkt hat,
5. Renten wegen verminderter Erwerbsfähigkeit, die aus demselben Anlass wie die Leistungen zur Teilhabe erbracht werden, wenn durch die Anrechnung eine unbillige Doppelleistung vermieden wird,
6. Renten wegen Alters, die bei der Berechnung des Übergangsgeldes aus einem Teilarbeitsentgelt nicht berücksichtigt wurden,
7. Verletztengeld nach den Vorschriften des Siebten Buches und
8. vergleichbare Leistungen nach den Nummern 1 bis 7, die von einer Stelle außerhalb des Geltungsbereichs dieses Gesetzbuchs erbracht werden.

(2) Bei der Anrechnung von Verletztenrenten mit Kinderzulage und von Renten wegen verminderter Erwerbsfähigkeit mit Kinderzuschuss auf das Übergangsgeld bleibt ein Betrag in Höhe des Kindergeldes nach § 66 des Einkommensteuergesetzes oder § 6 des Bundeskindergeldgesetzes außer Ansatz.

(3) Wird ein Anspruch auf Leistungen, um die das Übergangsgeld nach Absatz 1 Nummer 3 zu kürzen wäre, nicht erfüllt, geht der Anspruch insoweit mit Zahlung des Übergangsgeldes auf den Rehabilitationsträger über; die §§ 104 und 115 des Zehnten Buches bleiben unberührt.

§ 73 Reisekosten

(1) Als Reisekosten werden die erforderlichen Fahr-, Verpflegungs- und Übernachtungskosten übernommen, die im Zusammenhang mit der Ausführung einer Leistung zur medizinischen Rehabilitation oder zur Teilhabe am Arbeitsleben stehen. Zu den Reisekosten gehören auch die Kosten

1. für besondere Beförderungsmittel, deren Inanspruchnahme wegen der Art oder Schwere der Behinderung erforderlich ist,
2. für eine wegen der Behinderung erforderliche Begleitperson einschließlich des für die Zeit der Begleitung entstehenden Verdienstausfalls,
3. für Kinder, deren Mitnahme an den Rehabilitationsort erforderlich ist, weil ihre anderweitige Betreuung nicht sichergestellt ist sowie
4. für den erforderlichen Gepäcktransport.

(2) [1]Während der Ausführung von Leistungen zur Teilhabe am Arbeitsleben werden im Regelfall auch Reisekosten für zwei Familienheimfahrten je Monat übernommen. [2]Anstelle der Kosten für die Familienheimfahrten können für Fahrten von Angehörigen vom Wohnort zum Aufenthaltsort der Leistungsempfänger und zurück Reisekosten übernommen werden.

(3) Reisekosten nach Absatz 2 werden auch im Zusammenhang mit Leistungen zur medizinischen Rehabilitation übernommen, wenn die Leistungen länger als acht Wochen erbracht werden.

(4) [1]Fahrkosten werden in Höhe des Betrages zugrunde gelegt, der bei Benutzung eines regelmäßig verkehrenden öffentlichen Verkehrsmittels der niedrigsten Beförderungsklasse des zweckmäßigsten öffentlichen Verkehrsmittels zu zahlen ist, bei Benutzung sonstiger Verkehrsmittel in Höhe der Wegstreckenentschädigung nach § 5 Absatz 1 des Bundesreisekostengesetzes. [2]Bei Fahrpreiserhöhungen, die nicht geringfügig sind, hat auf Antrag des Leistungsempfängers eine Anpassung der Fahrkostenentschädigung zu erfolgen, wenn die Maßnahme noch mindestens zwei weitere Monate andauert. [3]Kosten für Pendelfahrten können nur bis zur Höhe des Betrages übernommen werden, der unter Berücksichtigung von Art und Schwere der Behinderung bei einer zumutbaren auswärtigen Unterbringung für Unterbringung und Verpflegung zu leisten wäre.

§ 74 Haushalts- oder Betriebshilfe und Kinderbetreuungskosten

(1) [1]Haushaltshilfe wird geleistet, wenn

1. den Leistungsempfängern wegen der Ausführung einer Leistung zur medizinischen Rehabilitation oder einer Leistung zur

Teilhabe am Arbeitsleben die Weiterführung des Haushalts nicht möglich ist,
2. eine andere im Haushalt lebende Person den Haushalt nicht weiterführen kann und
3. im Haushalt ein Kind lebt, das bei Beginn der Haushaltshilfe noch nicht zwölf Jahre alt ist oder wenn das Kind eine Behinderung hat und auf Hilfe angewiesen ist.

$_2$§ 38 Absatz 4 des Fünften Buches gilt entsprechend.

(2) Anstelle der Haushaltshilfe werden auf Antrag des Leistungsempfängers die Kosten für die Mitnahme oder für die anderweitige Unterbringung des Kindes bis zur Höhe der Kosten der sonst zu erbringenden Haushaltshilfe übernommen, wenn die Unterbringung und Betreuung des Kindes in dieser Weise sichergestellt ist.

(3) $_1$Kosten für die Kinderbetreuung des Leistungsempfängers können bis zu einem Betrag von 160 Euro je Kind und Monat übernommen werden, wenn die Kosten durch die Ausführung einer Leistung zur medizinischen Rehabilitation oder zur Teilhabe am Arbeitsleben unvermeidbar sind. $_2$Es werden neben den Leistungen zur Kinderbetreuung keine Leistungen nach den Absätzen 1 und 2 erbracht. $_3$Der in Satz 1 genannte Betrag erhöht sich entsprechend der Veränderung der Bezugsgröße nach § 18 Absatz 1 des Vierten Buches; § 160 Absatz 3 Satz 2 bis 5 gilt entsprechend.

(4) Abweichend von den Absätzen 1 bis 3 erbringen die landwirtschaftliche Alterskasse und die landwirtschaftliche Krankenkasse Betriebs- und Haushaltshilfe nach den §§ 10 und 36 des Gesetzes über die Alterssicherung der Landwirte und nach den §§ 9 und 10 des Zweiten Gesetzes über die Krankenversicherung der Landwirte, die landwirtschaftliche Berufsgenossenschaft für die bei ihr versicherten landwirtschaftlichen Unternehmer und im Unternehmen mitarbeitenden Ehegatten nach den §§ 54 und 55 des Siebten Buches.

Kapitel 12
Leistungen zur Teilhabe an Bildung

§ 75 Leistungen zur Teilhabe an Bildung

(1) Zur Teilhabe an Bildung werden unterstützende Leistungen erbracht, die erforderlich sind, damit Menschen mit Behinderungen Bildungsangebote gleichberechtigt wahrnehmen können.

(2) $_1$Die Leistungen umfassen insbesondere
1. Hilfen zur Schulbildung, insbesondere im Rahmen der Schulpflicht einschließlich der Vorbereitung hierzu,
2. Hilfen zur schulischen Berufsausbildung,
3. Hilfen zur Hochschulbildung und
4. Hilfen zur schulischen und hochschulischen beruflichen Weiterbildung.

$_2$Die Rehabilitationsträger nach § 6 Absatz 1 Nummer 3 erbringen ihre Leistungen unter den Voraussetzungen und im Umfang der Bestimmungen des Siebten Buches als Leistungen zur Teilhabe am Arbeitsleben oder zur Teilhabe am Leben in der Gemeinschaft.

5

Kapitel 13
Soziale Teilhabe

§ 76 Leistungen zur Sozialen Teilhabe

(1) $_1$Leistungen zur Sozialen Teilhabe werden erbracht, um eine gleichberechtigte Teilhabe am Leben in der Gemeinschaft zu ermöglichen oder zu erleichtern, soweit sie nicht nach den Kapiteln 9 bis 12 erbracht werden. $_2$Hierzu gehört, Leistungsberechtigte zu einer möglichst selbstbestimmten und eigenverantwortlichen Lebensführung im eigenen Wohnraum sowie in ihrem Sozialraum zu befähigen oder sie hierbei zu unterstützen. $_3$Maßgeblich sind die Ermittlungen und Feststellungen nach den Kapiteln 3 und 4.

(2) Leistungen zur Sozialen Teilhabe sind insbesondere
1. Leistungen für Wohnraum,
2. Assistenzleistungen,
3. heilpädagogische Leistungen,
4. Leistungen zur Betreuung in einer Pflegefamilie,
5. Leistungen zum Erwerb und Erhalt praktischer Kenntnisse und Fähigkeiten,
6. Leistungen zur Förderung der Verständigung,
7. Leistungen zur Mobilität und
8. Hilfsmittel.

5

§ 77 Leistungen für Wohnraum

(1) 1Leistungen für Wohnraum werden erbracht, um Leistungsberechtigten zu Wohnraum zu verhelfen, der zur Führung eines möglichst selbstbestimmten, eigenverantwortlichen Lebens geeignet ist. 2Die Leistungen umfassen Leistungen für die Beschaffung, den Umbau, die Ausstattung und die Erhaltung von Wohnraum, der den besonderen Bedürfnissen von Menschen mit Behinderungen entspricht.

(2) Aufwendungen für Wohnraum oberhalb der Angemessenheitsgrenze nach § 42a des Zwölften Buches sind zu erstatten, soweit wegen des Umfangs von Assistenzleistungen ein gesteigerter Wohnraumbedarf besteht.

§ 78 Assistenzleistungen

(1) 1Zur selbstbestimmten und eigenständigen Bewältigung des Alltages einschließlich der Tagesstrukturierung werden Leistungen für Assistenz erbracht. 2Sie umfassen insbesondere Leistungen für die allgemeinen Erledigungen des Alltags wie die Haushaltsführung, die Gestaltung sozialer Beziehungen, die persönliche Lebensplanung, die Teilhabe am gemeinschaftlichen und kulturellen Leben, die Freizeitgestaltung einschließlich sportlicher Aktivitäten sowie die Sicherstellung der Wirksamkeit der ärztlichen und ärztlich verordneten Leistungen. 3Sie beinhalten die Verständigung mit der Umwelt in diesen Bereichen.

(2) 1Die Leistungsberechtigten entscheiden auf der Grundlage des Teilhabeplans nach § 19 über die konkrete Gestaltung der Leistungen hinsichtlich Ablauf, Ort und Zeitpunkt der Inanspruchnahme. 2Die Leistungen umfassen

1. die vollständige und teilweise Übernahme von Handlungen zur Alltagsbewältigung sowie die Begleitung der Leistungsberechtigten und
2. die Befähigung der Leistungsberechtigten zu einer eigenständigen Alltagsbewältigung.

3Die Leistungen nach Nummer 2 werden von Fachkräften als qualifizierte Assistenz erbracht. 4Sie umfassen insbesondere die Anleitungen und Übungen in den Bereichen nach Absatz 1 Satz 2.

(3) Die Leistungen für Assistenz nach Absatz 1 umfassen auch Leistungen an Mütter und Väter mit Behinderungen bei der Versorgung und Betreuung ihrer Kinder.

(4) Sind mit der Assistenz nach Absatz 1 notwendige Fahrkosten oder weitere Aufwendungen des Assistenzgebers, die nach den Besonderheiten des Einzelfalles notwendig sind, verbunden, werden diese als ergänzende Leistungen erbracht.

(5) 1Leistungsberechtigten Personen, die ein Ehrenamt ausüben, sind angemessene Aufwendungen für eine notwendige Unterstützung zu erstatten, soweit die Unterstützung nicht zumutbar unentgeltlich erbracht werden kann. 2Die notwendige Unterstützung soll hierbei vorrangig im Rahmen familiärer, freundschaftlicher, nachbarschaftlicher oder ähnlich persönlicher Beziehungen erbracht werden.

(6) Leistungen zur Erreichbarkeit einer Ansprechperson unabhängig von einer konkreten Inanspruchnahme werden erbracht, soweit dies nach den Besonderheiten des Einzelfalles erforderlich ist.

§ 79 Heilpädagogische Leistungen

(1) 1Heilpädagogische Leistungen werden an noch nicht eingeschulte Kinder erbracht, wenn nach fachlicher Erkenntnis zu erwarten ist, dass hierdurch

1. eine drohende Behinderung abgewendet oder der fortschreitende Verlauf einer Behinderung verlangsamt wird oder
2. die Folgen einer Behinderung beseitigt oder gemildert werden können.

2Heilpädagogische Leistungen werden immer an schwerstbehinderte und schwerstmehrfachbehinderte Kinder, die noch nicht eingeschult sind, erbracht.

(2) Heilpädagogische Leistungen umfassen alle Maßnahmen, die zur Entwicklung des Kindes und zur Entfaltung seiner Persönlichkeit beitragen, einschließlich der jeweils erforderlichen nichtärztlichen therapeutischen, psychologischen, sonderpädagogischen, psychosozialen Leistungen und der Beratung der Erziehungsberechtigten, soweit die Leistungen nicht von § 46 Absatz 1 erfasst sind.

(3) 1In Verbindung mit Leistungen zur Früherkennung und Frühförderung nach § 46 Absatz 3 werden heilpädagogische Leistungen als Komplexleistung erbracht. 2Die Vorschrif-

ten der Verordnung zur Früherkennung und Frühförderung behinderter und von Behinderung bedrohter Kinder finden Anwendung. $_{3}$In Verbindung mit schulvorbereitenden Maßnahmen der Schulträger werden die Leistungen ebenfalls als Komplexleistung erbracht.

§ 80 Leistungen zur Betreuung in einer Pflegefamilie

$_{1}$Leistungen zur Betreuung in einer Pflegefamilie werden erbracht, um Leistungsberechtigten die Betreuung in einer anderen Familie als der Herkunftsfamilie durch eine geeignete Pflegeperson zu ermöglichen. $_{2}$Bei minderjährigen Leistungsberechtigten bedarf die Pflegeperson der Erlaubnis nach § 44 des Achten Buches. $_{3}$Bei volljährigen Leistungsberechtigten gilt § 44 des Achten Buches entsprechend. $_{4}$Die Regelungen über Verträge mit Leistungserbringern bleiben unberührt.

§ 81 Leistungen zum Erwerb und Erhalt praktischer Kenntnisse und Fähigkeiten

$_{1}$Leistungen zum Erwerb und Erhalt praktischer Kenntnisse und Fähigkeiten werden erbracht, um Leistungsberechtigten die für sie erreichbare Teilhabe am Leben in der Gemeinschaft zu ermöglichen. $_{2}$Die Leistungen sind insbesondere darauf gerichtet, die Leistungsberechtigten in Fördergruppen und Schulungen oder ähnlichen Maßnahmen zur Vornahme lebenspraktischer Handlungen einschließlich hauswirtschaftlicher Tätigkeiten zu befähigen, sie auf die Teilhabe am Arbeitsleben vorzubereiten, ihre Sprache und Kommunikation zu verbessern und sie zu befähigen, sich ohne fremde Hilfe sicher im Verkehr zu bewegen. $_{3}$Die Leistungen umfassen auch die blindentechnische Grundausbildung.

§ 82 Leistungen zur Förderung der Verständigung

$_{1}$Leistungen zur Förderung der Verständigung werden erbracht, um Leistungsberechtigten mit Hör- und Sprachbehinderungen die Verständigung mit der Umwelt aus besonderem Anlass zu ermöglichen oder zu erleichtern. $_{2}$Die Leistungen umfassen insbesondere Hilfen durch Gebärdensprachdolmetscher und andere geeignete Kommunikationshilfen. $_{3}$§ 17 Absatz 2 des Ersten Buches bleibt unberührt.

§ 83 Leistungen zur Mobilität

(1) Leistungen zur Mobilität umfassen

1. Leistungen zur Beförderung, insbesondere durch einen Beförderungsdienst, und
2. Leistungen für ein Kraftfahrzeug.

(2) $_{1}$Leistungen nach Absatz 1 erhalten Leistungsberechtigte nach § 2, denen die Nutzung öffentlicher Verkehrsmittel auf Grund der Art und Schwere ihrer Behinderung nicht zumutbar ist. $_{2}$Leistungen nach Absatz 1 Nummer 2 werden nur erbracht, wenn die Leistungsberechtigten das Kraftfahrzeug führen können oder gewährleistet ist, dass ein Dritter das Kraftfahrzeug für sie führt und Leistungen nach Absatz 1 Nummer 1 nicht zumutbar oder wirtschaftlich sind.

(3) $_{1}$Die Leistungen nach Absatz 1 Nummer 2 umfassen Leistungen

1. zur Beschaffung eines Kraftfahrzeugs,
2. für die erforderliche Zusatzausstattung,
3. zur Erlangung der Fahrerlaubnis,
4. zur Instandhaltung und
5. für die mit dem Betrieb des Kraftfahrzeugs verbundenen Kosten.

$_{2}$Die Bemessung der Leistungen orientiert sich an der Kraftfahrzeughilfe-Verordnung.

(4) Sind die Leistungsberechtigten minderjährig, umfassen die Leistungen nach Absatz 1 Nummer 2 den wegen der Behinderung erforderlichen Mehraufwand bei der Beschaffung des Kraftfahrzeugs sowie Leistungen nach Absatz 3 Nummer 2.

§ 84 Hilfsmittel

(1) $_{1}$Die Leistungen umfassen Hilfsmittel, die erforderlich sind, um eine durch die Behinderung bestehende Einschränkung einer gleichberechtigten Teilhabe am Leben in der Gemeinschaft auszugleichen. $_{2}$Hierzu gehören insbesondere barrierefreie Computer.

(2) Die Leistungen umfassen auch eine notwendige Unterweisung im Gebrauch der Hilfsmittel sowie deren notwendige Instandhaltung oder Änderung.

(3) Soweit es im Einzelfall erforderlich ist, werden Leistungen für eine Doppelausstattung erbracht.

Kapitel 14
Beteiligung der Verbände und Träger

§ 85 Klagerecht der Verbände

$_{1}$Werden Menschen mit Behinderungen in ihren Rechten nach diesem Buch verletzt, können an ihrer Stelle und mit ihrem Einverständnis Verbände klagen, die nach ihrer Satzung Menschen mit Behinderungen auf Bundes- oder Landesebene vertreten und nicht selbst am Prozess beteiligt sind. $_{2}$In diesem Fall müssen alle Verfahrensvoraussetzungen wie bei einem Rechtsschutzersuchen durch den Menschen mit Behinderungen selbst vorliegen.

§ 86 Beirat für die Teilhabe von Menschen mit Behinderungen

(1) $_{1}$Beim Bundesministerium für Arbeit und Soziales wird ein Beirat für die Teilhabe von Menschen mit Behinderungen gebildet, der das Bundesministerium für Arbeit und Soziales in Fragen der Teilhabe von Menschen mit Behinderungen berät und bei Aufgaben der Koordinierung unterstützt. $_{2}$Zu den Aufgaben des Beirats gehören insbesondere auch

1. die Unterstützung bei der Förderung von Rehabilitationseinrichtungen und die Mitwirkung bei der Vergabe der Mittel des Ausgleichsfonds sowie
2. die Anregung und Koordinierung von Maßnahmen zur Evaluierung der in diesem Buch getroffenen Regelungen im Rahmen der Rehabilitationsforschung und als forschungsbegleitender Ausschuss die Unterstützung des Bundesministeriums bei der Festlegung von Fragestellungen und Kriterien.

$_{3}$Das Bundesministerium für Arbeit und Soziales trifft Entscheidungen über die Vergabe der Mittel des Ausgleichsfonds nur auf Grund von Vorschlägen des Beirats.

(2) $_{1}$Der Beirat besteht aus 49 Mitgliedern. $_{2}$Von diesen beruft das Bundesministerium für Arbeit und Soziales

1. zwei Mitglieder auf Vorschlag der Gruppenvertreter der Arbeitnehmer im Verwaltungsrat der Bundesagentur für Arbeit,
2. zwei Mitglieder auf Vorschlag der Gruppenvertreter der Arbeitgeber im Verwaltungsrat der Bundesagentur für Arbeit,
3. sechs Mitglieder auf Vorschlag der Behindertenverbände, die nach der Zusammensetzung ihrer Mitglieder dazu berufen sind, Menschen mit Behinderungen auf Bundesebene zu vertreten,
4. 16 Mitglieder auf Vorschlag der Länder,
5. drei Mitglieder auf Vorschlag der Bundesvereinigung der kommunalen Spitzenverbände,
6. ein Mitglied auf Vorschlag der Bundesarbeitsgemeinschaft der Integrationsämter und Hauptfürsorgestellen,
7. ein Mitglied auf Vorschlag des Vorstands der Bundesagentur für Arbeit,
8. zwei Mitglieder auf Vorschlag des Spitzenverbandes Bund der Krankenkassen,
9. ein Mitglied auf Vorschlag der Spitzenvereinigungen der Träger der gesetzlichen Unfallversicherung,
10. drei Mitglieder auf Vorschlag der Deutschen Rentenversicherung Bund,
11. ein Mitglied auf Vorschlag der Bundesarbeitsgemeinschaft der überörtlichen Träger der Sozialhilfe,
12. ein Mitglied auf Vorschlag der Bundesarbeitsgemeinschaft der Freien Wohlfahrtspflege,
13. ein Mitglied auf Vorschlag der Bundesarbeitsgemeinschaft für Unterstützte Beschäftigung,
14. fünf Mitglieder auf Vorschlag der Arbeitsgemeinschaften der Einrichtungen der medizinischen Rehabilitation, der Berufsförderungswerke, der Berufsbildungswerke, der Werkstätten für behinderte Menschen und der Inklusionsbetriebe,
15. ein Mitglied auf Vorschlag der für die Wahrnehmung der Interessen der ambulanten und stationären Rehabilitationseinrichtungen auf Bundesebene maßgeblichen Spitzenverbände,
16. zwei Mitglieder auf Vorschlag der Kassenärztlichen Bundesvereinigung und der Bundesärztekammer und
17. ein Mitglied auf Vorschlag der Bundesarbeitsgemeinschaft für Rehabilitation.

$_{3}$Für jedes Mitglied ist ein stellvertretendes Mitglied zu berufen.

§ 87 Verfahren des Beirats

1Der Beirat für die Teilhabe von Menschen mit Behinderungen wählt aus den ihm angehörenden Mitgliedern von Seiten der Arbeitnehmer, Arbeitgeber und Organisationen behinderter Menschen jeweils für die Dauer eines Jahres eine Vorsitzende oder einen Vorsitzenden und eine Stellvertreterin oder einen Stellvertreter. 2Im Übrigen gilt § 189 entsprechend.

§ 88 Berichte über die Lage von Menschen mit Behinderungen und die Entwicklung ihrer Teilhabe

(1) 1Die Bundesregierung berichtet den gesetzgebenden Körperschaften des Bundes einmal in der Legislaturperiode, mindestens jedoch alle vier Jahre, über die Lebenslagen der Menschen mit Behinderungen und der von Behinderung bedrohten Menschen sowie über die Entwicklung ihrer Teilhabe am Arbeitsleben und am Leben in der Gesellschaft. 2Die Berichterstattung zu den Lebenslagen umfasst Querschnittsthemen wie Gender Mainstreaming, Migration, Alter, Barrierefreiheit, Diskriminierung, Assistenzbedarf und Armut. 3Gegenstand des Berichts sind auch Forschungsergebnisse über Wirtschaftlichkeit und Wirksamkeit staatlicher Maßnahmen und der Leistungen der Rehabilitationsträger für die Zielgruppen des Berichts.

(2) Die Verbände der Menschen mit Behinderungen werden an der Weiterentwicklung des Berichtskonzeptes beteiligt.

§ 89 Verordnungsermächtigung

Das Bundesministerium für Arbeit und Soziales kann durch Rechtsverordnung mit Zustimmung des Bundesrates weitere Vorschriften über die Geschäftsführung und das Verfahren des Beirats nach § 87 erlassen.

Teil 2 Besondere Leistungen zur selbstbestimmten Lebensführung für Menschen mit Behinderungen (Eingliederungshilferecht)

Kapitel 1 Allgemeine Vorschriften

§ 90 Aufgabe der Eingliederungshilfe

(1) 1Aufgabe der Eingliederungshilfe ist es, Leistungsberechtigten eine individuelle Lebensführung zu ermöglichen, die der Würde des Menschen entspricht, und die volle, wirksame und gleichberechtigte Teilhabe am Leben in der Gesellschaft zu fördern. 2Die Leistung soll sie befähigen, ihre Lebensplanung und -führung möglichst selbstbestimmt und eigenverantwortlich wahrnehmen zu können.

(2) Besondere Aufgabe der medizinischen Rehabilitation ist es, eine Beeinträchtigung nach § 99 Absatz 1 abzuwenden, zu beseitigen, zu mindern, auszugleichen, eine Verschlimmerung zu verhüten oder die Leistungsberechtigten soweit wie möglich unabhängig von Pflege zu machen.

(3) Besondere Aufgabe der Teilhabe am Arbeitsleben ist es, die Aufnahme, Ausübung und Sicherung einer der Eignung und Neigung der Leistungsberechtigten entsprechenden Beschäftigung sowie die Weiterentwicklung ihrer Leistungsfähigkeit und Persönlichkeit zu fördern.

(4) Besondere Aufgabe der Teilhabe an Bildung ist es, Leistungsberechtigten eine ihren Fähigkeiten und Leistungen entsprechende Schulbildung und schulische und hochschulische Aus- und Weiterbildung für einen Beruf zur Förderung ihrer Teilhabe am Leben in der Gesellschaft zu ermöglichen.

(5) Besondere Aufgabe der Sozialen Teilhabe ist es, die gleichberechtigte Teilhabe am Leben in der Gemeinschaft zu ermöglichen oder zu erleichtern.

§ 91 Nachrang der Eingliederungshilfe

(1) Eingliederungshilfe erhält, wer die erforderliche Leistung nicht von anderen oder von Trägern anderer Sozialleistungen erhält.

(2) 1Verpflichtungen anderer, insbesondere der Träger anderer Sozialleistungen, bleiben unberührt. 2Leistungen anderer dürfen nicht deshalb versagt werden, weil dieser Teil entsprechende Leistungen vorsieht; dies gilt insbesondere bei einer gesetzlichen Verpflichtung der Träger anderer Sozialleistungen oder anderer Stellen, in ihrem Verantwortungsbereich die Verwirklichung der Rechte für Menschen mit Behinderungen zu gewährleisten oder zu fördern.

(3) Das Verhältnis der Leistungen der Pflegeversicherung und der Leistungen der Eingliederungshilfe bestimmt sich nach § 13 Absatz 3 des Elften Buches.

5

§ 92 Beitrag

Zu den Leistungen der Eingliederungshilfe ist nach Maßgabe des Kapitels 9 ein Beitrag aufzubringen.

§ 93 Verhältnis zu anderen Rechtsbereichen

(1) Die Vorschriften über die Leistungen zur Sicherung des Lebensunterhalts nach dem Zweiten Buch sowie über die Hilfe zum Lebensunterhalt und die Grundsicherung im Alter und bei Erwerbsminderung nach dem Zwölften Buch bleiben unberührt.

(2) Die Vorschriften über die Hilfe zur Überwindung besonderer sozialer Schwierigkeiten nach dem Achten Kapitel des Zwölften Buches, über die Altenhilfe nach § 71 des Zwölften Buches und über die Blindenhilfe nach § 72 des Zwölften Buches bleiben unberührt.

(3) Die Hilfen zur Gesundheit nach dem Zwölften Buch gehen den Leistungen der Eingliederungshilfe vor, wenn sie zur Beseitigung einer Beeinträchtigung mit drohender erheblicher Teilhabeeinschränkung nach § 99 geeignet sind.

§ 94 Aufgaben der Länder

(1) Die Länder bestimmen die für die Durchführung dieses Teils zuständigen Träger der Eingliederungshilfe.

(2) [1]Bei der Bestimmung durch Landesrecht ist sicherzustellen, dass die Träger der Eingliederungshilfe nach ihrer Leistungsfähigkeit zur Erfüllung dieser Aufgaben geeignet sind. [2]Sind in einem Land mehrere Träger der Eingliederungshilfe bestimmt worden, unterstützen die obersten Landessozialbehörden die Träger bei der Durchführung der Aufgaben nach diesem Teil. [3]Dabei sollen sie insbesondere den Erfahrungsaustausch zwischen den Trägern sowie die Entwicklung und Durchführung von Instrumenten zur zielgerichteten Erbringung und Überprüfung von Leistungen und der Qualitätssicherung einschließlich der Wirksamkeit der Leistungen fördern.

(3) Die Länder haben auf flächendeckende, bedarfsdeckende, am Sozialraum orientierte und inklusiv ausgerichtete Angebote von Leistungsanbietern hinzuwirken und unterstützen die Träger der Eingliederungshilfe bei der Umsetzung ihres Sicherstellungsauftrages.

(4) [1]Zur Förderung und Weiterentwicklung der Strukturen der Eingliederungshilfe bildet jedes Land eine Arbeitsgemeinschaft. [2]Die Arbeitsgemeinschaften bestehen aus Vertretern des für die Eingliederungshilfe zuständigen Ministeriums, der Träger der Eingliederungshilfe, der Leistungserbringer sowie aus Vertretern der Verbände für Menschen mit Behinderungen. [3]Die Landesregierungen werden ermächtigt, durch Rechtsverordnung das Nähere über die Zusammensetzung und das Verfahren zu bestimmen.

(5) [1]Die Länder treffen sich regelmäßig unter Beteiligung des Bundes sowie der Träger der Eingliederungshilfe zur Evidenzbeobachtung und zu einem Erfahrungsaustausch. [2]Die Verbände der Leistungserbringer sowie die Verbände für Menschen mit Behinderungen können hinzugezogen werden. [3]Gegenstand der Evidenzbeobachtung und des Erfahrungsaustausches sind insbesondere

1. die Wirkung und Qualifizierung der Steuerungsinstrumente,
2. die Wirkungen der Regelungen zum leistungsberechtigten Personenkreis nach § 99 sowie der neuen Leistungen und Leistungsstrukturen,
3. die Umsetzung des Wunsch- und Wahlrechtes nach § 104 Absatz 1 und 2,
4. die Wirkung der Koordinierung der Leistungen und der trägerübergreifenden Verfahren der Bedarfsermittlung und -feststellung und
5. die Auswirkungen des Beitrags.

[4]Die Erkenntnisse sollen zur Weiterentwicklung der Eingliederungshilfe zusammengeführt werden.

§ 95 Sicherstellungsauftrag

[1]Die Träger der Eingliederungshilfe haben im Rahmen ihrer Leistungsverpflichtung eine personenzentrierte Leistung für Leistungsberechtigte unabhängig vom Ort der Leistungserbringung sicherzustellen (Sicherstellungsauftrag), soweit dieser Teil nichts Abweichendes bestimmt. [2]Sie schließen hierzu Vereinbarungen mit den Leistungsanbietern nach den Vorschriften des Kapitels 8 ab. [3]Im Rahmen der Strukturplanung sind die Erkenntnisse aus der Gesamtplanung nach Kapitel 7 zu berücksichtigen.

§ 96 Zusammenarbeit

(1) Die Träger der Eingliederungshilfe arbeiten mit Leistungsanbietern und anderen Stellen, deren Aufgabe die Lebenssituation von Menschen mit Behinderungen betrifft, zusammen.

(2) Die Stellung der Kirchen und Religionsgesellschaften des öffentlichen Rechts sowie der Verbände der Freien Wohlfahrtspflege als Träger eigener sozialer Aufgaben und ihre Tätigkeit zur Erfüllung dieser Aufgaben werden durch diesen Teil nicht berührt.

(3) Ist die Beratung und Sicherung der gleichmäßigen, gemeinsamen oder ergänzenden Erbringung von Leistungen geboten, sollen zu diesem Zweck Arbeitsgemeinschaften gebildet werden.

(4) $_{1}$Sozialdaten dürfen im Rahmen der Zusammenarbeit nur erhoben, verarbeitet oder genutzt werden, soweit dies zur Erfüllung von Aufgaben nach diesem Teil erforderlich ist oder durch Rechtsvorschriften des Sozialgesetzbuches angeordnet oder erlaubt ist. $_{2}$Die Leistungsberechtigten sind über die Erhebung, Verarbeitung und Nutzung ihrer Daten zu informieren. $_{3}$Sie sind auf ihr Recht hinzuweisen, der Erhebung, Verarbeitung oder Nutzung ihrer Daten widersprechen zu können.

§ 97 Fachkräfte

$_{1}$Bei der Durchführung der Aufgaben dieses Teils beschäftigen die Träger der Eingliederungshilfe eine dem Bedarf entsprechende Anzahl an Fachkräften aus unterschiedlichen Fachdisziplinen. $_{2}$Diese sollen

1. eine ihren Aufgaben entsprechende Ausbildung erhalten haben und insbesondere über umfassende Kenntnisse
   a) des Sozial- und Verwaltungsrechts,
   b) über den leistungsberechtigten Personenkreis nach § 99 oder
   c) von Teilhabebedarfen und Teilhabebarrieren

   verfügen,
2. umfassende Kenntnisse über den regionalen Sozialraum und seine Möglichkeiten zur Durchführung von Leistungen der Eingliederungshilfe haben sowie
3. die Fähigkeit zur Kommunikation mit allen Beteiligten haben.

$_{3}$Soweit Mitarbeiter der Leistungsträger nicht oder nur zum Teil die Voraussetzungen erfüllen, ist ihnen Gelegenheit zur Fortbildung und zum Austausch mit Menschen mit Behinderungen zu geben. $_{4}$Die fachliche Fortbildung der Fachkräfte, die insbesondere die Durchführung der Aufgaben nach den §§ 106 und 117 umfasst, ist zu gewährleisten.

§ 98 Örtliche Zuständigkeit

(1) $_{1}$Für die Eingliederungshilfe örtlich zuständig ist der Träger der Eingliederungshilfe, in dessen Bereich die leistungsberechtigte Person ihren gewöhnlichen Aufenthalt zum Zeitpunkt der ersten Antragstellung nach § 108 Absatz 1 hat oder in den zwei Monaten vor den Leistungen einer Betreuung über Tag und Nacht zuletzt gehabt hatte. $_{2}$Bedarf es nach § 108 Absatz 2 keines Antrags, ist der Beginn des Verfahrens nach Kapitel 7 maßgeblich. $_{3}$Diese Zuständigkeit bleibt bis zur Beendigung des Leistungsbezuges bestehen. $_{4}$Sie ist neu festzustellen, wenn für einen zusammenhängenden Zeitraum von mindestens sechs Monaten keine Leistungen bezogen wurden. $_{5}$Eine Unterbrechung des Leistungsbezuges wegen stationärer Krankenhausbehandlung oder medizinischer Rehabilitation gilt nicht als Beendigung des Leistungsbezuges.

(2) $_{1}$Steht innerhalb von vier Wochen nicht fest, ob und wo der gewöhnliche Aufenthalt begründet worden ist, oder ist ein gewöhnlicher Aufenthalt nicht vorhanden oder nicht zu ermitteln, hat der für den tatsächlichen Aufenthalt zuständige Träger der Eingliederungshilfe über die Leistung unverzüglich zu entscheiden und sie vorläufig zu erbringen. $_{2}$Steht der gewöhnliche Aufenthalt in den Fällen des Satzes 1 fest, wird der Träger der Eingliederungshilfe nach Absatz 1 örtlich zuständig und hat dem nach Satz 1 leistenden Träger die Kosten zu erstatten. $_{3}$Ist ein gewöhnlicher Aufenthalt im Bundesgebiet nicht vorhanden oder nicht zu ermitteln, ist der Träger der Eingliederungshilfe örtlich zuständig, in dessen Bereich sich die leistungsberechtigte Person tatsächlich aufhält.

(3) Werden für ein Kind vom Zeitpunkt der Geburt an Leistungen nach diesem Teil des Buches über Tag und Nacht beantragt, tritt an

die Stelle seines gewöhnlichen Aufenthalts der gewöhnliche Aufenthalt der Mutter.

(4) $_{1}$Als gewöhnlicher Aufenthalt im Sinne dieser Vorschrift gilt nicht der stationäre Aufenthalt oder der auf richterlich angeordneter Freiheitsentziehung beruhende Aufenthalt in einer Vollzugsanstalt. $_{2}$In diesen Fällen ist der Träger der Eingliederungshilfe örtlich zuständig, in dessen Bereich die leistungsberechtigte Person ihren gewöhnlichen Aufenthalt in den letzten zwei Monaten vor der Aufnahme zuletzt hatte.

Kapitel 2 Grundsätze der Leistungen

§ 99 Leistungsberechtigter Personenkreis

Leistungen der Eingliederungshilfe erhalten Personen nach § 53 Absatz 1 und 2 des Zwölften Buches und den §§ 1 bis 3 der Eingliederungshilfe-Verordnung in der am 31. Dezember 2019 geltenden Fassung.

§ 100 Eingliederungshilfe für Ausländer

(1) $_{1}$Ausländer, die sich im Inland tatsächlich aufhalten, können Leistungen nach diesem Teil erhalten, soweit dies im Einzelfall gerechtfertigt ist. $_{2}$Die Einschränkung auf Ermessensleistungen nach Satz 1 gilt nicht für Ausländer, die im Besitz einer Niederlassungserlaubnis oder eines befristeten Aufenthaltstitels sind und sich voraussichtlich dauerhaft im Bundesgebiet aufhalten. $_{3}$Andere Rechtsvorschriften, nach denen Leistungen der Eingliederungshilfe zu erbringen sind, bleiben unberührt.

(2) Leistungsberechtigte nach § 1 des Asylbewerberleistungsgesetzes erhalten keine Leistungen der Eingliederungshilfe.

(3) Ausländer, die eingereist sind, um Leistungen nach diesem Teil zu erlangen, haben keinen Anspruch auf Leistungen der Eingliederungshilfe.

§ 101 Eingliederungshilfe für Deutsche im Ausland

(1) $_{1}$Deutsche, die ihren gewöhnlichen Aufenthalt im Ausland haben, erhalten keine Leistungen der Eingliederungshilfe. $_{2}$Hiervon kann im Einzelfall nur abgewichen werden, soweit dies wegen einer außergewöhnlichen Notlage unabweisbar ist und zugleich nachgewiesen wird, dass eine Rückkehr in das Inland aus folgenden Gründen nicht möglich ist:

1. Pflege und Erziehung eines Kindes, das aus rechtlichen Gründen im Ausland bleiben muss,
2. längerfristige stationäre Betreuung in einer Einrichtung oder Schwere der Pflegebedürftigkeit oder
3. hoheitliche Gewalt.

(2) Leistungen der Eingliederungshilfe werden nicht erbracht, soweit sie von dem hierzu verpflichteten Aufenthaltsland oder von anderen erbracht werden oder zu erwarten sind.

(3) Art und Maß der Leistungserbringung sowie der Einsatz des Einkommens und Vermögens richten sich nach den besonderen Verhältnissen im Aufenthaltsland.

(4) $_{1}$Für die Leistung zuständig ist der Träger der Eingliederungshilfe, in dessen Bereich die antragstellende Person geboren ist. $_{2}$Liegt der Geburtsort im Ausland oder ist er nicht zu ermitteln, wird der örtlich zuständige Träger von einer Schiedsstelle bestimmt.

(5) Die Träger der Eingliederungshilfe arbeiten mit den deutschen Dienststellen im Ausland zusammen.

§ 102 Leistungen der Eingliederungshilfe

(1) Die Leistungen der Eingliederungshilfe umfassen

1. Leistungen zur medizinischen Rehabilitation,
2. Leistungen zur Teilhabe am Arbeitsleben,
3. Leistungen zur Teilhabe an Bildung und
4. Leistungen zur Sozialen Teilhabe.

(2) Leistungen nach Absatz 1 Nummer 1 bis 3 gehen den Leistungen nach Absatz 1 Nummer 4 vor.

§ 103 Regelung für Menschen mit Behinderungen und Pflegebedarf

(1) $_{1}$Werden Leistungen der Eingliederungshilfe in Einrichtungen oder Räumlichkeiten im Sinne des § 43a des Elften Buches in Verbindung mit § 71 Absatz 4 des Elften Buches erbracht, umfasst die Leistung auch die Pfle-

geleistungen in diesen Einrichtungen oder Räumlichkeiten. 2Stellt der Leistungserbringer fest, dass der Mensch mit Behinderungen so pflegebedürftig ist, dass die Pflege in diesen Einrichtungen oder Räumlichkeiten nicht sichergestellt werden kann, vereinbaren der Träger der Eingliederungshilfe und die zuständige Pflegekasse mit dem Leistungserbringer, dass die Leistung bei einem anderen Leistungserbringer erbracht wird; dabei ist angemessenen Wünschen des Menschen mit Behinderungen Rechnung zu tragen. 3Die Entscheidung zur Vorbereitung der Vereinbarung nach Satz 2 erfolgt nach den Regelungen zur Gesamtplanung nach Kapitel 7.

(2) 1Werden Leistungen der Eingliederungshilfe außerhalb von Einrichtungen oder Räumlichkeiten im Sinne des § 43a des Elften Buches in Verbindung mit § 71 Absatz 4 des Elften Buches erbracht, umfasst die Leistung auch die Leistungen der häuslichen Pflege nach den §§ 64a bis 64f, 64i und 66 des Zwölften Buches, solange die Teilhabeziele nach Maßgabe des Gesamtplanes (§ 121) erreicht werden können, es sei denn der Leistungsberechtigte hat vor Vollendung des für die Regelaltersrente im Sinne des Sechsten Buches erforderlichen Lebensjahres keine Leistungen der Eingliederungshilfe erhalten. 2Satz 1 gilt entsprechend in Fällen, in denen der Leistungsberechtigte vorübergehend Leistungen nach den §§ 64g und 64h des Zwölften Buches in Anspruch nimmt. 3Die Länder können durch Landesrecht bestimmen, dass der für die Leistungen der häuslichen Pflege zuständige Träger der Sozialhilfe die Kosten der vom Träger der Eingliederungshilfe erbrachten Leistungen der häuslichen Pflege zu erstatten hat.

§ 104 Leistungen nach der Besonderheit des Einzelfalles

(1) 1Die Leistungen der Eingliederungshilfe bestimmen sich nach der Besonderheit des Einzelfalles, insbesondere nach der Art des Bedarfes, den persönlichen Verhältnissen, dem Sozialraum und den eigenen Kräften und Mitteln; dabei ist auch die Wohnform zu würdigen. 2Sie werden so lange geleistet, wie die Teilhabeziele nach Maßgabe des Gesamtplanes (§ 121) erreichbar sind.

(2) 1Wünschen der Leistungsberechtigten, die sich auf die Gestaltung der Leistung richten, ist zu entsprechen, soweit sie angemessen sind. 2Die Wünsche der Leistungsberechtigten gelten nicht als angemessen,

1. wenn und soweit die Höhe der Kosten der gewünschten Leistung die Höhe der Kosten für eine vergleichbare Leistung von Leistungserbringern, mit denen eine Vereinbarung nach Kapitel 8 besteht, unverhältnismäßig übersteigt und
2. wenn der Bedarf nach der Besonderheit des Einzelfalles durch die vergleichbare Leistung gedeckt werden kann.

(3) 1Bei der Entscheidung nach Absatz 2 ist zunächst die Zumutbarkeit einer von den Wünschen des Leistungsberechtigten abweichenden Leistung zu prüfen. 2Dabei sind die persönlichen, familiären und örtlichen Umstände einschließlich der gewünschten Wohnform angemessen zu berücksichtigen. 3Kommt danach ein Wohnen außerhalb von besonderen Wohnformen in Betracht, ist dieser Wohnform der Vorzug zu geben, wenn dies von der leistungsberechtigten Person gewünscht wird. 4Soweit die leistungsberechtigte Person dies wünscht, sind in diesem Fall die im Zusammenhang mit dem Wohnen stehenden Assistenzleistungen nach § 113 Absatz 2 Nummer 2 im Bereich der Gestaltung sozialer Beziehungen und der persönlichen Lebensplanung nicht gemeinsam zu erbringen nach § 116 Absatz 2 Nummer 1. 5Bei Unzumutbarkeit einer abweichenden Leistungsgestaltung ist ein Kostenvergleich nicht vorzunehmen.

(4) Auf Wunsch der Leistungsberechtigten sollen die Leistungen der Eingliederungshilfe von einem Leistungsanbieter erbracht werden, der die Betreuung durch Geistliche ihres Bekenntnisses ermöglicht.

(5) Leistungen der Eingliederungshilfe für Leistungsberechtigte mit gewöhnlichem Aufenthalt in Deutschland können auch im Ausland erbracht werden, wenn dies im Interesse der Aufgabe der Eingliederungshilfe geboten ist, die Dauer der Leistungen durch den Auslandsaufenthalt nicht wesentlich verlängert wird und keine unvertretbaren Mehraufwendungen entstehen.

§ 105 Leistungsformen

(1) Die Leistungen der Eingliederungshilfe werden als Sach-, Geld- oder Dienstleistung erbracht.

(2) Zur Dienstleistung gehören insbesondere die Beratung und Unterstützung in Angelegenheiten der Leistungen der Eingliederungshilfe sowie in sonstigen sozialen Angelegenheiten.

(3) $_{1}$Leistungen zur Sozialen Teilhabe können mit Zustimmung der Leistungsberechtigten auch in Form einer pauschalen Geldleistung erbracht werden, soweit es dieser Teil vorsieht. $_{2}$Die Träger der Eingliederungshilfe regeln das Nähere zur Höhe und Ausgestaltung der Pauschalen.

(4) $_{1}$Die Leistungen der Eingliederungshilfe werden auf Antrag auch als Teil eines Persönlichen Budgets ausgeführt. $_{2}$Die Vorschrift zum Persönlichen Budget nach § 29 ist insoweit anzuwenden.

§ 106 Beratung und Unterstützung

(1) $_{1}$Zur Erfüllung der Aufgaben dieses Teils werden die Leistungsberechtigten, auf ihren Wunsch auch im Beisein einer Person ihres Vertrauens, vom Träger der Eingliederungshilfe beraten und, soweit erforderlich, unterstützt. $_{2}$Die Beratung erfolgt in einer für den Leistungsberechtigten wahrnehmbaren Form.

(2) Die Beratung umfasst insbesondere

1. die persönliche Situation des Leistungsberechtigten, den Bedarf, die eigenen Kräfte und Mittel sowie die mögliche Stärkung der Selbsthilfe zur Teilhabe am Leben in der Gemeinschaft einschließlich eines gesellschaftlichen Engagements,
2. die Leistungen der Eingliederungshilfe einschließlich des Zugangs zum Leistungssystem,
3. die Leistungen anderer Leistungsträger,
4. die Verwaltungsabläufe,
5. Hinweise auf Leistungsanbieter und andere Hilfemöglichkeiten im Sozialraum und auf Möglichkeiten zur Leistungserbringung,
6. Hinweise auf andere Beratungsangebote im Sozialraum,
7. eine gebotene Budgetberatung.

(3) Die Unterstützung umfasst insbesondere

1. Hilfe bei der Antragstellung,
2. Hilfe bei der Klärung weiterer zuständiger Leistungsträger,
3. das Hinwirken auf zeitnahe Entscheidungen und Leistungen der anderen Leistungsträger,
4. Hilfe bei der Erfüllung von Mitwirkungspflichten,
5. Hilfe bei der Inanspruchnahme von Leistungen,
6. die Vorbereitung von Möglichkeiten der Teilhabe am Leben in der Gemeinschaft einschließlich des gesellschaftlichen Engagements,
7. die Vorbereitung von Kontakten und Begleitung zu Leistungsanbietern und anderen Hilfemöglichkeiten,
8. Hilfe bei der Entscheidung über Leistungserbringer sowie bei der Aushandlung und dem Abschluss von Verträgen mit Leistungserbringern sowie
9. Hilfe bei der Erfüllung von Verpflichtungen aus der Zielvereinbarung und dem Bewilligungsbescheid.

(4) Die Leistungsberechtigten sind hinzuweisen auf die ergänzende unabhängige Teilhabeberatung nach § 32, auf die Beratung und Unterstützung von Verbänden der Freien Wohlfahrtspflege sowie von Angehörigen der rechtsberatenden Berufe und von sonstigen Stellen.

§ 107 Übertragung, Verpfändung oder Pfändung, Auswahlermessen

(1) Der Anspruch auf Leistungen der Eingliederungshilfe kann nicht übertragen, verpfändet oder gepfändet werden.

(2) Über Art und Maß der Leistungserbringung ist nach pflichtgemäßem Ermessen zu entscheiden, soweit das Ermessen nicht ausgeschlossen ist.

§ 108 Antragserfordernis

(1) $_{1}$Die Leistungen der Eingliederungshilfe nach diesem Teil werden auf Antrag erbracht. $_{2}$Die Leistungen werden frühestens ab dem Ersten des Monats der Antragstellung erbracht, wenn zu diesem Zeitpunkt die Voraussetzungen bereits vorlagen.

(2) Eines Antrages bedarf es nicht für Leistungen, deren Bedarf in dem Verfahren nach Kapitel 7 ermittelt worden ist.

Kapitel 3
Medizinische Rehabilitation

§ 109 Leistungen zur medizinischen Rehabilitation

(1) Leistungen zur medizinischen Rehabilitation sind insbesondere die in § 42 Absatz 2 und 3 und § 64 Absatz 1 Nummer 3 bis 6 genannten Leistungen.

(2) Die Leistungen zur medizinischen Rehabilitation entsprechen den Rehabilitationsleistungen der gesetzlichen Krankenversicherung.

§ 110 Leistungserbringung

(1) Leistungsberechtigte haben entsprechend den Bestimmungen der gesetzlichen Krankenversicherung die freie Wahl unter den Ärzten und Zahnärzten sowie unter den Krankenhäusern und Vorsorge- und Rehabilitationseinrichtungen.

(2) $_{1}$Bei der Erbringung von Leistungen zur medizinischen Rehabilitation sind die Regelungen, die für die gesetzlichen Krankenkassen nach dem Vierten Kapitel des Fünften Buches gelten, mit Ausnahme des Dritten Titels des Zweiten Abschnitts anzuwenden. $_{2}$Ärzte, Psychotherapeuten im Sinne des § 28 Absatz 3 Satz 1 des Fünften Buches und Zahnärzte haben für ihre Leistungen Anspruch auf die Vergütung, welche die Ortskrankenkasse, in deren Bereich der Arzt, Psychotherapeut oder der Zahnarzt niedergelassen ist, für ihre Mitglieder zahlt.

(3) $_{1}$Die Verpflichtungen, die sich für die Leistungserbringer aus den §§ 294, 294a, 295, 300 bis 302 des Fünften Buches ergeben, gelten auch für die Abrechnung von Leistungen zur medizinischen Rehabilitation mit dem Träger der Eingliederungshilfe. $_{2}$Die Vereinbarungen nach § 303 Absatz 1 sowie § 304 des Fünften Buches gelten für den Träger der Eingliederungshilfe entsprechend.

Kapitel 4
Teilhabe am Arbeitsleben

§ 111 Leistungen zur Beschäftigung

(1) Leistungen zur Beschäftigung umfassen

1. Leistungen im Arbeitsbereich anerkannter Werkstätten für behinderte Menschen nach den §§ 58 und 62,
2. Leistungen bei anderen Leistungsanbietern nach den §§ 60 und 62 sowie
3. Leistungen bei privaten und öffentlichen Arbeitgebern nach § 61.

(2) $_{1}$Leistungen nach Absatz 1 umfassen auch Gegenstände und Hilfsmittel, die wegen der gesundheitlichen Beeinträchtigung zur Aufnahme oder Fortsetzung der Beschäftigung erforderlich sind. $_{2}$Voraussetzung für eine Hilfsmittelversorgung ist, dass der Leistungsberechtigte das Hilfsmittel bedienen kann. $_{3}$Die Versorgung mit Hilfsmitteln schließt eine notwendige Unterweisung im Gebrauch und eine notwendige Instandhaltung oder Änderung ein. $_{4}$Die Ersatzbeschaffung des Hilfsmittels erfolgt, wenn sie infolge der körperlichen Entwicklung der Leistungsberechtigten notwendig ist oder wenn das Hilfsmittel aus anderen Gründen ungeeignet oder unbrauchbar geworden ist.

(3) Zu den Leistungen nach Absatz 1 Nummer 1 und 2 gehört auch das Arbeitsförderungsgeld nach § 59.

Kapitel 5
Teilhabe an Bildung

§ 112 Leistungen zur Teilhabe an Bildung

(1) $_{1}$Leistungen zur Teilhabe an Bildung umfassen

1. Hilfen zu einer Schulbildung, insbesondere im Rahmen der allgemeinen Schulpflicht und zum Besuch weiterführender Schulen einschließlich der Vorbereitung hierzu; die Bestimmungen über die Ermöglichung der Schulbildung im Rahmen der allgemeinen Schulpflicht bleiben unberührt, und
2. Hilfen zur schulischen oder hochschulischen Ausbildung oder Weiterbildung für einen Beruf.

$_{2}$Die Hilfen nach Satz 1 Nummer 1 schließen Leistungen zur Unterstützung schulischer

Ganztagsangebote in der offenen Form ein, die im Einklang mit dem Bildungs- und Erziehungsauftrag der Schule stehen und unter deren Aufsicht und Verantwortung ausgeführt werden, an den stundenplanmäßigen Unterricht anknüpfen und in der Regel in den Räumlichkeiten der Schule oder in deren Umfeld durchgeführt werden. $_{3}$Hilfen nach Satz 1 Nummer 1 umfassen auch heilpädagogische und sonstige Maßnahmen, wenn die Maßnahmen erforderlich und geeignet sind, der leistungsberechtigten Person den Schulbesuch zu ermöglichen oder zu erleichtern. $_{4}$Hilfen zu einer schulischen oder hochschulischen Ausbildung nach Satz 1 Nummer 2 können erneut erbracht werden, wenn dies aus behinderungsbedingten Gründen erforderlich ist. $_{5}$Hilfen nach Satz 1 umfassen auch Gegenstände und Hilfsmittel, die wegen der gesundheitlichen Beeinträchtigung zur Teilhabe an Bildung erforderlich sind. $_{6}$Voraussetzung für eine Hilfsmittelversorgung ist, dass die leistungsberechtigte Person das Hilfsmittel bedienen kann. $_{7}$Die Versorgung mit Hilfsmitteln schließt eine notwendige Unterweisung im Gebrauch und eine notwendige Instandhaltung oder Änderung ein. $_{8}$Die Ersatzbeschaffung des Hilfsmittels erfolgt, wenn sie infolge der körperlichen Entwicklung der leistungsberechtigten Person notwendig ist oder wenn das Hilfsmittel aus anderen Gründen ungeeignet oder unbrauchbar geworden ist.

(2) $_{1}$Hilfen nach Absatz 1 Satz 1 Nummer 2 werden erbracht für eine schulische oder hochschulische berufliche Weiterbildung, die

1. in einem zeitlichen Zusammenhang an eine duale, schulische oder hochschulische Berufsausbildung anschließt,
2. in dieselbe fachliche Richtung weiterführt und
3. es dem Leistungsberechtigten ermöglicht, das von ihm angestrebte Berufsziel zu erreichen.

$_{2}$Hilfen für ein Masterstudium werden abweichend von Satz 1 Nummer 2 auch erbracht, wenn das Masterstudium auf ein zuvor abgeschlossenes Bachelorstudium aufbaut und dieses interdisziplinär ergänzt, ohne in dieselbe Fachrichtung weiterzuführen. $_{3}$Aus behinderungsbedingten oder aus anderen, nicht von der leistungsberechtigten Person beeinflussbaren gewichtigen Gründen kann von Satz 1 Nummer 1 abgewichen werden.

(3) Hilfen nach Absatz 1 Satz 1 Nummer 2 schließen folgende Hilfen ein:

1. Hilfen zur Teilnahme an Fernunterricht,
2. Hilfen zur Ableistung eines Praktikums, das für den Schul- oder Hochschulbesuch oder für die Berufszulassung erforderlich ist, und
3. Hilfen zur Teilnahme an Maßnahmen zur Vorbereitung auf die schulische oder hochschulische Ausbildung oder Weiterbildung für einen Beruf.

(4) $_{1}$Die in der Schule oder Hochschule wegen der Behinderung erforderliche Anleitung und Begleitung können an mehrere Leistungsberechtigte gemeinsam erbracht werden, soweit dies nach § 104 für die Leistungsberechtigten zumutbar ist und mit Leistungserbringern entsprechende Vereinbarungen bestehen. $_{2}$Die Leistungen nach Satz 1 sind auf Wunsch der Leistungsberechtigten gemeinsam zu erbringen.

Kapitel 6
Soziale Teilhabe

§ 113 Leistungen zur Sozialen Teilhabe

(1) $_{1}$Leistungen zur Sozialen Teilhabe werden erbracht, um eine gleichberechtigte Teilhabe am Leben in der Gemeinschaft zu ermöglichen oder zu erleichtern, soweit sie nicht nach den Kapiteln 3 bis 5 erbracht werden. $_{2}$Hierzu gehört, Leistungsberechtigte zu einer möglichst selbstbestimmten und eigenverantwortlichen Lebensführung im eigenen Wohnraum sowie in ihrem Sozialraum zu befähigen oder sie hierbei zu unterstützen. $_{3}$Maßgeblich sind die Ermittlungen und Feststellungen nach Kapitel 7.

(2) Leistungen zur Sozialen Teilhabe sind insbesondere

1. Leistungen für Wohnraum,
2. Assistenzleistungen,
3. heilpädagogische Leistungen,

4. Leistungen zur Betreuung in einer Pflegefamilie,
5. Leistungen zum Erwerb und Erhalt praktischer Kenntnisse und Fähigkeiten,
6. Leistungen zur Förderung der Verständigung,
7. Leistungen zur Mobilität,
8. Hilfsmittel,
9. Besuchsbeihilfen.

(3) Die Leistungen nach Absatz 2 Nummer 1 bis 8 bestimmen sich nach den §§ 77 bis 84, soweit sich aus diesem Teil nichts Abweichendes ergibt.

(4) Zur Ermöglichung der gemeinschaftlichen Mittagsverpflegung in der Verantwortung einer Werkstatt für behinderte Menschen, einem anderen Leistungsanbieter oder dem Leistungserbringer vergleichbarer anderer tagesstrukturierender Maßnahmen werden die erforderliche sächliche Ausstattung, die personelle Ausstattung und die erforderlichen betriebsnotwendigen Anlagen des Leistungserbringers übernommen.

§ 114 Leistungen zur Mobilität

Bei den Leistungen zur Mobilität nach § 113 Absatz 2 Nummer 7 gilt § 83 mit der Maßgabe, dass

1. die Leistungsberechtigten zusätzlich zu den in § 83 Absatz 2 genannten Voraussetzungen zur Teilhabe am Leben in der Gemeinschaft ständig auf die Nutzung eines Kraftfahrzeugs angewiesen sind und
2. abweichend von § 83 Absatz 3 Satz 2 die Vorschriften der §§ 6 und 8 der Kraftfahrzeughilfe-Verordnung nicht maßgeblich sind.

§ 115 Besuchsbeihilfen

Werden Leistungen für einen oder mehrere Anbieter über Tag und Nacht erbracht, können den Leistungsberechtigten oder ihren Angehörigen zum gegenseitigen Besuch Beihilfen geleistet werden, soweit es im Einzelfall erforderlich ist.

§ 116 Pauschale Geldleistung, gemeinsame Inanspruchnahme

(1) 1Die Leistungen

1. zur Assistenz zur Übernahme von Handlungen zur Alltagsbewältigung sowie Begleitung der Leistungsberechtigten (§ 113 Absatz 2 Nummer 2 in Verbindung mit § 78 Absatz 2 Nummer 1 und Absatz 5),
2. zur Förderung der Verständigung (§ 113 Absatz 2 Nummer 6) und
3. zur Beförderung im Rahmen der Leistungen zur Mobilität (§ 113 Absatz 2 Nummer 7 in Verbindung mit § 83 Absatz 1 Nummer 1)

können mit Zustimmung der Leistungsberechtigten als pauschale Geldleistungen nach § 105 Absatz 3 erbracht werden. 2Die zuständigen Träger der Eingliederungshilfe regeln das Nähere zur Höhe und Ausgestaltung der pauschalen Geldleistungen sowie zur Leistungserbringung.

(2) 1Die Leistungen

1. zur Assistenz (§ 113 Absatz 2 Nummer 2),
2. zur Heilpädagogik (§ 113 Absatz 2 Nummer 3),
3. zum Erwerb und Erhalt praktischer Fähigkeiten und Kenntnisse (§ 113 Absatz 2 Nummer 5),
4. zur Förderung der Verständigung (§ 113 Absatz 2 Nummer 6),
5. zur Beförderung im Rahmen der Leistungen zur Mobilität (§ 113 Absatz 2 Nummer 7 in Verbindung mit § 83 Absatz 1 Nummer 1) und
5. zur Erreichbarkeit einer Ansprechperson unabhängig von einer konkreten Inanspruchnahme (§ 113 Absatz 2 Nummer 2 in Verbindung mit § 78 Absatz 6)

können an mehrere Leistungsberechtigte gemeinsam erbracht werden, soweit dies nach § 104 für die Leistungsberechtigten zumutbar ist und mit Leistungserbringern entsprechende Vereinbarungen bestehen. 2Maßgeblich sind die Ermittlungen und Feststellungen im Rahmen der Gesamtplanung nach Kapitel 7.

(3) Die Leistungen nach Absatz 2 sind auf Wunsch der Leistungsberechtigten gemeinsam zu erbringen, soweit die Teilhabeziele erreicht werden können.

5

5

Kapitel 7
Gesamtplanung

§ 117 Gesamtplanverfahren

(1) Das Gesamtplanverfahren ist nach folgenden Maßstäben durchzuführen:

1. Beteiligung des Leistungsberechtigten in allen Verfahrensschritten, beginnend mit der Beratung,
2. Dokumentation der Wünsche des Leistungsberechtigten zu Ziel und Art der Leistungen,
3. Beachtung der Kriterien
   a) transparent,
   b) trägerübergreifend,
   c) interdisziplinär,
   d) konsensorientiert,
   e) individuell,
   f) lebensweltbezogen,
   g) sozialraumorientiert und
   h) zielorientiert,
4. Ermittlung des individuellen Bedarfes,
5. Durchführung einer Gesamtplankonferenz,
6. Abstimmung der Leistungen nach Inhalt, Umfang und Dauer in einer Gesamtplankonferenz unter Beteiligung betroffener Leistungsträger.

(2) Am Gesamtplanverfahren wird auf Verlangen des Leistungsberechtigten eine Person seines Vertrauens beteiligt.

(3) $_1$Bestehen im Einzelfall Anhaltspunkte für eine Pflegebedürftigkeit nach dem Elften Buch, wird die zuständige Pflegekasse mit Zustimmung des Leistungsberechtigten vom Träger der Eingliederungshilfe informiert und muss am Gesamtplanverfahren beratend teilnehmen, soweit dies für den Träger der Eingliederungshilfe zur Feststellung der Leistungen nach den Kapiteln 3 bis 6 erforderlich ist. $_2$Bestehen im Einzelfall Anhaltspunkte, dass Leistungen der Hilfe zur Pflege nach dem Siebten Kapitel des Zwölften Buches erforderlich sind, so soll der Träger dieser Leistungen mit Zustimmung der Leistungsberechtigten informiert und am Gesamtplanverfahren beteiligt werden, soweit dies zur Feststellung der Leistungen nach den Kapiteln 3 bis 6 erforderlich ist.

(4) Bestehen im Einzelfall Anhaltspunkte für einen Bedarf an notwendigem Lebensunterhalt, ist der Träger dieser Leistungen mit Zustimmung des Leistungsberechtigten zu informieren und am Gesamtplanverfahren zu beteiligen, soweit dies zur Feststellung der Leistungen nach den Kapiteln 3 bis 6 erforderlich ist.

(5) § 22 Absatz 5 ist entsprechend anzuwenden, auch wenn ein Teilhabeplan nicht zu erstellen ist.

§ 118 Instrumente der Bedarfsermittlung

(1) $_1$Der Träger der Eingliederungshilfe hat die Leistungen nach den Kapiteln 3 bis 6 unter Berücksichtigung der Wünsche des Leistungsberechtigten festzustellen. $_2$Die Ermittlung des individuellen Bedarfes des Leistungsberechtigten muss durch ein Instrument erfolgen, das sich an der Internationalen Klassifikation der Funktionsfähigkeit, Behinderung und Gesundheit orientiert. $_3$Das Instrument hat die Beschreibung einer nicht nur vorübergehenden Beeinträchtigung der Aktivität und Teilhabe in den folgenden Lebensbereichen vorzusehen:

1. Lernen und Wissensanwendung,
2. Allgemeine Aufgaben und Anforderungen,
3. Kommunikation,
4. Mobilität,
5. Selbstversorgung,
6. häusliches Leben,
7. interpersonelle Interaktionen und Beziehungen,
8. bedeutende Lebensbereiche und
9. Gemeinschafts-, soziales und staatsbürgerliches Leben.

(2) Die Landesregierungen werden ermächtigt, durch Rechtsverordnung das Nähere über das Instrument zur Bedarfsermittlung zu bestimmen.

§ 119 Gesamtplankonferenz

(1) $_1$Mit Zustimmung des Leistungsberechtigten kann der Träger der Eingliederungshilfe eine Gesamtplankonferenz durchführen, um die Leistungen für den Leistungsberechtigten nach den Kapiteln 3 bis 6 sicherzustellen. $_2$Die

Leistungsberechtigten und die beteiligten Rehabilitationsträger können dem nach § 15 verantwortlichen Träger der Eingliederungshilfe die Durchführung einer Gesamtplankonferenz vorschlagen. 3Den Vorschlag auf Durchführung einer Gesamtplankonferenz kann der Träger der Eingliederungshilfe ablehnen, wenn der maßgebliche Sachverhalt schriftlich ermittelt werden kann oder der Aufwand zur Durchführung nicht in einem angemessenen Verhältnis zum Umfang der beantragten Leistung steht.

(2) 1In einer Gesamtplankonferenz beraten der Träger der Eingliederungshilfe, der Leistungsberechtigte und beteiligte Leistungsträger gemeinsam auf der Grundlage des Ergebnisses der Bedarfsermittlung nach § 118 insbesondere über

1. die Stellungnahmen der beteiligten Leistungsträger und die gutachterliche Stellungnahme des Leistungserbringers bei Beendigung der Leistungen zur beruflichen Bildung nach § 57,
2. die Wünsche der Leistungsberechtigten nach § 104 Absatz 2 bis 4,
3. den Beratungs- und Unterstützungsbedarf nach § 106,
4. die Erbringung der Leistungen.

2Soweit die Beratung über die Erbringung der Leistungen nach Nummer 4 den Lebensunterhalt betrifft, umfasst sie den Anteil des Regelsatzes nach § 27a Absatz 3 des Zwölften Buches, der den Leistungsberechtigten als Barmittel verbleibt.

(3) 1Ist der Träger der Eingliederungshilfe Leistungsverantwortlicher nach § 15, soll er die Gesamtplankonferenz mit einer Teilhabeplankonferenz nach § 20 verbinden. 2Ist der Träger der Eingliederungshilfe nicht Leistungsverantwortlicher nach § 15, soll er nach § 19 Absatz 5 den Leistungsberechtigten und den Rehabilitationsträgern anbieten, mit deren Einvernehmen das Verfahren anstelle des leistenden Rehabilitationsträgers durchzuführen.

(4) 1Beantragt eine leistungsberechtigte Mutter oder ein leistungsberechtigter Vater Leistungen zur Deckung von Bedarfen bei der Versorgung und Betreuung eines eigenen Kindes oder mehrerer eigener Kinder, so ist eine Gesamtplankonferenz mit Zustimmung des Leistungsberechtigten durchzuführen. 2Bestehen Anhaltspunkte dafür, dass diese Bedarfe durch Leistungen anderer Leistungsträger, durch das familiäre, freundschaftliche und nachbarschaftliche Umfeld oder ehrenamtlich gedeckt werden können, so informiert der Träger der Eingliederungshilfe mit Zustimmung der Leistungsberechtigten die als zuständig angesehenen Leistungsträger, die ehrenamtlich tätigen Stellen und Personen oder die jeweiligen Personen aus dem persönlichen Umfeld und beteiligt sie an der Gesamtplankonferenz.

§ 120 Feststellung der Leistungen

(1) Nach Abschluss der Gesamtplankonferenz stellen der Träger der Eingliederungshilfe und die beteiligten Leistungsträger ihre Leistungen nach den für sie geltenden Leistungsgesetzen innerhalb der Fristen nach den §§ 14 und 15 fest.

(2) 1Der Träger der Eingliederungshilfe erlässt auf Grundlage des Gesamtplanes nach § 121 den Verwaltungsakt über die festgestellte Leistung nach den Kapiteln 3 bis 6. 2Der Verwaltungsakt enthält mindestens die bewilligten Leistungen und die jeweiligen Leistungsvoraussetzungen. 3Die Feststellungen über die Leistungen sind für den Erlass des Verwaltungsaktes bindend. 4Ist eine Gesamtplankonferenz durchgeführt worden, sind deren Ergebnisse der Erstellung des Gesamtplanes zugrunde zu legen. 5Ist der Träger der Eingliederungshilfe Leistungsverantwortlicher nach § 15, sind die Feststellungen über die Leistungen für die Entscheidung nach § 15 Absatz 3 bindend.

(3) Wenn nach den Vorschriften zur Koordinierung der Leistungen nach Teil 1 Kapitel 4 ein anderer Rehabilitationsträger die Leistungsverantwortung trägt, bilden die im Rahmen der Gesamtplanung festgestellten Leistungen nach den Kapiteln 3 bis 6 die für den Teilhabeplan erforderlichen Feststellungen nach § 15 Absatz 2.

(4) In einem Eilfall erbringt der Träger der Eingliederungshilfe Leistungen der Eingliederungshilfe nach den Kapiteln 3 bis 6 vor Beginn der Gesamtplankonferenz vorläufig; der Umfang der vorläufigen Gesamtleistung bestimmt sich nach pflichtgemäßem Ermessen.

§ 121 Gesamtplan

(1) Der Träger der Eingliederungshilfe stellt unverzüglich nach der Feststellung der Leistungen einen Gesamtplan insbesondere zur Durchführung der einzelnen Leistungen oder einer Einzelleistung auf.

(2) $_{1}$Der Gesamtplan dient der Steuerung, Wirkungskontrolle und Dokumentation des Teilhabeprozesses. $_{2}$Er bedarf der Schriftform und soll regelmäßig, spätestens nach zwei Jahren, überprüft und fortgeschrieben werden.

(3) Bei der Aufstellung des Gesamtplanes wirkt der Träger der Eingliederungshilfe zusammen mit

1. dem Leistungsberechtigten,
2. einer Person seines Vertrauens und
3. dem im Einzelfall Beteiligten, insbesondere mit
   a) dem behandelnden Arzt,
   b) dem Gesundheitsamt,
   c) dem Landesarzt,
   d) dem Jugendamt und
   e) den Dienststellen der Bundesagentur für Arbeit.

(4) Der Gesamtplan enthält neben den Inhalten nach § 19 mindestens

1. die im Rahmen der Gesamtplanung eingesetzten Verfahren und Instrumente sowie die Maßstäbe und Kriterien der Wirkungskontrolle einschließlich des Überprüfungszeitpunkts,
2. die Aktivitäten der Leistungsberechtigten,
3. die Feststellungen über die verfügbaren und aktivierbaren Selbsthilferessourcen des Leistungsberechtigten sowie über Art, Inhalt, Umfang und Dauer der zu erbringenden Leistungen,
4. die Berücksichtigung des Wunsch- und Wahlrechts nach § 8 im Hinblick auf eine pauschale Geldleistung,
5. die Erkenntnisse aus vorliegenden sozialmedizinischen Gutachten und
6. das Ergebnis über die Beratung des Anteils des Regelsatzes nach § 27a Absatz 3 des Zwölften Buches, der den Leistungsberechtigten als Barmittel verbleibt.

(5) Der Träger der Eingliederungshilfe stellt der leistungsberechtigten Person den Gesamtplan zur Verfügung.

§ 122 Teilhabezielvereinbarung

$_{1}$Der Träger der Eingliederungshilfe kann mit dem Leistungsberechtigten eine Teilhabezielvereinbarung zur Umsetzung der Mindestinhalte des Gesamtplanes oder von Teilen der Mindestinhalte des Gesamtplanes abschließen. $_{2}$Die Vereinbarung wird für die Dauer des Bewilligungszeitraumes der Leistungen der Eingliederungshilfe abgeschlossen, soweit sich aus ihr nichts Abweichendes ergibt. $_{3}$Bestehen Anhaltspunkte dafür, dass die Vereinbarungsziele nicht oder nicht mehr erreicht werden, hat der Träger der Eingliederungshilfe die Teilhabezielvereinbarung anzupassen. $_{4}$Die Kriterien nach § 117 Absatz 1 Nummer 3 gelten entsprechend.

Kapitel 8
Vertragsrecht

§ 123 Allgemeine Grundsätze

(1) $_{1}$Der Träger der Eingliederungshilfe darf Leistungen der Eingliederungshilfe mit Ausnahme der Leistungen nach § 113 Absatz 2 Nummer 2 in Verbindung mit § 78 Absatz 5 und § 116 Absatz 1 durch Dritte (Leistungserbringer) nur bewilligen, soweit eine schriftliche Vereinbarung zwischen dem Träger des Leistungserbringers und dem für den Ort der Leistungserbringung zuständigen Träger der Eingliederungshilfe besteht. $_{2}$Die Vereinbarung kann auch zwischen dem Träger der Eingliederungshilfe und dem Verband, dem der Leistungserbringer angehört, geschlossen werden, soweit der Verband eine entsprechende Vollmacht nachweist.

(2) $_{1}$Die Vereinbarungen sind für alle übrigen Träger der Eingliederungshilfe bindend. $_{2}$Die Vereinbarungen müssen den Grundsätzen der Wirtschaftlichkeit, Sparsamkeit und Leistungsfähigkeit entsprechen und dürfen das Maß des Notwendigen nicht überschreiten. $_{3}$Sie sind vor Beginn der jeweiligen Wirtschaftsperiode für einen zukünftigen Zeitraum abzuschließen (Vereinbarungszeitraum); nachträgliche Ausgleiche sind nicht zulässig. $_{4}$Die Ergebnisse der Vereinbarungen sind den Leistungsberechtig-

ten in einer wahrnehmbaren Form zugänglich zu machen.

(3) Private und öffentliche Arbeitgeber gemäß § 61 sind keine Leistungserbringer im Sinne dieses Kapitels.

(4) 1Besteht eine schriftliche Vereinbarung, so ist der Leistungserbringer, soweit er kein anderer Leistungsanbieter im Sinne des § 60 ist, im Rahmen des vereinbarten Leistungsangebotes verpflichtet, Leistungsberechtigte aufzunehmen und Leistungen der Eingliederungshilfe unter Beachtung der Inhalte des Gesamtplanes nach § 121 zu erbringen. 2Die Verpflichtung zur Leistungserbringung besteht auch in den Fällen des § 116 Absatz 2.

(5) 1Der Träger der Eingliederungshilfe darf die Leistungen durch Leistungserbringer, mit denen keine schriftliche Vereinbarung besteht, nur erbringen, soweit

1. dies nach der Besonderheit des Einzelfalles geboten ist,
2. der Leistungserbringer ein schriftliches Leistungsangebot vorlegt, das für den Inhalt einer Vereinbarung nach § 125 gilt,
3. der Leistungserbringer sich schriftlich verpflichtet, die Grundsätze der Wirtschaftlichkeit und Qualität der Leistungserbringung zu beachten,
4. der Leistungserbringer sich schriftlich verpflichtet, bei der Erbringung von Leistungen die Inhalte des Gesamtplanes nach § 121 zu beachten,
5. die Vergütung für die Erbringung der Leistungen nicht höher ist als die Vergütung, die der Träger der Eingliederungshilfe mit anderen Leistungserbringern für vergleichbare Leistungen vereinbart hat.

2Die allgemeinen Grundsätze der Absätze 1 bis 3 und 5 sowie die Vorschriften zur Geeignetheit der Leistungserbringer (§ 124), zum Inhalt der Vergütung (§ 125), zur Verbindlichkeit der vereinbarten Vergütung (§ 127), zur Wirtschaftlichkeits- und Qualitätsprüfung (§ 128), zur Kürzung der Vergütung (§ 129) und zur außerordentlichen Kündigung der Vereinbarung (§ 130) gelten entsprechend.

(6) Der Leistungserbringer hat gegen den Träger der Eingliederungshilfe einen Anspruch auf Vergütung der gegenüber dem Leistungsberechtigten erbrachten Leistungen der Eingliederungshilfe.

§ 124 Geeignete Leistungserbringer

(1) 1Sind geeignete Leistungserbringer vorhanden, soll der Träger der Eingliederungshilfe zur Erfüllung seiner Aufgaben eigene Angebote nicht neu schaffen. 2Geeignet ist ein externer Leistungserbringer, der unter Sicherstellung der Grundsätze des § 104 die Leistungen wirtschaftlich und sparsam erbringen kann. 3Die durch den Leistungserbringer geforderte Vergütung ist wirtschaftlich angemessen, wenn sie im Vergleich mit der Vergütung vergleichbarer Leistungserbringer im unteren Drittel liegt (externer Vergleich). 4Liegt die geforderte Vergütung oberhalb des unteren Drittels, kann sie wirtschaftlich angemessen sein, sofern sie nachvollziehbar auf einem höheren Aufwand des Leistungserbringers beruht und wirtschaftlicher Betriebsführung entspricht. 5In den externen Vergleich sind die im Einzugsbereich tätigen Leistungserbringer einzubeziehen. 6Die Bezahlung tariflich vereinbarter Vergütungen sowie entsprechender Vergütungen nach kirchlichen Arbeitsrechtsregelungen kann dabei nicht als unwirtschaftlich abgelehnt werden, soweit die Vergütung aus diesem Grunde oberhalb des unteren Drittels liegt.

(2) 1Geeignete Leistungserbringer haben zur Erbringung der Leistungen der Eingliederungshilfe eine dem Leistungsangebot entsprechende Anzahl an Fach- und anderem Betreuungspersonal zu beschäftigen. 2Sie müssen über die Fähigkeit zur Kommunikation mit den Leistungsberechtigten in einer für die Leistungsberechtigten wahrnehmbaren Form verfügen und nach ihrer Persönlichkeit geeignet sein. 3Geeignete Leistungserbringer dürfen nur solche Personen beschäftigen oder ehrenamtliche Personen, die in Wahrnehmung ihrer Aufgaben Kontakt mit Leistungsberechtigten haben, mit Aufgaben betrauen, die nicht rechtskräftig wegen einer Straftat nach den §§ 171, 174 bis 174c, 176 bis 180a, 181a, 182 bis 184g, 184i, 184j, 201a Absatz 3, §§ 225, 232 bis 233a, 234, 235 oder 236 des Strafgesetzbuchs verurteilt worden sind. 4Die Leistungserbringer sollen sich von Fach- und anderem Betreuungsper-

5

sonal, die in Wahrnehmung ihrer Aufgaben Kontakt mit Leistungsberechtigten haben, vor deren Einstellung oder Aufnahme einer dauerhaften ehrenamtlichen Tätigkeit und in regelmäßigen Abständen ein Führungszeugnis nach § 30a Absatz 1 des Bundeszentralregistergesetzes vorlegen lassen. $_5$Nimmt der Leistungserbringer Einsicht in ein Führungszeugnis nach § 30a Absatz 1 des Bundeszentralregistergesetzes, so speichert er nur den Umstand der Einsichtnahme, das Datum des Führungszeugnisses und die Information, ob die das Führungszeugnis betreffende Person wegen einer in Satz 3 genannten Straftat rechtskräftig verurteilt worden ist. $_6$Der Leistungserbringer darf diese Daten nur verändern und nutzen, soweit dies zur Prüfung der Eignung einer Person erforderlich ist. $_7$Die Daten sind vor dem Zugriff Unbefugter zu schützen. $_8$Sie sind unverzüglich zu löschen, wenn im Anschluss an die Einsichtnahme keine Tätigkeit für den Leistungserbringer wahrgenommen wird. $_9$Sie sind spätestens drei Monate nach der letztmaligen Ausübung einer Tätigkeit für den Leistungserbringer zu löschen. $_{10}$Das Fachpersonal muss zusätzlich über eine abgeschlossene berufsspezifische Ausbildung und dem Leistungsangebot entsprechende Zusatzqualifikationen verfügen.

(3) Sind mehrere Leistungserbringer im gleichen Maße geeignet, so hat der Träger der Eingliederungshilfe Vereinbarungen vorrangig mit Leistungserbringern abzuschließen, deren Vergütung bei vergleichbarem Inhalt, Umfang und Qualität der Leistung nicht höher ist als die anderer Leistungserbringer.

§ 125 Inhalt der schriftlichen Vereinbarung

(1) In der schriftlichen Vereinbarung zwischen dem Träger der Eingliederungshilfe und dem Leistungserbringer sind zu regeln:

1. Inhalt, Umfang und Qualität einschließlich der Wirksamkeit der Leistungen der Eingliederungshilfe (Leistungsvereinbarung) und
2. die Vergütung der Leistungen der Eingliederungshilfe (Vergütungsvereinbarung).

(2) $_1$In die Leistungsvereinbarung sind als wesentliche Leistungsmerkmale mindestens aufzunehmen:

1. der zu betreuende Personenkreis,
2. die erforderliche sächliche Ausstattung,
3. Art, Umfang, Ziel und Qualität der Leistungen der Eingliederungshilfe,
4. die Festlegung der personellen Ausstattung,
5. die Qualifikation des Personals sowie
6. soweit erforderlich, die betriebsnotwendigen Anlagen des Leistungserbringers.

$_2$Soweit die Erbringung von Leistungen nach § 116 Absatz 2 zu vereinbaren ist, sind darüber hinaus die für die Leistungserbringung erforderlichen Strukturen zu berücksichtigen.

(3) $_1$Mit der Vergütungsvereinbarung werden unter Berücksichtigung der Leistungsmerkmale nach Absatz 2 Leistungspauschalen für die zu erbringenden Leistungen unter Beachtung der Grundsätze nach § 123 Absatz 2 festgelegt. $_2$Förderungen aus öffentlichen Mitteln sind anzurechnen. $_3$Die Leistungspauschalen sind nach Gruppen von Leistungsberechtigten mit vergleichbarem Bedarf oder Stundensätzen sowie für die gemeinsame Inanspruchnahme durch mehrere Leistungsberechtigte (§ 116 Absatz 2) zu kalkulieren. $_4$Abweichend von Satz 1 können andere geeignete Verfahren zur Vergütung und Abrechnung der Fachleistung unter Beteiligung der Interessenvertretungen der Menschen mit Behinderungen vereinbart werden.

(4) $_1$Die Vergütungsvereinbarungen mit Werkstätten für behinderte Menschen und anderen Leistungsanbietern berücksichtigen zusätzlich die mit der wirtschaftlichen Betätigung in Zusammenhang stehenden Kosten, soweit diese Kosten unter Berücksichtigung der besonderen Verhältnisse beim Leistungserbringer und der dort beschäftigten Menschen mit Behinderungen nach Art und Umfang über die in einem Wirtschaftsunternehmen üblicherweise entstehenden Kosten hinausgehen. $_2$Können die Kosten im Einzelfall nicht ermittelt werden, kann hierfür eine Vergütungspauschale vereinbart werden. $_3$Das Arbeitsergebnis des Leistungserbringers darf nicht dazu verwendet werden, die Vergütung des Trägers der Eingliederungshilfe zu mindern.

§ 126 Verfahren und Inkrafttreten der Vereinbarung

(1) $_1$Der Leistungserbringer oder der Träger der Eingliederungshilfe hat die jeweils andere Partei schriftlich zu Verhandlungen über den

Abschluss einer Vereinbarung gemäß § 125 aufzufordern. 2Bei einer Aufforderung zum Abschluss einer Folgevereinbarung sind die Verhandlungsgegenstände zu benennen. 3Die Aufforderung durch den Leistungsträger kann an einen unbestimmten Kreis von Leistungserbringern gerichtet werden. 4Auf Verlangen einer Partei sind geeignete Nachweise zu den Verhandlungsgegenständen vorzulegen.

(2) 1Kommt es nicht innerhalb von drei Monaten, nachdem eine Partei zu Verhandlungen aufgefordert wurde, zu einer schriftlichen Vereinbarung, so kann jede Partei hinsichtlich der strittigen Punkte die Schiedsstelle nach § 133 anrufen. 2Die Schiedsstelle hat unverzüglich über die strittigen Punkte zu entscheiden. 3Gegen die Entscheidung der Schiedsstelle ist der Rechtsweg zu den Sozialgerichten gegeben, ohne dass es eines Vorverfahrens bedarf. 4Die Klage ist gegen den Verhandlungspartner und nicht gegen die Schiedsstelle zu richten.

(3) 1Vereinbarungen und Schiedsstellenentscheidungen treten zu dem darin bestimmten Zeitpunkt in Kraft. 2Wird ein Zeitpunkt nicht bestimmt, wird die Vereinbarung mit dem Tag ihres Abschlusses wirksam. 3Festsetzungen der Schiedsstelle werden, soweit keine Festlegung erfolgt ist, rückwirkend mit dem Tag wirksam, an dem der Antrag bei der Schiedsstelle eingegangen ist. 4Soweit in den Fällen des Satzes 3 während des Schiedsstellenverfahrens der Antrag geändert wurde, ist auf den Tag abzustellen, an dem der geänderte Antrag bei der Schiedsstelle eingegangen ist. 5Ein jeweils vor diesem Zeitpunkt zurückwirkendes Vereinbaren oder Festsetzen von Vergütungen ist in den Fällen der Sätze 1 bis 4 nicht zulässig.

§ 127 Verbindlichkeit der vereinbarten Vergütung

(1) 1Mit der Zahlung der vereinbarten Vergütung gelten alle während des Vereinbarungszeitraumes entstandenen Ansprüche des Leistungserbringers auf Vergütung der Leistung der Eingliederungshilfe als abgegolten. 2Die im Einzelfall zu zahlende Vergütung bestimmt sich auf der Grundlage der jeweiligen Vereinbarung nach dem Betrag, der dem Leistungsberechtigten vom zuständigen Träger der Eingliederungshilfe bewilligt worden ist. 3Sind Leistungspauschalen nach Gruppen von Leistungsberechtigten kalkuliert (§ 125 Absatz 3 Satz 3), richtet sich die zu zahlende Vergütung nach der Gruppe, die dem Leistungsberechtigten vom zuständigen Träger der Eingliederungshilfe bewilligt wurde.

(2) Einer Erhöhung der Vergütung auf Grund von Investitionsmaßnahmen, die während des laufenden Vereinbarungszeitraumes getätigt werden, muss der Träger der Eingliederungshilfe zustimmen, soweit er der Maßnahme zuvor dem Grunde und der Höhe nach zugestimmt hat.

(3) 1Bei unvorhergesehenen wesentlichen Änderungen der Annahmen, die der Vergütungsvereinbarung oder der Entscheidung der Schiedsstelle über die Vergütung zugrunde lagen, ist die Vergütung auf Verlangen einer Vertragspartei für den laufenden Vereinbarungszeitraum neu zu verhandeln. 2Für eine Neuverhandlung gelten die Vorschriften zum Verfahren und Inkrafttreten (§ 126) entsprechend.

(4) Nach Ablauf des Vereinbarungszeitraumes gilt die vereinbarte oder durch die Schiedsstelle festgesetzte Vergütung bis zum Inkrafttreten einer neuen Vergütungsvereinbarung weiter.

§ 128 Wirtschaftlichkeits- und Qualitätsprüfung

(1) 1Soweit tatsächliche Anhaltspunkte dafür bestehen, dass ein Leistungserbringer seine vertraglichen oder gesetzlichen Pflichten nicht erfüllt, prüft der Träger der Eingliederungshilfe oder ein von diesem beauftragter Dritter die Wirtschaftlichkeit und Qualität einschließlich der Wirksamkeit der vereinbarten Leistungen des Leistungserbringers. 2Die Leistungserbringer sind verpflichtet, dem Träger der Eingliederungshilfe auf Verlangen die für die Prüfung erforderlichen Unterlagen vorzulegen und Auskünfte zu erteilen. 3Zur Vermeidung von Doppelprüfungen arbeiten die Träger der Eingliederungshilfe mit den Trägern der Sozialhilfe, mit den für die Heimaufsicht zuständigen Behörden sowie mit dem Medizinischen Dienst der Krankenversicherung zusammen. 4Der Träger der Eingliederungshilfe ist berechtigt und auf Anforde-

rung verpflichtet, den für die Heimaufsicht zuständigen Behörden die Daten über den Leistungserbringer sowie die Ergebnisse der Prüfungen mitzuteilen, soweit sie für die Zwecke der Prüfung durch den Empfänger erforderlich sind. 5Personenbezogene Daten sind vor der Datenübermittlung zu anonymisieren. 6Abweichend von Satz 5 dürfen personenbezogene Daten in nicht anonymisierter Form an die für die Heimaufsicht zuständigen Behörden übermittelt werden, soweit sie zu deren Aufgabenerfüllung erforderlich sind. 7Durch Landesrecht kann von der Einschränkung in Satz 1 erster Halbsatz abgewichen werden.

(2) Die Prüfung nach Absatz 1 kann ohne vorherige Ankündigung erfolgen und erstreckt sich auf Inhalt, Umfang, Wirtschaftlichkeit und Qualität einschließlich der Wirksamkeit der erbrachten Leistungen.

(3) 1Der Träger der Eingliederungshilfe hat den Leistungserbringer über das Ergebnis der Prüfung schriftlich zu unterrichten. 2Das Ergebnis der Prüfung ist dem Leistungsberechtigten in einer wahrnehmbaren Form zugänglich zu machen.

§ 129 Kürzung der Vergütung

(1) 1Hält ein Leistungserbringer seine gesetzlichen oder vertraglichen Verpflichtungen ganz oder teilweise nicht ein, ist die vereinbarte Vergütung für die Dauer der Pflichtverletzung entsprechend zu kürzen. 2Über die Höhe des Kürzungsbetrags ist zwischen den Vertragsparteien Einvernehmen herzustellen. 3Kommt eine Einigung nicht zustande, entscheidet auf Antrag einer Vertragspartei die Schiedsstelle. 4Für das Verfahren bei Entscheidungen durch die Schiedsstelle gilt § 126 Absatz 2 und 3 entsprechend.

(2) Der Kürzungsbetrag ist an den Träger der Eingliederungshilfe bis zu der Höhe zurückzuzahlen, in der die Leistung vom Träger der Eingliederungshilfe erbracht worden ist und im Übrigen an die Leistungsberechtigten zurückzuzahlen.

(3) 1Der Kürzungsbetrag kann nicht über die Vergütungen refinanziert werden. 2Darüber hinaus besteht hinsichtlich des Kürzungsbetrags kein Anspruch auf Nachverhandlung gemäß § 127 Absatz 3.

§ 130 Außerordentliche Kündigung der Vereinbarungen

1Der Träger der Eingliederungshilfe kann die Vereinbarungen mit einem Leistungserbringer fristlos kündigen, wenn ihm ein Festhalten an den Vereinbarungen auf Grund einer groben Verletzung einer gesetzlichen oder vertraglichen Verpflichtung durch den Leistungserbringer nicht mehr zumutbar ist. 2Eine grobe Pflichtverletzung liegt insbesondere dann vor, wenn

1. Leistungsberechtigte infolge der Pflichtverletzung zu Schaden kommen,
2. gravierende Mängel bei der Leistungserbringung vorhanden sind,
3. dem Leistungserbringer nach heimrechtlichen Vorschriften die Betriebserlaubnis entzogen ist,
4. dem Leistungserbringer der Betrieb untersagt wird oder
5. der Leistungserbringer gegenüber dem Leistungsträger nicht erbrachte Leistungen abrechnet.

3Die Kündigung bedarf der Schriftform. 4§ 59 des Zehnten Buches gilt entsprechend.

§ 131 Rahmenverträge zur Erbringung von Leistungen

(1) 1Die Träger der Eingliederungshilfe schließen auf Landesebene mit den Vereinigungen der Leistungserbringer gemeinsam und einheitlich Rahmenverträge zu den schriftlichen Vereinbarungen nach § 125 ab. 2Die Rahmenverträge bestimmen

1. die nähere Abgrenzung der den Vergütungspauschalen und -beträgen nach § 125 Absatz 1 zugrunde zu legenden Kostenarten und -bestandteile sowie die Zusammensetzung der Investitionsbeträge nach § 125 Absatz 2,
2. den Inhalt und die Kriterien für die Ermittlung und Zusammensetzung der Leistungspauschalen, die Merkmale für die Bildung von Gruppen mit vergleichbarem Bedarf nach § 125 Absatz 3 Satz 3 sowie die Zahl der zu bildenden Gruppen,
3. die Höhe der Leistungspauschale nach § 125 Absatz 3 Satz 1,
4. die Zuordnung der Kostenarten und -bestandteile nach § 125 Absatz 4 Satz 1,

5. die Festlegung von Personalrichtwerten oder anderen Methoden zur Festlegung der personellen Ausstattung,
6. die Grundsätze und Maßstäbe für die Wirtschaftlichkeit und Qualität einschließlich der Wirksamkeit der Leistungen sowie Inhalt und Verfahren zur Durchführung von Wirtschaftlichkeits- und Qualitätsprüfungen und
7. das Verfahren zum Abschluss von Vereinbarungen.

3Für Leistungserbringer, die einer Kirche oder Religionsgemeinschaft des öffentlichen Rechts oder einem sonstigen freigemeinnützigen Träger zuzuordnen sind, können die Rahmenverträge auch von der Kirche oder Religionsgemeinschaft oder von dem Wohlfahrtsverband abgeschlossen werden, dem der Leistungserbringer angehört. 4In den Rahmenverträgen sollen die Merkmale und Besonderheiten der jeweiligen Leistungen berücksichtigt werden.

(2) Die durch Landesrecht bestimmten maßgeblichen Interessenvertretungen der Menschen mit Behinderungen wirken bei der Erarbeitung und Beschlussfassung der Rahmenverträge mit.

(3) Die Vereinigungen der Träger der Eingliederungshilfe und die Vereinigungen der Leistungserbringer vereinbaren gemeinsam und einheitlich Empfehlungen auf Bundesebene zum Inhalt der Rahmenverträge.

(4) Kommt es nicht innerhalb von sechs Monaten nach schriftlicher Aufforderung durch die Landesregierung zu einem Rahmenvertrag, so kann die Landesregierung die Inhalte durch Rechtsverordnung regeln.

§ 132 Abweichende Zielvereinbarungen

(1) Leistungsträger und Träger der Leistungserbringer können Zielvereinbarungen zur Erprobung neuer und zur Weiterentwicklung der bestehenden Leistungs- und Finanzierungsstrukturen abschließen.

(2) Die individuellen Leistungsansprüche der Leistungsberechtigten bleiben unberührt.

(3) Absatz 1 gilt nicht, soweit auch Leistungen nach dem Siebten Kapitel des Zwölften Buches gewährt werden.

§ 133 Schiedsstelle

(1) Für jedes Land oder für Teile eines Landes wird eine Schiedsstelle gebildet.

(2) Die Schiedsstelle besteht aus Vertretern der Leistungserbringer und Vertretern der Träger der Eingliederungshilfe in gleicher Zahl sowie einem unparteiischen Vorsitzenden.

(3) 1Die Vertreter der Leistungserbringer und deren Stellvertreter werden von den Vereinigungen der Leistungserbringer bestellt. Bei der Bestellung ist die Trägervielfalt zu beachten. 2Die Vertreter der Träger der Eingliederungshilfe und deren Stellvertreter werden von diesen bestellt. 3Der Vorsitzende und sein Stellvertreter werden von den beteiligten Organisationen gemeinsam bestellt. 4Kommt eine Einigung nicht zustande, werden sie durch Los bestimmt. 5Soweit die beteiligten Organisationen der Leistungserbringer oder die Träger der Eingliederungshilfe keinen Vertreter bestellen oder im Verfahren nach Satz 3 keine Kandidaten für das Amt des Vorsitzenden und des Stellvertreters benennen, bestellt die zuständige Landesbehörde auf Antrag eines der Beteiligten die Vertreter und benennt die Kandidaten für die Position des Vorsitzenden und seines Stellvertreters.

(4) 1Die Mitglieder der Schiedsstelle führen ihr Amt als Ehrenamt. 2Sie sind an Weisungen nicht gebunden. 3Jedes Mitglied hat eine Stimme. 4Die Entscheidungen werden mit der Mehrheit der Mitglieder getroffen. 5Ergibt sich keine Mehrheit, entscheidet die Stimme des Vorsitzenden.

(5) Die Landesregierungen werden ermächtigt, durch Rechtsverordnung das Nähere zu bestimmen über

1. die Zahl der Schiedsstellen,
2. die Zahl der Mitglieder und deren Bestellung,
3. die Amtsdauer und Amtsführung,
4. die Erstattung der baren Auslagen und die Entschädigung für den Zeitaufwand der Mitglieder der Schiedsstelle,
5. die Geschäftsführung,
6. das Verfahren,
7. die Erhebung und die Höhe der Gebühren,
8. die Verteilung der Kosten,

5

9. die Rechtsaufsicht sowie
10. die Beteiligung der Interessenvertretungen der Menschen mit Behinderungen.

§ 134 Sonderregelung zum Inhalt der Vereinbarungen zur Erbringung von Leistungen für minderjährige Leistungsberechtigte und in Sonderfällen

(1) In der schriftlichen Vereinbarung zur Erbringung von Leistungen für minderjährige Leistungsberechtigte zwischen dem Träger der Eingliederungshilfe und dem Leistungserbringer sind zu regeln:

1. Inhalt, Umfang und Qualität einschließlich der Wirksamkeit der Leistungen (Leistungsvereinbarung) sowie
2. die Vergütung der Leistung (Vergütungsvereinbarung).

(2) In die Leistungsvereinbarung sind als wesentliche Leistungsmerkmale insbesondere aufzunehmen:

1. die betriebsnotwendigen Anlagen des Leistungserbringers,
2. der zu betreuende Personenkreis,
3. Art, Ziel und Qualität der Leistung,
4. die Festlegung der personellen Ausstattung,
5. die Qualifikation des Personals sowie
6. die erforderliche sächliche Ausstattung.

(3) $_1$Die Vergütungsvereinbarung besteht mindestens aus

1. der Grundpauschale für Unterkunft und Verpflegung,
2. der Maßnahmepauschale sowie
3. einem Betrag für betriebsnotwendige Anlagen einschließlich ihrer Ausstattung (Investitionsbetrag).

$_2$Förderungen aus öffentlichen Mitteln sind anzurechnen. $_3$Die Maßnahmepauschale ist nach Gruppen für Leistungsberechtigte mit vergleichbarem Bedarf zu kalkulieren.

(4) Die Absätze 1 bis 3 finden auch Anwendung, wenn volljährige Leistungsberechtigte Leistungen zur Schulbildung nach § 112 Absatz 1 Nummer 1 sowie Leistungen zur schulischen Ausbildung für einen Beruf nach § 112 Absatz 1 Nummer 2 erhalten, soweit diese Leistungen in besonderen Ausbildungsstätten über Tag und Nacht für Menschen mit Behinderungen erbracht werden.

Kapitel 9
Einkommen und Vermögen

§ 135 Begriff des Einkommens

(1) Maßgeblich für die Ermittlung des Beitrages nach § 136 ist die Summe der Einkünfte des Vorvorjahres nach § 2 Absatz 2 des Einkommensteuergesetzes sowie bei Renteneinkünften die Bruttorente des Vorvorjahres.

(2) Wenn zum Zeitpunkt der Leistungsgewährung eine erhebliche Abweichung zu den Einkünften des Vorvorjahres besteht, sind die voraussichtlichen Jahreseinkünfte des laufenden Jahres im Sinne des Absatzes 1 zu ermitteln und zugrunde zu legen.

§ 136 Beitrag aus Einkommen zu den Aufwendungen

(1) Bei den Leistungen nach diesem Teil ist ein Beitrag zu den Aufwendungen aufzubringen, wenn das Einkommen im Sinne des § 135 der antragstellenden Person sowie bei minderjährigen Personen der Eltern oder des Elternteils im Haushalt lebenden Eltern oder des Elternteils die Beträge nach Absatz 2 übersteigt.

(2) Ein Beitrag zu den Aufwendungen ist aufzubringen, wenn das Einkommen im Sinne des § 135 überwiegend

1. aus einer sozialversicherungspflichtigen Beschäftigung oder selbständigen Tätigkeit erzielt wird und 85 Prozent der jährlichen Bezugsgröße nach § 18 Absatz 1 des Vierten Buches übersteigt oder
2. aus einer nicht sozialversicherungspflichtigen Beschäftigung erzielt wird und 75 Prozent der jährlichen Bezugsgröße nach § 18 Absatz 1 des Vierten Buches übersteigt oder
3. aus Renteneinkünften erzielt wird und 60 Prozent der jährlichen Bezugsgröße nach § 18 Absatz 1 des Vierten Buches übersteigt.

(3) Die Beträge nach Absatz 2 erhöhen sich für den nicht getrennt lebenden Ehegatten oder Lebenspartner, den Partner einer eheähnlichen oder lebenspartnerschaftsähnlichen Gemeinschaft um 15 Prozent sowie für

jedes unterhaltsberechtigte Kind im Haushalt um 10 Prozent der jährlichen Bezugsgröße nach § 18 Absatz 1 des Vierten Buches.

(4) $_{1}$Übersteigt das Einkommen im Sinne des § 135 einer in Absatz 3 erster Halbsatz genannten Person den Betrag, der sich nach Absatz 2 ergibt, findet Absatz 3 keine Anwendung. $_{2}$In diesem Fall erhöhen sich für jedes unterhaltsberechtigte Kind die Beträge nach Absatz 2 um 5 Prozent der jährlichen Bezugsgröße nach § 18 Absatz 1 des Vierten Buches.

(5) $_{1}$Ist der Leistungsberechtigte minderjährig und lebt im Haushalt der Eltern, erhöht sich der Betrag nach Absatz 2 um 75 Prozent der jährlichen Bezugsgröße nach § 18 Absatz 1 des Vierten Buches für jeden Leistungsberechtigten. $_{2}$Die Absätze 3 und 4 sind nicht anzuwenden.

§ 137 Höhe des Beitrages zu den Aufwendungen

(1) Die antragstellende Person im Sinne des § 136 Absatz 1 hat aus dem Einkommen im Sinne des § 135 einen Beitrag zu den Aufwendungen nach Maßgabe der Absätze 2 und 3 aufzubringen.

(2) $_{1}$Wenn das Einkommen die Beträge nach § 136 Absatz 2 übersteigt, ist ein monatlicher Beitrag in Höhe von 2 Prozent des den Betrag nach § 136 Absatz 2 bis 4 übersteigenden Betrages als monatlicher Beitrag aufzubringen. $_{2}$Der nach Satz 1 als monatlicher Beitrag aufzubringende Betrag ist auf volle 10 Euro abzurunden.

(3) Der Beitrag ist von der zu erbringenden Leistung abzuziehen.

(4) $_{1}$Ist ein Beitrag von anderen Personen aufzubringen als dem Leistungsberechtigten und ist die Durchführung der Maßnahme der Eingliederungshilfeleistung ohne Entrichtung des Beitrages gefährdet, so kann im Einzelfall die erforderliche Leistung ohne Abzug nach Absatz 3 erbracht werden. $_{2}$Im Umfang des Beitrages sind die Aufwendungen zu ersetzen.

§ 138 Besondere Höhe des Beitrages zu den Aufwendungen

(1) Ein Beitrag ist nicht aufzubringen bei

1. heilpädagogischen Leistungen nach § 113 Absatz 2 Nummer 3,
2. Leistungen zur medizinischen Rehabilitation nach § 109,
3. Leistungen zur Teilhabe am Arbeitsleben nach § 111 Absatz 1,
4. Leistungen zur Teilhabe an Bildung nach § 112 Absatz 1 Nummer 1,
5. Leistungen zur schulischen oder hochschulischen Ausbildung oder Weiterbildung für einen Beruf nach § 112 Absatz 1 Nummer 2, soweit diese Leistungen in besonderen Ausbildungsstätten über Tag und Nacht für Menschen mit Behinderungen erbracht werden,
6. Leistungen zum Erwerb und Erhalt praktischer Kenntnisse und Fähigkeiten nach § 113 Absatz 2 Nummer 5, soweit diese der Vorbereitung auf die Teilhabe am Arbeitsleben nach § 111 Absatz 1 dienen,
7. Leistungen nach § 113 Absatz 1, die noch nicht eingeschulten leistungsberechtigten Personen die für sie erreichbare Teilnahme am Leben in der Gemeinschaft ermöglichen sollen,
8. gleichzeitiger Gewährung von Leistungen zum Lebensunterhalt nach dem Zweiten oder Zwölften Buch oder nach § 27a des Bundesversorgungsgesetzes.

(2) Wenn ein Beitrag nach § 137 aufzubringen ist, ist für weitere Leistungen im gleichen Zeitraum oder weitere Leistungen an minderjährige Kinder im gleichen Haushalt nach diesem Teil kein weiterer Beitrag aufzubringen.

(3) Bei einmaligen Leistungen zur Beschaffung von Bedarfsgegenständen, deren Gebrauch für mindestens ein Jahr bestimmt ist, ist höchstens das Vierfache des monatlichen Beitrages einmalig aufzubringen.

(4) $_{1}$Wenn eine volljährige nachfragende Person Leistungen bedarf, ist von den Eltern oder dem Elternteil ein Beitrag in Höhe von monatlich 32,08 Euro aufzubringen. $_{2}$§ 94 Absatz 2 Satz 3 und Absatz 3 des Zwölften Buches gilt entsprechend.

§ 139 Begriff des Vermögens

$_{1}$Zum Vermögen im Sinne dieses Teils gehört das gesamte verwertbare Vermögen. $_{2}$Die Leistungen nach diesem Teil dürfen nicht abhängig gemacht werden vom Einsatz oder von der Verwertung des Vermögens im Sinne des § 90 Absatz 2 Nummer 1 bis 8 des Zwölften Buches und eines Barvermögens oder sonstiger Geldwerte bis zu einem Betrag von 150 Prozent der jährlichen Bezugsgröße nach § 18 Absatz 1 des Vierten Buches.

§ 140 Einsatz des Vermögens

(1) Die antragstellende Person sowie bei minderjährigen Personen die im Haushalt lebenden Eltern oder ein Elternteil haben vor der Inanspruchnahme von Leistungen nach diesem Teil die erforderlichen Mittel aus ihrem Vermögen aufzubringen.

(2) $_1$Soweit für den Bedarf der nachfragenden Person Vermögen einzusetzen ist, jedoch der sofortige Verbrauch oder die sofortige Verwertung des Vermögens nicht möglich ist oder für die, die es einzusetzen hat, eine Härte bedeuten würde, soll die beantragte Leistung als Darlehen geleistet werden. $_2$Die Leistungserbringung kann davon abhängig gemacht werden, dass der Anspruch auf Rückzahlung dinglich oder in anderer Weise gesichert wird.

(3) Die in § 138 Absatz 1 genannten Leistungen sind ohne Berücksichtigung von vorhandenem Vermögen zu erbringen.

§ 141 Übergang von Ansprüchen

(1) Hat eine Person im Sinne von § 136 Absatz 1 oder der nicht getrennt lebende Ehegatte oder Lebenspartner für die antragstellende Person einen Anspruch gegen einen anderen, der kein Leistungsträger im Sinne des § 12 des Ersten Buches ist, kann der Träger der Eingliederungshilfe durch schriftliche Anzeige an den anderen bewirken, dass dieser Anspruch bis zur Höhe seiner Aufwendungen auf ihn übergeht.

(2) $_1$Der Übergang des Anspruches darf nur insoweit bewirkt werden, als bei rechtzeitiger Leistung des anderen entweder die Leistung nicht erbracht worden wäre oder ein Beitrag aufzubringen wäre. $_2$Der Übergang ist nicht dadurch ausgeschlossen, dass der Anspruch nicht übertragen, verpfändet oder gepfändet werden kann.

(3) $_1$Die schriftliche Anzeige bewirkt den Übergang des Anspruches für die Zeit, für die der leistungsberechtigten Person die Leistung ohne Unterbrechung erbracht wird. $_2$Als Unterbrechung gilt ein Zeitraum von mehr als zwei Monaten.

(4) $_1$Widerspruch und Anfechtungsklage gegen den Verwaltungsakt, der den Übergang des Anspruches bewirkt, haben keine aufschiebende Wirkung. $_2$Die §§ 115 und 116 des Zehnten Buches gehen der Regelung des Absatzes 1 vor.

§ 142 Sonderregelungen für minderjährige Leistungsberechtigte und in Sonderfällen

(1) Minderjährigen Leistungsberechtigten und ihren Eltern oder einem Elternteil ist bei Leistungen im Sinne des § 138 Absatz 1 Nummer 1, 2, 4, 5 und 7 die Aufbringung der Mittel für die Kosten des Lebensunterhalts nur in Höhe der für den häuslichen Lebensunterhalt ersparten Aufwendungen zuzumuten, soweit Leistungen über Tag und Nacht erbracht werden.

(2) Sind Leistungen von einem oder mehreren Anbietern über Tag und Nacht oder über Tag oder für ärztliche oder ärztlich verordnete Maßnahmen erforderlich, sind die Leistungen, die der Vereinbarung nach § 134 Absatz 3 zugrunde liegen, durch den Träger der Eingliederungshilfe auch dann in vollem Umfang zu erbringen, wenn den minderjährigen Leistungsberechtigten und ihren Eltern oder einem Elternteil die Aufbringung der Mittel nach Absatz 1 zu einem Teil zuzumuten ist.

(3) $_1$Bei Leistungen, denen Vereinbarungen nach § 134 Absatz 4 zugrunde liegen, geht der Anspruch einer volljährigen Person auf Unterhalt gegenüber ihren Eltern wegen Leistungen nach dem Dritten Kapitel des Zwölften Buches nur in Höhe von bis zu 24,68 Euro monatlich über. $_2$§ 94 Absatz 2 Satz 3 und Absatz 3 des Zwölften Buches gilt entsprechend.

Kapitel 10
Statistik

§ 143 Bundesstatistik

Zur Beurteilung der Auswirkungen dieses Teils und zu seiner Fortentwicklung werden Erhebungen über

1. die Leistungsberechtigten und

2. die Ausgaben und Einnahmen der Träger der Eingliederungshilfe

als Bundesstatistik durchgeführt.

§ 144 Erhebungsmerkmale

(1) Erhebungsmerkmale bei den Erhebungen nach § 143 Nummer 1 sind für jeden Leistungsberechtigten

1. Geschlecht, Geburtsmonat und -jahr, Staatsangehörigkeit, Bundesland, Wohngemeinde und Gemeindeteil, Kennnummer des Trägers, mit anderen Leistungsberechtigten zusammenlebend, erbrachte Leistungsarten im Laufe und am Ende des Berichtsjahres,
2. die Höhe der Bedarfe für jede erbrachte Leistungsart, die Höhe des aufgebrachten Beitrags nach § 92, die Art des angerechneten Einkommens, Beginn und Ende der Leistungserbringung nach Monat und Jahr, die für mehrere Leistungsberechtigte erbrachte Leistung, die Leistung als pauschalierte Geldleistung, die Leistung durch ein Persönliches Budget sowie
3. gleichzeitiger Bezug von Leistungen nach dem Zweiten, Elften oder Zwölften Buch.

(2) Merkmale bei den Erhebungen nach Absatz 1 Nummer 1 und 2 nach der Art der Leistung sind insbesondere:

1. Leistung zur medizinischen Rehabilitation,
2. Leistung zur Beschäftigung im Arbeitsbereich anerkannter Werkstätten für behinderte Menschen,
3. Leistung zur Beschäftigung bei anderen Leistungsanbietern,
4. Leistung zur Beschäftigung bei privaten und öffentlichen Arbeitgebern,
5. Leistung zur Teilhabe an Bildung,
6. Leistung für Wohnraum,
7. Assistenzleistung nach § 113 Absatz 2 Nummer 2 in Verbindung mit § 78 Absatz 2 Nummer 1,
8. Assistenzleistung nach § 113 Absatz 2 Nummer 2 in Verbindung mit § 78 Absatz 2 Nummer 2,
9. heilpädagogische Leistung,
10. Leistung zum Erwerb praktischer Kenntnisse und Fähigkeiten,
11. Leistung zur Förderung der Verständigung,
12. Leistung für ein Kraftfahrzeug,
13. Leistung zur Beförderung insbesondere durch einen Beförderungsdienst,
14. Hilfsmittel im Rahmen der Sozialen Teilhabe und
15. Besuchsbeihilfen.

(3) Erhebungsmerkmale nach § 143 Nummer 2 sind das Bundesland, die Ausgaben gesamt nach der Art der Leistungen die Einnahmen gesamt und nach Einnahmearten sowie die Höhe der aufgebrachten Beiträge gesamt.

§ 145 Hilfsmerkmale

(1) Hilfsmerkmale sind

1. Name und Anschrift des Auskunftspflichtigen,
2. Name, Telefonnummer und E-Mail-Adresse der für eventuelle Rückfragen zur Verfügung stehenden Person,
3. für die Erhebung nach § 143 Nummer 1 die Kennnummer des Leistungsberechtigten.

(2) $_1$Die Kennnummern nach Absatz 1 Nummer 3 dienen der Prüfung der Richtigkeit der Statistik und der Fortschreibung der jeweils letzten Bestandserhebung. $_2$Sie enthalten keine Angaben über persönliche und sachliche Verhältnisse des Leistungsberechtigten und sind zum frühestmöglichen Zeitpunkt, spätestens nach Abschluss der wiederkehrenden Bestandserhebung, zu löschen.

§ 146 Periodizität und Berichtszeitraum

Die Erhebungen erfolgen jährlich für das abgelaufene Kalenderjahr.

§ 147 Auskunftspflicht

(1) $_1$Für die Erhebungen besteht Auskunftspflicht. $_2$Die Angaben nach § 145 Absatz 1 Nummer 2 und die Angaben zum Gemeindeteil nach § 144 Absatz 1 Nummer 1 sind freiwillig.

(2) Auskunftspflichtig sind die Träger der Eingliederungshilfe.

§ 148 Übermittlung, Veröffentlichung

(1) Die in sich schlüssigen und nach einheitlichen Standards formatierten Einzeldaten-

sätze sind von den Auskunftspflichtigen elektronisch bis zum Ablauf von 40 Arbeitstagen nach Ende des jeweiligen Berichtszeitraums an das jeweilige statistische Landesamt zu übermitteln.

(2) $_1$An die fachlich zuständigen obersten Bundes- oder Landesbehörden dürfen für die Verwendung gegenüber den gesetzgebenden Körperschaften und für Zwecke der Planung, jedoch nicht für die Regelung von Einzelfällen, vom Statistischen Bundesamt und von den statistischen Ämtern der Länder Tabellen mit statistischen Ergebnissen übermittelt werden, auch soweit Tabellenfelder nur einen einzigen Fall ausweisen. $_2$Tabellen, die nur einen einzigen Fall ausweisen, dürfen nur dann übermittelt werden, wenn sie nicht differenzierter als auf Regierungsbezirksebene, bei Stadtstaaten auf Bezirksebene, aufbereitet sind.

(3) $_1$Die statistischen Ämter der Länder stellen dem Statistischen Bundesamt für Zusatzaufbereitungen des Bundes jährlich unverzüglich nach Aufbereitung der Bestandserhebung und der Erhebung im Laufe des Berichtsjahres die Einzelangaben aus der Erhebung zur Verfügung. $_2$Angaben zu den Hilfsmerkmalen nach § 145 dürfen nicht übermittelt werden.

(4) Die Ergebnisse der Bundesstatistik nach diesem Kapitel dürfen auf die einzelnen Gemeinden bezogen veröffentlicht werden.

Kapitel 11
Übergangs- und Schlussbestimmungen

§ 149 Übergangsregelung für ambulant Betreute

Für Personen, die Leistungen der Eingliederungshilfe für behinderte Menschen erhalten, deren Betreuung am 26. Juni 1996 durch von ihnen beschäftigte Personen oder ambulante Dienste sichergestellt wurde, gilt § 3a des Bundessozialhilfegesetzes in der am 26. Juni 1996 geltenden Fassung.

§ 150 Übergangsregelung zum Einsatz des Einkommens

Abweichend von Kapitel 9 sind bei der Festsetzung von Leistungen für Leistungsberechtigte, die am 31. Dezember 2019 Leistungen nach dem Sechsten Kapitel des Zwölften Buches in der Fassung vom 31. Dezember 2019 erhalten haben und von denen ein Einsatz des Einkommens über der Einkommensgrenze gemäß § 87 des Zwölften Buches in der Fassung vom 31. Dezember 2019 gefordert wurde, die am 31. Dezember 2019 geltenden Einkommensgrenzen nach dem Elften Kapitel des Zwölften Buches in der Fassung vom 31. Dezember 2019 zugrunde zu legen, solange der nach Kapitel 9 aufzubringende Beitrag höher ist als der Einkommenseinsatz nach dem am 31. Dezember 2019 geltenden Recht.

Teil 3
Besondere Regelungen zur Teilhabe schwerbehinderter Menschen (Schwerbehindertenrecht)

Kapitel 1
Geschützter Personenkreis

§ 151 Geltungsbereich

(1) Die Regelungen dieses Teils gelten für schwerbehinderte und diesen gleichgestellte behinderte Menschen.

(2) $_1$Die Gleichstellung behinderter Menschen mit schwerbehinderten Menschen (§ 2 Absatz 3) erfolgt auf Grund einer Feststellung nach § 152 auf Antrag des behinderten Menschen durch die Bundesagentur für Arbeit. $_2$Die Gleichstellung wird mit dem Tag des Eingangs des Antrags wirksam. Sie kann befristet werden.

(3) Auf gleichgestellte behinderte Menschen werden die besonderen Regelungen für schwerbehinderte Menschen mit Ausnahme des § 208 und des Kapitels 13 angewendet.

(4) $_1$Schwerbehinderten Menschen gleichgestellt sind auch behinderte Jugendliche und junge Erwachsene (§ 2 Absatz 1) während der Zeit ihrer Berufsausbildung in Betrieben und Dienststellen oder einer beruflichen Orientierung, auch wenn der Grad der Behinderung weniger als 30 beträgt oder ein Grad der Behinderung nicht festgestellt ist. $_2$Der Nachweis der Behinderung wird durch eine Stellungnahme der Agentur für Arbeit oder durch einen Bescheid über Leistungen zur Teilhabe am Arbeitsleben erbracht. $_3$Die Gleichstellung gilt nur für Leistungen des Integrationsamtes im Rahmen der beruflichen Orientierung und der Berufsausbildung im Sinne des § 185 Absatz 3 Nummer 2 Buchstabe c.

§ 152 Feststellung der Behinderung, Ausweise

(1) 1Auf Antrag des behinderten Menschen stellen die für die Durchführung des Bundesversorgungsgesetzes zuständigen Behörden das Vorliegen einer Behinderung und den Grad der Behinderung zum Zeitpunkt der Antragstellung fest. 2Auf Antrag kann festgestellt werden, dass ein Grad der Behinderung oder gesundheitliche Merkmale bereits zu einem früheren Zeitpunkt vorgelegen haben, wenn dafür ein besonderes Interesse glaubhaft gemacht wird. 3Beantragt eine erwerbstätige Person die Feststellung der Eigenschaft als schwerbehinderter Mensch (§ 2 Absatz 2), gelten die in § 14 Absatz 2 Satz 2 und 3 sowie § 17 Absatz 1 Satz 1 und Absatz 2 Satz 1 genannten Fristen sowie § 60 Absatz 1 des Ersten Buches entsprechend. 4Das Gesetz über das Verwaltungsverfahren der Kriegsopferversorgung ist entsprechend anzuwenden, soweit nicht das Zehnte Buch Anwendung findet. 5Die Auswirkungen auf die Teilhabe am Leben in der Gesellschaft werden als Grad der Behinderung nach Zehnergraden abgestuft festgestellt. 6Eine Feststellung ist nur zu treffen, wenn ein Grad der Behinderung von wenigstens 20 vorliegt. 7Durch Landesrecht kann die Zuständigkeit abweichend von Satz 1 geregelt werden.

(2) 1Feststellungen nach Absatz 1 sind nicht zu treffen, wenn eine Feststellung über das Vorliegen einer Behinderung und den Grad einer auf ihr beruhenden Erwerbsminderung schon in einem Rentenbescheid, einer entsprechenden Verwaltungs- oder Gerichtsentscheidung oder einer vorläufigen Bescheinigung der für diese Entscheidungen zuständigen Dienststellen getroffen worden ist, es sei denn, dass der behinderte Mensch ein Interesse an anderweitiger Feststellung nach Absatz 1 glaubhaft macht. 2Eine Feststellung nach Satz 1 gilt zugleich als Feststellung des Grades der Behinderung.

(3) 1Liegen mehrere Beeinträchtigungen der Teilhabe am Leben in der Gesellschaft vor, so wird der Grad der Behinderung nach den Auswirkungen der Beeinträchtigungen in ihrer Gesamtheit unter Berücksichtigung ihrer wechselseitigen Beziehungen festgestellt. 2Für diese Entscheidung gilt Absatz 1, es sei denn, dass in einer Entscheidung nach Absatz 2 eine Gesamtbeurteilung bereits getroffen worden ist.

(4) Sind neben dem Vorliegen der Behinderung weitere gesundheitliche Merkmale Voraussetzung für die Inanspruchnahme von Nachteilsausgleichen, so treffen die zuständigen Behörden die erforderlichen Feststellungen im Verfahren nach Absatz 1.

(5) 1Auf Antrag des behinderten Menschen stellen die zuständigen Behörden auf Grund einer Feststellung der Behinderung einen Ausweis über die Eigenschaft als schwerbehinderter Mensch, den Grad der Behinderung sowie im Falle des Absatzes 4 über weitere gesundheitliche Merkmale aus. 2Der Ausweis dient dem Nachweis für die Inanspruchnahme von Leistungen und sonstigen Hilfen, die schwerbehinderten Menschen nach diesem Teil oder nach anderen Vorschriften zustehen. 3Die Gültigkeitsdauer des Ausweises soll befristet werden. 4Er wird eingezogen, sobald der gesetzliche Schutz schwerbehinderter Menschen erloschen ist. 5Der Ausweis wird berichtigt, sobald eine Neufeststellung unanfechtbar geworden ist.

§ 153 Verordnungsermächtigung

(1) Die Bundesregierung wird ermächtigt, durch Rechtsverordnung mit Zustimmung des Bundesrates nähere Vorschriften über die Gestaltung der Ausweise, ihre Gültigkeit und das Verwaltungsverfahren zu erlassen.

(2) Das Bundesministerium für Arbeit und Soziales wird ermächtigt, durch Rechtsverordnung mit Zustimmung des Bundesrates die Grundsätze aufzustellen, die für die Bewertung des Grades der Behinderung, die Kriterien für die Bewertung der Hilflosigkeit und die Voraussetzungen für die Vergabe von Merkzeichen maßgebend sind, die nach Bundesrecht im Schwerbehindertenausweis einzutragen sind.

Kapitel 2
Beschäftigungspflicht der Arbeitgeber

§ 154 Pflicht der Arbeitgeber zur Beschäftigung schwerbehinderter Menschen

(1) 1Private und öffentliche Arbeitgeber (Arbeitgeber) mit jahresdurchschnittlich monat-

lich mindestens 20 Arbeitsplätzen im Sinne des § 156 haben auf wenigstens 5 Prozent der Arbeitsplätze schwerbehinderte Menschen zu beschäftigen. $_2$Dabei sind schwerbehinderte Frauen besonders zu berücksichtigen. $_3$Abweichend von Satz 1 haben Arbeitgeber mit jahresdurchschnittlich monatlich weniger als 40 Arbeitsplätzen jahresdurchschnittlich je Monat einen schwerbehinderten Menschen, Arbeitgeber mit jahresdurchschnittlich monatlich weniger als 60 Arbeitsplätzen jahresdurchschnittlich je Monat zwei schwerbehinderte Menschen zu beschäftigen.

(2) Als öffentliche Arbeitgeber im Sinne dieses Teils gelten

1. jede oberste Bundesbehörde mit ihren nachgeordneten Dienststellen, das Bundespräsidialamt, die Verwaltungen des Deutschen Bundestages und des Bundesrates, das Bundesverfassungsgericht, die obersten Gerichtshöfe des Bundes, der Bundesgerichtshof jedoch zusammengefasst mit dem Generalbundesanwalt, sowie das Bundeseisenbahnvermögen,
2. jede oberste Landesbehörde und die Staats- und Präsidialkanzleien mit ihren nachgeordneten Dienststellen, die Verwaltungen der Landtage, die Rechnungshöfe (Rechnungskammern), die Organe der Verfassungsgerichtsbarkeit der Länder und jede sonstige Landesbehörde, zusammengefasst jedoch diejenigen Behörden, die eine gemeinsame Personalverwaltung haben,
3. jede sonstige Gebietskörperschaft und jeder Verband von Gebietskörperschaften,
4. jede sonstige Körperschaft, Anstalt oder Stiftung des öffentlichen Rechts.

§ 155 Beschäftigung besonderer Gruppen schwerbehinderter Menschen

(1) Im Rahmen der Erfüllung der Beschäftigungspflicht sind in angemessenem Umfang zu beschäftigen:

1. schwerbehinderte Menschen, die nach Art oder Schwere ihrer Behinderung im Arbeitsleben besonders betroffen sind, insbesondere solche,
   a) die zur Ausübung der Beschäftigung wegen ihrer Behinderung nicht nur vorübergehend einer besonderen Hilfskraft bedürfen oder
   b) deren Beschäftigung infolge ihrer Behinderung nicht nur vorübergehend mit außergewöhnlichen Aufwendungen für den Arbeitgeber verbunden ist oder
   c) die infolge ihrer Behinderung nicht nur vorübergehend offensichtlich nur eine wesentlich verminderte Arbeitsleistung erbringen können oder
   d) bei denen ein Grad der Behinderung von wenigstens 50 allein infolge geistiger oder seelischer Behinderung oder eines Anfallsleidens vorliegt oder
   e) die wegen Art oder Schwere der Behinderung keine abgeschlossene Berufsbildung im Sinne des Berufsbildungsgesetzes haben,
2. schwerbehinderte Menschen, die das 50. Lebensjahr vollendet haben.

(2) $_1$Arbeitgeber mit Stellen zur beruflichen Bildung, insbesondere für Auszubildende, haben im Rahmen der Erfüllung der Beschäftigungspflicht einen angemessenen Anteil dieser Stellen mit schwerbehinderten Menschen zu besetzen. $_2$Hierüber ist mit der zuständigen Interessenvertretung im Sinne des § 176 und der Schwerbehindertenvertretung zu beraten.

§ 156 Begriff des Arbeitsplatzes

(1) Arbeitsplätze im Sinne dieses Teils sind alle Stellen, auf denen Arbeitnehmerinnen und Arbeitnehmer, Beamtinnen und Beamte, Richterinnen und Richter sowie Auszubildende und andere zu ihrer beruflichen Bildung Eingestellte beschäftigt werden.

(2) Als Arbeitsplätze gelten nicht die Stellen, auf denen beschäftigt werden:

1. behinderte Menschen, die an Leistungen zur Teilhabe am Arbeitsleben nach § 49 Absatz 3 Nummer 4 in Betrieben oder Dienststellen teilnehmen,
2. Personen, deren Beschäftigung nicht in erster Linie ihrem Erwerb dient, sondern vorwiegend durch Beweggründe karitativer oder religiöser Art bestimmt ist, und Geistliche öffentlich-rechtlicher Religionsgemeinschaften,

3. Personen, deren Beschäftigung nicht in erster Linie ihrem Erwerb dient und die vorwiegend zu ihrer Heilung, Wiedereingewöhnung oder Erziehung erfolgt,
4. Personen, die an Arbeitsbeschaffungsmaßnahmen nach dem Dritten Buch teilnehmen,
5. Personen, die nach ständiger Übung in ihre Stellen gewählt werden,
6. Personen, deren Arbeits-, Dienst- oder sonstiges Beschäftigungsverhältnis wegen Wehr- oder Zivildienst, Elternzeit, unbezahlten Urlaubs, wegen Bezuges einer Rente auf Zeit oder bei Altersteilzeitarbeit in der Freistellungsphase (Verblockungsmodell) ruht, solange für sie eine Vertretung eingestellt ist.

(3) Als Arbeitsplätze gelten ferner nicht Stellen, die nach der Natur der Arbeit oder nach den zwischen den Parteien getroffenen Vereinbarungen nur auf die Dauer von höchstens acht Wochen besetzt sind, sowie Stellen, auf denen Beschäftigte weniger als 18 Stunden wöchentlich beschäftigt werden.

§ 157 Berechnung der Mindestzahl von Arbeitsplätzen und der Pflichtarbeitsplatzzahl

(1) 1Bei der Berechnung der Mindestzahl von Arbeitsplätzen und der Zahl der Arbeitsplätze, auf denen schwerbehinderte Menschen zu beschäftigen sind (§ 154), zählen Stellen, auf denen Auszubildende beschäftigt werden, nicht mit. 2Das Gleiche gilt für Stellen, auf denen Rechts- oder Studienreferendarinnen und -referendare beschäftigt werden, die einen Rechtsanspruch auf Einstellung haben.

(2) Bei der Berechnung sich ergebende Bruchteile von 0,5 und mehr sind aufzurunden, bei Arbeitgebern mit jahresdurchschnittlich weniger als 60 Arbeitsplätzen abzurunden.

§ 158 Anrechnung Beschäftigter auf die Zahl der Pflichtarbeitsplätze für schwerbehinderte Menschen

(1) Ein schwerbehinderter Mensch, der auf einem Arbeitsplatz im Sinne des § 156 Absatz 1 oder Absatz 2 Nummer 1 oder 4 beschäftigt wird, wird auf einen Pflichtarbeitsplatz für schwerbehinderte Menschen angerechnet.

(2) 1Ein schwerbehinderter Mensch, der in Teilzeitbeschäftigung kürzer als betriebsüblich, aber nicht weniger als 18 Stunden wöchentlich beschäftigt wird, wird auf einen Pflichtarbeitsplatz für schwerbehinderte Menschen angerechnet. 2Bei Herabsetzung der wöchentlichen Arbeitszeit auf weniger als 18 Stunden infolge von Altersteilzeit gilt Satz 1 entsprechend. 3Wird ein schwerbehinderter Mensch weniger als 18 Stunden wöchentlich beschäftigt, lässt die Bundesagentur für Arbeit die Anrechnung auf einen dieser Pflichtarbeitsplätze zu, wenn die Teilzeitbeschäftigung wegen Art oder Schwere der Behinderung notwendig ist.

(3) Ein schwerbehinderter Mensch, der im Rahmen einer Maßnahme zur Förderung des Übergangs aus der Werkstatt für behinderte Menschen auf den allgemeinen Arbeitsmarkt (§ 5 Absatz 4 Satz 1 der Werkstättenverordnung) beschäftigt wird, wird auch für diese Zeit auf die Zahl der Pflichtarbeitsplätze angerechnet.

(4) Ein schwerbehinderter Arbeitgeber wird auf einen Pflichtarbeitsplatz für schwerbehinderte Menschen angerechnet.

(5) Der Inhaber eines Bergmannsversorgungsscheins wird, auch wenn er kein schwerbehinderter oder gleichgestellter behinderter Mensch im Sinne des § 2 Absatz 2 oder 3 ist, auf einen Pflichtarbeitsplatz angerechnet.

§ 159 Mehrfachanrechnung

(1) 1Die Bundesagentur für Arbeit kann die Anrechnung eines schwerbehinderten Menschen, besonders eines schwerbehinderten Menschen im Sinne des § 155 Absatz 1 auf mehr als einen Pflichtarbeitsplatz, höchstens drei Pflichtarbeitsplätze für schwerbehinderte Menschen zulassen, wenn dessen Teilhabe am Arbeitsleben auf besondere Schwierigkeiten stößt. 2Satz 1 gilt auch für schwerbehinderte Menschen im Anschluss an eine Beschäftigung in einer Werkstatt für behinderte Menschen und für teilzeitbeschäftigte schwerbehinderte Menschen im Sinne des § 158 Absatz 2.

(2) $_1$Ein schwerbehinderter Mensch, der beruflich ausgebildet wird, wird auf zwei Pflichtarbeitsplätze für schwerbehinderte Menschen angerechnet. $_2$Satz 1 gilt auch während der Zeit einer Ausbildung im Sinne des § 51 Absatz 2, die in einem Betrieb oder einer Dienststelle durchgeführt wird. $_3$Die Bundesagentur für Arbeit kann die Anrechnung auf drei Pflichtarbeitsplätze für schwerbehinderte Menschen zulassen, wenn die Vermittlung in eine berufliche Ausbildungsstelle wegen Art oder Schwere der Behinderung auf besondere Schwierigkeiten stößt. $_4$Bei Übernahme in ein Arbeits- oder Beschäftigungsverhältnis durch den ausbildenden oder einen anderen Arbeitgeber im Anschluss an eine abgeschlossene Ausbildung wird der schwerbehinderte Mensch im ersten Jahr der Beschäftigung auf zwei Pflichtarbeitsplätze angerechnet; Absatz 1 bleibt unberührt.

(3) Bescheide über die Anrechnung eines schwerbehinderten Menschen auf mehr als drei Pflichtarbeitsplätze für schwerbehinderte Menschen, die vor dem 1. August 1986 erlassen worden sind, gelten fort.

§ 160 Ausgleichsabgabe

(1) $_1$Solange Arbeitgeber die vorgeschriebene Zahl schwerbehinderter Menschen nicht beschäftigen, entrichten sie für jeden unbesetzten Pflichtarbeitsplatz für schwerbehinderte Menschen eine Ausgleichsabgabe. $_2$Die Zahlung der Ausgleichsabgabe hebt die Pflicht zur Beschäftigung schwerbehinderter Menschen nicht auf. $_3$Die Ausgleichsabgabe wird auf der Grundlage einer jahresdurchschnittlichen Beschäftigungsquote ermittelt.

(2) $_1$Die Ausgleichsabgabe beträgt je unbesetztem Pflichtarbeitsplatz

1. 125 Euro bei einer jahresdurchschnittlichen Beschäftigungsquote von 3 Prozent bis weniger als dem geltenden Pflichtsatz,
2. 220 Euro bei einer jahresdurchschnittlichen Beschäftigungsquote von 2 Prozent bis weniger als 3 Prozent,
3. 320 Euro bei einer jahresdurchschnittlichen Beschäftigungsquote von weniger als 2 Prozent.

$_2$Abweichend von Satz 1 beträgt die Ausgleichsabgabe je unbesetztem Pflichtarbeitsplatz für schwerbehinderte Menschen

1. für Arbeitgeber mit jahresdurchschnittlich weniger als 40 zu berücksichtigenden Arbeitsplätzen bei einer jahresdurchschnittlichen Beschäftigung von weniger als einem schwerbehinderten Menschen 125 Euro und
2. für Arbeitgeber mit jahresdurchschnittlich weniger als 60 zu berücksichtigenden Arbeitsplätzen bei einer jahresdurchschnittlichen Beschäftigung von weniger als zwei schwerbehinderten Menschen 125 Euro und bei einer jahresdurchschnittlichen Beschäftigung von weniger als einem schwerbehinderten Menschen 220 Euro.

(3) $_1$Die Ausgleichsabgabe erhöht sich entsprechend der Veränderung der Bezugsgröße nach § 18 Absatz 1 des Vierten Buches. $_2$Sie erhöht sich zum 1. Januar eines Kalenderjahres, wenn sich die Bezugsgröße seit der letzten Neubestimmung der Beträge der Ausgleichsabgabe um wenigstens 10 Prozent erhöht hat. $_3$Die Erhöhung der Ausgleichsabgabe erfolgt, indem der Faktor für die Veränderung der Bezugsgröße mit dem jeweiligen Betrag der Ausgleichsabgabe vervielfältigt wird. $_4$Die sich ergebenden Beträge sind auf den nächsten durch fünf teilbaren Betrag abzurunden. $_5$Das Bundesministerium für Arbeit und Soziales gibt den Erhöhungsbetrag und die sich nach Satz 3 ergebenden Beträge der Ausgleichsabgabe im Bundesanzeiger bekannt.

(4) $_1$Die Ausgleichsabgabe zahlt der Arbeitgeber jährlich zugleich mit der Erstattung der Anzeige nach § 163 Absatz 2 an das für seinen Sitz zuständige Integrationsamt. $_2$Ist ein Arbeitgeber mehr als drei Monate im Rückstand, erlässt das Integrationsamt einen Feststellungsbescheid über die rückständigen Beträge und zieht diese ein. $_3$Für rückständige Beträge der Ausgleichsabgabe erhebt das Integrationsamt nach dem 31. März Säumniszuschläge nach Maßgabe des § 24 Absatz 1 des Vierten Buches; für ihre Verwendung gilt Absatz 5 entsprechend. $_4$Das Integrationsamt kann in begründeten Ausnahmefällen von der Erhebung von Säumniszuschlägen absehen. $_5$Widerspruch und Anfechtungsklage gegen den Feststellungsbescheid haben keine aufschiebende Wirkung. $_6$Gegenüber privaten Arbeitgebern wird die Zwangsvollstreckung nach den Vorschriften über das Verwaltungszwangsverfahren durchgeführt. $_7$Bei öffentli-

chen Arbeitgebern wendet sich das Integrationsamt an die Aufsichtsbehörde, gegen deren Entscheidung es die Entscheidung der obersten Bundes- oder Landesbehörde anrufen kann. 8Die Ausgleichsabgabe wird nach Ablauf des Kalenderjahres, das auf den Eingang der Anzeige bei der Bundesagentur für Arbeit folgt, weder nachgefordert noch erstattet.

(5) 1Die Ausgleichsabgabe darf nur für besondere Leistungen zur Förderung der Teilhabe schwerbehinderter Menschen am Arbeitsleben einschließlich begleitender Hilfe im Arbeitsleben (§ 185 Absatz 1 Nummer 3) verwendet werden, soweit Mittel für denselben Zweck nicht von anderer Seite zu leisten sind oder geleistet werden. 2Aus dem Aufkommen an Ausgleichsabgabe dürfen persönliche und sächliche Kosten der Verwaltung und Kosten des Verfahrens nicht bestritten werden. 3Das Integrationsamt gibt dem Beratenden Ausschuss für behinderte Menschen bei dem Integrationsamt (§ 186) auf dessen Verlangen eine Übersicht über die Verwendung der Ausgleichsabgabe.

(6) 1Die Integrationsämter leiten den in der Rechtsverordnung nach § 162 bestimmten Prozentsatz des Aufkommens an Ausgleichsabgabe an den Ausgleichsfonds (§ 161) weiter. 2Zwischen den Integrationsämtern wird ein Ausgleich herbeigeführt. 3Der auf das einzelne Integrationsamt entfallende Anteil am Aufkommen an Ausgleichsabgabe bemisst sich nach dem Mittelwert aus dem Verhältnis der Wohnbevölkerung im Zuständigkeitsbereich des Integrationsamtes zur Wohnbevölkerung im Geltungsbereich dieses Gesetzbuches und dem Verhältnis der Zahl der im Zuständigkeitsbereich des Integrationsamtes in den Betrieben und Dienststellen beschäftigungspflichtiger Arbeitgeber auf Arbeitsplätzen im Sinne des § 156 beschäftigten und der bei den Agenturen für Arbeit arbeitslos gemeldeten schwerbehinderten und diesen gleichgestellten behinderten Menschen zur entsprechenden Zahl der schwerbehinderten und diesen gleichgestellten behinderten Menschen im Geltungsbereich dieses Gesetzbuchs.

(7) 1Die bei den Integrationsämtern verbleibenden Mittel der Ausgleichsabgabe werden von diesen gesondert verwaltet. 2Die Rechnungslegung und die formelle Einrichtung der Rechnungen und Belege regeln sich nach den Bestimmungen, die für diese Stellen allgemein maßgebend sind.

(8) Für die Verpflichtung zur Entrichtung einer Ausgleichsabgabe (Absatz 1) gelten hinsichtlich der in § 154 Absatz 2 Nummer 1 genannten Stellen der Bund und hinsichtlich der in § 154 Absatz 2 Nummer 2 genannten Stellen das Land als ein Arbeitgeber.

§ 161 Ausgleichsfonds

1Zur besonderen Förderung der Einstellung und Beschäftigung schwerbehinderter Menschen auf Arbeitsplätzen und zur Förderung von Einrichtungen und Maßnahmen, die den Interessen mehrerer Länder auf dem Gebiet der Förderung der Teilhabe schwerbehinderter Menschen am Arbeitsleben dienen, ist beim Bundesministerium für Arbeit und Soziales als zweckgebundene Vermögensmasse ein Ausgleichsfonds für überregionale Vorhaben zur Teilhabe schwerbehinderter Menschen am Arbeitsleben gebildet. 2Das Bundesministerium für Arbeit und Soziales verwaltet den Ausgleichsfonds.

§ 162 Verordnungsermächtigungen

Die Bundesregierung wird ermächtigt, durch Rechtsverordnung mit Zustimmung des Bundesrates

1. die Pflichtquote nach § 154 Absatz 1 nach dem jeweiligen Bedarf an Arbeitsplätzen für schwerbehinderte Menschen zu ändern, jedoch auf höchstens 10 Prozent zu erhöhen oder bis auf 4 Prozent herabzusetzen; dabei kann die Pflichtquote für öffentliche Arbeitgeber höher festgesetzt werden als für private Arbeitgeber,
2. nähere Vorschriften über die Verwendung der Ausgleichsabgabe nach § 160 Absatz 5 und die Gestaltung des Ausgleichsfonds nach § 161, die Verwendung der Mittel durch ihn für die Förderung der Teilhabe schwerbehinderter Menschen am Arbeitsleben und das Vergabe- und Verwaltungsverfahren des Ausgleichsfonds zu erlassen,
3. in der Rechtsverordnung nach Nummer 2
   a) den Anteil des an den Ausgleichsfonds weiterzuleitenden Aufkommens an Ausgleichsabgabe entsprechend den erforderlichen Aufwendungen zur Er-

füllung der Aufgaben des Ausgleichsfonds und der Integrationsämter,

b) den Ausgleich zwischen den Integrationsämtern auf Vorschlag der Länder oder einer Mehrheit der Länder abweichend von § 160 Absatz 6 Satz 3 sowie

c) die Zuständigkeit für die Förderung von Einrichtungen nach § 30 der Schwerbehinderten-Ausgleichsabgabeverordnung abweichend von § 41 Absatz 2 Nummer 1 dieser Verordnung und von Inklusionsbetrieben und -abteilungen abweichend von § 41 Absatz 1 Nummer 3 dieser Verordnung

zu regeln,

4. die Ausgleichsabgabe bei Arbeitgebern, die über weniger als 30 Arbeitsplätze verfügen, für einen bestimmten Zeitraum allgemein oder für einzelne Bundesländer herabzusetzen oder zu erlassen, wenn die Zahl der unbesetzten Pflichtarbeitsplätze für schwerbehinderte Menschen die Zahl der zu beschäftigenden schwerbehinderten Menschen so erheblich übersteigt, dass die Pflichtarbeitsplätze für schwerbehinderte Menschen dieser Arbeitgeber nicht in Anspruch genommen zu werden brauchen.

5

Kapitel 3
Sonstige Pflichten der Arbeitgeber; Rechte der schwerbehinderten Menschen

§ 163 Zusammenwirken der Arbeitgeber mit der Bundesagentur für Arbeit und den Integrationsämtern

(1) Die Arbeitgeber haben, gesondert für jeden Betrieb und jede Dienststelle, ein Verzeichnis der bei ihnen beschäftigten schwerbehinderten, ihnen gleichgestellten behinderten Menschen und sonstigen anrechnungsfähigen Personen laufend zu führen und dieses den Vertretern oder Vertreterinnen der Bundesagentur für Arbeit und des Integrationsamtes, die für den Sitz des Betriebes oder der Dienststelle zuständig sind, auf Verlangen vorzulegen.

(2) $_1$Die Arbeitgeber haben der für ihren Sitz zuständigen Agentur für Arbeit einmal jährlich bis spätestens zum 31. März für das vorangegangene Kalenderjahr, aufgegliedert nach Monaten, die Daten anzuzeigen, die zur Berechnung des Umfangs der Beschäftigungspflicht, zur Überwachung ihrer Erfüllung und der Ausgleichsabgabe notwendig sind. $_2$Der Anzeige sind das nach Absatz 1 geführte Verzeichnis sowie eine Kopie der Anzeige und des Verzeichnisses zur Weiterleitung an das für ihren Sitz zuständige Integrationsamt beizufügen. $_3$Dem Betriebs-, Personal-, Richter-, Staatsanwalts- und Präsidialrat, der Schwerbehindertenvertretung und dem Inklusionsbeauftragten des Arbeitgebers ist je eine Kopie der Anzeige und des Verzeichnisses zu übermitteln.

(3) Zeigt ein Arbeitgeber die Daten bis zum 30. Juni nicht, nicht richtig oder nicht vollständig an, erlässt die Bundesagentur für Arbeit nach Prüfung in tatsächlicher sowie in rechtlicher Hinsicht einen Feststellungsbescheid über die zur Berechnung der Zahl der Pflichtarbeitsplätze für schwerbehinderte Menschen und der besetzten Arbeitsplätze notwendigen Daten.

(4) Die Arbeitgeber, die Arbeitsplätze für schwerbehinderte Menschen nicht zur Verfügung zu stellen haben, haben die Anzeige nur nach Aufforderung durch die Bundesagentur für Arbeit im Rahmen einer repräsentativen Teilerhebung zu erstatten, die mit dem Ziel der Erfassung der in Absatz 1 genannten Personengruppen, aufgegliedert nach Bundesländern, alle fünf Jahre durchgeführt wird.

(5) Die Arbeitgeber haben der Bundesagentur für Arbeit und dem Integrationsamt auf Verlangen die Auskünfte zu erteilen, die zur Durchführung der besonderen Regelungen zur Teilhabe schwerbehinderter und ihnen gleichgestellter behinderter Menschen am Arbeitsleben notwendig sind.

(6) $_1$Für das Verzeichnis und die Anzeige des Arbeitgebers sind die mit der Bundesarbeitsgemeinschaft der Integrationsämter und Hauptfürsorgestellen abgestimmten Vordrucke der Bundesagentur für Arbeit zu verwenden. $_2$Die Bundesagentur für Arbeit soll zur Durchführung des Anzeigeverfahrens in Abstimmung mit der Bundesarbeitsgemeinschaft ein elektronisches Übermittlungsverfahren zulassen.

(7) Die Arbeitgeber haben den Beauftragten der Bundesagentur für Arbeit und des Integrationsamtes auf Verlangen Einblick in ihren Betrieb oder ihre Dienststelle zu geben, soweit es im Interesse der schwerbehinderten Menschen erforderlich ist und Betriebs- oder Dienstgeheimnisse nicht gefährdet werden.

(8) Die Arbeitgeber haben die Vertrauenspersonen der schwerbehinderten Menschen (§ 177 Absatz 1 Satz 1 bis 3 und § 180 Absatz 1 bis 5) unverzüglich nach der Wahl und ihren Inklusionsbeauftragten für die Angelegenheiten der schwerbehinderten Menschen (§ 181 Satz 1) unverzüglich nach der Bestellung der für den Sitz des Betriebes oder der Dienststelle zuständigen Agentur für Arbeit und dem Integrationsamt zu benennen.

§ 164 Pflichten des Arbeitgebers und Rechte schwerbehinderter Menschen

(1) $_{1}$Die Arbeitgeber sind verpflichtet zu prüfen, ob freie Arbeitsplätze mit schwerbehinderten Menschen, insbesondere mit bei der Agentur für Arbeit arbeitslos oder arbeitsuchend gemeldeten schwerbehinderten Menschen, besetzt werden können. $_{2}$Sie nehmen frühzeitig Verbindung mit der Agentur für Arbeit auf. $_{3}$Die Bundesagentur für Arbeit oder ein Integrationsfachdienst schlägt den Arbeitgebern geeignete schwerbehinderte Menschen vor. $_{4}$Über die Vermittlungsvorschläge und vorliegende Bewerbungen von schwerbehinderten Menschen haben die Arbeitgeber die Schwerbehindertenvertretung und die in § 176 genannten Vertretungen unmittelbar nach Eingang zu unterrichten. $_{5}$Bei Bewerbungen schwerbehinderter Richterinnen und Richter wird der Präsidialrat unterrichtet und gehört, soweit dieser an der Ernennung zu beteiligen ist. $_{6}$Bei der Prüfung nach Satz 1 beteiligen die Arbeitgeber die Schwerbehindertenvertretung nach § 178 Absatz 2 und hören die in § 176 genannten Vertretungen an. $_{7}$Erfüllt der Arbeitgeber seine Beschäftigungspflicht nicht und ist die Schwerbehindertenvertretung oder eine in § 176 genannte Vertretung mit der beabsichtigten Entscheidung des Arbeitgebers nicht einverstanden, ist diese unter Darlegung der Gründe mit ihnen zu erörtern. $_{8}$Dabei wird der betroffene schwerbehinderte Mensch angehört. $_{9}$Alle Beteiligten sind vom Arbeitgeber über die getroffene Entscheidung unter Darlegung der Gründe unverzüglich zu unterrichten. $_{10}$Bei Bewerbungen schwerbehinderter Menschen ist die Schwerbehindertenvertretung nicht zu beteiligen, wenn der schwerbehinderte Mensch die Beteiligung der Schwerbehindertenvertretung ausdrücklich ablehnt.

(2) $_{1}$Arbeitgeber dürfen schwerbehinderte Beschäftigte nicht wegen ihrer Behinderung benachteiligen. $_{2}$Im Einzelnen gelten hierzu die Regelungen des Allgemeinen Gleichbehandlungsgesetzes.

(3) $_{1}$Die Arbeitgeber stellen durch geeignete Maßnahmen sicher, dass in ihren Betrieben und Dienststellen wenigstens die vorgeschriebene Zahl schwerbehinderter Menschen eine möglichst dauerhafte behinderungsgerechte Beschäftigung finden kann. $_{2}$Absatz 4 Satz 2 und 3 gilt entsprechend.

(4) $_{1}$Die schwerbehinderten Menschen haben gegenüber ihren Arbeitgebern Anspruch auf

1. Beschäftigung, bei der sie ihre Fähigkeiten und Kenntnisse möglichst voll verwerten und weiterentwickeln können,
2. bevorzugte Berücksichtigung bei innerbetrieblichen Maßnahmen der beruflichen Bildung zur Förderung ihres beruflichen Fortkommens,
3. Erleichterungen im zumutbaren Umfang zur Teilnahme an außerbetrieblichen Maßnahmen der beruflichen Bildung,
4. behinderungsgerechte Einrichtung und Unterhaltung der Arbeitsstätten einschließlich der Betriebsanlagen, Maschinen und Geräte sowie der Gestaltung der Arbeitsplätze, des Arbeitsumfelds, der Arbeitsorganisation und der Arbeitszeit, unter besonderer Berücksichtigung der Unfallgefahr,
5. Ausstattung ihres Arbeitsplatzes mit den erforderlichen technischen Arbeitshilfen

unter Berücksichtigung der Behinderung und ihrer Auswirkungen auf die Beschäftigung. $_{2}$Bei der Durchführung der Maßnahmen nach Satz 1 Nummer 1, 4 und 5 unterstützen die Bundesagentur für Arbeit und die Integrationsämter die Arbeitgeber unter Berücksichtigung der für die Beschäftigung wesentlichen Eigenschaften der schwerbehinderten Menschen. $_{3}$Ein Anspruch nach Satz 1 besteht nicht, soweit seine

Erfüllung für den Arbeitgeber nicht zumutbar oder mit unverhältnismäßigen Aufwendungen verbunden wäre oder soweit die staatlichen oder berufsgenossenschaftlichen Arbeitsschutzvorschriften oder beamtenrechtliche Vorschriften entgegenstehen.

(5) $_{1}$Die Arbeitgeber fördern die Einrichtung von Teilzeitarbeitsplätzen. $_{2}$Sie werden dabei von den Integrationsämtern unterstützt. $_{3}$Schwerbehinderte Menschen haben einen Anspruch auf Teilzeitbeschäftigung, wenn die kürzere Arbeitszeit wegen Art oder Schwere der Behinderung notwendig ist; Absatz 4 Satz 3 gilt entsprechend.

§ 165 Besondere Pflichten der öffentlichen Arbeitgeber

$_{1}$Die Dienststellen der öffentlichen Arbeitgeber melden den Agenturen für Arbeit frühzeitig nach einer erfolglosen Prüfung zur internen Besetzung des Arbeitsplatzes frei werdende und neu zu besetzende sowie neue Arbeitsplätze (§ 156). $_{2}$Mit dieser Meldung gilt die Zustimmung zur Veröffentlichung der Stellenangebote als erteilt. $_{3}$Haben schwerbehinderte Menschen sich um einen solchen Arbeitsplatz beworben oder sind sie von der Bundesagentur für Arbeit oder einem von dieser beauftragten Integrationsfachdienst vorgeschlagen worden, werden sie zu einem Vorstellungsgespräch eingeladen. $_{4}$Eine Einladung ist entbehrlich, wenn die fachliche Eignung offensichtlich fehlt. $_{5}$Einer Inklusionsvereinbarung nach § 166 bedarf es nicht, wenn für die Dienststellen dem § 166 entsprechende Regelungen bereits bestehen und durchgeführt werden.

§ 166 Inklusionsvereinbarung

(1) $_{1}$Die Arbeitgeber treffen mit der Schwerbehindertenvertretung und den in § 176 genannten Vertretungen in Zusammenarbeit mit dem Inklusionsbeauftragten des Arbeitgebers (§ 181) eine verbindliche Inklusionsvereinbarung. $_{2}$Auf Antrag der Schwerbehindertenvertretung wird unter Beteiligung der in § 176 genannten Vertretungen hierüber verhandelt. $_{3}$Ist eine Schwerbehindertenvertretung nicht vorhanden, steht das Antragsrecht den in § 176 genannten Vertretungen zu. $_{4}$Der Arbeitgeber oder die Schwerbehindertenvertretung kann das Integrationsamt einladen, sich an den Verhandlungen über die Inklusionsvereinbarung zu beteiligen. $_{5}$Das Integrationsamt soll dabei insbesondere darauf hinwirken, dass unterschiedliche Auffassungen überwunden werden. $_{6}$Der Agentur für Arbeit und dem Integrationsamt, die für den Sitz des Arbeitgebers zuständig sind, wird die Vereinbarung übermittelt.

(2) $_{1}$Die Vereinbarung enthält Regelungen im Zusammenhang mit der Eingliederung schwerbehinderter Menschen, insbesondere zur Personalplanung, Arbeitsplatzgestaltung, Gestaltung des Arbeitsumfelds, Arbeitsorganisation, Arbeitszeit sowie Regelungen über die Durchführung in den Betrieben und Dienststellen. $_{2}$Dabei ist die gleichberechtigte Teilhabe schwerbehinderter Menschen am Arbeitsleben bei der Gestaltung von Arbeitsprozessen und Rahmenbedingungen von Anfang an zu berücksichtigen. $_{3}$Bei der Personalplanung werden besondere Regelungen zur Beschäftigung eines angemessenen Anteils von schwerbehinderten Frauen vorgesehen.

(3) In der Vereinbarung können insbesondere auch Regelungen getroffen werden

1. zur angemessenen Berücksichtigung schwerbehinderter Menschen bei der Besetzung freier, frei werdender oder neuer Stellen,
2. zu einer anzustrebenden Beschäftigungsquote, einschließlich eines angemessenen Anteils schwerbehinderter Frauen,
3. zu Teilzeitarbeit,
4. zur Ausbildung behinderter Jugendlicher,
5. zur Durchführung der betrieblichen Prävention (betriebliches Eingliederungsmanagement) und zur Gesundheitsförderung,
6. über die Hinzuziehung des Werks- oder Betriebsarztes auch für Beratungen über Leistungen zur Teilhabe sowie über besondere Hilfen im Arbeitsleben.

(4) In den Versammlungen schwerbehinderter Menschen berichtet der Arbeitgeber über alle Angelegenheiten im Zusammenhang mit der Eingliederung schwerbehinderter Menschen.

§ 167 Prävention

(1) Der Arbeitgeber schaltet bei Eintreten von personen-, verhaltens- oder betriebsbedingten Schwierigkeiten im Arbeits- oder sonsti-

gen Beschäftigungsverhältnis, die zur Gefährdung dieses Verhältnisses führen können, möglichst frühzeitig die Schwerbehindertenvertretung und die in § 176 genannten Vertretungen sowie das Integrationsamt ein, um mit ihnen alle Möglichkeiten und alle zur Verfügung stehenden Hilfen zur Beratung und mögliche finanzielle Leistungen zu erörtern, mit denen die Schwierigkeiten beseitigt werden können und das Arbeits- oder sonstige Beschäftigungsverhältnis möglichst dauerhaft fortgesetzt werden kann.

(2) 1Sind Beschäftigte innerhalb eines Jahres länger als sechs Wochen ununterbrochen oder wiederholt arbeitsunfähig, klärt der Arbeitgeber mit der zuständigen Interessenvertretung im Sinne des § 176, bei schwerbehinderten Menschen außerdem mit der Schwerbehindertenvertretung, mit Zustimmung und Beteiligung der betroffenen Person die Möglichkeiten, wie die Arbeitsunfähigkeit möglichst überwunden werden und mit welchen Leistungen oder Hilfen erneuter Arbeitsunfähigkeit vorgebeugt und der Arbeitsplatz erhalten werden kann (betriebliches Eingliederungsmanagement). 2Soweit erforderlich, wird der Werks- oder Betriebsarzt hinzugezogen. 3Die betroffene Person oder ihr gesetzlicher Vertreter ist zuvor auf die Ziele des betrieblichen Eingliederungsmanagements sowie auf Art und Umfang der hierfür erhobenen und verwendeten Daten hinzuweisen. 4Kommen Leistungen zur Teilhabe oder begleitende Hilfen im Arbeitsleben in Betracht, werden vom Arbeitgeber die Rehabilitationsträger oder bei schwerbehinderten Beschäftigten das Integrationsamt hinzugezogen. 5Diese wirken darauf hin, dass die erforderlichen Leistungen oder Hilfen unverzüglich beantragt und innerhalb der Frist des § 14 Absatz 2 Satz 2 erbracht werden. 6Die zuständige Interessenvertretung im Sinne des § 176, bei schwerbehinderten Menschen außerdem die Schwerbehindertenvertretung, können die Klärung verlangen. 7Sie wachen darüber, dass der Arbeitgeber die ihm nach dieser Vorschrift obliegenden Verpflichtungen erfüllt.

(3) Die Rehabilitationsträger und die Integrationsämter können Arbeitgeber, die ein betriebliches Eingliederungsmanagement einführen, durch Prämien oder einen Bonus fördern.

Kapitel 4
Kündigungsschutz

§ 168 Erfordernis der Zustimmung

Die Kündigung des Arbeitsverhältnisses eines schwerbehinderten Menschen durch den Arbeitgeber bedarf der vorherigen Zustimmung des Integrationsamtes.

§ 169 Kündigungsfrist

Die Kündigungsfrist beträgt mindestens vier Wochen.

§ 170 Antragsverfahren

(1) 1Die Zustimmung zur Kündigung beantragt der Arbeitgeber bei dem für den Sitz des Betriebes oder der Dienststelle zuständigen Integrationsamt schriftlich oder elektronisch. 2Der Begriff des Betriebes und der Begriff der Dienststelle im Sinne dieses Teils bestimmen sich nach dem Betriebsverfassungsgesetz und dem Personalvertretungsrecht.

(2) Das Integrationsamt holt eine Stellungnahme des Betriebsrates oder Personalrates und der Schwerbehindertenvertretung ein und hört den schwerbehinderten Menschen an.

(3) Das Integrationsamt wirkt in jeder Lage des Verfahrens auf eine gütliche Einigung hin.

§ 171 Entscheidung des Integrationsamtes

(1) Das Integrationsamt soll die Entscheidung, falls erforderlich, auf Grund mündlicher Verhandlung, innerhalb eines Monats vom Tag des Eingangs des Antrages an treffen.

(2) 1Die Entscheidung wird dem Arbeitgeber und dem schwerbehinderten Menschen zugestellt. 2Der Bundesagentur für Arbeit wird eine Abschrift der Entscheidung übersandt.

(3) Erteilt das Integrationsamt die Zustimmung zur Kündigung, kann der Arbeitgeber die Kündigung nur innerhalb eines Monats nach Zustellung erklären.

(4) Widerspruch und Anfechtungsklage gegen die Zustimmung des Integrationsamtes zur Kündigung haben keine aufschiebende Wirkung.

(5) 1In den Fällen des § 172 Absatz 1 Satz 1 und Absatz 3 gilt Absatz 1 mit der Maßgabe, dass die Entscheidung innerhalb eines Mo-

5

nats vom Tag des Eingangs des Antrages an zu treffen ist. 2Wird innerhalb dieser Frist eine Entscheidung nicht getroffen, gilt die Zustimmung als erteilt. 3Die Absätze 3 und 4 gelten entsprechend.

§ 172 Einschränkungen der Ermessensentscheidung

(1) 1Das Integrationsamt erteilt die Zustimmung bei Kündigungen in Betrieben und Dienststellen, die nicht nur vorübergehend eingestellt oder aufgelöst werden, wenn zwischen dem Tag der Kündigung und dem Tag, bis zu dem Gehalt oder Lohn gezahlt wird, mindestens drei Monate liegen. 2Unter der gleichen Voraussetzung soll es die Zustimmung auch bei Kündigungen in Betrieben und Dienststellen erteilen, die nicht nur vorübergehend wesentlich eingeschränkt werden, wenn die Gesamtzahl der weiterhin beschäftigten schwerbehinderten Menschen zur Erfüllung der Beschäftigungspflicht nach § 154 ausreicht. 3Die Sätze 1 und 2 gelten nicht, wenn eine Weiterbeschäftigung auf einem anderen Arbeitsplatz desselben Betriebes oder derselben Dienststelle oder auf einem freien Arbeitsplatz in einem anderen Betrieb oder einer anderen Dienststelle desselben Arbeitgebers mit Einverständnis des schwerbehinderten Menschen möglich und für den Arbeitgeber zumutbar ist.

(2) Das Integrationsamt soll die Zustimmung erteilen, wenn dem schwerbehinderten Menschen ein anderer angemessener und zumutbarer Arbeitsplatz gesichert ist.

(3) Ist das Insolvenzverfahren über das Vermögen des Arbeitgebers eröffnet, soll das Integrationsamt die Zustimmung erteilen, wenn

1. der schwerbehinderte Mensch in einem Interessenausgleich namentlich als einer der zu entlassenden Arbeitnehmer bezeichnet ist (§ 125 der Insolvenzordnung),
2. die Schwerbehindertenvertretung beim Zustandekommen des Interessenausgleichs gemäß § 178 Absatz 2 beteiligt worden ist,
3. der Anteil der nach dem Interessenausgleich zu entlassenden schwerbehinderten Menschen an der Zahl der beschäftigten schwerbehinderten Menschen nicht größer ist als der Anteil der zu entlassenden übrigen Arbeitnehmer an der Zahl der beschäftigten übrigen Arbeitnehmer und
4. die Gesamtzahl der schwerbehinderten Menschen, die nach dem Interessenausgleich bei dem Arbeitgeber verbleiben sollen, zur Erfüllung der Beschäftigungspflicht nach § 154 ausreicht.

§ 173 Ausnahmen

(1) 1Die Vorschriften dieses Kapitels gelten nicht für schwerbehinderte Menschen,

1. deren Arbeitsverhältnis zum Zeitpunkt des Zugangs der Kündigungserklärung ohne Unterbrechung noch nicht länger als sechs Monate besteht oder
2. die auf Stellen im Sinne des § 156 Absatz 2 Nummer 2 bis 5 beschäftigt werden oder
3. deren Arbeitsverhältnis durch Kündigung beendet wird, sofern sie
   a) das 58. Lebensjahr vollendet haben und Anspruch auf eine Abfindung, Entschädigung oder ähnliche Leistung auf Grund eines Sozialplanes haben oder
   b) Anspruch auf Knappschaftsausgleichsleistung nach dem Sechsten Buch oder auf Anpassungsgeld für entlassene Arbeitnehmer des Bergbaus haben.

2Satz 1 Nummer 3 (Buchstabe a und b) finden Anwendung, wenn der Arbeitgeber ihnen die Kündigungsabsicht rechtzeitig mitgeteilt hat und sie der beabsichtigten Kündigung bis zu deren Ausspruch nicht widersprechen

(2) Die Vorschriften dieses Kapitels finden ferner bei Entlassungen, die aus Witterungsgründen vorgenommen werden, keine Anwendung, sofern die Wiedereinstellung der schwerbehinderten Menschen bei Wiederaufnahme der Arbeit gewährleistet ist.

(3) Die Vorschriften dieses Kapitels finden ferner keine Anwendung, wenn zum Zeitpunkt der Kündigung die Eigenschaft als schwerbehinderter Mensch nicht nachgewiesen ist oder das Versorgungsamt nach Ablauf der Frist des § 152 Absatz 1 Satz 3 eine Feststellung wegen fehlender Mitwirkung nicht treffen konnte.

(4) Der Arbeitgeber zeigt Einstellungen auf Probe und die Beendigung von Arbeitsverhältnissen schwerbehinderter Menschen in

den Fällen des Absatzes 1 Nummer 1 unabhängig von der Anzeigepflicht nach anderen Gesetzen dem Integrationsamt innerhalb von vier Tagen an.

§ 174 Außerordentliche Kündigung

(1) Die Vorschriften dieses Kapitels gelten mit Ausnahme von § 169 auch bei außerordentlicher Kündigung, soweit sich aus den folgenden Bestimmungen nichts Abweichendes ergibt.

(2) $_{1}$Die Zustimmung zur Kündigung kann nur innerhalb von zwei Wochen beantragt werden; maßgebend ist der Eingang des Antrages bei dem Integrationsamt. $_{2}$Die Frist beginnt mit dem Zeitpunkt, in dem der Arbeitgeber von den für die Kündigung maßgebenden Tatsachen Kenntnis erlangt.

(3) $_{1}$Das Integrationsamt trifft die Entscheidung innerhalb von zwei Wochen vom Tag des Eingangs des Antrages an. $_{2}$Wird innerhalb dieser Frist eine Entscheidung nicht getroffen, gilt die Zustimmung als erteilt.

(4) Das Integrationsamt soll die Zustimmung erteilen, wenn die Kündigung aus einem Grund erfolgt, der nicht im Zusammenhang mit der Behinderung steht.

(5) Die Kündigung kann auch nach Ablauf der Frist des § 626 Absatz 2 Satz 1 des Bürgerlichen Gesetzbuchs erfolgen, wenn sie unverzüglich nach Erteilung der Zustimmung erklärt wird.

(6) Schwerbehinderte Menschen, denen lediglich aus Anlass eines Streiks oder einer Aussperrung fristlos gekündigt worden ist, werden nach Beendigung des Streiks oder der Aussperrung wieder eingestellt.

§ 175 Erweiterter Beendigungsschutz

$_{1}$Die Beendigung des Arbeitsverhältnisses eines schwerbehinderten Menschen bedarf auch dann der vorherigen Zustimmung des Integrationsamtes, wenn sie im Falle des Eintritts einer teilweisen Erwerbsminderung, der Erwerbsminderung auf Zeit, der Berufsunfähigkeit oder der Erwerbsunfähigkeit auf Zeit ohne Kündigung erfolgt. $_{2}$Die Vorschriften dieses Kapitels über die Zustimmung zur ordentlichen Kündigung gelten entsprechend.

Kapitel 5
Betriebs-, Personal-, Richter-, Staatsanwalts- und Präsidialrat, Schwerbehindertenvertretung, Inklusionsbeauftragter des Arbeitgebers

§ 176 Aufgaben des Betriebs-, Personal-, Richter-, Staatsanwalts- und Präsidialrates

$_{1}$Betriebs-, Personal-, Richter-, Staatsanwalts- und Präsidialrat fördern die Eingliederung schwerbehinderter Menschen. $_{2}$Sie achten insbesondere darauf, dass die dem Arbeitgeber nach den §§ 154, 155 und 164 bis 167 obliegenden Verpflichtungen erfüllt werden; sie wirken auf die Wahl der Schwerbehindertenvertretung hin.

§ 177 Wahl und Amtszeit der Schwerbehindertenvertretung

(1) $_{1}$In Betrieben und Dienststellen, in denen wenigstens fünf schwerbehinderte Menschen nicht nur vorübergehend beschäftigt sind, werden eine Vertrauensperson und wenigstens ein stellvertretendes Mitglied gewählt, das die Vertrauensperson im Falle der Verhinderung vertritt. $_{2}$Ferner wählen bei Gerichten, denen mindestens fünf schwerbehinderte Richter oder Richterinnen angehören, diese einen Richter oder eine Richterin zu ihrer Schwerbehindertenvertretung. $_{3}$Satz 2 gilt entsprechend für Staatsanwälte oder Staatsanwältinnen, soweit für sie eine besondere Personalvertretung gebildet wird. $_{4}$Betriebe oder Dienststellen, die die Voraussetzungen des Satzes 1 nicht erfüllen, können für die Wahl mit räumlich nahe liegenden Betrieben des Arbeitgebers oder gleichstufigen Dienststellen derselben Verwaltung zusammengefasst werden; soweit erforderlich, können Gerichte unterschiedlicher Gerichtszweige und Stufen zusammengefasst werden. $_{5}$Über die Zusammenfassung entscheidet der Arbeitgeber im Benehmen mit dem für den Sitz der Betriebe oder Dienststellen einschließlich Gerichten zuständigen Integrationsamt.

(2) Wahlberechtigt sind alle in dem Betrieb oder der Dienststelle beschäftigten schwerbehinderten Menschen.

(3) $_{1}$Wählbar sind alle in dem Betrieb oder der Dienststelle nicht nur vorübergehend Be-

schäftigten, die am Wahltag das 18. Lebensjahr vollendet haben und dem Betrieb oder der Dienststelle seit sechs Monaten angehören; besteht der Betrieb oder die Dienststelle weniger als ein Jahr, so bedarf es für die Wählbarkeit nicht der sechsmonatigen Zugehörigkeit. $_{2}$Nicht wählbar ist, wer kraft Gesetzes dem Betriebs-, Personal-, Richter-, Staatsanwalts- oder Präsidialrat nicht angehören kann.

(4) In Dienststellen der Bundeswehr sind auch schwerbehinderte Soldatinnen und Soldaten wahlberechtigt und auch Soldatinnen und Soldaten wählbar.

(5) $_{1}$Die regelmäßigen Wahlen finden alle vier Jahre in der Zeit vom 1. Oktober bis 30. November statt. $_{2}$Außerhalb dieser Zeit finden Wahlen statt, wenn

1. das Amt der Schwerbehindertenvertretung vorzeitig erlischt und ein stellvertretendes Mitglied nicht nachrückt,
2. die Wahl mit Erfolg angefochten worden ist oder
3. eine Schwerbehindertenvertretung noch nicht gewählt ist.

$_{3}$Hat außerhalb des für die regelmäßigen Wahlen festgelegten Zeitraumes eine Wahl der Schwerbehindertenvertretung stattgefunden, wird die Schwerbehindertenvertretung in dem auf die Wahl folgenden nächsten Zeitraum der regelmäßigen Wahlen neu gewählt. $_{4}$Hat die Amtszeit der Schwerbehindertenvertretung zum Beginn des für die regelmäßigen Wahlen festgelegten Zeitraums noch nicht ein Jahr betragen, wird die Schwerbehindertenvertretung im übernächsten Zeitraum für regelmäßige Wahlen neu gewählt.

(6) $_{1}$Die Vertrauensperson und das stellvertretende Mitglied werden in geheimer und unmittelbarer Wahl nach den Grundsätzen der Mehrheitswahl gewählt. $_{2}$Im Übrigen sind die Vorschriften über die Wahlanfechtung, den Wahlschutz und die Wahlkosten bei der Wahl des Betriebs-, Personal-, Richter-, Staatsanwalts- oder Präsidialrates sinngemäß anzuwenden. $_{3}$In Betrieben und Dienststellen mit weniger als 50 wahlberechtigten schwerbehinderten Menschen wird die Vertrauensperson und das stellvertretende Mitglied im vereinfachten Wahlverfahren gewählt, sofern der Betrieb oder die Dienststelle nicht aus räumlich weit auseinanderliegenden Teilen besteht. $_{4}$Ist in einem Betrieb oder einer Dienststelle eine Schwerbehindertenvertretung nicht gewählt, so kann das für den Betrieb oder die Dienststelle zuständige Integrationsamt zu einer Versammlung schwerbehinderter Menschen zum Zwecke der Wahl eines Wahlvorstandes einladen.

(7) $_{1}$Die Amtszeit der Schwerbehindertenvertretung beträgt vier Jahre. $_{2}$Sie beginnt mit der Bekanntgabe des Wahlergebnisses oder, wenn die Amtszeit der bisherigen Schwerbehindertenvertretung noch nicht beendet ist, mit deren Ablauf. $_{3}$Das Amt erlischt vorzeitig, wenn die Vertrauensperson es niederlegt, aus dem Arbeits-, Dienst- oder Richterverhältnis ausscheidet oder die Wählbarkeit verliert. $_{4}$Scheidet die Vertrauensperson vorzeitig aus dem Amt aus, rückt das mit der höchsten Stimmenzahl gewählte stellvertretende Mitglied für den Rest der Amtszeit nach; dies gilt für das stellvertretende Mitglied entsprechend. $_{5}$Auf Antrag eines Viertels der wahlberechtigten schwerbehinderten Menschen kann der Widerspruchsausschuss bei dem Integrationsamt (§ 202) das Erlöschen des Amtes einer Vertrauensperson wegen grober Verletzung ihrer Pflichten beschließen.

(8) In Betrieben gilt § 21a des Betriebsverfassungsgesetzes entsprechend.

§ 178 Aufgaben der Schwerbehindertenvertretung

(1) $_{1}$Die Schwerbehindertenvertretung fördert die Eingliederung schwerbehinderter Menschen in den Betrieb oder die Dienststelle, vertritt ihre Interessen in dem Betrieb oder der Dienststelle und steht ihnen beratend und helfend zur Seite. $_{2}$Sie erfüllt ihre Aufgaben insbesondere dadurch, dass sie

1. darüber wacht, dass die zugunsten schwerbehinderter Menschen geltenden Gesetze, Verordnungen, Tarifverträge, Betriebs- oder Dienstvereinbarungen und Verwaltungsanordnungen durchgeführt, insbesondere auch die dem Arbeitgeber nach den §§ 154, 155 und 164 bis 167 obliegenden Verpflichtungen erfüllt werden,
2. Maßnahmen, die den schwerbehinderten Menschen dienen, insbesondere auch prä-

ventive Maßnahmen, bei den zuständigen Stellen beantragt,

3. Anregungen und Beschwerden von schwerbehinderten Menschen entgegennimmt und, falls sie berechtigt erscheinen, durch Verhandlung mit dem Arbeitgeber auf eine Erledigung hinwirkt; sie unterrichtet die schwerbehinderten Menschen über den Stand und das Ergebnis der Verhandlungen.

$_{3}$Die Schwerbehindertenvertretung unterstützt Beschäftigte auch bei Anträgen an die nach § 152 Absatz 1 zuständigen Behörden auf Feststellung einer Behinderung, ihres Grades und einer Schwerbehinderung sowie bei Anträgen auf Gleichstellung an die Agentur für Arbeit. $_{4}$In Betrieben und Dienststellen mit in der Regel mehr als 100 beschäftigten schwerbehinderten Menschen kann sie nach Unterrichtung des Arbeitgebers das mit der höchsten Stimmenzahl gewählte stellvertretende Mitglied zu bestimmten Aufgaben heranziehen. $_{5}$Ab jeweils 100 weiteren beschäftigten schwerbehinderten Menschen kann jeweils auch das mit der nächsthöheren Stimmenzahl gewählte Mitglied herangezogen werden. $_{6}$Die Heranziehung zu bestimmten Aufgaben schließt die Abstimmung untereinander ein.

(2) $_{1}$Der Arbeitgeber hat die Schwerbehindertenvertretung in allen Angelegenheiten, die einen einzelnen oder die schwerbehinderten Menschen als Gruppe berühren, unverzüglich und umfassend zu unterrichten und vor einer Entscheidung anzuhören; er hat ihr die getroffene Entscheidung unverzüglich mitzuteilen. $_{2}$Die Durchführung oder Vollziehung einer ohne Beteiligung nach Satz 1 getroffenen Entscheidung ist auszusetzen, die Beteiligung ist innerhalb von sieben Tagen nachzuholen; sodann ist endgültig zu entscheiden. $_{3}$Die Kündigung eines schwerbehinderten Menschen, die der Arbeitgeber ohne eine Beteiligung nach Satz 1 ausspricht, ist unwirksam. $_{4}$Die Schwerbehindertenvertretung hat das Recht auf Beteiligung am Verfahren nach § 164 Absatz 1 und beim Vorliegen von Vermittlungsvorschlägen der Bundesagentur für Arbeit nach § 164 Absatz 1 oder von Bewerbungen schwerbehinderter Menschen das Recht auf Einsicht in die entscheidungsrelevanten Teile der Bewerbungsunterlagen und Teilnahme an Vorstellungsgesprächen.

(3) $_{1}$Der schwerbehinderte Mensch hat das Recht, bei Einsicht in die über ihn geführte Personalakte oder ihn betreffende Daten des Arbeitgebers die Schwerbehindertenvertretung hinzuzuziehen. $_{2}$Die Schwerbehindertenvertretung bewahrt über den Inhalt der Daten Stillschweigen, soweit sie der schwerbehinderte Mensch nicht von dieser Verpflichtung entbunden hat.

(4) $_{1}$Die Schwerbehindertenvertretung hat das Recht, an allen Sitzungen des Betriebs-, Personal-, Richter-, Staatsanwalts- oder Präsidialrates und deren Ausschüssen sowie des Arbeitsschutzausschusses beratend teilzunehmen; sie kann beantragen, Angelegenheiten, die einzelne oder die schwerbehinderten Menschen als Gruppe besonders betreffen, auf die Tagesordnung der nächsten Sitzung zu setzen. $_{2}$Erachtet sie einen Beschluss des Betriebs-, Personal-, Richter-, Staatsanwalts- oder Präsidialrates als eine erhebliche Beeinträchtigung wichtiger Interessen schwerbehinderter Menschen oder ist sie entgegen Absatz 2 Satz 1 nicht beteiligt worden, wird auf ihren Antrag der Beschluss für die Dauer von einer Woche vom Zeitpunkt der Beschlussfassung an ausgesetzt; die Vorschriften des Betriebsverfassungsgesetzes und des Personalvertretungsrechts über die Aussetzung von Beschlüssen gelten entsprechend. $_{3}$Durch die Aussetzung wird eine Frist nicht verlängert. $_{4}$In den Fällen des § 21e Absatz 1 und 3 des Gerichtsverfassungsgesetzes ist die Schwerbehindertenvertretung, außer in Eilfällen, auf Antrag einer betroffenen schwerbehinderten Richterin oder eines schwerbehinderten Richters vor dem Präsidium des Gerichtes zu hören.

(5) Die Schwerbehindertenvertretung wird zu Besprechungen nach § 74 Absatz 1 des Betriebsverfassungsgesetzes, § 66 Absatz 1 des Bundespersonalvertretungsgesetzes sowie den entsprechenden Vorschriften des sonstigen Personalvertretungsrechts zwischen dem Arbeitgeber und den in Absatz 4 genannten Vertretungen hinzugezogen.

(6) $_{1}$Die Schwerbehindertenvertretung hat das Recht, mindestens einmal im Kalender-

jahr eine Versammlung schwerbehinderter Menschen im Betrieb oder in der Dienststelle durchzuführen. $_{2}$Die für Betriebs- und Personalversammlungen geltenden Vorschriften finden entsprechende Anwendung.

(7) Sind in einer Angelegenheit sowohl die Schwerbehindertenvertretung der Richter und Richterinnen als auch die Schwerbehindertenvertretung der übrigen Bediensteten beteiligt, so handeln sie gemeinsam.

(8) Die Schwerbehindertenvertretung kann an Betriebs- und Personalversammlungen in Betrieben und Dienststellen teilnehmen, für die sie als Schwerbehindertenvertretung zuständig ist, und hat dort ein Rederecht, auch wenn die Mitglieder der Schwerbehindertenvertretung nicht Angehörige des Betriebes oder der Dienststelle sind.

§ 179 Persönliche Rechte und Pflichten der Vertrauenspersonen der schwerbehinderten Menschen

(1) Die Vertrauenspersonen führen ihr Amt unentgeltlich als Ehrenamt.

(2) Die Vertrauenspersonen dürfen in der Ausübung ihres Amtes nicht behindert oder wegen ihres Amtes nicht benachteiligt oder begünstigt werden; dies gilt auch für ihre berufliche Entwicklung.

(3) $_{1}$Die Vertrauenspersonen besitzen gegenüber dem Arbeitgeber die gleiche persönliche Rechtsstellung, insbesondere den gleichen Kündigungs-, Versetzungs- und Abordnungsschutz, wie ein Mitglied des Betriebs-, Personal-, Staatsanwalts- oder Richterrates. $_{2}$Das stellvertretende Mitglied besitzt während der Dauer der Vertretung und der Heranziehung nach § 178 Absatz 1 Satz 4 und 5 die gleiche persönliche Rechtsstellung wie die Vertrauensperson, im Übrigen die gleiche Rechtsstellung wie Ersatzmitglieder der in Satz 1 genannten Vertretungen.

(4) $_{1}$Die Vertrauenspersonen werden von ihrer beruflichen Tätigkeit ohne Minderung des Arbeitsentgelts oder der Dienstbezüge befreit, wenn und soweit es zur Durchführung ihrer Aufgaben erforderlich ist. $_{2}$Sind in den Betrieben und Dienststellen in der Regel wenigstens 100 schwerbehinderte Menschen beschäftigt, wird die Vertrauensperson auf ihren Wunsch freigestellt; weitergehende Vereinbarungen sind zulässig. $_{3}$Satz 1 gilt entsprechend für die Teilnahme der Vertrauensperson und des mit der höchsten Stimmenzahl gewählten stellvertretenden Mitglieds sowie in den Fällen des § 178 Absatz 1 Satz 5 auch des jeweils mit der nächsthöheren Stimmenzahl gewählten weiteren stellvertretenden Mitglieds an Schulungs- und Bildungsveranstaltungen, soweit diese Kenntnisse vermitteln, die für die Arbeit der Schwerbehindertenvertretung erforderlich sind.

(5) $_{1}$Freigestellte Vertrauenspersonen dürfen von inner- oder außerbetrieblichen Maßnahmen der Berufsförderung nicht ausgeschlossen werden. $_{2}$Innerhalb eines Jahres nach Beendigung ihrer Freistellung ist ihnen im Rahmen der Möglichkeiten des Betriebes oder der Dienststelle Gelegenheit zu geben, eine wegen der Freistellung unterbliebene berufliche Entwicklung in dem Betrieb oder der Dienststelle nachzuholen. $_{3}$Für Vertrauenspersonen, die drei volle aufeinander folgende Amtszeiten freigestellt waren, erhöht sich der genannte Zeitraum auf zwei Jahre.

(6) Zum Ausgleich für ihre Tätigkeit, die aus betriebsbedingten oder dienstlichen Gründen außerhalb der Arbeitszeit durchzuführen ist, haben die Vertrauenspersonen Anspruch auf entsprechende Arbeits- oder Dienstbefreiung unter Fortzahlung des Arbeitsentgelts oder der Dienstbezüge.

(7) $_{1}$Die Vertrauenspersonen sind verpflichtet,

1. ihnen wegen ihres Amtes anvertraute oder sonst bekannt gewordene fremde Geheimnisse, namentlich zum persönlichen Lebensbereich gehörende Geheimnisse, nicht zu offenbaren und
2. ihnen wegen ihres Amtes bekannt gewordene und vom Arbeitgeber ausdrücklich als geheimhaltungsbedürftig bezeichnete Betriebs- oder Geschäftsgeheimnisse nicht zu offenbaren und nicht zu verwerten.

$_{2}$Diese Pflichten gelten auch nach dem Ausscheiden aus dem Amt. $_{3}$Sie gelten nicht gegenüber der Bundesagentur für Arbeit, den Integrationsämtern und den Rehabilitationsträgern, soweit deren Aufgaben den schwerbehinderten Menschen gegenüber es erfordern, gegenüber den Vertrauenspersonen in den Stufenvertretungen (§ 180) sowie gegenüber den in § 79 Absatz 1 des Betriebsverfassungsgesetzes und den in den entsprechenden Vorschriften des Personalvertretungsrechts genannten Vertretungen, Personen und Stellen.

(8) 1Die durch die Tätigkeit der Schwerbehindertenvertretung entstehenden Kosten trägt der Arbeitgeber; für öffentliche Arbeitgeber gelten die Kostenregelungen für Personalvertretungen entsprechend. 2Das Gleiche gilt für die durch die Teilnahme der stellvertretenden Mitglieder an Schulungs- und Bildungsveranstaltungen nach Absatz 4 Satz 3 entstehenden Kosten. 3Satz 1 umfasst auch eine Bürokraft für die Schwerbehindertenvertretung in erforderlichem Umfang.

(9) Die Räume und der Geschäftsbedarf, die der Arbeitgeber dem Betriebs-, Personal-, Richter-, Staatsanwalts- oder Präsidialrat für dessen Sitzungen, Sprechstunden und laufende Geschäftsführung zur Verfügung stellt, stehen für die gleichen Zwecke auch der Schwerbehindertenvertretung zur Verfügung, soweit ihr hierfür nicht eigene Räume und sächliche Mittel zur Verfügung gestellt werden.

§ 180 Konzern-, Gesamt-, Bezirks- und Hauptschwerbehindertenvertretung

(1) 1Ist für mehrere Betriebe eines Arbeitgebers ein Gesamtbetriebsrat oder für den Geschäftsbereich mehrerer Dienststellen ein Gesamtpersonalrat errichtet, wählen die Schwerbehindertenvertretungen der einzelnen Betriebe oder Dienststellen eine Gesamtschwerbehindertenvertretung. 2Ist eine Schwerbehindertenvertretung nur in einem der Betriebe oder in einer der Dienststellen gewählt, nimmt sie die Rechte und Pflichten der Gesamtschwerbehindertenvertretung wahr.

(2) 1Ist für mehrere Unternehmen ein Konzernbetriebsrat errichtet, wählen die Gesamtschwerbehindertenvertretungen eine Konzernschwerbehindertenvertretung. 2Besteht ein Konzernunternehmen nur aus einem Betrieb, für den eine Schwerbehindertenvertretung gewählt ist, hat sie das Wahlrecht wie eine Gesamtschwerbehindertenvertretung.

(3) 1Für den Geschäftsbereich mehrstufiger Verwaltungen, bei denen ein Bezirks- oder Hauptpersonalrat gebildet ist, gilt Absatz 1 sinngemäß mit der Maßgabe, dass bei den Mittelbehörden von deren Schwerbehindertenvertretung und den Schwerbehindertenvertretungen der nachgeordneten Dienststellen eine Bezirksschwerbehindertenvertretung zu wählen ist. 2Bei den obersten Dienstbehörden ist von deren Schwerbehindertenvertretung und den Bezirksschwerbehindertenvertretungen des Geschäftsbereichs eine Hauptschwerbehindertenvertretung zu wählen; ist die Zahl der Bezirksschwerbehindertenvertretungen niedriger als zehn, sind auch die Schwerbehindertenvertretungen der nachgeordneten Dienststellen wahlberechtigt.

(4) 1Für Gerichte eines Zweiges der Gerichtsbarkeit, für die ein Bezirks- oder Hauptrichterrat gebildet ist, gilt Absatz 3 entsprechend. 2Sind in einem Zweig der Gerichtsbarkeit bei den Gerichten der Länder mehrere Schwerbehindertenvertretungen nach § 177 zu wählen und ist in diesem Zweig kein Hauptrichterrat gebildet, ist in entsprechender Anwendung von Absatz 3 eine Hauptschwerbehindertenvertretung zu wählen. 3Die Hauptschwerbehindertenvertretung nimmt die Aufgabe der Schwerbehindertenvertretung gegenüber dem Präsidialrat wahr.

(5) Für jede Vertrauensperson, die nach den Absätzen 1 bis 4 neu zu wählen ist, wird wenigstens ein stellvertretendes Mitglied gewählt.

(6) 1Die Gesamtschwerbehindertenvertretung vertritt die Interessen der schwerbehinderten Menschen in Angelegenheiten, die das Gesamtunternehmen oder mehrere Betriebe oder Dienststellen des Arbeitgebers betreffen und von den Schwerbehindertenvertretungen der einzelnen Betriebe oder Dienststellen nicht geregelt werden können, sowie die Interessen der schwerbehinderten Menschen, die in einem Betrieb oder einer Dienststelle tätig sind, für die eine Schwerbehindertenvertretung nicht gewählt ist; dies umfasst auch Verhandlungen und den Abschluss entsprechender Inklusionsvereinbarungen. 2Satz 1 gilt entsprechend für die Konzern-, Bezirks- und Hauptschwerbehindertenvertretung sowie für die Schwerbehindertenvertretung der obersten Dienstbehörde, wenn bei einer mehrstufigen Verwaltung Stufenvertretungen nicht gewählt sind. 3Die

5

nach Satz 2 zuständige Schwerbehindertenvertretung ist auch in persönlichen Angelegenheiten schwerbehinderter Menschen, über die eine übergeordnete Dienststelle entscheidet, zuständig; sie gibt der Schwerbehindertenvertretung der Dienststelle, die den schwerbehinderten Menschen beschäftigt, Gelegenheit zur Äußerung. $_{4}$Satz 3 gilt nicht in den Fällen, in denen der Personalrat der Beschäftigungsbehörde zu beteiligen ist.

(7) § 177 Absatz 3 bis 8, § 178 Absatz 1 Satz 4 und 5, Absatz 2, 4, 5 und 7 und § 179 gelten entsprechend, § 177 Absatz 5 mit der Maßgabe, dass die Wahl der Gesamt- und Bezirksschwerbehindertenvertretungen in der Zeit vom 1. Dezember bis 31. Januar, die der Konzern- und Hauptschwerbehindertenvertretungen in der Zeit vom 1. Februar bis 31. März stattfindet, § 177 Absatz 6 mit der Maßgabe, dass bei den Wahlen zu überörtlichen Vertretungen der zweite Halbsatz des Satzes 3 nicht gilt.

(8) § 178 Absatz 6 gilt für die Durchführung von Versammlungen der Vertrauens- und der Bezirksvertrauenspersonen durch die Gesamt-, Bezirks- oder Hauptschwerbehindertenvertretung entsprechend.

§ 181 Inklusionsbeauftragter des Arbeitgebers

$_{1}$Der Arbeitgeber bestellt einen Inklusionsbeauftragten, der ihn in Angelegenheiten schwerbehinderter Menschen verantwortlich vertritt; falls erforderlich, können mehrere Inklusionsbeauftragte bestellt werden. $_{2}$Der Inklusionsbeauftragte soll nach Möglichkeit selbst ein schwerbehinderter Mensch sein. $_{3}$Der Inklusionsbeauftragte achtet vor allem darauf, dass dem Arbeitgeber obliegende Verpflichtungen erfüllt werden.

§ 182 Zusammenarbeit

(1) Arbeitgeber, Inklusionsbeauftragter des Arbeitgebers, Schwerbehindertenvertretung und Betriebs-, Personal-, Richter-, Staatsanwalts- oder Präsidialrat arbeiten zur Teilhabe schwerbehinderter Menschen am Arbeitsleben in dem Betrieb oder der Dienststelle eng zusammen.

(2) $_{1}$Die in Absatz 1 genannten Personen und Vertretungen, die mit der Durchführung dieses Teils beauftragten Stellen und die Rehabilitationsträger unterstützen sich gegenseitig bei der Erfüllung ihrer Aufgaben. $_{2}$Vertrauensperson und Inklusionsbeauftragter des Arbeitgebers sind Verbindungspersonen zur Bundesagentur für Arbeit und zu dem Integrationsamt.

§ 183 Verordnungsermächtigung

Die Bundesregierung wird ermächtigt, durch Rechtsverordnung mit Zustimmung des Bundesrates nähere Vorschriften über die Vorbereitung und Durchführung der Wahl der Schwerbehindertenvertretung und ihrer Stufenvertretungen zu erlassen.

Kapitel 6
Durchführung der besonderen Regelungen zur Teilhabe schwerbehinderter Menschen

§ 184 Zusammenarbeit der Integrationsämter und der Bundesagentur für Arbeit

(1) Soweit die besonderen Regelungen zur Teilhabe schwerbehinderter Menschen am Arbeitsleben nicht durch freie Entschließung der Arbeitgeber erfüllt werden, werden sie

1. in den Ländern von dem Amt für die Sicherung der Integration schwerbehinderter Menschen im Arbeitsleben (Integrationsamt) und
2. von der Bundesagentur für Arbeit

in enger Zusammenarbeit durchgeführt.

(2) Die den Rehabilitationsträgern nach den geltenden Vorschriften obliegenden Aufgaben bleiben unberührt.

§ 185 Aufgaben des Integrationsamtes

(1) $_{1}$Das Integrationsamt hat folgende Aufgaben:

1. die Erhebung und Verwendung der Ausgleichsabgabe,
2. den Kündigungsschutz,
3. die begleitende Hilfe im Arbeitsleben,
4. die zeitweilige Entziehung der besonderen Hilfen für schwerbehinderte Menschen (§ 200).

$_{2}$Die Integrationsämter werden so ausgestattet, dass sie ihre Aufgaben umfassend und qualifiziert erfüllen können. $_{3}$Hierfür wird besonders geschultes Personal mit Fachkenntnissen des Schwerbehindertenrechts eingesetzt.

(2) 1Die begleitende Hilfe im Arbeitsleben wird in enger Zusammenarbeit mit der Bundesagentur für Arbeit und den übrigen Rehabilitationsträgern durchgeführt. 2Sie soll dahingehend wirken, dass die schwerbehinderten Menschen in ihrer sozialen Stellung nicht absinken, auf Arbeitsplätzen beschäftigt werden, auf denen sie ihre Fähigkeiten und Kenntnisse voll verwerten und weiterentwickeln können sowie durch Leistungen der Rehabilitationsträger und Maßnahmen der Arbeitgeber befähigt werden, sich am Arbeitsplatz und im Wettbewerb mit nichtbehinderten Menschen zu behaupten. 3Dabei gelten als Arbeitsplätze auch Stellen, auf denen Beschäftigte befristet oder als Teilzeitbeschäftigte in einem Umfang von mindestens 15 Stunden, in Inklusionsbetrieben mindestens zwölf Stunden wöchentlich beschäftigt werden. 4Die begleitende Hilfe im Arbeitsleben umfasst auch die nach den Umständen des Einzelfalles notwendige psychosoziale Betreuung schwerbehinderter Menschen. 5Das Integrationsamt kann bei der Durchführung der begleitenden Hilfen im Arbeitsleben Integrationsfachdienste einschließlich psychosozialer Dienste freier gemeinnütziger Einrichtungen und Organisationen beteiligen. 6Das Integrationsamt soll außerdem darauf Einfluss nehmen, dass Schwierigkeiten im Arbeitsleben verhindert oder beseitigt werden; es führt hierzu auch Schulungs- und Bildungsmaßnahmen für Vertrauenspersonen, Inklusionsbeauftragte der Arbeitgeber, Betriebs-, Personal-, Richter-, Staatsanwalts- und Präsidialräte durch. 7Das Integrationsamt benennt in enger Abstimmung mit den Beteiligten des örtlichen Arbeitsmarktes Ansprechpartner, die in Handwerks- sowie in Industrie- und Handelskammern für die Arbeitgeber zur Verfügung stehen, um sie über Funktion und Aufgaben der Integrationsfachdienste aufzuklären, über Möglichkeiten der begleitenden Hilfe im Arbeitsleben zu informieren und Kontakt zum Integrationsfachdienst herzustellen.

(3) Das Integrationsamt kann im Rahmen seiner Zuständigkeit für die begleitende Hilfe im Arbeitsleben aus den ihm zur Verfügung stehenden Mitteln auch Geldleistungen erbringen, insbesondere

1. an schwerbehinderte Menschen
   a) für technische Arbeitshilfen,
   b) zum Erreichen des Arbeitsplatzes,
   c) zur Gründung und Erhaltung einer selbständigen beruflichen Existenz,
   d) zur Beschaffung, Ausstattung und Erhaltung einer behinderungsgerechten Wohnung,
   e) zur Teilnahme an Maßnahmen zur Erhaltung und Erweiterung beruflicher Kenntnisse und Fertigkeiten und
   f) in besonderen Lebenslagen,
2. an Arbeitgeber
   a) zur behinderungsgerechten Einrichtung von Arbeits- und Ausbildungsplätzen für schwerbehinderte Menschen,
   b) für Zuschüsse zu Gebühren, insbesondere Prüfungsgebühren, bei der Berufsausbildung besonders betroffener schwerbehinderter Jugendlicher und junger Erwachsener,
   c) für Prämien und Zuschüsse zu den Kosten der Berufsausbildung behinderter Jugendlicher und junger Erwachsener, die für die Zeit der Berufsausbildung schwerbehinderten Menschen nach § 151 Absatz 4 gleichgestellt worden sind,
   d) für Prämien zur Einführung eines betrieblichen Eingliederungsmanagements und
   e) für außergewöhnliche Belastungen, die mit der Beschäftigung schwerbehinderter Menschen im Sinne des § 155 Absatz 1 Nummer 1 Buchstabe a bis d, von schwerbehinderten Menschen im Anschluss an eine Beschäftigung in einer anerkannten Werkstatt für behinderte Menschen oder im Sinne des § 158 Absatz 2 verbunden sind, vor allem, wenn ohne diese Leistungen das Beschäftigungsverhältnis gefährdet würde,
3. an Träger von Integrationsfachdiensten einschließlich psychosozialer Dienste freier gemeinnütziger Einrichtungen und Organisationen sowie an Träger von Inklusionsbetrieben,
4. zur Durchführung von Aufklärungs-, Schulungs- und Bildungsmaßnahmen,

5

5. nachrangig zur beruflichen Orientierung,
6. zur Deckung eines Teils der Aufwendungen für ein Budget für Arbeit.

(4) Schwerbehinderte Menschen haben im Rahmen der Zuständigkeit des Integrationsamtes aus den ihm aus der Ausgleichsabgabe zur Verfügung stehenden Mitteln Anspruch auf Übernahme der Kosten einer Berufsbegleitung nach § 55 Absatz 3.

(5) Schwerbehinderte Menschen haben im Rahmen der Zuständigkeit des Integrationsamtes für die begleitende Hilfe im Arbeitsleben aus den ihm aus der Ausgleichsabgabe zur Verfügung stehenden Mitteln Anspruch auf Übernahme der Kosten einer notwendigen Arbeitsassistenz.

5

(6) 1Verpflichtungen anderer werden durch die Absätze 3 bis 5 nicht berührt. 2Leistungen der Rehabilitationsträger nach § 6 Absatz 1 Nummer 1 bis 5 dürfen, auch wenn auf sie ein Rechtsanspruch nicht besteht, nicht deshalb versagt werden, weil nach den besonderen Regelungen für schwerbehinderte Menschen entsprechende Leistungen vorgesehen sind; eine Aufstockung durch Leistungen des Integrationsamtes findet nicht statt.

(7) 1Die §§ 14, 15 Absatz 1, die §§ 16 und 17 gelten sinngemäß, wenn bei dem Integrationsamt eine Leistung zur Teilhabe am Arbeitsleben beantragt wird. 2Das Gleiche gilt, wenn ein Antrag bei einem Rehabilitationsträger gestellt und der Antrag von diesem nach § 16 Absatz 2 des Ersten Buches an das Integrationsamt weitergeleitet worden ist. 3Ist die unverzügliche Erbringung einer Leistung zur Teilhabe am Arbeitsleben erforderlich, so kann das Integrationsamt die Leistung vorläufig erbringen. 4Hat das Integrationsamt eine Leistung erbracht, für die ein anderer Träger zuständig ist, so erstattet dieser die auf die Leistung entfallenden Aufwendungen.

(8) 1Auf Antrag führt das Integrationsamt seine Leistungen zur begleitenden Hilfe im Arbeitsleben als Persönliches Budget aus. 2§ 29 gilt entsprechend.

§ 186 Beratender Ausschuss für behinderte Menschen bei dem Integrationsamt

(1) 1Bei jedem Integrationsamt wird ein Beratender Ausschuss für behinderte Menschen gebildet, der die Teilhabe der behinderten Menschen am Arbeitsleben fördert, das Integrationsamt bei der Durchführung der besonderen Regelungen für schwerbehinderte Menschen zur Teilhabe am Arbeitsleben unterstützt und bei der Vergabe der Mittel der Ausgleichsabgabe mitwirkt. 2Soweit die Mittel der Ausgleichsabgabe zur institutionellen Förderung verwendet werden, macht der Beratende Ausschuss Vorschläge für die Entscheidungen des Integrationsamtes.

(2) Der Ausschuss besteht aus zehn Mitgliedern, und zwar aus

1. zwei Mitgliedern, die die Arbeitnehmerinnen und Arbeitnehmer vertreten,
2. zwei Mitgliedern, die die privaten und öffentlichen Arbeitgeber vertreten,
3. vier Mitgliedern, die die Organisationen behinderter Menschen vertreten,
4. einem Mitglied, das das jeweilige Land vertritt,
5. einem Mitglied, das die Bundesagentur für Arbeit vertritt.

(3) 1Für jedes Mitglied ist eine Stellvertreterin oder ein Stellvertreter zu berufen. 2Mitglieder und Stellvertreterinnen oder Stellvertreter sollen im Bezirk des Integrationsamtes ihren Wohnsitz haben.

(4) 1Das Integrationsamt beruft auf Vorschlag

1. der Gewerkschaften des jeweiligen Landes zwei Mitglieder,
2. der Arbeitgeberverbände des jeweiligen Landes ein Mitglied,
3. der zuständigen obersten Landesbehörde oder der von ihr bestimmten Behörde ein Mitglied,
4. der Organisationen behinderter Menschen des jeweiligen Landes, die nach der Zusammensetzung ihrer Mitglieder dazu berufen sind, die behinderten Menschen in ihrer Gesamtheit zu vertreten, vier Mitglieder.

2Die zuständige oberste Landesbehörde oder die von ihr bestimmte Behörde und die Bundesagentur für Arbeit berufen je ein Mitglied.

§ 187 Aufgaben der Bundesagentur für Arbeit

(1) Die Bundesagentur für Arbeit hat folgende Aufgaben:

1. die Berufsberatung, Ausbildungsvermittlung und Arbeitsvermittlung schwerbehinderter Menschen einschließlich der Vermittlung von in Werkstätten für behinderte Menschen Beschäftigten auf den allgemeinen Arbeitsmarkt,
2. die Beratung der Arbeitgeber bei der Besetzung von Ausbildungs- und Arbeitsplätzen mit schwerbehinderten Menschen,
3. die Förderung der Teilhabe schwerbehinderter Menschen am Arbeitsleben auf dem allgemeinen Arbeitsmarkt, insbesondere von schwerbehinderten Menschen,
   a) die wegen Art oder Schwere ihrer Behinderung oder sonstiger Umstände im Arbeitsleben besonders betroffen sind (§ 155 Absatz 1),
   b) die langzeitarbeitslos im Sinne des § 18 des Dritten Buches sind,
   c) die im Anschluss an eine Beschäftigung in einer anerkannten Werkstatt für behinderte Menschen, bei einem anderen Leistungsanbieter (§ 60) oder einem Inklusionsbetrieb eingestellt werden,
   d) die als Teilzeitbeschäftigte eingestellt werden oder
   e) die zur Aus- oder Weiterbildung eingestellt werden,
4. im Rahmen von Arbeitsbeschaffungsmaßnahmen die besondere Förderung schwerbehinderter Menschen,
5. die Gleichstellung, deren Widerruf und Rücknahme,
6. die Durchführung des Anzeigeverfahrens (§ 163 Absatz 2 und 4),
7. die Überwachung der Erfüllung der Beschäftigungspflicht,
8. die Zulassung der Anrechnung und der Mehrfachanrechnung (§ 158 Absatz 2, § 159 Absatz 1 und 2),
9. die Erfassung der Werkstätten für behinderte Menschen, ihre Anerkennung und die Aufhebung der Anerkennung.

(2) $_1$Die Bundesagentur für Arbeit übermittelt dem Bundesministerium für Arbeit und Soziales jährlich die Ergebnisse ihrer Förderung der Teilhabe schwerbehinderter Menschen am Arbeitsleben auf dem allgemeinen Arbeitsmarkt nach dessen näherer Bestimmung und fachlicher Weisung. $_2$Zu den Ergebnissen gehören Angaben über die Zahl der geförderten Arbeitgeber und schwerbehinderten Menschen, die insgesamt aufgewandten Mittel und die durchschnittlichen Förderungsbeträge. $_3$Die Bundesagentur für Arbeit veröffentlicht diese Ergebnisse.

(3) $_1$Die Bundesagentur für Arbeit führt befristete überregionale und regionale Arbeitsmarktprogramme zum Abbau der Arbeitslosigkeit schwerbehinderter Menschen, besonderer Gruppen schwerbehinderter Menschen, insbesondere schwerbehinderter Frauen, sowie zur Förderung des Ausbildungsplatzangebots für schwerbehinderte Menschen durch, die ihr durch Verwaltungsvereinbarung gemäß § 368 Absatz 3 Satz 2 und Absatz 4 des Dritten Buches unter Zuweisung der entsprechenden Mittel übertragen werden. $_2$Über den Abschluss von Verwaltungsvereinbarungen mit den Ländern ist das Bundesministerium für Arbeit und Soziales zu unterrichten.

(4) Die Bundesagentur für Arbeit richtet zur Durchführung der ihr in diesem Teil und der ihr im Dritten Buch zur Teilhabe behinderter und schwerbehinderter Menschen am Arbeitsleben übertragenen Aufgaben in allen Agenturen für Arbeit besondere Stellen ein; bei der personellen Ausstattung dieser Stellen trägt sie dem besonderen Aufwand bei der Beratung und Vermittlung des zu betreuenden Personenkreises sowie bei der Durchführung der sonstigen Aufgaben nach Absatz 1 Rechnung.

(5) Im Rahmen der Beratung der Arbeitgeber nach Absatz 1 Nummer 2 hat die Bundesagentur für Arbeit

1. dem Arbeitgeber zur Besetzung von Arbeitsplätzen geeignete arbeitslose oder arbeitssuchende schwerbehinderte Menschen unter Darlegung der Leistungsfähigkeit und der Auswirkungen der jeweiligen Behinderung auf die angebotene Stelle vorzuschlagen,
2. ihre Fördermöglichkeiten aufzuzeigen, soweit möglich und erforderlich, auch die entsprechenden Hilfen der Rehabilitationsträger und der begleitenden Hilfe im Arbeitsleben durch die Integrationsämter.

5

§ 188 Beratender Ausschuss für behinderte Menschen bei der Bundesagentur für Arbeit

(1) Bei der Zentrale der Bundesagentur für Arbeit wird ein Beratender Ausschuss für behinderte Menschen gebildet, der die Teilhabe der behinderten Menschen am Arbeitsleben durch Vorschläge fördert und die Bundesagentur für Arbeit bei der Durchführung der in diesem Teil und im Dritten Buch zur Teilhabe behinderter und schwerbehinderter Menschen am Arbeitsleben übertragenen Aufgaben unterstützt.

(2) Der Ausschuss besteht aus elf Mitgliedern, und zwar aus

1. zwei Mitgliedern, die die Arbeitnehmerinnen und Arbeitnehmer vertreten,
2. zwei Mitgliedern, die die privaten und öffentlichen Arbeitgeber vertreten,
3. fünf Mitgliedern, die die Organisationen behinderter Menschen vertreten,
4. einem Mitglied, das die Integrationsämter vertritt,
5. einem Mitglied, das das Bundesministerium für Arbeit und Soziales vertritt.

(3) Für jedes Mitglied ist eine Stellvertreterin oder ein Stellvertreter zu berufen.

(4) $_{1}$Der Vorstand der Bundesagentur für Arbeit beruft die Mitglieder, die Arbeitnehmer und Arbeitgeber vertreten, auf Vorschlag ihrer Gruppenvertreter im Verwaltungsrat der Bundesagentur für Arbeit. $_{2}$Er beruft auf Vorschlag der Organisationen behinderter Menschen, die nach der Zusammensetzung ihrer Mitglieder dazu berufen sind, die behinderten Menschen in ihrer Gesamtheit auf Bundesebene zu vertreten, die Mitglieder, die Organisationen der behinderten Menschen vertreten. $_{3}$Auf Vorschlag der Bundesarbeitsgemeinschaft der Integrationsämter und Hauptfürsorgestellen beruft er das Mitglied, das die Integrationsämter vertritt, und auf Vorschlag des Bundesministeriums für Arbeit und Soziales das Mitglied, das dieses vertritt.

§ 189 Gemeinsame Vorschriften

(1) $_{1}$Die Beratenden Ausschüsse für behinderte Menschen (§§ 186, 188) wählen aus den ihnen angehörenden Mitgliedern von Seiten der Arbeitnehmer, Arbeitgeber oder Organisationen behinderter Menschen jeweils für die Dauer eines Jahres eine Vorsitzende oder einen Vorsitzenden und eine Stellvertreterin oder einen Stellvertreter. $_{2}$Die Gewählten dürfen nicht derselben Gruppe angehören. $_{3}$Die Gruppen stellen in regelmäßig jährlich wechselnder Reihenfolge die Vorsitzende oder den Vorsitzenden und die Stellvertreterin oder den Stellvertreter. $_{4}$Die Reihenfolge wird durch die Beendigung der Amtszeit der Mitglieder nicht unterbrochen. $_{5}$Scheidet die Vorsitzende oder der Vorsitzende oder die Stellvertreterin oder der Stellvertreter aus, wird sie oder er neu gewählt.

(2) $_{1}$Die Beratenden Ausschüsse für behinderte Menschen sind beschlussfähig, wenn wenigstens die Hälfte der Mitglieder anwesend ist. $_{2}$Die Beschlüsse und Entscheidungen werden mit einfacher Stimmenmehrheit getroffen.

(3) $_{1}$Die Mitglieder der Beratenden Ausschüsse für behinderte Menschen üben ihre Tätigkeit ehrenamtlich aus. $_{2}$Ihre Amtszeit beträgt vier Jahre.

§ 190 Übertragung von Aufgaben

(1) $_{1}$Die Landesregierung oder die von ihr bestimmte Stelle kann die Verlängerung der Gültigkeitsdauer der Ausweise nach § 152 Absatz 5, für die eine Feststellung nach § 152 Absatz 1 nicht zu treffen ist, auf andere Behörden übertragen. $_{2}$Im Übrigen kann sie andere Behörden zur Aushändigung der Ausweise heranziehen.

(2) Die Landesregierung oder die von ihr bestimmte Stelle kann Aufgaben und Befugnisse des Integrationsamtes nach diesem Teil auf örtliche Fürsorgestellen übertragen oder die Heranziehung örtlicher Fürsorgestellen zur Durchführung der den Integrationsämtern obliegenden Aufgaben bestimmen.

§ 191 Verordnungsermächtigung

Die Bundesregierung wird ermächtigt, durch Rechtsverordnung mit Zustimmung des Bundesrates das Nähere über die Voraussetzungen des Anspruchs nach § 49 Absatz 8 Nummer 3 und § 185 Absatz 5 sowie über die Höhe, Dauer und Ausführung der Leistungen zu regeln.

Kapitel 7
Integrationsfachdienste

§ 192 Begriff und Personenkreis

(1) Integrationsfachdienste sind Dienste Dritter, die bei der Durchführung der Maßnahmen zur Teilhabe schwerbehinderter Menschen am Arbeitsleben beteiligt werden.

(2) Schwerbehinderte Menschen im Sinne des Absatzes 1 sind insbesondere

1. schwerbehinderte Menschen mit einem besonderen Bedarf an arbeitsbegleitender Betreuung,
2. schwerbehinderte Menschen, die nach zielgerichteter Vorbereitung durch die Werkstatt für behinderte Menschen am Arbeitsleben auf dem allgemeinen Arbeitsmarkt teilhaben sollen und dabei auf aufwendige, personalintensive, individuelle arbeitsbegleitende Hilfen angewiesen sind sowie
3. schwerbehinderte Schulabgänger, die für die Aufnahme einer Beschäftigung auf dem allgemeinen Arbeitsmarkt auf die Unterstützung eines Integrationsfachdienstes angewiesen sind.

(3) Ein besonderer Bedarf an arbeits- und berufsbegleitender Betreuung ist insbesondere gegeben bei schwerbehinderten Menschen mit geistiger oder seelischer Behinderung oder mit einer schweren Körper-, Sinnes- oder Mehrfachbehinderung, die sich im Arbeitsleben besonders nachteilig auswirkt und allein oder zusammen mit weiteren vermittlungshemmenden Umständen (Alter, Langzeitarbeitslosigkeit, unzureichende Qualifikation, Leistungsminderung) die Teilhabe am Arbeitsleben auf dem allgemeinen Arbeitsmarkt erschwert.

(4) $_1$Der Integrationsfachdienst kann im Rahmen der Aufgabenstellung nach Absatz 1 auch zur beruflichen Eingliederung von behinderten Menschen, die nicht schwerbehindert sind, tätig werden. $_2$Hierbei wird den besonderen Bedürfnissen seelisch behinderter oder von einer seelischen Behinderung bedrohter Menschen Rechnung getragen.

§ 193 Aufgaben

(1) Die Integrationsfachdienste können zur Teilhabe schwerbehinderter Menschen am Arbeitsleben (Aufnahme, Ausübung und Sicherung einer möglichst dauerhaften Beschäftigung) beteiligt werden, indem sie

1. die schwerbehinderten Menschen beraten, unterstützen und auf geeignete Arbeitsplätze vermitteln,
2. die Arbeitgeber informieren, beraten und ihnen Hilfe leisten.

(2) Zu den Aufgaben des Integrationsfachdienstes gehört es,

1. die Fähigkeiten der zugewiesenen schwerbehinderten Menschen zu bewerten und einzuschätzen und dabei ein individuelles Fähigkeits-, Leistungs- und Interessenprofil zur Vorbereitung auf den allgemeinen Arbeitsmarkt in enger Kooperation mit den schwerbehinderten Menschen, dem Auftraggeber und der abgebenden Einrichtung der schulischen oder beruflichen Bildung oder Rehabilitation zu erarbeiten,
2. die Bundesagentur für Arbeit auf deren Anforderung bei der Berufsorientierung und Berufsberatung in den Schulen einschließlich der auf jeden einzelnen Jugendlichen bezogenen Dokumentation der Ergebnisse zu unterstützen,
3. die betriebliche Ausbildung schwerbehinderter, insbesondere seelisch und lernbehinderter, Jugendlicher zu begleiten,
4. geeignete Arbeitsplätze (§ 156) auf dem allgemeinen Arbeitsmarkt zu erschließen,
5. die schwerbehinderten Menschen auf die vorgesehenen Arbeitsplätze vorzubereiten,
6. die schwerbehinderten Menschen, solange erforderlich, am Arbeitsplatz oder beim Training der berufspraktischen Fähigkeiten am konkreten Arbeitsplatz zu begleiten,
7. mit Zustimmung des schwerbehinderten Menschen die Mitarbeiter im Betrieb oder in der Dienststelle über Art und Auswirkungen der Behinderung und über entsprechende Verhaltensregeln zu informieren und zu beraten,
8. eine Nachbetreuung, Krisenintervention oder psychosoziale Betreuung durchzuführen sowie

5

9. als Ansprechpartner für die Arbeitgeber zur Verfügung zu stehen, über die Leistungen für die Arbeitgeber zu informieren und für die Arbeitgeber diese Leistungen abzuklären,
10. in Zusammenarbeit mit den Rehabilitationsträgern und den Integrationsämtern die für den schwerbehinderten Menschen benötigten Leistungen zu klären und bei der Beantragung zu unterstützen.

§ 194 Beauftragung und Verantwortlichkeit

(1) $_1$Die Integrationsfachdienste werden im Auftrag der Integrationsämter oder der Rehabilitationsträger tätig. $_2$Diese bleiben für die Ausführung der Leistung verantwortlich.

(2) Im Auftrag legt der Auftraggeber in Abstimmung mit dem Integrationsfachdienst Art, Umfang und Dauer des im Einzelfall notwendigen Einsatzes des Integrationsfachdienstes sowie das Entgelt fest.

(3) Der Integrationsfachdienst arbeitet insbesondere mit

1. den zuständigen Stellen der Bundesagentur für Arbeit,
2. dem Integrationsamt,
3. dem zuständigen Rehabilitationsträger, insbesondere den Berufshelfern der gesetzlichen Unfallversicherung,
4. dem Arbeitgeber, der Schwerbehindertenvertretung und den anderen betrieblichen Interessenvertretungen,
5. der abgebenden Einrichtung der schulischen oder beruflichen Bildung oder Rehabilitation mit ihren begleitenden Diensten und internen Integrationsfachkräften oder -diensten zur Unterstützung von Teilnehmenden an Leistungen zur Teilhabe am Arbeitsleben,
6. den Handwerks-, den Industrie- und Handelskammern sowie den berufsständigen Organisationen,
7. wenn notwendig, auch mit anderen Stellen und Personen,

eng zusammen.

(4) $_1$Näheres zur Beauftragung, Zusammenarbeit, fachlichen Leitung, Aufsicht sowie zur Qualitätssicherung und Ergebnisbeobachtung wird zwischen dem Auftraggeber und dem Träger des Integrationsfachdienstes vertraglich geregelt. $_2$Die Vereinbarungen sollen im Interesse finanzieller Planungssicherheit auf eine Dauer von mindestens drei Jahren abgeschlossen werden.

(5) Die Integrationsämter wirken darauf hin, dass die berufsbegleitenden und psychosozialen Dienste bei den von ihnen beauftragten Integrationsfachdiensten konzentriert werden.

§ 195 Fachliche Anforderungen

(1) Die Integrationsfachdienste müssen

1. nach der personellen, räumlichen und sächlichen Ausstattung in der Lage sein, ihre gesetzlichen Aufgaben wahrzunehmen,
2. über Erfahrungen mit dem zu unterstützenden Personenkreis (§ 192 Absatz 2) verfügen,
3. mit Fachkräften ausgestattet sein, die über eine geeignete Berufsqualifikation, eine psychosoziale oder arbeitspädagogische Zusatzqualifikation und ausreichende Berufserfahrung verfügen, sowie
4. rechtlich oder organisatorisch und wirtschaftlich eigenständig sein.

(2) $_1$Der Personalbedarf eines Integrationsfachdienstes richtet sich nach den konkreten Bedürfnissen unter Berücksichtigung der Zahl der Betreuungs- und Beratungsfälle, des durchschnittlichen Betreuungs- und Beratungsaufwands, der Größe des regionalen Einzugsbereichs und der Zahl der zu beratenden Arbeitgeber. $_2$Den besonderen Bedürfnissen besonderer Gruppen schwerbehinderter Menschen, insbesondere schwerbehinderter Frauen, und der Notwendigkeit einer psychosozialen Betreuung soll durch eine Differenzierung innerhalb des Integrationsfachdienstes Rechnung getragen werden.

(3) $_1$Bei der Stellenbesetzung des Integrationsfachdienstes werden schwerbehinderte Menschen bevorzugt berücksichtigt. $_2$Dabei wird ein angemessener Anteil der Stellen mit schwerbehinderten Frauen besetzt.

§ 196 Finanzielle Leistungen

(1) $_1$Die Inanspruchnahme von Integrationsfachdiensten wird vom Auftraggeber vergütet. $_2$Die Vergütung für die Inanspruchnahme von Integrationsfachdiensten kann bei Beauf-

tragung durch das Integrationsamt aus Mitteln der Ausgleichsabgabe erbracht werden.

(2) Die Bezahlung tarifvertraglich vereinbarter Vergütungen sowie entsprechender Vergütungen nach kirchlichen Arbeitsrechtsregelungen kann bei der Beauftragung von Integrationsfachdiensten nicht als unwirtschaftlich abgelehnt werden.

(3) 1Die Bundesarbeitsgemeinschaft der Integrationsämter und Hauptfürsorgestellen vereinbart mit den Rehabilitationsträgern nach § 6 Absatz 1 Nummer 2 bis 5 unter Beteiligung der maßgeblichen Verbände, darunter der Bundesarbeitsgemeinschaft, in der sich die Integrationsfachdienste zusammengeschlossen haben, eine gemeinsame Empfehlung zur Inanspruchnahme der Integrationsfachdienste durch die Rehabilitationsträger, zur Zusammenarbeit und zur Finanzierung der Kosten, die dem Integrationsfachdienst bei der Wahrnehmung der Aufgaben der Rehabilitationsträger entstehen. 2§ 26 Absatz 7 und 8 gilt entsprechend.

§ 197 Ergebnisbeobachtung

(1) 1Der Integrationsfachdienst dokumentiert Verlauf und Ergebnis der jeweiligen Bemühungen um die Förderung der Teilhabe am Arbeitsleben. 2Er erstellt jährlich eine zusammenfassende Darstellung der Ergebnisse und legt diese den Auftraggebern nach deren näherer gemeinsamer Maßgabe vor. 3Diese Zusammenstellung soll insbesondere geschlechtsdifferenzierte Angaben enthalten zu

1. den Zu- und Abgängen an Betreuungsfällen im Kalenderjahr,
2. dem Bestand an Betreuungsfällen,
3. der Zahl der abgeschlossenen Fälle, differenziert nach Aufnahme einer Ausbildung, einer befristeten oder unbefristeten Beschäftigung, einer Beschäftigung in einem Integrationsprojekt oder in einer Werkstatt für behinderte Menschen.

(2) Der Integrationsfachdienst dokumentiert auch die Ergebnisse seiner Bemühungen zur Unterstützung der Bundesagentur für Arbeit und die Begleitung der betrieblichen Ausbildung nach § 193 Absatz 2 Nummer 4 und 5 unter Einbeziehung geschlechtsdifferenzierter Daten und Besonderheiten sowie der Art der Behinderung.

§ 198 Verordnungsermächtigung

(1) Das Bundesministerium für Arbeit und Soziales wird ermächtigt, durch Rechtsverordnung mit Zustimmung des Bundesrates das Nähere über den Begriff und die Aufgaben des Integrationsfachdienstes, die für sie geltenden fachlichen Anforderungen und die finanziellen Leistungen zu regeln.

(2) Vereinbaren die Bundesarbeitsgemeinschaft der Integrationsämter und Hauptfürsorgestellen und die Rehabilitationsträger nicht innerhalb von sechs Monaten, nachdem das Bundesministerium für Arbeit und Soziales sie dazu aufgefordert hat, eine gemeinsame Empfehlung nach § 196 Absatz 3 oder ändern sie die unzureichend gewordene Empfehlung nicht innerhalb dieser Frist, kann das Bundesministerium für Arbeit und Soziales Regelungen durch Rechtsverordnung mit Zustimmung des Bundesrates erlassen.

5

Kapitel 8
Beendigung der Anwendung der besonderen Regelungen zur Teilhabe schwerbehinderter und gleichgestellter behinderter Menschen

§ 199 Beendigung der Anwendung der besonderen Regelungen zur Teilhabe schwerbehinderter Menschen

(1) Die besonderen Regelungen für schwerbehinderte Menschen werden nicht angewendet nach dem Wegfall der Voraussetzungen nach § 2 Absatz 2; wenn sich der Grad der Behinderung auf weniger als 50 verringert, jedoch erst am Ende des dritten Kalendermonats nach Eintritt der Unanfechtbarkeit des die Verringerung feststellenden Bescheides.

(2) 1Die besonderen Regelungen für gleichgestellte behinderte Menschen werden nach dem Widerruf oder der Rücknahme der Gleichstellung nicht mehr angewendet. 2Der Widerruf der Gleichstellung ist zulässig, wenn die Voraussetzungen nach § 2 Absatz 3 in Verbindung mit § 151 Absatz 2 weggefallen sind. 3Er wird erst am Ende des dritten Kalendermonats nach Eintritt seiner Unanfechtbarkeit wirksam.

(3) Bis zur Beendigung der Anwendung der besonderen Regelungen für schwerbehinderte Menschen und ihnen gleichgestellte behinderte Menschen werden die behinderten Menschen dem Arbeitgeber auf die Zahl der Pflichtarbeitsplätze für schwerbehinderte Menschen angerechnet.

§ 200 Entziehung der besonderen Hilfen für schwerbehinderte Menschen

(1) $_{1}$Einem schwerbehinderten Menschen, der einen zumutbaren Arbeitsplatz ohne berechtigten Grund zurückweist oder aufgibt oder sich ohne berechtigten Grund weigert, an einer Maßnahme zur Teilhabe am Arbeitsleben teilzunehmen, oder sonst durch sein Verhalten seine Teilhabe am Arbeitsleben schuldhaft vereitelt, kann das Integrationsamt im Benehmen mit der Bundesagentur für Arbeit die besonderen Hilfen für schwerbehinderte Menschen zeitweilig entziehen. $_{2}$Dies gilt auch für gleichgestellte behinderte Menschen.

(2) $_{1}$Vor der Entscheidung über die Entziehung wird der schwerbehinderte Mensch gehört. $_{2}$In der Entscheidung wird die Frist bestimmt, für die sie gilt. $_{3}$Die Frist läuft vom Tag der Entscheidung an und beträgt nicht mehr als sechs Monate. $_{4}$Die Entscheidung wird dem schwerbehinderten Menschen bekannt gegeben.

Kapitel 9
Widerspruchsverfahren

§ 201 Widerspruch

(1) $_{1}$Den Widerspruchsbescheid nach § 73 der Verwaltungsgerichtsordnung erlässt bei Verwaltungsakten der Integrationsämter und bei Verwaltungsakten der örtlichen Fürsorgestellen (§ 190 Absatz 2) der Widerspruchsausschuss bei dem Integrationsamt (§ 202). $_{2}$Des Vorverfahrens bedarf es auch, wenn den Verwaltungsakt ein Integrationsamt erlassen hat, das bei einer obersten Landesbehörde besteht.

(2) Den Widerspruchsbescheid nach § 85 des Sozialgerichtsgesetzes erlässt bei Verwaltungsakten, welche die Bundesagentur für Arbeit auf Grund dieses Teils erlässt, der Widerspruchsausschuss der Bundesagentur für Arbeit.

§ 202 Widerspruchsausschuss bei dem Integrationsamt

(1) Bei jedem Integrationsamt besteht ein Widerspruchsausschuss aus sieben Mitgliedern, und zwar aus zwei Mitgliedern, die schwerbehinderte Arbeitnehmer oder Arbeitnehmerinnen sind, zwei Mitgliedern, die Arbeitgeber sind, einem Mitglied, das das Integrationsamt vertritt, einem Mitglied, das die Bundesagentur für Arbeit vertritt, einer Vertrauensperson schwerbehinderter Menschen.

(2) Für jedes Mitglied wird ein Stellvertreter oder eine Stellvertreterin berufen.

(3) $_{1}$Das Integrationsamt beruft auf Vorschlag der Organisationen behinderter Menschen des jeweiligen Landes die Mitglieder, die Arbeitnehmer sind, auf Vorschlag der jeweils für das Land zuständigen Arbeitgeberverbände die Mitglieder, die Arbeitgeber sind, sowie die Vertrauensperson. $_{2}$Die zuständige oberste Landesbehörde oder die von ihr bestimmte Behörde beruft das Mitglied, das das Integrationsamt vertritt. $_{3}$Die Bundesagentur für Arbeit beruft das Mitglied, das sie vertritt. $_{4}$Entsprechendes gilt für die Berufung des Stellvertreters oder der Stellvertreterin des jeweiligen Mitglieds.

(4) $_{1}$In Kündigungsangelegenheiten schwerbehinderter Menschen, die bei einer Dienststelle oder in einem Betrieb beschäftigt sind, der zum Geschäftsbereich des Bundesministeriums der Verteidigung gehört, treten an die Stelle der Mitglieder, die Arbeitgeber sind, Angehörige des öffentlichen Dienstes. $_{2}$Dem Integrationsamt werden ein Mitglied und sein Stellvertreter oder seine Stellvertreterin von den von der Bundesregierung bestimmten Bundesbehörden benannt. $_{3}$Eines der Mitglieder, die schwerbehinderte Arbeitnehmer oder Arbeitnehmerinnen sind, muss dem öffentlichen Dienst angehören.

(5) $_{1}$Die Amtszeit der Mitglieder der Widerspruchsausschüsse beträgt vier Jahre. $_{2}$Die Mitglieder der Ausschüsse üben ihre Tätigkeit unentgeltlich aus.

§ 203 Widerspruchsausschüsse der Bundesagentur für Arbeit

(1) Die Bundesagentur für Arbeit richtet Widerspruchsausschüsse ein, die aus sieben Mitgliedern bestehen, und zwar aus zwei

Mitgliedern, die schwerbehinderte Arbeitnehmer oder Arbeitnehmerinnen sind, zwei Mitgliedern, die Arbeitgeber sind, einem Mitglied, das das Integrationsamt vertritt, einem Mitglied, das die Bundesagentur für Arbeit vertritt, einer Vertrauensperson schwerbehinderter Menschen.

(2) Für jedes Mitglied wird ein Stellvertreter oder eine Stellvertreterin berufen.

(3) ₁Die Bundesagentur für Arbeit beruft

1. die Mitglieder, die Arbeitnehmer oder Arbeitnehmerinnen sind, auf Vorschlag der jeweils zuständigen Organisationen behinderter Menschen, der im Benehmen mit den jeweils zuständigen Gewerkschaften, die für die Vertretung der Arbeitnehmerinteressen wesentliche Bedeutung haben, gemacht wird,
2. die Mitglieder, die Arbeitgeber sind, auf Vorschlag der jeweils zuständigen Arbeitgeberverbände, soweit sie für die Vertretung von Arbeitgeberinteressen wesentliche Bedeutung haben, sowie
3. das Mitglied, das die Bundesagentur für Arbeit vertritt, und
4. die Vertrauensperson.

₂Die zuständige oberste Landesbehörde oder die von ihr bestimmte Behörde beruft das Mitglied, das das Integrationsamt vertritt. ₃Entsprechendes gilt für die Berufung des Stellvertreters oder der Stellvertreterin des jeweiligen Mitglieds.

(4) § 202 Absatz 5 gilt entsprechend.

§ 204 Verfahrensvorschriften

(1) Für den Widerspruchsausschuss bei dem Integrationsamt (§ 202) und die Widerspruchsausschüsse bei der Bundesagentur für Arbeit (§ 203) gilt § 189 Absatz 1 und 2 entsprechend.

(2) Im Widerspruchsverfahren nach Kapitel 4 werden der Arbeitgeber und der schwerbehinderte Mensch vor der Entscheidung gehört; in den übrigen Fällen verbleibt es bei der Anhörung des Widerspruchsführers.

(3) ₁Die Mitglieder der Ausschüsse können wegen Besorgnis der Befangenheit abgelehnt werden. ₂Über die Ablehnung entscheidet der Ausschuss, dem das Mitglied angehört.

Kapitel 10
Sonstige Vorschriften

§ 205 Vorrang der schwerbehinderten Menschen

Verpflichtungen zur bevorzugten Einstellung und Beschäftigung bestimmter Personenkreise nach anderen Gesetzen entbinden den Arbeitgeber nicht von der Verpflichtung zur Beschäftigung schwerbehinderter Menschen nach den besonderen Regelungen für schwerbehinderte Menschen.

§ 206 Arbeitsentgelt und Dienstbezüge

(1) ₁Bei der Bemessung des Arbeitsentgelts und der Dienstbezüge aus einem bestehenden Beschäftigungsverhältnis werden Renten und vergleichbare Leistungen, die wegen der Behinderung bezogen werden, nicht berücksichtigt. ₂Die völlige oder teilweise Anrechnung dieser Leistungen auf das Arbeitsentgelt oder die Dienstbezüge ist unzulässig.

(2) Absatz 1 gilt nicht für Zeiträume, in denen die Beschäftigung tatsächlich nicht ausgeübt wird und die Vorschriften über die Zahlung der Rente oder der vergleichbaren Leistung eine Anrechnung oder ein Ruhen vorsehen, wenn Arbeitsentgelt oder Dienstbezüge gezahlt werden.

§ 207 Mehrarbeit

Schwerbehinderte Menschen werden auf ihr Verlangen von Mehrarbeit freigestellt.

§ 208 Zusatzurlaub

(1) ₁Schwerbehinderte Menschen haben Anspruch auf einen bezahlten zusätzlichen Urlaub von fünf Arbeitstagen im Urlaubsjahr; verteilt sich die regelmäßige Arbeitszeit des schwerbehinderten Menschen auf mehr oder weniger als fünf Arbeitstage in der Kalenderwoche, erhöht oder vermindert sich der Zusatzurlaub entsprechend. ₂Soweit tarifliche, betriebliche oder sonstige Urlaubsregelungen für schwerbehinderte Menschen einen längeren Zusatzurlaub vorsehen, bleiben sie unberührt.

(2) ₁Besteht die Schwerbehinderteneigenschaft nicht während des gesamten Kalenderjahres, so hat der schwerbehinderte Mensch für jeden vollen Monat der im Beschäftigungsverhältnis vorliegenden Schwerbehinderteneigenschaft einen Anspruch auf

5

ein Zwölftel des Zusatzurlaubs nach Absatz 1 Satz 1. 2Bruchteile von Urlaubstagen, die mindestens einen halben Tag ergeben, sind auf volle Urlaubstage aufzurunden. 3Der so ermittelte Zusatzurlaub ist dem Erholungsurlaub hinzuzurechnen und kann bei einem nicht im ganzen Kalenderjahr bestehenden Beschäftigungsverhältnis nicht erneut gemindert werden.

(3) Wird die Eigenschaft als schwerbehinderter Mensch nach § 152 Absatz 1 und 2 rückwirkend festgestellt, finden auch für die Übertragbarkeit des Zusatzurlaubs in das nächste Kalenderjahr die dem Beschäftigungsverhältnis zugrunde liegenden urlaubsrechtlichen Regelungen Anwendung.

5

§ 209 Nachteilsausgleich

(1) Die Vorschriften über Hilfen für behinderte Menschen zum Ausgleich behinderungsbedingter Nachteile oder Mehraufwendungen (Nachteilsausgleich) werden so gestaltet, dass sie unabhängig von der Ursache der Behinderung der Art oder Schwere der Behinderung Rechnung tragen.

(2) Nachteilsausgleiche, die auf Grund bisher geltender Rechtsvorschriften erfolgen, bleiben unberührt.

§ 210 Beschäftigung schwerbehinderter Menschen in Heimarbeit

(1) Schwerbehinderte Menschen, die in Heimarbeit beschäftigt oder diesen gleichgestellt sind (§ 1 Absatz 1 und 2 des Heimarbeitsgesetzes) und in der Hauptsache für den gleichen Auftraggeber arbeiten, werden auf die Arbeitsplätze für schwerbehinderte Menschen dieses Auftraggebers angerechnet.

(2) 1Für in Heimarbeit beschäftigte und diesen gleichgestellte schwerbehinderte Menschen wird die in § 29 Absatz 2 des Heimarbeitsgesetzes festgelegte Kündigungsfrist von zwei Wochen auf vier Wochen erhöht; die Vorschrift des § 29 Absatz 7 des Heimarbeitsgesetzes ist sinngemäß anzuwenden. 2Der besondere Kündigungsschutz schwerbehinderter Menschen im Sinne des Kapitels 4 gilt auch für die in Satz 1 genannten Personen.

(3) 1Die Bezahlung des zusätzlichen Urlaubs der in Heimarbeit beschäftigten oder diesen gleichgestellten schwerbehinderten Menschen erfolgt nach den für die Bezahlung ihres sonstigen Urlaubs geltenden Berechnungsgrundsätzen. 2Sofern eine besondere Regelung nicht besteht, erhalten die schwerbehinderten Menschen als zusätzliches Urlaubsgeld 2 Prozent des in der Zeit vom 1. Mai des vergangenen bis zum 30. April des laufenden Jahres verdienten Arbeitsentgelts ausschließlich der Unkostenzuschläge.

(4) 1Schwerbehinderte Menschen, die als fremde Hilfskräfte eines Hausgewerbetreibenden oder eines Gleichgestellten beschäftigt werden (§ 2 Absatz 6 des Heimarbeitsgesetzes) können auf Antrag eines Auftraggebers auch auf dessen Pflichtarbeitsplätze für schwerbehinderte Menschen angerechnet werden, wenn der Arbeitgeber in der Hauptsache für diesen Auftraggeber arbeitet. 2Wird einem schwerbehinderten Menschen im Sinne des Satzes 1, dessen Anrechnung die Bundesagentur für Arbeit zugelassen hat, durch seinen Arbeitgeber gekündigt, weil der Auftraggeber die Zuteilung von Arbeit eingestellt oder die regelmäßige Arbeitsmenge erheblich herabgesetzt hat, erstattet der Auftraggeber dem Arbeitgeber die Aufwendungen für die Zahlung des regelmäßigen Arbeitsverdienstes an den schwerbehinderten Menschen bis zur rechtmäßigen Beendigung seines Arbeitsverhältnisses.

(5) Werden fremde Hilfskräfte eines Hausgewerbetreibenden oder eines Gleichgestellten (§ 2 Absatz 6 des Heimarbeitsgesetzes) einem Auftraggeber gemäß Absatz 4 auf seine Arbeitsplätze für schwerbehinderte Menschen angerechnet, erstattet der Auftraggeber die dem Arbeitgeber nach Absatz 3 entstehenden Aufwendungen.

(6) Die den Arbeitgeber nach § 163 Absatz 1 und 5 treffenden Verpflichtungen gelten auch für Personen, die Heimarbeit ausgeben.

§ 211 Schwerbehinderte Beamtinnen und Beamte, Richterinnen und Richter, Soldatinnen und Soldaten

(1) Die besonderen Vorschriften und Grundsätze für die Besetzung der Beamtenstellen sind unbeschadet der Geltung dieses Teils auch für schwerbehinderte Beamtinnen und Beamte so zu gestalten, dass die Einstellung und Beschäftigung schwerbehinderter Men-

schen gefördert und ein angemessener Anteil schwerbehinderter Menschen unter den Beamten und Beamtinnen erreicht wird.

(2) Absatz 1 gilt für Richterinnen und Richter entsprechend.

(3) 1Für die persönliche Rechtsstellung schwerbehinderter Soldatinnen und Soldaten gelten die §§ 2, 152, 176 bis 182, 199 Absatz 1 sowie die §§ 206, 208, 209 und 228 bis 230. 2Im Übrigen gelten für Soldatinnen und Soldaten die Vorschriften über die persönliche Rechtsstellung der schwerbehinderten Menschen, soweit sie mit den Besonderheiten des Dienstverhältnisses vereinbar sind.

§ 212 Unabhängige Tätigkeit

Soweit zur Ausübung einer unabhängigen Tätigkeit eine Zulassung erforderlich ist, soll schwerbehinderten Menschen, die eine Zulassung beantragen, bei fachlicher Eignung und Erfüllung der sonstigen gesetzlichen Voraussetzungen die Zulassung bevorzugt erteilt werden.

§ 213 Geheimhaltungspflicht

(1) Die Beschäftigten der Integrationsämter, der Bundesagentur für Arbeit, der Rehabilitationsträger sowie der von diesen Stellen beauftragten Integrationsfachdienste und die Mitglieder der Ausschüsse und des Beirates für die Teilhabe von Menschen mit Behinderungen (§ 86) und ihre Stellvertreterinnen oder Stellvertreter sowie zur Durchführung ihrer Aufgaben hinzugezogene Sachverständige sind verpflichtet,

1. über ihnen wegen ihres Amtes oder Auftrages bekannt gewordene persönliche Verhältnisse und Angelegenheiten von Beschäftigten auf Arbeitsplätzen für schwerbehinderte Menschen, die ihrer Bedeutung oder ihrem Inhalt nach einer vertraulichen Behandlung bedürfen, Stillschweigen zu bewahren und
2. ihnen wegen ihres Amtes oder Auftrages bekannt gewordene und vom Arbeitgeber ausdrücklich als geheimhaltungsbedürftig bezeichnete Betriebs- oder Geschäftsgeheimnisse nicht zu offenbaren und nicht zu verwerten.

(2) 1Diese Pflichten gelten auch nach dem Ausscheiden aus dem Amt oder nach Beendigung des Auftrages. 2Sie gelten nicht gegenüber der Bundesagentur für Arbeit, den Integrationsämtern und den Rehabilitationsträgern, soweit deren Aufgaben gegenüber schwerbehinderten Menschen es erfordern, gegenüber der Schwerbehindertenvertretung sowie gegenüber den in § 79 Absatz 1 des Betriebsverfassungsgesetzes und den in den entsprechenden Vorschriften des Personalvertretungsrechts genannten Vertretungen, Personen und Stellen.

§ 214 Statistik

(1) Über schwerbehinderte Menschen wird alle zwei Jahre eine Bundesstatistik durchgeführt. Sie umfasst die folgenden Erhebungsmerkmale:

1. die Zahl der schwerbehinderten Menschen mit gültigem Ausweis,
2. die schwerbehinderten Menschen nach Geburtsjahr, Geschlecht, Staatsangehörigkeit und Wohnort,
3. Art, Ursache und Grad der Behinderung.

(2) Hilfsmerkmale sind:

1. Name, Anschrift, Telefonnummer und Adresse für elektronische Post der nach Absatz 3 Satz 2 auskunftspflichtigen Behörden,
2. Name und Kontaktdaten der für Rückfragen zur Verfügung stehenden Personen,
3. die Signiernummern für das Versorgungsamt und für das Berichtsland.

(3) 1Für die Erhebung besteht Auskunftspflicht. 2Auskunftspflichtig sind die nach § 152 Absatz 1 und 5 zuständigen Behörden. 3Die Angaben zu Absatz 2 Nummer 2 sind freiwillig.

Kapitel 11
Inklusionsbetriebe

§ 215 Begriff und Personenkreis

(1) Inklusionsbetriebe sind rechtlich und wirtschaftlich selbständige Unternehmen oder unternehmensinterne oder von öffentlichen Arbeitgebern im Sinne des § 154 Absatz 2 geführte Betriebe oder Abteilungen zur Beschäftigung schwerbehinderter Menschen auf dem allgemeinen Arbeitsmarkt, deren Teilhabe an einer sonstigen Beschäftigung auf dem

5

allgemeinen Arbeitsmarkt auf Grund von Art oder Schwere der Behinderung oder wegen sonstiger Umstände voraussichtlich trotz Ausschöpfens aller Fördermöglichkeiten und des Einsatzes von Integrationsfachdiensten auf besondere Schwierigkeiten stößt.

(2) Schwerbehinderte Menschen nach Absatz 1 sind insbesondere

1. schwerbehinderte Menschen mit geistiger oder seelischer Behinderung oder mit einer schweren Körper-, Sinnes- oder Mehrfachbehinderung, die sich im Arbeitsleben besonders nachteilig auswirkt und allein oder zusammen mit weiteren vermittlungshemmenden Umständen die Teilhabe am allgemeinen Arbeitsmarkt außerhalb eines Inklusionsbetriebes erschwert oder verhindert,
2. schwerbehinderte Menschen, die nach zielgerichteter Vorbereitung in einer Werkstatt für behinderte Menschen oder in einer psychiatrischen Einrichtung für den Übergang in einen Betrieb oder eine Dienststelle auf dem allgemeinen Arbeitsmarkt in Betracht kommen und auf diesen Übergang vorbereitet werden sollen,
3. schwerbehinderte Menschen nach Beendigung einer schulischen Bildung, die nur dann Aussicht auf eine Beschäftigung auf dem allgemeinen Arbeitsmarkt haben, wenn sie zuvor in einem Inklusionsbetrieb an berufsvorbereitenden Bildungsmaßnahmen teilnehmen und dort beschäftigt und weiterqualifiziert werden, sowie
4. schwerbehinderte Menschen, die langzeitarbeitslos im Sinne des § 18 des Dritten Buches sind.

(3) $_1$Inklusionsbetriebe beschäftigen mindestens 30 Prozent schwerbehinderte Menschen im Sinne von Absatz 1. $_2$Der Anteil der schwerbehinderten Menschen soll in der Regel 50 Prozent nicht übersteigen.

(4) Auf die Quoten nach Absatz 3 wird auch die Anzahl der psychisch kranken beschäftigten Menschen angerechnet, die behindert oder von Behinderung bedroht sind und deren Teilhabe an einer sonstigen Beschäftigung auf dem allgemeinen Arbeitsmarkt auf Grund von Art oder Schwere der Behinderung oder wegen sonstiger Umstände auf besondere Schwierigkeiten stößt.

§ 216 Aufgaben

$_1$Die Inklusionsbetriebe bieten den schwerbehinderten Menschen Beschäftigung, Maßnahmen der betrieblichen Gesundheitsförderung und arbeitsbegleitende Betreuung an, soweit erforderlich auch Maßnahmen der beruflichen Weiterbildung oder Gelegenheit zur Teilnahme an entsprechenden außerbetrieblichen Maßnahmen und Unterstützung bei der Vermittlung in eine sonstige Beschäftigung in einem Betrieb oder einer Dienststelle auf dem allgemeinen Arbeitsmarkt sowie geeignete Maßnahmen zur Vorbereitung auf eine Beschäftigung in einem Inklusionsbetrieb. $_2$Satz 1 gilt entsprechend für psychisch kranke Menschen im Sinne des § 215 Absatz 4.

§ 217 Finanzielle Leistungen

(1) Inklusionsbetriebe können aus Mitteln der Ausgleichsabgabe Leistungen für Aufbau, Erweiterung, Modernisierung und Ausstattung einschließlich einer betriebswirtschaftlichen Beratung und für besonderen Aufwand erhalten.

(2) Die Finanzierung von Leistungen nach § 216 Satz 2 erfolgt durch den zuständigen Rehabilitationsträger.

§ 218 Verordnungsermächtigung

Das Bundesministerium für Arbeit und Soziales wird ermächtigt, durch Rechtsverordnung mit Zustimmung des Bundesrates das Nähere über den Begriff und die Aufgaben der Inklusionsbetriebe, die für sie geltenden fachlichen Anforderungen, die Aufnahmevoraussetzungen und die finanziellen Leistungen zu regeln.

Kapitel 12
Werkstätten für behinderte Menschen

§ 219 Begriff und Aufgaben der Werkstatt für behinderte Menschen

(1) $_1$Die Werkstatt für behinderte Menschen ist eine Einrichtung zur Teilhabe behinderter Menschen am Arbeitsleben im Sinne des Kapitels 10 des Teils 1 und zur Eingliederung in das Arbeitsleben. $_2$Sie hat denjenigen behinderten Menschen, die wegen Art oder Schwere der Behinderung nicht, noch nicht oder noch nicht wieder auf dem allgemeinen Arbeitsmarkt beschäftigt werden können,

1. eine angemessene berufliche Bildung und eine Beschäftigung zu einem ihrer Leistung angemessenen Arbeitsentgelt aus dem Arbeitsergebnis anzubieten und
2. zu ermöglichen, ihre Leistungs- oder Erwerbsfähigkeit zu erhalten, zu entwickeln, zu erhöhen oder wiederzugewinnen und dabei ihre Persönlichkeit weiterzuentwickeln.

$_{3}$Sie fördert den Übergang geeigneter Personen auf den allgemeinen Arbeitsmarkt durch geeignete Maßnahmen. $_{4}$Sie verfügt über ein möglichst breites Angebot an Berufsbildungs- und Arbeitsplätzen sowie über qualifiziertes Personal und einen begleitenden Dienst. $_{5}$Zum Angebot an Berufsbildungs- und Arbeitsplätzen gehören ausgelagerte Plätze auf dem allgemeinen Arbeitsmarkt. $_{6}$Die ausgelagerten Arbeitsplätze werden zum Zwecke des Übergangs und als dauerhaft ausgelagerte Plätze angeboten.

(2) $_{1}$Die Werkstatt steht allen behinderten Menschen im Sinne des Absatzes 1 unabhängig von Art oder Schwere der Behinderung offen, sofern erwartet werden kann, dass sie spätestens nach Teilnahme an Maßnahmen im Berufsbildungsbereich wenigstens ein Mindestmaß wirtschaftlich verwertbarer Arbeitsleistung erbringen werden. $_{2}$Dies ist nicht der Fall bei behinderten Menschen, bei denen trotz einer der Behinderung angemessenen Betreuung eine erhebliche Selbst- oder Fremdgefährdung zu erwarten ist oder das Ausmaß der erforderlichen Betreuung und Pflege die Teilnahme an Maßnahmen im Berufsbildungsbereich oder sonstige Umstände ein Mindestmaß wirtschaftlich verwertbarer Arbeitsleistung im Arbeitsbereich dauerhaft nicht zulassen.

(3) $_{1}$Behinderte Menschen, die die Voraussetzungen für eine Beschäftigung in einer Werkstatt nicht erfüllen, sollen in Einrichtungen oder Gruppen betreut und gefördert werden, die der Werkstatt angegliedert sind. $_{2}$Die Betreuung und Förderung kann auch gemeinsam mit den Werkstattbeschäftigten in der Werkstatt erfolgen. $_{3}$Die Betreuung und Förderung soll auch Angebote zur Orientierung auf Beschäftigung enthalten.

§ 220 Aufnahme in die Werkstätten für behinderte Menschen

(1) $_{1}$Anerkannte Werkstätten nehmen diejenigen behinderten Menschen aus ihrem Einzugsgebiet auf, die die Aufnahmevoraussetzungen gemäß § 219 Absatz 2 erfüllen, wenn Leistungen durch die Rehabilitationsträger gewährleistet sind; die Möglichkeit zur Aufnahme in eine andere anerkannte Werkstatt nach Maßgabe des § 9 des Zwölften Buches oder entsprechender Regelungen bleibt unberührt. $_{2}$Die Aufnahme erfolgt unabhängig von

1. der Ursache der Behinderung,
2. der Art der Behinderung, wenn in dem Einzugsgebiet keine besondere Werkstatt für behinderte Menschen für diese Behinderungsart vorhanden ist, und
3. der Schwere der Behinderung, der Minderung der Leistungsfähigkeit und einem besonderen Bedarf an Förderung, begleitender Betreuung oder Pflege.

(2) Behinderte Menschen werden in der Werkstatt beschäftigt, solange die Aufnahmevoraussetzungen nach Absatz 1 vorliegen.

(3) Leistungsberechtigte Menschen mit Behinderungen, die aus einer Werkstatt für behinderte Menschen auf den allgemeinen Arbeitsmarkt übergegangen sind oder bei einem anderen Leistungsanbieter oder mit Hilfe des Budgets für Arbeit am Arbeitsleben teilnehmen, haben einen Anspruch auf Aufnahme in eine Werkstatt für behinderte Menschen.

§ 221 Rechtsstellung und Arbeitsentgelt behinderter Menschen

(1) Behinderte Menschen im Arbeitsbereich anerkannter Werkstätten stehen, wenn sie nicht Arbeitnehmer sind, zu den Werkstätten in einem arbeitnehmerähnlichen Rechtsverhältnis, soweit sich aus dem zugrunde liegenden Sozialleistungsverhältnis nichts anderes ergibt.

(2) $_{1}$Die Werkstätten zahlen aus ihrem Arbeitsergebnis an die im Arbeitsbereich beschäftigten behinderten Menschen ein Arbeitsentgelt, das sich aus einem Grundbetrag in Höhe des Ausbildungsgeldes, das die Bundesagentur für Arbeit nach den für sie geltenden Vorschriften behinderten Menschen im Berufsbildungsbereich leistet, und einem

leistungsangemessenen Steigerungsbetrag zusammensetzt. $_{2}$Der Steigerungsbetrag bemisst sich nach der individuellen Arbeitsleistung der behinderten Menschen, insbesondere unter Berücksichtigung von Arbeitsmenge und Arbeitsgüte.

(3) Der Inhalt des arbeitnehmerähnlichen Rechtsverhältnisses wird unter Berücksichtigung des zwischen den behinderten Menschen und dem Rehabilitationsträger bestehenden Sozialleistungsverhältnisses durch Werkstattverträge zwischen den behinderten Menschen und dem Träger der Werkstatt näher geregelt.

(4) Hinsichtlich der Rechtsstellung der Teilnehmer an Maßnahmen im Eingangsverfahren und im Berufsbildungsbereich gilt § 52 entsprechend.

(5) Ist ein volljähriger behinderter Mensch gemäß Absatz 1 in den Arbeitsbereich einer anerkannten Werkstatt für behinderte Menschen im Sinne des § 219 aufgenommen worden und war er zu diesem Zeitpunkt geschäftsunfähig, so gilt der von ihm geschlossene Werkstattvertrag in Ansehung einer bereits bewirkten Leistung und deren Gegenleistung, soweit diese in einem angemessenen Verhältnis zueinander stehen, als wirksam.

(6) War der volljährige behinderte Mensch bei Abschluss eines Werkstattvertrages geschäftsunfähig, so kann der Träger einer Werkstatt das Werkstattverhältnis nur unter den Voraussetzungen für gelöst erklären, unter denen ein wirksamer Vertrag seitens des Trägers einer Werkstatt gekündigt werden kann.

(7) Die Lösungserklärung durch den Träger einer Werkstatt bedarf der schriftlichen Form und ist zu begründen.

§ 222 Mitbestimmung, Mitwirkung, Frauenbeauftragte

(1) $_{1}$Die in § 221 Absatz 1 genannten behinderten Menschen bestimmen und wirken unabhängig von ihrer Geschäftsfähigkeit durch Werkstatträte in den ihre Interessen berührenden Angelegenheiten der Werkstatt mit. $_{2}$Die Werkstatträte berücksichtigen die Interessen der im Eingangsverfahren und im Berufsbildungsbereich der Werkstätten tätigen behinderten Menschen in angemessener und geeigneter Weise, solange für diese eine Vertretung nach § 52 nicht besteht.

(2) Ein Werkstattrat wird in Werkstätten gewählt; er setzt sich aus mindestens drei Mitgliedern zusammen.

(3) Wahlberechtigt zum Werkstattrat sind alle in § 221 Absatz 1 genannten behinderten Menschen; von ihnen sind die behinderten Menschen wählbar, die am Wahltag seit mindestens sechs Monaten in der Werkstatt beschäftigt sind.

(4) $_{1}$Die Werkstätten für behinderte Menschen unterrichten die Personen, die behinderte Menschen gesetzlich vertreten oder mit ihrer Betreuung beauftragt sind, einmal im Kalenderjahr in einer Eltern- und Betreuerversammlung in angemessener Weise über die Angelegenheiten der Werkstatt, auf die sich die Mitwirkung erstreckt, und hören sie dazu an. $_{2}$In den Werkstätten kann im Einvernehmen mit dem Träger der Werkstatt ein Eltern- und Betreuerbeirat errichtet werden, der die Werkstatt und den Werkstattrat bei ihrer Arbeit berät und durch Vorschläge und Stellungnahmen unterstützt.

(5) $_{1}$Behinderte Frauen im Sinne des § 221 Absatz 1 wählen in jeder Werkstatt eine Frauenbeauftragte und eine Stellvertreterin. $_{2}$In Werkstätten mit mehr als 700 wahlberechtigten Frauen wird eine zweite Stellvertreterin gewählt, in Werkstätten mit mehr als 1000 wahlberechtigten Frauen werden bis zu drei Stellvertreterinnen gewählt.

§ 223 Anrechnung von Aufträgen auf die Ausgleichsabgabe

(1) $_{1}$Arbeitgeber, die durch Aufträge an anerkannte Werkstätten für behinderte Menschen zur Beschäftigung behinderter Menschen beitragen, können 50 Prozent des auf die Arbeitsleistung der Werkstatt entfallenden Rechnungsbetrages solcher Aufträge (Gesamtrechnungsbetrag abzüglich Materialkosten) auf die Ausgleichsabgabe anrechnen. $_{2}$Dabei wird die Arbeitsleistung des Fachpersonals zur Arbeits- und Berufsförderung berücksichtigt, nicht hingegen die Arbeitsleistung sonstiger nichtbehinderter Arbeitnehmerinnen und Arbeitnehmer. $_{3}$Bei Weiterveräußerung von Erzeugnissen anderer anerkannter Werkstätten für behinderte Men-

schen wird die von diesen erbrachte Arbeitsleistung berücksichtigt. 4Die Werkstätten bestätigen das Vorliegen der Anrechnungsvoraussetzungen in der Rechnung.

(2) Voraussetzung für die Anrechnung ist, dass

1. die Aufträge innerhalb des Jahres, in dem die Verpflichtung zur Zahlung der Ausgleichsabgabe entsteht, von der Werkstatt für behinderte Menschen ausgeführt und vom Auftraggeber bis spätestens 31. März des Folgejahres vergütet werden und
2. es sich nicht um Aufträge handelt, die Träger einer Gesamteinrichtung an Werkstätten für behinderte Menschen vergeben, die rechtlich unselbständige Teile dieser Einrichtung sind.

(3) Bei der Vergabe von Aufträgen an Zusammenschlüsse anerkannter Werkstätten für behinderte Menschen gilt Absatz 2 entsprechend.

§ 224 Vergabe von Aufträgen durch die öffentliche Hand

(1) 1Aufträge der öffentlichen Hand, die von anerkannten Werkstätten für behinderte Menschen ausgeführt werden können, werden bevorzugt diesen Werkstätten angeboten. 2Die Bundesregierung erlässt mit Zustimmung des Bundesrates hierzu allgemeine Verwaltungsvorschriften.

(2) Absatz 1 gilt auch für Inklusionsbetriebe.

§ 225 Anerkennungsverfahren

1Werkstätten für behinderte Menschen, die eine Vergünstigung im Sinne dieses Kapitels in Anspruch nehmen wollen, bedürfen der Anerkennung. 2Die Entscheidung über die Anerkennung trifft auf Antrag die Bundesagentur für Arbeit im Einvernehmen mit dem Träger der Eingliederungshilfe. 3Die Bundesagentur für Arbeit führt ein Verzeichnis der anerkannten Werkstätten für behinderte Menschen. 4In dieses Verzeichnis werden auch Zusammenschlüsse anerkannter Werkstätten für behinderte Menschen aufgenommen.

§ 226 Blindenwerkstätten

Die §§ 223 und 224 sind auch zugunsten von auf Grund des Blindenwarenvertriebsgesetzes anerkannten Blindenwerkstätten anzuwenden.

§ 227 Verordnungsermächtigungen

(1) Die Bundesregierung bestimmt durch Rechtsverordnung mit Zustimmung des Bundesrates das Nähere über den Begriff und die Aufgaben der Werkstatt für behinderte Menschen, die Aufnahmevoraussetzungen, die fachlichen Anforderungen, insbesondere hinsichtlich der Wirtschaftsführung, sowie des Begriffs und der Verwendung des Arbeitsergebnisses sowie das Verfahren zur Anerkennung als Werkstatt für behinderte Menschen.

(2) 1Das Bundesministerium für Arbeit und Soziales bestimmt durch Rechtsverordnung mit Zustimmung des Bundesrates im Einzelnen die Errichtung, Zusammensetzung und Aufgaben des Werkstattrats, die Fragen, auf die sich Mitbestimmung und Mitwirkung erstrecken, einschließlich Art und Umfang der Mitbestimmung und Mitwirkung, die Vorbereitung und Durchführung der Wahl, einschließlich der Wahlberechtigung und der Wählbarkeit, die Amtszeit sowie die Geschäftsführung des Werkstattrats einschließlich des Erlasses einer Geschäftsordnung und der persönlichen Rechte und Pflichten der Mitglieder des Werkstattrats und der Kostentragung. 2In der Rechtsverordnung werden auch Art und Umfang der Beteiligung von Frauenbeauftragten, die Vorbereitung und Durchführung der Wahl einschließlich der Wahlberechtigung und der Wählbarkeit, die Amtszeit, die persönlichen Rechte und die Pflichten der Frauenbeauftragten und ihrer Stellvertreterinnen sowie die Kostentragung geregelt. 3Die Rechtsverordnung kann darüber hinaus bestimmen, dass die in ihr getroffenen Regelungen keine Anwendung auf Religionsgemeinschaften und ihre Einrichtungen finden, soweit sie eigene gleichwertige Regelungen getroffen haben.

Kapitel 13
Unentgeltliche Beförderung schwerbehinderter Menschen im öffentlichen Personenverkehr

§ 228 Unentgeltliche Beförderung, Anspruch auf Erstattung der Fahrgeldausfälle

(1) 1Schwerbehinderte Menschen, die infolge ihrer Behinderung in ihrer Bewegungsfähig-

keit im Straßenverkehr erheblich beeinträchtigt oder hilflos oder gehörlos sind, werden von Unternehmern, die öffentlichen Personenverkehr betreiben, gegen Vorzeigen eines entsprechend gekennzeichneten Ausweises nach § 152 Absatz 5 im Nahverkehr im Sinne des § 230 Absatz 1 unentgeltlich befördert; die unentgeltliche Beförderung verpflichtet zur Zahlung eines tarifmäßigen Zuschlages bei der Benutzung zuschlagpflichtiger Züge des Nahverkehrs. $_{2}$Voraussetzung ist, dass der Ausweis mit einer gültigen Wertmarke versehen ist.

(2) $_{1}$Die Wertmarke wird gegen Entrichtung eines Betrages von 80 Euro für ein Jahr oder 40 Euro für ein halbes Jahr ausgegeben. $_{2}$Der Betrag erhöht sich in entsprechender Anwendung des § 160 Absatz 3 jeweils zu dem Zeitpunkt, zu dem die nächste Neubestimmung der Beträge der Ausgleichsabgabe erfolgt. $_{3}$Liegt dieser Zeitpunkt innerhalb der Gültigkeitsdauer einer bereits ausgegebenen Wertmarke, ist der höhere Betrag erst im Zusammenhang mit der Ausgabe der darauffolgenden Wertmarke zu entrichten. $_{4}$Abweichend von § 160 Absatz 3 Satz 4 sind die sich ergebenden Beträge auf den nächsten vollen Eurobetrag aufzurunden. $_{5}$Das Bundesministerium für Arbeit und Soziales gibt den Erhöhungsbetrag und die sich nach entsprechender Anwendung des § 160 Absatz 3 Satz 3 ergebenden Beträge im Bundesanzeiger bekannt.

(3) $_{1}$Wird die für ein Jahr ausgegebene Wertmarke vor Ablauf eines halben Jahres ihrer Gültigkeitsdauer zurückgegeben, wird auf Antrag die Hälfte der Gebühr erstattet. $_{2}$Entsprechendes gilt für den Fall, dass der schwerbehinderte Mensch vor Ablauf eines halben Jahres der Gültigkeitsdauer der für ein Jahr ausgegebenen Wertmarke verstirbt.

(4) Auf Antrag wird eine für ein Jahr gültige Wertmarke, ohne dass der Betrag nach Absatz 2 in seiner jeweiligen Höhe zu entrichten ist, an schwerbehinderte Menschen ausgegeben,

1. die blind im Sinne des § 72 Absatz 5 des Zwölften Buches oder entsprechender Vorschriften oder hilflos im Sinne des § 33b des Einkommensteuergesetzes oder entsprechender Vorschriften sind oder
2. die Leistungen zur Sicherung des Lebensunterhalts nach dem Zweiten Buch oder für den Lebensunterhalt laufende Leistungen nach dem Dritten und Vierten Kapitel des Zwölften Buches, dem Achten Buch oder den §§ 27a und 27d des Bundesversorgungsgesetzes erhalten oder
3. die am 1. Oktober 1979 die Voraussetzungen nach § 2 Absatz 1 Nummer 1 bis 4 und Absatz 3 des Gesetzes über die unentgeltliche Beförderung von Kriegs- und Wehrdienstbeschädigten sowie von anderen Behinderten im Nahverkehr vom 27. August 1965 (BGBl. I S. 978), das zuletzt durch Artikel 41 des Zuständigkeitsanpassungs-Gesetzes vom 18. März 1975 (BGBl. I S. 705) geändert worden ist, erfüllten, solange ein Grad der Schädigungsfolgen von mindestens 70 festgestellt ist oder von mindestens 50 festgestellt ist und sie infolge der Schädigung erheblich gehbehindert sind; das Gleiche gilt für schwerbehinderte Menschen, die diese Voraussetzungen am 1. Oktober 1979 nur deshalb nicht erfüllt haben, weil sie ihren Wohnsitz oder ihren gewöhnlichen Aufenthalt zu diesem Zeitpunkt in dem in Artikel 3 des Einigungsvertrages genannten Gebiet hatten.

(5) $_{1}$Die Wertmarke wird nicht ausgegeben, solange eine Kraftfahrzeugsteuerermäßigung nach § 3a Absatz 2 des Kraftfahrzeugsteuergesetzes in Anspruch genommen wird. $_{2}$Die Ausgabe der Wertmarken erfolgt auf Antrag durch die nach § 152 Absatz 5 zuständigen Behörden. $_{3}$Die Landesregierung oder die von ihr bestimmte Stelle kann die Aufgaben nach den Absätzen 2 bis 4 ganz oder teilweise auf andere Behörden übertragen. $_{4}$Für Streitigkeiten in Zusammenhang mit der Ausgabe der Wertmarke gilt § 51 Absatz 1 Nummer 7 des Sozialgerichtsgesetzes entsprechend.

(6) Absatz 1 gilt im Nah- und Fernverkehr im Sinne des § 230, ohne dass die Voraussetzung des Absatzes 1 Satz 2 erfüllt sein muss, für die Beförderung

1. einer Begleitperson eines schwerbehinderten Menschen im Sinne des Absatzes 1, wenn die Berechtigung zur Mitnahme einer Begleitperson nachgewiesen und dies im Ausweis des schwerbehinderten Menschen eingetragen ist, und

2. des Handgepäcks, eines mitgeführten Krankenfahrstuhles, soweit die Beschaffenheit des Verkehrsmittels dies zulässt, sonstiger orthopädischer Hilfsmittel und eines Führhundes; das Gleiche gilt für einen Hund, den ein schwerbehinderter Mensch mitführt, in dessen Ausweis die Berechtigung zur Mitnahme einer Begleitperson nachgewiesen ist.

(7) $_{1}$Die durch die unentgeltliche Beförderung nach den Absätzen 1 bis 6 entstehenden Fahrgeldausfälle werden nach Maßgabe der §§ 231 bis 233 erstattet. $_{2}$Die Erstattungen sind aus dem Anwendungsbereich der Verordnung (EG) Nr. 1370/2007 des Europäischen Parlaments und des Rates vom 23. Oktober 2007 über öffentliche Personenverkehrsdienste auf Schiene und Straße und zur Aufhebung der Verordnungen (EWG) Nr. 1191/69 und (EWG) Nr. 1107/70 des Rates (ABl. L 315 vom 3. 12. 2007, S. 1) ausgenommen.

§ 229 Persönliche Voraussetzungen

(1) $_{1}$In seiner Bewegungsfähigkeit im Straßenverkehr erheblich beeinträchtigt ist, wer infolge einer Einschränkung des Gehvermögens (auch durch innere Leiden oder infolge von Anfällen oder von Störungen der Orientierungsfähigkeit) nicht ohne erhebliche Schwierigkeiten oder nicht ohne Gefahren für sich oder andere Wegstrecken im Ortsverkehr zurückzulegen vermag, die üblicherweise noch zu Fuß zurückgelegt werden. $_{2}$Der Nachweis der erheblichen Beeinträchtigung in der Bewegungsfähigkeit im Straßenverkehr kann bei schwerbehinderten Menschen mit einem Grad der Behinderung von wenigstens 80 nur mit einem Ausweis mit halbseitigem orangefarbenem Flächenaufdruck und eingetragenem Merkzeichen „G" geführt werden, dessen Gültigkeit frühestens mit dem 1. April 1984 beginnt, oder auf dem ein entsprechender Änderungsvermerk eingetragen ist.

(2) $_{1}$Zur Mitnahme einer Begleitperson sind schwerbehinderte Menschen berechtigt, die bei der Benutzung von öffentlichen Verkehrsmitteln infolge ihrer Behinderung regelmäßig auf Hilfe angewiesen sind. $_{2}$Die Feststellung bedeutet nicht, dass die schwerbehinderte Person, wenn sie nicht in Begleitung ist, eine Gefahr für sich oder für andere darstellt.

(3) $_{1}$Schwerbehinderte Menschen mit außergewöhnlicher Gehbehinderung sind Personen mit einer erheblichen mobilitätsbezogenen Teilhabebeeinträchtigung, die einem Grad der Behinderung von mindestens 80 entspricht. $_{2}$Eine erhebliche mobilitätsbezogene Teilhabebeeinträchtigung liegt vor, wenn sich die schwerbehinderten Menschen wegen der Schwere ihrer Beeinträchtigung dauernd nur mit fremder Hilfe oder mit großer Anstrengung außerhalb ihres Kraftfahrzeuges bewegen können. $_{3}$Hierzu zählen insbesondere schwerbehinderte Menschen, die auf Grund der Beeinträchtigung der Gehfähigkeit und Fortbewegung – dauerhaft auch für sehr kurze Entfernungen – aus medizinischer Notwendigkeit auf die Verwendung eines Rollstuhls angewiesen sind. $_{4}$Verschiedenste Gesundheitsstörungen (insbesondere Störungen bewegungsbezogener, neuromuskulärer oder mentaler Funktionen, Störungen des kardiovaskulären oder Atmungssystems) können die Gehfähigkeit erheblich beeinträchtigen. $_{5}$Diese sind als außergewöhnliche Gehbehinderung anzusehen, wenn nach versorgungsärztlicher Feststellung die Auswirkung der Gesundheitsstörungen sowie deren Kombination auf die Gehfähigkeit dauerhaft so schwer ist, dass sie der unter Satz 1 genannten Beeinträchtigung gleich kommt.

§ 230 Nah- und Fernverkehr

(1) Nahverkehr im Sinne dieses Gesetzes ist der öffentliche Personenverkehr mit

1. Straßenbahnen und Obussen im Sinne des Personenbeförderungsgesetzes,
2. Kraftfahrzeugen im Linienverkehr nach den §§ 42 und 43 des Personenbeförderungsgesetzes auf Linien, bei denen die Mehrzahl der Beförderungen eine Strecke von 50 Kilometern nicht übersteigt, es sei denn, dass bei den Verkehrsformen nach § 43 des Personenbeförderungsgesetzes die Genehmigungsbehörde auf die Einhaltung der Vorschriften über die Beförderungsentgelte gemäß § 45 Absatz 3 des Personenbeförderungsgesetzes ganz oder teilweise verzichtet hat,
3. S-Bahnen in der 2. Wagenklasse,
4. Eisenbahnen in der 2. Wagenklasse in Zügen und auf Strecken und Streckenabschnitten, die in ein von mehreren Unter-

nehmern gebildetes, mit den unter Nummer 1, 2 oder 7 genannten Verkehrsmitteln zusammenhängendes Liniennetz mit einheitlichen oder verbundenen Beförderungsentgelten einbezogen sind,

5. Eisenbahnen des Bundes in der 2. Wagenklasse in Zügen, die überwiegend dazu bestimmt sind, die Verkehrsnachfrage im Nahverkehr zu befriedigen (Züge des Nahverkehrs),
6. sonstigen Eisenbahnen des öffentlichen Verkehrs im Sinne von § 2 Absatz 1 und § 3 Absatz 1 des Allgemeinen Eisenbahngesetzes in der 2. Wagenklasse auf Strecken, bei denen die Mehrzahl der Beförderungen eine Strecke von 50 Kilometern nicht überschreitet,
7. Wasserfahrzeugen im Linien-, Fähr- und Übersetzverkehr, wenn dieser der Beförderung von Personen im Orts- und Nachbarschaftsbereich dient und Ausgangs- und Endpunkt innerhalb dieses Bereiches liegen; Nachbarschaftsbereich ist der Raum zwischen benachbarten Gemeinden, die, ohne unmittelbar aneinander grenzen zu müssen, durch einen stetigen, mehr als einmal am Tag durchgeführten Verkehr wirtschaftlich und verkehrsmäßig verbunden sind.

(2) Fernverkehr im Sinne dieses Gesetzes ist der öffentliche Personenverkehr mit

1. Kraftfahrzeugen im Linienverkehr nach § 42a Satz 1 des Personenbeförderungsgesetzes,
2. Eisenbahnen, ausgenommen der Sonderzugverkehr,
3. Wasserfahrzeugen im Fähr- und Übersetzverkehr, sofern keine Häfen außerhalb des Geltungsbereiches dieses Buches angelaufen werden, soweit der Verkehr nicht Nahverkehr im Sinne des Absatzes 1 ist.

(3) Die Unternehmer, die öffentlichen Personenverkehr betreiben, weisen im öffentlichen Personenverkehr nach Absatz 1 Nummer 2, 5, 6 und 7 im Fahrplan besonders darauf hin, inwieweit eine Pflicht zur unentgeltlichen Beförderung nach § 228 Absatz 1 nicht besteht.

§ 231 Erstattung der Fahrgeldausfälle im Nahverkehr

(1) Die Fahrgeldausfälle im Nahverkehr werden nach einem Prozentsatz der von den Unternehmern oder den Nahverkehrsorganisationen im Sinne des § 233 Absatz 2 nachgewiesenen Fahrgeldeinnahmen im Nahverkehr erstattet.

(2) $_{1}$Fahrgeldeinnahmen im Sinne dieses Kapitels sind alle Erträge aus dem Fahrkartenverkauf. $_{2}$Sie umfassen auch Erträge aus der Beförderung von Handgepäck, Krankenfahrstühlen, sonstigen orthopädischen Hilfsmitteln, Tieren sowie aus erhöhten Beförderungsentgelten.

(3) Werden in einem von mehreren Unternehmern gebildeten zusammenhängenden Liniennetz mit einheitlichen oder verbundenen Beförderungsentgelten die Erträge aus dem Fahrkartenverkauf zusammengefasst und dem einzelnen Unternehmer anteilmäßig nach einem vereinbarten Verteilungsschlüssel zugewiesen, so ist der zugewiesene Anteil Ertrag im Sinne des Absatzes 2.

(4) $_{1}$Der Prozentsatz im Sinne des Absatzes 1 wird für jedes Land von der Landesregierung oder der von ihr bestimmten Behörde für jeweils ein Jahr bekannt gemacht. $_{2}$Bei der Berechnung des Prozentsatzes ist von folgenden Zahlen auszugehen:

1. der Zahl der in dem Land in dem betreffenden Kalenderjahr ausgegebenen Wertmarken und der Hälfte der in dem Land am Jahresende in Umlauf befindlichen gültigen Ausweise im Sinne des § 228 Absatz 1 von schwerbehinderten Menschen, die das sechste Lebensjahr vollendet haben und bei denen die Berechtigung zur Mitnahme einer Begleitperson im Ausweis eingetragen ist; Wertmarken mit einer Gültigkeitsdauer von einem halben Jahr und Wertmarken für ein Jahr, die vor Ablauf eines halben Jahres ihrer Gültigkeitsdauer zurückgegeben werden, werden zur Hälfte gezählt,
2. der in den jährlichen Veröffentlichungen des Statistischen Bundesamtes zum Ende des Vorjahres nachgewiesenen Zahl der Wohnbevölkerung in dem Land abzüglich der Zahl der Kinder, die das sechste Lebensjahr noch nicht vollendet haben, und der Zahlen nach Nummer 1.

$_{3}$Der Prozentsatz ist nach folgender Formel zu berechnen:

$$\frac{\text{nach Nummer 1 errechnete Zahl}}{\text{nach Nummer 2 errechnete Zahl}} \times 100$$

4Bei der Festsetzung des Prozentsatzes sich ergebende Bruchteile von 0,005 und mehr werden auf ganze Hundertstel aufgerundet, im Übrigen abgerundet.

(5) 1Weist ein Unternehmen durch Verkehrszählung nach, dass das Verhältnis zwischen den nach diesem Kapitel unentgeltlich beförderten Fahrgästen und den sonstigen Fahrgästen den nach Absatz 4 festgesetzten Prozentsatz um mindestens ein Drittel übersteigt, wird neben dem sich aus der Berechnung nach Absatz 4 ergebenden Erstattungsbetrag auf Antrag der nachgewiesene, über dem Drittel liegende Anteil erstattet. 2Die Länder können durch Rechtsverordnung bestimmen, dass die Verkehrszählung durch Dritte auf Kosten des Unternehmens zu erfolgen hat.

(6) Absatz 5 gilt nicht in Fällen des § 233 Absatz 2.

§ 232 Erstattung der Fahrgeldausfälle im Fernverkehr

(1) Die Fahrgeldausfälle im Fernverkehr werden nach einem Prozentsatz der von den Unternehmern nachgewiesenen Fahrgeldeinnahmen im Fernverkehr erstattet.

(2) 1Der maßgebende Prozentsatz wird vom Bundesministerium für Arbeit und Soziales im Einvernehmen mit dem Bundesministerium der Finanzen und dem Bundesministerium für Verkehr und digitale Infrastruktur für jeweils zwei Jahre bekannt gemacht. 2Bei der Berechnung des Prozentsatzes ist von folgenden, für das letzte Jahr vor Beginn des Zweijahreszeitraumes vorliegenden Zahlen auszugehen:

1. der Zahl der im Geltungsbereich dieses Gesetzes am Jahresende in Umlauf befindlichen gültigen Ausweise nach § 228 Absatz 1, auf denen die Berechtigung zur Mitnahme einer Begleitperson eingetragen ist, abzüglich 25 Prozent,
2. der in den jährlichen Veröffentlichungen des Statistischen Bundesamtes zum Jahresende nachgewiesenen Zahl der Wohnbevölkerung im Geltungsbereich dieses Gesetzes abzüglich der Zahl der Kinder, die das vierte Lebensjahr noch nicht vollendet haben, und der nach Nummer 1 ermittelten Zahl.

3Der Prozentsatz ist nach folgender Formel zu errechnen:

$$\frac{\text{nach Nummer 1 errechnete Zahl}}{\text{nach Nummer 2 errechnete Zahl}} \times 100$$

4§ 231 Absatz 4 letzter Satz gilt entsprechend.

§ 233 Erstattungsverfahren

(1) 1Die Fahrgeldausfälle werden auf Antrag des Unternehmers erstattet. 2Bei einem von mehreren Unternehmern gebildeten zusammenhängenden Liniennetz mit einheitlichen oder verbundenen Beförderungsentgelten können die Anträge auch von einer Gemeinschaftseinrichtung dieser Unternehmer für ihre Mitglieder gestellt werden. 3Der Antrag ist innerhalb von drei Jahren nach Ablauf des Abrechnungsjahres zu stellen, und zwar für den Nahverkehr nach § 234 Satz 1 Nummer 1 und für den Fernverkehr an das Bundesverwaltungsamt, für den übrigen Nahverkehr bei den in Absatz 4 bestimmten Behörden.

(2) Haben sich in einem Bundesland mehrere Aufgabenträger des öffentlichen Personennahverkehrs auf lokaler oder regionaler Ebene zu Verkehrsverbünden zusammengeschlossen und erhalten die im Zuständigkeitsbereich dieser Aufgabenträger öffentlichen Personennahverkehr betreibenden Verkehrsunternehmen für ihre Leistungen ein mit diesen Aufgabenträgern vereinbartes Entgelt (Bruttoprinzip), können anstelle der antrags- und erstattungsberechtigten Verkehrsunternehmen auch die Nahverkehrsorganisationen Antrag auf Erstattung der in ihrem jeweiligen Gebiet entstandenen Fahrgeldausfälle stellen, sofern die Verkehrsunternehmen hierzu ihr Einvernehmen erteilt haben.

(3) 1Die Unternehmer oder die Nahverkehrsorganisationen im Sinne des Absatzes 2 erhalten auf Antrag Vorauszahlungen für das laufende Kalenderjahr in Höhe von insgesamt 80 Prozent des zuletzt für ein Jahr festgesetzten Erstattungsbetrages. 2Die Vorauszahlungen werden je zur Hälfte am 15. Juli und am 15. November gezahlt. 3Der Antrag auf Vorauszahlungen gilt zugleich als Antrag im Sinne des Absatzes 1. 4Die Vorauszahlungen sind zurückzuzahlen, wenn Unterlagen, die für die Berechnung der Erstattung erforderlich sind, nicht bis zum 31. Dezember des

5

dritten auf die Vorauszahlung folgenden Kalenderjahres vorgelegt sind. $_{5}$In begründeten Ausnahmefällen kann die Rückforderung der Vorauszahlungen ausgesetzt werden.

(4) $_{1}$Die Landesregierung oder die von ihr bestimmte Stelle legt die Behörden fest, die über die Anträge auf Erstattung und Vorauszahlung entscheiden und die auf den Bund und das Land entfallenden Beträge auszahlen. $_{2}$§ 11 Absatz 2 bis 4 des Personenbeförderungsgesetzes gilt entsprechend.

(5) Erstreckt sich der Nahverkehr auf das Gebiet mehrerer Länder, entscheiden die nach Landesrecht zuständigen Landesbehörden dieser Länder darüber, welcher Teil der Fahrgeldeinnahmen jeweils auf den Bereich ihres Landes entfällt.

(6) Die Unternehmen im Sinne des § 234 Satz 1 Nummer 1 legen ihren Anträgen an das Bundesverwaltungsamt den Anteil der nachgewiesenen Fahrgeldeinnahmen im Nahverkehr zugrunde, der auf den Bereich des jeweiligen Landes entfällt; für den Nahverkehr von Eisenbahnen des Bundes im Sinne des § 230 Absatz 1 Satz 1 Nummer 5 bestimmt sich dieser Teil nach dem Anteil der Zugkilometer, die von einer Eisenbahn des Bundes mit Zügen des Nahverkehrs im jeweiligen Land erbracht werden.

(7) $_{1}$Hinsichtlich der Erstattungen gemäß § 231 für den Nahverkehr nach § 234 Satz 1 Nummer 1 und gemäß § 232 sowie der entsprechenden Vorauszahlungen nach Absatz 3 wird dieses Kapitel in bundeseigener Verwaltung ausgeführt. $_{2}$Die Verwaltungsaufgaben des Bundes erledigt das Bundesverwaltungsamt nach fachlichen Weisungen des Bundesministeriums für Arbeit und Soziales in eigener Zuständigkeit.

(8) $_{1}$Für das Erstattungsverfahren gelten das Verwaltungsverfahrensgesetz und die entsprechenden Gesetze der Länder. $_{2}$Bei Streitigkeiten über die Erstattungen und die Vorauszahlungen ist der Verwaltungsrechtsweg gegeben.

§ 234 Kostentragung

$_{1}$Der Bund trägt die Aufwendungen für die unentgeltliche Beförderung

1. im Nahverkehr, soweit Unternehmen, die sich überwiegend in der Hand des Bundes oder eines mehrheitlich dem Bund gehörenden Unternehmens befinden (auch in Verkehrsverbünden), erstattungsberechtigte Unternehmer sind sowie
2. im Fernverkehr für die Begleitperson und die mitgeführten Gegenstände im Sinne des § 228 Absatz 6.

$_{2}$Die Länder tragen die Aufwendungen für die unentgeltliche Beförderung im übrigen Nahverkehr.

§ 235 Einnahmen aus Wertmarken

$_{1}$Von den durch die Ausgabe der Wertmarken erzielten jährlichen Einnahmen erhält der Bund einen Anteil von 27 Prozent. $_{2}$Dieser ist unter Berücksichtigung der in der Zeit vom 1. Januar bis 30. Juni eines Kalenderjahres eingegangenen Einnahmen zum 15. Juli und unter Berücksichtigung der vom 1. Juli bis 31. Dezember eines Kalenderjahres eingegangenen Einnahmen zum 15. Januar des darauffolgenden Kalenderjahres an den Bund abzuführen.

§ 236 Erfassung der Ausweise

$_{1}$Die für die Ausstellung der Ausweise nach § 152 Absatz 5 zuständigen Behörden erfassen

1. die am Jahresende im Umlauf befindlichen gültigen Ausweise, getrennt nach Art und besonderen Eintragungen,
2. die im Kalenderjahr ausgegebenen Wertmarken, unterteilt nach der jeweiligen Gültigkeitsdauer und die daraus erzielten Einnahmen

als Grundlage für die nach § 231 Absatz 4 Satz 2 Nummer 1 und § 232 Absatz 2 Satz 2 Nummer 1 zu ermittelnde Zahl der Ausweise und Wertmarken. $_{2}$Die zuständigen obersten Landesbehörden teilen dem Bundesministerium für Arbeit und Soziales das Ergebnis der Erfassung nach Satz 1 spätestens bis zum 31. März des Jahres mit, in dem die Prozentsätze festzusetzen sind.

§ 237 Verordnungsermächtigungen

(1) Die Bundesregierung wird ermächtigt, in der Rechtsverordnung auf Grund des § 153 Absatz 1 nähere Vorschriften über die Gestaltung der Wertmarken, ihre Verbindung mit dem Ausweis und Vermerke über ihre Gültigkeitsdauer zu erlassen.

(2) Das Bundesministerium für Arbeit und Soziales und das Bundesministerium für Verkehr und digitale Infrastruktur werden ermächtigt, durch Rechtsverordnung festzulegen, welche Zuggattungen von Eisenbahnen des Bundes zu den Zügen des Nahverkehrs im Sinne des § 230 Absatz 1 Nummer 5 und zu den zuschlagpflichtigen Zügen des Nahverkehrs im Sinne des § 228 Absatz 1 Satz 1 zweiter Halbsatz zählen.

Kapitel 14
Straf-, Bußgeld- und Schlussvorschriften

§ 237a Strafvorschriften

(1) Mit Freiheitsstrafe bis zu zwei Jahren oder mit Geldstrafe wird bestraft, wer entgegen § 179 Absatz 7 Satz 1 Nummer 2, auch in Verbindung mit Satz 2 oder § 180 Absatz 7, ein Betriebs- oder Geschäftsgeheimnis verwertet.

(2) Die Tat wird nur auf Antrag verfolgt.

§ 237b Strafvorschriften

(1) Mit Freiheitsstrafe bis zu einem Jahr oder mit Geldstrafe wird bestraft, wer entgegen § 179 Absatz 7 Satz 1, auch in Verbindung mit Satz 2 oder § 180 Absatz 7, ein dort genanntes Geheimnis offenbart.

(2) Handelt der Täter gegen Entgelt oder in der Absicht, sich oder einen anderen zu bereichern oder einen anderen zu schädigen, so ist die Strafe Freiheitsstrafe bis zu zwei Jahren oder Geldstrafe.

(3) Die Tat wird nur auf Antrag verfolgt.

§ 238 Bußgeldvorschriften

(1) Ordnungswidrig handelt, wer vorsätzlich oder fahrlässig

1. entgegen § 154 Absatz 1 Satz 1, auch in Verbindung mit einer Rechtsverordnung nach § 162 Nummer 1, oder entgegen § 154 Absatz 1 Satz 3 einen schwerbehinderten Menschen nicht beschäftigt,
2. entgegen § 163 Absatz 1 ein Verzeichnis nicht, nicht richtig, nicht vollständig oder nicht in der vorgeschriebenen Weise führt oder nicht oder nicht rechtzeitig vorlegt,
3. entgegen § 163 Absatz 2 Satz 1 oder Absatz 4 eine Anzeige nicht, nicht richtig, nicht vollständig, nicht in der vorgeschriebenen Weise oder nicht rechtzeitig erstattet,
4. entgegen § 163 Absatz 5 eine Auskunft nicht, nicht richtig, nicht vollständig oder nicht rechtzeitig erteilt,
5. entgegen § 163 Absatz 7 Einblick in den Betrieb oder die Dienststelle nicht oder nicht rechtzeitig gibt,
6. entgegen § 163 Absatz 8 eine dort bezeichnete Person nicht oder nicht rechtzeitig benennt,
7. entgegen § 164 Absatz 1 Satz 4 oder 9 eine dort bezeichnete Vertretung oder einen Beteiligten nicht, nicht richtig, nicht vollständig oder nicht rechtzeitig unterrichtet oder
8. entgegen § 178 Absatz 2 Satz 1 erster Halbsatz die Schwerbehindertenvertretung nicht, nicht richtig, nicht vollständig oder nicht rechtzeitig unterrichtet oder nicht oder nicht rechtzeitig anhört.

(2) Die Ordnungswidrigkeit kann mit einer Geldbuße bis zu zehntausend Euro geahndet werden.

(3) Verwaltungsbehörde im Sinne des § 36 Absatz 1 Nummer 1 des Gesetzes über Ordnungswidrigkeiten ist die Bundesagentur für Arbeit.

(4) ₁Die Geldbußen fließen in die Kasse der Verwaltungsbehörde, die den Bußgeldbescheid erlassen hat. ₂§ 66 des Zehnten Buches gilt entsprechend.

(5) ₁Die nach Absatz 4 Satz 1 zuständige Kasse trägt abweichend von § 105 Absatz 2 des Gesetzes über Ordnungswidrigkeiten die notwendigen Auslagen. ₂Sie ist auch ersatzpflichtig im Sinne des § 110 Absatz 4 des Gesetzes über Ordnungswidrigkeiten.

§ 239 Stadtstaatenklausel

(1) ₁Der Senat der Freien und Hansestadt Hamburg wird ermächtigt, die Schwerbehindertenvertretung für Angelegenheiten, die mehrere oder alle Dienststellen betreffen, in der Weise zu regeln, dass die Schwerbehindertenvertretungen aller Dienststellen eine Gesamtschwerbehindertenvertretung wählen. ₂Für die Wahl gilt § 177 Absatz 2, 3, 6 und 7 entsprechend.

(2) § 180 Absatz 6 Satz 1 gilt entsprechend.

§ 240 Sonderregelung für den Bundesnachrichtendienst und den Militärischen Abschirmdienst

(1) Für den Bundesnachrichtendienst gilt dieses Gesetz mit folgenden Abweichungen:

1. Der Bundesnachrichtendienst gilt vorbehaltlich der Nummer 3 als einheitliche Dienststelle.
2. Für den Bundesnachrichtendienst gelten die Pflichten zur Vorlage des nach § 163 Absatz 1 zu führenden Verzeichnisses, zur Anzeige nach § 163 Absatz 2 und zur Gewährung von Einblick nach § 163 Absatz 7 nicht. Die Anzeigepflicht nach § 173 Absatz 4 gilt nur für die Beendigung von Probearbeitsverhältnissen.
3. Als Dienststelle im Sinne des Kapitels 5 gelten auch Teile und Stellen des Bundesnachrichtendienstes, die nicht zu seiner Zentrale gehören. § 177 Absatz 1 Satz 4 und 5 sowie § 180 sind nicht anzuwenden. In den Fällen des § 180 Absatz 6 ist die Schwerbehindertenvertretung der Zentrale des Bundesnachrichtendienstes zuständig. Im Falle des § 177 Absatz 6 Satz 4 lädt der Leiter oder die Leiterin der Dienststelle ein. Die Schwerbehindertenvertretung ist in den Fällen nicht zu beteiligen, in denen die Beteiligung der Personalvertretung nach dem Bundespersonalvertretungsgesetz ausgeschlossen ist. Der Leiter oder die Leiterin des Bundesnachrichtendienstes kann anordnen, dass die Schwerbehindertenvertretung nicht zu beteiligen ist, Unterlagen nicht vorgelegt oder Auskünfte nicht erteilt werden dürfen, wenn und soweit dies aus besonderen nachrichtendienstlichen Gründen geboten ist. Die Rechte und Pflichten der Schwerbehindertenvertretung ruhen, wenn die Rechte und Pflichten der Personalvertretung ruhen. § 179 Absatz 7 Satz 3 ist nach Maßgabe der Sicherheitsbestimmungen des Bundesnachrichtendienstes anzuwenden. § 182 Absatz 2 gilt nur für die in § 182 Absatz 1 genannten Personen und Vertretungen der Zentrale des Bundesnachrichtendienstes.
4. Im Widerspruchsausschuss bei dem Integrationsamt (§ 202) und in den Widerspruchsausschüssen bei der Bundesagentur für Arbeit (§ 203) treten in Angelegenheiten schwerbehinderter Menschen, die beim Bundesnachrichtendienst beschäftigt sind, an die Stelle der Mitglieder, die Arbeitnehmer oder Arbeitnehmerinnen und Arbeitgeber sind (§ 202 Absatz 1 und § 203 Absatz 1), Angehörige des Bundesnachrichtendienstes, an die Stelle der Schwerbehindertenvertretung die Schwerbehindertenvertretung der Zentrale des Bundesnachrichtendienstes. Sie werden dem Integrationsamt und der Bundesagentur für Arbeit vom Leiter oder von der Leiterin des Bundesnachrichtendienstes benannt. Die Mitglieder der Ausschüsse müssen nach den dafür geltenden Bestimmungen ermächtigt sein, Kenntnis von Verschlusssachen des in Betracht kommenden Geheimhaltungsgrades zu erhalten.
5. Über Rechtsstreitigkeiten, die auf Grund dieses Buches im Geschäftsbereich des Bundesnachrichtendienstes entstehen, entscheidet im ersten und letzten Rechtszug der oberste Gerichtshof des zuständigen Gerichtszweiges.

(2) Der Militärische Abschirmdienst mit seinem Geschäftsbereich gilt als einheitliche Dienststelle.

§ 241 Übergangsregelung

(1) Abweichend von § 154 Absatz 1 beträgt die Pflichtquote für die in § 154 Absatz 2 Nummer 1 und 4 genannten öffentlichen Arbeitgeber des Bundes weiterhin 6 Prozent, wenn sie am 31. Oktober 1999 auf mindestens 6 Prozent der Arbeitsplätze schwerbehinderte Menschen beschäftigt hatten.

(2) Eine auf Grund des Schwerbehindertengesetzes getroffene bindende Feststellung über das Vorliegen einer Behinderung, eines Grades der Behinderung und das Vorliegen weiterer gesundheitlicher Merkmale gelten als Feststellungen nach diesem Buch.

(3) Die nach § 56 Absatz 2 des Schwerbehindertengesetzes erlassenen allgemeinen Richtlinien sind bis zum Erlass von allgemeinen Verwaltungsvorschriften nach § 224 weiter anzuwenden.

(4) Auf Erstattungen nach Kapitel 13 dieses Teils ist § 231 für bis zum 31. Dezember 2004 entstandene Fahrgeldausfälle in der bis zu

diesem Zeitpunkt geltenden Fassung anzuwenden.

(5) Soweit noch keine Verordnung nach § 153 Absatz 2 erlassen ist, gelten die Maßstäbe des § 30 Absatz 1 des Bundesversorgungsgesetzes und der auf Grund des § 30 Absatz 16 des Bundesversorgungsgesetzes erlassenen Rechtsverordnungen entsprechend.

(6) Bestehende Integrationsvereinbarungen im Sinne des § 83 in der bis zum 30. Dezember 2016 geltenden Fassung gelten als Inklusionsvereinbarungen fort.

(7) 1Die nach § 22 in der am 31. Dezember 2017 geltenden Fassung bis zu diesem Zeitpunkt errichteten gemeinsamen Servicestellen bestehen längstens bis zum 31. Dezember 2018. 2Für die Aufgaben der nach Satz 1 im Jahr 2018 bestehenden gemeinsamen Servicestellen gilt § 22 in der am 31. Dezember 2017 geltenden Fassung entsprechend.

(8) Bis zum 31. Dezember 2019 treten an die Stelle der Träger der Eingliederungshilfe als Rehabilitationsträger im Sinne dieses Buches die Träger der Sozialhilfe nach § 3 des Zwölften Buches, soweit sie zur Erbringung von Leistungen der Eingliederungshilfe für Menschen mit Behinderungen nach § 8 Nummer 4 des Zwölften Buches bestimmt sind.

(9) § 221 Absatz 2 Satz 1 ist mit folgender Maßgabe anzuwenden:

1. Ab dem 1. August 2019 beträgt der Grundbetrag mindestens 80 Euro monatlich.
2. Ab dem 1. Januar 2020 beträgt der Grundbetrag mindestens 89 Euro monatlich.
3. Ab dem 1. Januar 2021 beträgt der Grundbetrag mindestens 99 Euro monatlich.
4. Ab dem 1. Januar 2022 bis zum 31. Dezember 2022 beträgt der Grundbetrag mindestens 109 Euro monatlich.

6 Verordnungen

Verordnung zur Früherkennung und Frühförderung behinderter und von Behinderung bedrohter Kinder (Frühförderungsverordnung – FrühV)

Vom 24. Juni 2003 (BGBl. I S. 998)

Zuletzt geändert durch
Bundesteilhabegesetz
vom 23. Dezember 2016 (BGBl. I S. 3234)[1])

Inhaltsübersicht

6

[1]) Die Änderungen treten am 1. Januar 2018 in Kraft.

Auf Grund des § 32 Nr. 1 des Neunten Buches Sozialgesetzbuch – Rehabilitation und Teilhabe behinderter Menschen – (Artikel 1 des Gesetzes vom 19. Juni 2001, BGBl. I S. 1046, 1047), der zuletzt durch Artikel 1 Nr. 3 des Gesetzes vom 3. April 2003 (BGBl. I S. 462) geändert worden ist, verordnet das Bundesministerium für Gesundheit und Soziale Sicherung:

§ 1 Anwendungsbereich

Die Abgrenzung der durch interdisziplinäre Frühförderstellen und sozialpädiatrische Zentren ausgeführten Leistungen nach § 46 Abs. 1 und 2 des Neunten Buches Sozialgesetzbuch zur Früherkennung und Frühförderung noch nicht eingeschulter behinderter und von Behinderung bedrohter Kinder, die Übernahme und die Teilung der Kosten zwischen den beteiligten Rehabilitationsträgern sowie die Vereinbarung der Entgelte richtet sich nach den folgenden Vorschriften.

6

§ 2 Früherkennung und Frühförderung

Leistungen nach § 1 umfassen

1. Leistungen zur medizinischen Rehabilitation (§ 5),
2. heilpädagogische Leistungen (§ 6) und
3. weitere Leistungen (§ 6a).

Die erforderlichen Leistungen werden unter Inanspruchnahme von fachlich geeigneten interdisziplinären Frühförderstellen, von nach Landesrecht zugelassenen Einrichtungen mit vergleichbarem interdisziplinärem Förder-, Behandlungs- und Beratungsspektrum und von sozialpädiatrischen Zentren unter Einbeziehung des sozialen Umfelds der Kinder ausgeführt.

§ 3 Interdisziplinäre Frühförderstellen

Interdisziplinäre Frühförderstellen oder nach Landesrecht zugelassene Einrichtungen mit vergleichbarem interdisziplinärem Förder-, Behandlungs- und Beratungsspektrum im Sinne dieser Verordnung sind familien- und wohnortnahe Dienste und Einrichtungen, die der Früherkennung, Behandlung und Förderung von Kindern dienen, um in interdisziplinärer Zusammenarbeit von qualifizierten medizinisch-therapeutischen und pädagogischen Fachkräften eine drohende oder bereits eingetretene Behinderung zum frühestmöglichen Zeitpunkt zu erkennen und die Behinderung durch gezielte Förder- und Behandlungsmaßnahmen auszugleichen oder zu mildern. Leistungen durch interdisziplinäre Frühförderstellen oder nach Landesrecht zugelassene Einrichtungen mit vergleichbarem interdisziplinärem Förder-, Behandlungs- und Beratungsspektrum werden in der Regel in ambulanter, einschließlich mobiler Form erbracht.

§ 4 Sozialpädiatrische Zentren

Sozialpädiatrische Zentren im Sinne dieser Verordnung sind die nach § 119 Abs. 1 des Fünften Buches Sozialgesetzbuch zur ambulanten sozialpädiatrischen Behandlung von Kindern ermächtigten Einrichtungen. Die frühzeitige Erkennung, Diagnostik und Behandlung durch sozialpädiatrische Zentren ist auf Kinder ausgerichtet, die wegen Art, Schwere oder Dauer ihrer Behinderung oder einer drohenden Behinderung nicht von geeigneten Ärzten oder geeigneten interdisziplinären Frühförderstellen oder nach Landesrecht zugelassenen Einrichtungen mit vergleichbarem interdisziplinärem Förder-, Behandlungs- und Beratungsspektrum (§ 3) behandelt werden können. Leistungen durch sozialpädiatrische Zentren werden in der Regel in ambulanter und in begründeten Einzelfällen in mobiler Form oder in Kooperation mit Frühförderstellen erbracht.

§ 5 Leistungen zur medizinischen Rehabilitation

(1) Die im Rahmen von Leistungen zur medizinischen Rehabilitation nach § 46 des Neunten Buches Sozialgesetzbuch zur Früherkennung und Frühförderung zu erbringenden medizinischen Leistungen umfassen insbesondere

1. ärztliche Behandlung einschließlich der zur Früherkennung und Diagnostik erforderlichen ärztlichen Tätigkeiten,
2. nichtärztliche sozialpädiatrische Leistungen, psychologische, heilpädagogische und psychosoziale Leistungen, soweit und solange sie unter ärztlicher Verantwortung erbracht werden und erforderlich sind, um eine drohende oder bereits eingetretene Behinderung zum frühestmöglichen Zeitpunkt zu erkennen und einen individuellen Förder- und Behandlungsplan aufzustellen,

3. medizinisch-therapeutische Leistungen, insbesondere physikalische Therapie, Physiotherapie, Stimm-, Sprech- und Sprachtherapie sowie Ergotherapie, soweit sie auf Grund des Förder- und Behandlungsplans nach § 7 erforderlich sind.

Die Erbringung von medizinisch-therapeutischen Leistungen im Rahmen der Komplexleistung Frühförderung richtet sich grundsätzlich nicht nach den Vorgaben der Heilmittelrichtlinien des Gemeinsamen Bundesausschusses. Medizinisch- therapeutische Leistungen werden im Rahmen der Komplexleistung Frühförderung nach Maßgabe und auf der Grundlage des Förder- und Behandlungsplans erbracht.

(2) Die Leistungen nach Absatz 1 umfassen auch die Beratung der Erziehungsberechtigten, insbesondere

1. das Erstgespräch,
2. anamnestische Gespräche mit Eltern und anderen Bezugspersonen,
3. die Vermittlung der Diagnose,
4. Erörterung und Beratung des Förder- und Behandlungsplans,
5. Austausch über den Entwicklungs- und Förderprozess des Kindes einschließlich Verhaltens- und Beziehungsfragen,
6. Anleitung und Hilfe bei der Gestaltung des Alltags,
7. Anleitung zur Einbeziehung in Förderung und Behandlung,
8. Hilfen zur Unterstützung der Bezugspersonen bei der Krankheits- und Behinderungsverarbeitung,
9. Vermittlung von weiteren Hilfs- und Beratungsangeboten.

(3) Weiter gehende Vereinbarungen auf Landesebene bleiben unberührt.

§ 6 Heilpädagogische Leistungen

Heilpädagogische Leistungen nach § 79 des Neunten Buches Sozialgesetzbuch umfassen alle Maßnahmen, die die Entwicklung des Kindes und die Entfaltung seiner Persönlichkeit mit pädagogischen Mitteln anregen, einschließlich der jeweils erforderlichen sozial- und sonderpädagogischen, psychologischen und psychosozialen Hilfen sowie die Beratung der Erziehungsberechtigten; § 5 Abs. 2 und 3 gilt entsprechend.

§ 6a Weitere Leistungen

Weitere Leistungen der Komplexleistung Frühförderung sind insbesondere

1. die Beratung, Unterstützung und Begleitung der Erziehungsberechtigten als medizinisch-therapeutische Leistung nach § 5 Absatz 2,
2. offene, niedrigschwellige Beratungsangebote für Eltern, die ein Entwicklungsrisiko bei ihrem Kind vermuten. Dieses Beratungsangebot soll vor der Einleitung der Eingangsdiagnostik in Anspruch genommen werden können,
3. Leistungen zur Sicherstellung der Interdisziplinarität; diese sind insbesondere:
   a) Durchführung regelmäßiger interdisziplinärer Team- und Fallbesprechungen, auch der im Wege der Kooperation eingebundenen Mitarbeiter,
   b) die Dokumentation von Daten und Befunden,
   c) die Abstimmung und der Austausch mit anderen, das Kind betreuenden Institutionen,
   d) Fortbildung und Supervision,
4. mobil aufsuchende Hilfen für die Erbringung heilpädagogischer und medizinisch-therapeutischer Leistungen außerhalb von interdisziplinären Frühförderstellen, nach Landesrecht zugelassenen Einrichtungen mit vergleichbarem interdisziplinärem Förder-, Behandlungs- und Beratungsspektrum und sozialpädiatrischen Zentren.

Für die mobile Form der Frühförderung kann es sowohl fachliche als auch organisatorische Gründe geben, etwa unzumutbare Anfahrtswege in ländlichen Gegenden. Eine medizinische Indikation ist somit nicht die notwendige Voraussetzung für die mobile Erbringung der Komplexleistung Frühförderung.

§ 7 Förder- und Behandlungsplan

(1) Die interdisziplinären Frühförderstellen, nach Landesrecht zugelassene Einrichtungen mit vergleichbarem interdisziplinärem Förder-, Behandlungs- und Beratungsspektrum und die sozialpädiatrischen Zentren stellen

die nach dem individuellen Bedarf zur Förderung und Behandlung voraussichtlich erforderlichen Leistungen nach §§ 5 und 6 in Zusammenarbeit mit den Erziehungsberechtigten in einem interdisziplinär entwickelten Förder- und Behandlungsplan schriftlich oder elektronisch zusammen und legen diesen den beteiligten Rehabilitationsträgern nach Maßgabe des § 14 des Neunten Buches Sozialgesetzbuch zur Entscheidung vor. Der Förder- und Behandlungsplan wird entsprechend dem Verlauf der Förderung und Behandlung angepasst, spätestens nach Ablauf von zwölf Monaten. Dabei sichern die Rehabilitationsträger durchgehend das Verfahren entsprechend dem jeweiligen Bedarf. Der Förder- und Behandlungsplan wird von dem für die Durchführung der diagnostischen Leistungen nach § 5 Abs. 1 Nr. 1 verantwortlichen Arzt und der verantwortlichen pädagogischen Fachkraft unterzeichnet. Die Erziehungsberechtigten erhalten eine Ausfertigung des Förder- und Behandlungsplans.

6

(2) Im Förder- und Behandlungsplan sind die benötigten Leistungskomponenten zu benennen, und es ist zu begründen, warum diese in der besonderen Form der Komplexleistung nur interdisziplinär erbracht werden können.

(3) Der Förder- und Behandlungsplan kann auch die Förderung und Behandlung in einer anderen Einrichtung, durch einen Kinderarzt oder die Erbringung von Heilmitteln empfehlen.

§ 8 Erbringung der Komplexleistung

(1) Die zur Förderung und Behandlung nach §§ 5 und 6 erforderlichen Leistungen werden von den beteiligten Rehabilitationsträgern auf der Grundlage des Förder- und Behandlungsplans zuständigkeitsübergreifend als ganzheitliche Komplexleistung erbracht. Ein Antrag auf die erforderlichen Leistungen kann bei allen beteiligten Rehabilitationsträgern gestellt werden. Der Rehabilitationsträger, bei dem der Antrag gestellt wird, unterrichtet unverzüglich die an der Komplexleistung beteiligten Rehabilitationsträger. Die beteiligten Rehabilitationsträger stimmen sich untereinander ab und entscheiden innerhalb von zwei Wochen nach Vorliegen des Förder- und Behandlungsplans über die Leistung.

(2) Sofern die beteiligten Rehabilitationsträger nichts anderes vereinbaren, entscheidet der für die Leistungen nach § 6 jeweils zuständige Rehabilitationsträger über Komplexleistungen interdisziplinärer Frühförderstellen sowie der nach Landesrecht zugelassenen Einrichtungen mit vergleichbarem interdisziplinärem Förder-, Behandlungs- und Beratungsspektrum und der für die Leistungen nach § 5 jeweils zuständige Rehabilitationsträger über Komplexleistungen sozialpädiatrischer Zentren.

(3) Erbringt ein Rehabilitationsträger im Rahmen der Komplexleistung Leistungen, für die ein anderer Rehabilitationsträger zuständig ist, ist der zuständige Rehabilitationsträger erstattungspflichtig. Vereinbarungen über pauschalierte Erstattungen sind zulässig.

(4) Interdisziplinäre Frühförderstellen, nach Landesrecht zugelassene Einrichtungen mit vergleichbarem interdisziplinärem Förder-, Behandlungs- und Beratungsspektrum und sozialpädiatrische Zentren arbeiten zusammen. Darüber hinaus arbeiten sie mit Ärzten, Leistungserbringern von Heilmitteln und anderen an der Früherkennung und Frühförderung beteiligten Stellen wie dem Öffentlichen Gesundheitsdienst zusammen. Soweit nach Landesrecht an der Komplexleistung weitere Stellen einzubeziehen sind, sollen diese an Arbeitsgemeinschaften der an der Früherkennung und Frühförderung beteiligten Stellen beteiligt werden.

§ 9 Teilung der Kosten der Komplexleistung

Die Übernahme oder Teilung der Kosten zwischen den beteiligten Rehabilitationsträgern für die nach den §§ 5, 6 und 6a zu erbringenden Leistungen werden nach § 46 Absatz 5 des Neunten Buches Sozialgesetzbuch geregelt.

§ 10 Inkrafttreten

Diese Verordnung tritt am ersten Tage des auf die Verkündung folgenden Kalendermonats in Kraft.

Verordnung über Kraftfahrzeughilfe zur beruflichen Rehabilitation (Kraftfahrzeughilfe-Verordnung – KfzHV)

Vom 28. September 1987 (BGBl. I S. 2251)

Zuletzt geändert durch Drittes Gesetz für moderne Dienstleistungen am Arbeitsplatz vom 23. Dezember 2003 (BGBl. I S. 2848)

Inhaltsübersicht

6

Auf Grund des § 9 Abs. 2 des Gesetzes über die Angleichung der Leistungen zur Rehabilitation vom 7. August 1974 (BGBl. I S. 1881), der durch Artikel 16 des Gesetzes vom 1. Dezember 1981 (BGBl. I S. 1205) geändert worden ist, auf Grund des § 27f in Verbindung mit § 26 Abs. 6 Satz 1 des Bundesversorgungsgesetzes in der Fassung der Bekanntmachung vom 22. Januar 1982 (BGBl. I S. 21) und auf Grund des § 11 Abs. 3 Satz 3 des Schwerbehindertengesetzes in der Fassung der Bekanntmachung vom 26. August 1986 (BGBl. I S. 1421) verordnet die Bundesregierung mit Zustimmung des Bundesrates:

§ 1 Grundsatz

Kraftfahrzeughilfe zur Teilhabe behinderter Menschen am Arbeitsleben richtet sich bei den Trägern der gesetzlichen Unfallversicherung, der gesetzlichen Rentenversicherung, der Kriegsopferfürsorge und der Bundesagentur für Arbeit sowie den Trägern der begleitenden Hilfe im Arbeits- und Berufsleben nach dieser Verordnung.

§ 2 Leistungen

(1) Die Kraftfahrzeughilfe umfaßt Leistungen

1. zur Beschaffung eines Kraftfahrzeugs,
2. für eine behinderungsbedingte Zusatzausstattung,
3. zur Erlangung einer Fahrerlaubnis.

(2) Die Leistungen werden als Zuschüsse und nach Maßgabe des § 9 als Darlehen erbracht.

§ 3 Persönliche Voraussetzungen

(1) Die Leistungen setzen voraus, daß

1. der behinderte Mensch infolge seiner Behinderung nicht nur vorübergehend auf die Benutzung eines Kraftfahrzeugs angewiesen ist, um seinen Arbeits- oder Ausbildungsort oder den Ort einer sonstigen Leistung der beruflichen Bildung zu erreichen, und
2. der behinderte Mensch ein Kraftfahrzeug führen kann oder gewährleistet ist, daß ein Dritter das Kraftfahrzeug für ihn führt.

(2) Absatz 1 gilt auch für in Heimarbeit Beschäftigte im Sinne des § 12 Abs. 2 des Vierten Buches Sozialgesetzbuch, wenn das Kraftfahrzeug wegen Art oder Schwere der Behinderung notwendig ist, um beim Auftraggeber die Ware abzuholen oder die Arbeitsergebnisse abzuliefern.

(3) Ist der behinderte Mensch zur Berufsausübung im Rahmen eines Arbeitsverhältnisses nicht nur vorübergehend auf ein Kraftfahrzeug angewiesen, wird Kraftfahrzeughilfe geleistet, wenn infolge seiner Behinderung nur auf diese Weise die Teilhabe am Arbeitsleben dauerhaft gesichert werden kann und die Übernahme der Kosten durch den Arbeitgeber nicht üblich oder nicht zumutbar ist.

(4) Sofern nach den für den Träger geltenden besonderen Vorschriften Kraftfahrzeughilfe für behinderte Menschen, die nicht Arbeitnehmer sind, in Betracht kommt, sind die Absätze 1 und 3 entsprechend anzuwenden.

§ 4 Hilfe zur Beschaffung eines Kraftfahrzeugs

(1) Hilfe zur Beschaffung eines Kraftfahrzeugs setzt voraus, daß der behinderte Mensch nicht über ein Kraftfahrzeug verfügt, das die Voraussetzungen nach Absatz 2 erfüllt und dessen weitere Benutzung ihm zumutbar ist.

(2) Das Kraftfahrzeug muß nach Größe und Ausstattung den Anforderungen entsprechen, die sich im Einzelfall aus der Behinderung ergeben und, soweit erforderlich, eine behinderungsbedingte Zusatzausstattung ohne unverhältnismäßigen Mehraufwand ermöglichen.

(3) Die Beschaffung eines Gebrauchtwagens kann gefördert werden, wenn er die Voraussetzungen nach Absatz 2 erfüllt und sein Verkehrswert mindestens 50 vom Hundert des seinerzeitigen Neuwagenpreises beträgt.

§ 5 Bemessungsbetrag

(1) $_1$Die Beschaffung eines Kraftfahrzeugs wird bis zu einem Betrag in Höhe des Kaufpreises, höchstens jedoch bis zu einem Betrag von 9500 Euro gefördert. $_2$Die Kosten einer behinderungsbedingten Zusatzausstattung bleiben bei der Ermittlung unberücksichtigt.

(2) Abweichend von Absatz 1 Satz 1 wird im Einzelfall ein höherer Betrag zugrundegelegt, wenn Art oder Schwere der Behinderung ein Kraftfahrzeug mit höherem Kaufpreis zwingend erfordert.

(3) Zuschüsse öffentlich-rechtlicher Stellen zu dem Kraftfahrzeug, auf die ein vorrangiger Anspruch besteht oder die vorrangig nach pflichtgemäßem Ermessen zu leisten sind, und der Verkehrswert eines Altwagens sind von dem Betrag nach Absatz 1 oder 2 abzusetzen.

§ 6 Art und Höhe der Förderung

(1) 1Hilfe zur Beschaffung eines Kraftfahrzeugs wird in der Regel als Zuschuß geleistet. 2Der Zuschuß richtet sich nach dem Einkommen des behinderten Menschen nach Maßgabe der folgenden Tabelle:

Einkommen bis zu v. H. der monatlichen Bezugsgröße nach § 18 Abs. 1 des Vierten Buches Sozialgesetzbuch	Zuschuß in v. H. des Bemessungsbetrags nach § 5
40	100
45	88
50	76
55	64
60	52
65	40
70	28
75	16

3Die Beträge nach Satz 2 sind jeweils auf volle 5 Euro aufzurunden.

(2) Von dem Einkommen des behinderten Menschen ist für jeden von ihm unterhaltenen Familienangehörigen ein Betrag von 12 vom Hundert der monatlichen Bezugsgröße nach § 18 Abs. 1 des Vierten Buches Sozialgesetzbuch abzusetzen; Absatz 1 Satz 3 gilt entsprechend.

(3) 1Einkommen im Sinne der Absätze 1 und 2 sind das monatliche Netto-Arbeitsentgelt, Netto-Arbeitseinkommen und vergleichbare Lohnersatzleistungen des behinderten Menschen. 2Die Ermittlung des Einkommens richtet sich nach den für den zuständigen Träger maßgeblichen Regelungen.

(4) 1Die Absätze 1 bis 3 gelten auch für die Hilfe zur erneuten Beschaffung eines Kraftfahrzeugs. 2Die Hilfe soll nicht vor Ablauf von fünf Jahren seit der Beschaffung des zuletzt geförderten Fahrzeugs geleistet werden.

§ 7 Behinderungsbedingte Zusatzausstattung

1Für eine Zusatzausstattung, die wegen der Behinderung erforderlich ist, ihren Einbau, ihre technische Überprüfung und die Wiederherstellung ihrer technischen Funktionsfähigkeit werden die Kosten in vollem Umfang übernommen. 2Dies gilt auch für eine Zusatzausstattung, die wegen der Behinderung eines Dritten erforderlich ist, der für den behinderten Menschen das Kraftfahrzeug führt (§ 3 Abs. 1 Nr. 2). 3Zuschüsse öffentlich-rechtlicher Stellen, auf die ein vorrangiger Anspruch besteht oder die vorrangig nach pflichtgemäßem Ermessen zu leisten sind, sind anzurechnen.

§ 8 Fahrerlaubnis

(1) 1Zu den Kosten, die für die Erlangung einer Fahrerlaubnis notwendig sind, wird ein Zuschuß geleistet. 2Er beläuft sich bei behinderten Menschen mit einem Einkommen (§ 6 Abs. 3)

1. bis 40 vom Hundert der monatlichen Bezugsgröße nach § 18 Abs. 1 des Vierten Buches Sozialgesetzbuch (monatliche Bezugsgröße) auf die volle Höhe,
2. bis zu 55 vom Hundert der monatlichen Bezugsgröße auf zwei Drittel,
3. bis zu 75 vom Hundert der monatlichen Bezugsgröße auf ein Drittel

der entstehenden notwendigen Kosten; § 6 Abs. 1 Satz 3 und Abs. 2 gilt entsprechend. 3Zuschüsse öffentlich-rechtlicher Stellen für den Erwerb der Fahrerlaubnis, auf die ein vorrangiger Anspruch besteht oder die vorrangig nach pflichtgemäßem Ermessen zu leisten sind, sind anzurechnen.

(2) Kosten für behinderungsbedingte Untersuchungen, Ergänzungsprüfungen und Eintragungen in vorhandene Führerscheine werden in vollem Umfang übernommen.

§ 9 Leistungen in besonderen Härtefällen

(1) 1Zur Vermeidung besonderer Härten können Leistungen auch abweichend von § 2 Abs. 1, §§ 6 und 8 Abs. 1 erbracht werden, soweit dies

6

1. notwendig ist, um Leistungen der Kraftfahrzeughilfe von seiten eines anderen Leistungsträgers nicht erforderlich werden zu lassen, oder
2. unter den Voraussetzungen des § 3 zur Aufnahme oder Fortsetzung einer beruflichen Tätigkeit unumgänglich ist.

$_2$Im Rahmen von Satz 1 Nr. 2 kann auch ein Zuschuß für die Beförderung des behinderten Menschen, insbesondere durch Beförderungsdienste, geleistet werden, wenn

1. der behinderte Mensch ein Kraftfahrzeug nicht selbst führen kann und auch nicht gewährleistet ist, daß ein Dritter das Kraftfahrzeug für ihn führt (§ 3 Abs. 1 Nr. 2), oder
2. die Übernahme der Beförderungskosten anstelle von Kraftfahrzeughilfen wirtschaftlicher und für den behinderten Menschen zumutbar ist;

dabei ist zu berücksichtigen, was der behinderte Mensch als Kraftfahrzeughalter bei Anwendung des § 6 für die Anschaffung und die berufliche Nutzung des Kraftfahrzeugs aus eigenen Mitteln aufzubringen hätte.

(2) $_1$Leistungen nach Absatz 1 Satz 1 können als Darlehen erbracht werden, wenn die dort genannten Ziele auch durch ein Darlehen erreicht werden können; das Darlehen darf zusammen mit einem Zuschuß nach § 6 den nach § 5 maßgebenden Bemessungsbetrag nicht übersteigen. $_2$Das Darlehen ist unverzinslich und spätestens innerhalb von fünf Jahren zu tilgen; es können bis zu zwei tilgungsfreie Jahre eingeräumt werden. $_3$Auf die Rückzahlung des Darlehens kann unter den in Absatz 1 Satz 1 genannten Voraussetzungen verzichtet werden.

§ 10 Antragstellung

$_1$Leistungen sollen vor dem Abschluß eines Kaufvertrages über das Kraftfahrzeug und die behinderungsbedingte Zusatzausstattung sowie vor Beginn einer nach § 8 zu fördernden Leistung beantragt werden. $_2$Leistungen zur technischen Überprüfung und Wiederherstellung der technischen Funktionsfähigkeit einer behinderungsbedingten Zusatzausstattung sind spätestens innerhalb eines Monats nach Rechnungstellung zu beantragen.

§§ 11 und 12 (Änderungen anderer Vorschriften)

(hier nicht aufgenommen)

§ 13 Übergangsvorschriften

(1) Auf Beschädigte im Sinne des Bundesversorgungsgesetzes und der Gesetze, die das Bundesversorgungsgesetz für entsprechend anwendbar erklären, die vor Inkrafttreten dieser Verordnung Hilfe zur Beschaffung eines Kraftfahrzeugs im Rahmen der Teilhabe am Arbeitsleben erhalten haben, sind die bisher geltenden Bestimmungen weiterhin anzuwenden, wenn sie günstiger sind und der Beschädigte es beantragt.

(2) Über Leistungen, die bei Inkrafttreten dieser Verordnung bereits beantragt sind, ist nach den bisher geltenden Bestimmungen zu entscheiden, wenn sie für den behinderten Menschen günstiger sind.

§ 14 Inkrafttreten

Diese Verordnung tritt am 1. Oktober 1987 in Kraft.

Schwerbehinderten-Ausgleichsabgabeverordnung (SchwbAV)

Vom 28. März 1988 (BGBl. I S. 484)

Zuletzt geändert durch
Gesetz zum Abbau verzichtbarer Anordnungen der Schriftform im Verwaltungsrecht des Bundes vom 29. März 2017 (BGBl. I S. 626)[1])

Inhaltsübersicht

6

[1]) Die am 1. Januar 2018 in Kraft tretenden Änderungen durch das Bundesteilhabegesetz vom 23. Dezember 2016 (BGBl. I S. 3234) sind eingearbeitet.

Auf Grund des § 11 Abs. 3 Satz 3, § 12 Abs. 2 und § 33 Abs. 2 Satz 5 des Schwerbehindertengesetzes in der Fassung der Bekanntmachung vom 26. August 1986 (BGBl. I S. 1421) sowie des Artikels 12 Abs. 2 des Gesetzes zur Erleichterung des Übergangs vom Arbeitsleben in den Ruhestand vom 13. April 1984 (BGBl. I S. 601) verordnet die Bundesregierung mit Zustimmung des Bundesrates:

Erster Abschnitt (weggefallen)

§§ 1 bis 13 (weggefallen)

Zweiter Abschnitt Förderung der Teilhabe schwerbehinderter Menschen am Arbeitsleben aus Mitteln der Ausgleichsabgabe durch die Integrationsämter

§ 14 Verwendungszwecke

(1) Die Integrationsämter haben die ihnen zur Verfügung stehenden Mittel der Ausgleichsabgabe einschließlich der Zinsen, der Tilgungsbeträge aus Darlehen, der zurückgezahlten Zuschüsse sowie der unverbrauchten Mittel des Vorjahres zu verwenden für folgende Leistungen:

1. Leistungen zur Förderung des Arbeits- und Ausbildungsplatzangebots für schwerbehinderte Menschen,
2. Leistungen zur begleitenden Hilfe im Arbeitsleben, einschließlich der Durchführung von Aufklärungs-, Schulungs- und Bildungsmaßnahmen,
3. Leistungen für Einrichtungen zur Teilhabe schwerbehinderter Menschen am Arbeitsleben,
4. Leistungen zur Durchführung von Forschungs- und Modellvorhaben auf dem Gebiet der Teilhabe schwerbehinderter Menschen am Arbeitsleben, sofern ihnen ausschließlich oder überwiegend regionale Bedeutung zukommt oder beim Bundesministerium für Arbeit und Soziales beantragte Mittel aus dem Ausgleichsfonds nicht erbracht werden konnten,
5. Maßnahmen der beruflichen Orientierung und
6. Leistungen zur Deckung eines Teils der Aufwendungen für ein Budget für Arbeit.

(2) Die Mittel der Ausgleichsabgabe sind vorrangig für die Förderung nach Absatz 1 Nr. 1 und 2 zu verwenden.

(3) Die Integrationsämter können sich an der Förderung von Vorhaben nach § 41 Abs. 1 Nr. 3 bis 6 durch den Ausgleichsfonds beteiligen.

1. Unterabschnitt Leistungen zur Förderung des Arbeits- und Ausbildungsplatzangebots für schwerbehinderte Menschen

§ 15 Leistungen an Arbeitgeber zur Schaffung von Arbeits- und Ausbildungsplätzen für schwerbehinderte Menschen

(1) [1]Arbeitgeber können Darlehen oder Zuschüsse bis zur vollen Höhe der entstehenden notwendigen Kosten zu den Aufwendungen für folgende Maßnahmen erhalten:

1. die Schaffung neuer geeigneter, erforderlichenfalls behinderungsgerecht ausgestatteter Arbeitsplätze in Betrieben oder Dienststellen für schwerbehinderte Menschen,
   a) die ohne Beschäftigungspflicht oder über die Beschäftigungspflicht hinaus (§ 154 des Neunten Buches Sozialgesetzbuch) eingestellt werden sollen,
   b) die im Rahmen der Erfüllung der besonderen Beschäftigungspflicht gegenüber im Arbeits- und Berufsleben besonders betroffenen schwerbehinderten Menschen (§ 154 Absatz 1 Satz 2 und § 155 des Neunten Buches Sozialgesetzbuch) eingestellt werden sollen,
   c) die nach einer längerfristigen Arbeitslosigkeit von mehr als 12 Monaten eingestellt werden sollen,
   d) die im Anschluß an eine Beschäftigung in einer anerkannten Werkstatt für behinderte Menschen eingestellt werden sollen oder
   e) die zur Durchführung von Maßnahmen der besonderen Fürsorge und Förde-

rung nach § 164 Absatz 3 Satz 1, Absatz 4 Satz 1 Nummer 1, 4 und 5 und Absatz 5 Satz 1 des Neunten Buches Sozialgesetzbuch auf einen neu zu schaffenden Arbeitsplatz umgesetzt werden sollen oder deren Beschäftigungsverhältnis ohne Umsetzung auf einen neu zu schaffenden Arbeitsplatz enden würde,

2. die Schaffung neuer geeigneter, erforderlichenfalls behinderungsgerecht ausgestatteter Ausbildungsplätze und Plätze zur sonstigen beruflichen Bildung für schwerbehinderte Menschen, insbesondere zur Teilnahme an Leistungen zur Teilhabe am Arbeitsleben nach § 49 Absatz 3 Nummer 4 des Neunten Buches Sozialgesetzbuch, in Betrieben oder Dienststellen,

wenn gewährleistet wird, daß die geförderten Plätze für einen nach Lage des Einzelfalles zu bestimmenden langfristigen Zeitraum schwerbehinderten Menschen vorbehalten bleiben.

$_{2}$Leistungen können auch zu den Aufwendungen erbracht werden, die durch die Ausbildung schwerbehinderter Menschen im Gebrauch der nach Satz 1 geförderten Gegenstände entstehen.

(2) $_{1}$Leistungen sollen nur erbracht werden, wenn sich der Arbeitgeber in einem angemessenen Verhältnis an den Gesamtkosten beteiligt. $_{2}$Sie können nur erbracht werden, soweit Mittel für denselben Zweck nicht von anderer Seite zu erbringen sind oder erbracht werden. $_{3}$Art und Höhe der Leistung bestimmen sich nach den Umständen des Einzelfalles. $_{4}$Darlehen sollen mit jährlich 10 vom Hundert getilgt werden; von der Tilgung kann im Jahr der Auszahlung und dem darauf folgenden Kalenderjahr abgesehen werden. $_{5}$Auch von der Verzinsung kann abgesehen werden.

(3) Die behinderungsgerechte Ausstattung von Arbeits- und Ausbildungsplätzen und die Einrichtung von Teilzeitarbeitsplätzen können, wenn Leistungen nach Absatz 1 nicht erbracht werden, nach den Vorschriften über die begleitende Hilfe im Arbeitsleben (§ 26) gefördert werden.

§ 16 Arbeitsmarktprogramme für schwerbehinderte Menschen

Die Integrationsämter können der Bundesagentur für Arbeit Mittel der Ausgleichsabgabe zur Durchführung befristeter regionaler Arbeitsmarktprogramme gemäß § 187 Absatz 3 des Neunten Buches Sozialgesetzbuch zuweisen.

2. Unterabschnitt
Leistungen zur begleitenden Hilfe im Arbeitsleben

§ 17 Leistungsarten

(1) $_{1}$Leistungen zur begleitenden Hilfe im Arbeitsleben können erbracht werden

1. an schwerbehinderte Menschen
   a) für technische Arbeitshilfen (§ 19),
   b) zum Erreichen des Arbeitsplatzes (§ 20),
   c) zur Gründung und Erhaltung einer selbständigen beruflichen Existenz (§ 21),
   d) zur Beschaffung, Ausstattung und Erhaltung einer behinderungsgerechten Wohnung (§ 22),
   e) (weggefallen)
   f) zur Teilnahme an Maßnahmen zur Erhaltung und Erweiterung beruflicher Kenntnisse und Fertigkeiten (§ 24) und
   g) in besonderen Lebenslagen (§ 25),
2. an Arbeitgeber
   a) zur behinderungsgerechten Einrichtung von Arbeits- und Ausbildungsplätzen für schwerbehinderte Menschen (§ 26),
   b) für Zuschüsse zu den Gebühren bei der Berufsausbildung besonders betroffener schwerbehinderter Jugendlicher und junger Erwachsener (§ 26a),
   c) für Prämien und Zuschüsse zu den Kosten der Berufsausbildung behinderter Jugendlicher und junger Erwachsener (§ 26b),
   d) für Prämien zur Einführung eines betrieblichen Eingliederungsmanagements (§ 26c) und

e) bei außergewöhnlichen Belastungen (§ 27),

3. an Träger von Integrationsfachdiensten zu den Kosten ihrer Inanspruchnahme (§ 27a) einschließlich freier gemeinnütziger Einrichtungen und Organisationen zu den Kosten einer psychosozialen Betreuung schwerbehinderter Menschen (§ 28) sowie an Träger von Inklusionsbetrieben (§ 28a),
4. zur Durchführung von Aufklärungs-, Schulungs- und Bildungsmaßnahmen (§ 29).

2Daneben können solche Leistungen unter besonderen Umständen an Träger sonstiger Maßnahmen erbracht werden, die dazu dienen und geeignet sind, die Teilhabe schwerbehinderter Menschen am Arbeitsleben auf dem allgemeinen Arbeitsmarkt (Aufnahme, Ausübung oder Sicherung einer möglichst dauerhaften Beschäftigung) zu ermöglichen, zu erleichtern oder zu sichern.

(1a) Schwerbehinderte Menschen haben im Rahmen der Zuständigkeit des Integrationsamtes für die begleitende Hilfe im Arbeitsleben aus den ihm aus der Ausgleichsabgabe zur Verfügung stehenden Mitteln Anspruch auf Übernahme der Kosten einer notwendigen Arbeitsassistenz.

(1b) Schwerbehinderte Menschen haben im Rahmen der Zuständigkeit des Integrationsamtes aus den ihm aus der Ausgleichsabgabe zur Verfügung stehenden Mitteln Anspruch auf Übernahme der Kosten einer Berufsbegleitung nach § 55 Absatz 3 des Neunten Buches Sozialgesetzbuch.

(2) 1Andere als die in Absatz 1 bis 1b genannten Leistungen, die der Teilhabe schwerbehinderter Menschen am Arbeitsleben nicht oder nur unmittelbar dienen, können nicht erbracht werden. 2Insbesondere können medizinische Maßnahmen sowie Urlaubs- und Freizeitmaßnahmen nicht gefördert werden.

§ 18 Leistungsvoraussetzungen

(1) 1Leistungen nach § 17 Abs. 1 bis 1b dürfen nur erbracht werden, soweit Leistungen für denselben Zweck nicht von einem Rehabilitationsträger, vom Arbeitgeber oder von anderer Seite zu erbringen sind oder, auch wenn auf sie ein Rechtsanspruch nicht besteht, erbracht werden. 2Der Nachrang der Träger der Sozialhilfe gemäß § 2 des Zwölften Buches Sozialgesetzbuch und das Verbot der Aufstockung von Leistungen der Rehabilitationsträger durch Leistungen der Integrationsämter (§ 185 Absatz 6 Satz 2 letzter Halbsatz des Neunten Buches Sozialgesetzbuch) und die Möglichkeit der Integrationsämter, Leistungen der begleitenden Hilfe im Arbeitsleben vorläufig zu erbringen (§ 185 Absatz 7 Satz 3 des Neunten Buches Sozialgesetzbuch), bleiben unberührt.

(2) Leistungen an schwerbehinderte Menschen zur begleitenden Hilfe im Arbeitsleben können erbracht werden,

1. wenn die Teilhabe am Arbeitsleben auf dem allgemeinen Arbeitsmarkt unter Berücksichtigung von Art oder Schwere der Behinderung auf besondere Schwierigkeiten stößt und durch die Leistungen ermöglicht, erleichtert oder gesichert werden kann und
2. wenn es dem schwerbehinderten Menschen wegen des behinderungsbedingten Bedarfs nicht zuzumuten ist, die erforderlichen Mittel selbst aufzubringen. In den übrigen Fällen sind seine Einkommensverhältnisse zu berücksichtigen.

(3) 1Die Leistungen können als einmalige oder laufende Leistungen erbracht werden. 2Laufende Leistungen können in der Regel nur befristet erbracht werden. 3Leistungen können wiederholt erbracht werden.

I. Leistungen an schwerbehinderte Menschen

§ 19 Technische Arbeitshilfen

1Für die Beschaffung technischer Arbeitshilfen, ihre Wartung, Instandsetzung und die Ausbildung des schwerbehinderten Menschen im Gebrauch können die Kosten bis zur vollen Höhe übernommen werden. 2Gleiches gilt für die Ersatzbeschaffung und die Beschaffung zur Anpassung an die technische Weiterentwicklung.

§ 20 Hilfen zum Erreichen des Arbeitsplatzes

Schwerbehinderte Menschen können Leistungen zum Erreichen des Arbeitsplatzes nach Maßgabe der Kraftfahrzeughilfe-Verordnung vom 28. September 1987 (BGBl. I S. 2251) erhalten.

§ 21 Hilfen zur Gründung und Erhaltung einer selbständigen beruflichen Existenz

(1) Schwerbehinderte Menschen können Darlehen oder Zinszuschüsse zur Gründung und zur Erhaltung einer selbständigen beruflichen Existenz erhalten, wenn

1. sie die erforderlichen persönlichen und fachlichen Voraussetzungen für die Ausübung der Tätigkeit erfüllen,
2. sie ihren Lebensunterhalt durch die Tätigkeit voraussichtlich auf Dauer im wesentlichen sicherstellen können und
3. die Tätigkeit unter Berücksichtigung von Lage und Entwicklung des Arbeitsmarkts zweckmäßig ist.

(2) [1]Darlehen sollen mit jährlich 10 vom Hundert getilgt werden. [2]Von der Tilgung kann im Jahr der Auszahlung und dem darauffolgenden Kalenderjahr abgesehen werden. [3]Satz 2 gilt, wenn Darlehen verzinslich gegeben werden, für die Verzinsung.

(3) Sonstige Leistungen zur Deckung von Kosten des laufenden Betriebs können nicht erbracht werden.

(4) Die §§ 17 bis 20 und die §§ 22 bis 27 sind zugunsten von schwerbehinderten Menschen, die eine selbständige Tätigkeit ausüben oder aufzunehmen beabsichtigen, entsprechend anzuwenden.

§ 22 Hilfen zur Beschaffung, Ausstattung und Erhaltung einer behinderungsgerechten Wohnung

(1) Schwerbehinderte Menschen können Leistungen erhalten

1. zur Beschaffung von behinderungsgerechtem Wohnraum im Sinne des § 16 des Wohnraumförderungsgesetzes,
2. zur Anpassung von Wohnraum und seiner Ausstattung an die besonderen behinderungsbedingten Bedürfnisse und
3. zum Umzug in eine behinderungsgerechte oder erheblich verkehrsgünstiger zum Arbeitsplatz gelegene Wohnung.

(2) [1]Leistungen können als Zuschüsse, Zinszuschüsse oder Darlehen erbracht werden. [2]Höhe, Tilgung und Verzinsung bestimmen sich nach den Umständen des Einzelfalls.

(3) Leistungen von anderer Seite sind nur insoweit anzurechnen, als sie schwerbehinderten Menschen für denselben Zweck wegen der Behinderung zu erbringen sind oder erbracht werden.

§ 23 (weggefallen)

§ 24 Hilfen zur Teilnahme an Maßnahmen zur Erhaltung und Erweiterung beruflicher Kenntnisse und Fertigkeiten

[1]Schwerbehinderte Menschen, die an inner- oder außerbetrieblichen Maßnahmen der beruflichen Bildung zur Erhaltung und Erweiterung ihrer beruflichen Kenntnisse und Fertigkeiten oder zur Anpassung an die technische Entwicklung teilnehmen, vor allem an besonderen Fortbildungs- und Anpassungsmaßnahmen, die nach Art, Umfang und Dauer den Bedürfnissen dieser schwerbehinderten Menschen entsprechen, können Zuschüsse bis zur Höhe der ihnen durch die Teilnahme an diesen Maßnahmen entstehenden Aufwendungen erhalten. [2]Hilfen können auch zum beruflichen Aufstieg erbracht werden.

§ 25 Hilfen in besonderen Lebenslagen

Andere Leistungen zur begleitenden Hilfe im Arbeitsleben als die in den §§ 19 bis 24 geregelten Leistungen können an schwerbehinderte Menschen erbracht werden, wenn und soweit sie unter Berücksichtigung von Art oder Schwere der Behinderung erforderlich sind, um die Teilhabe am Arbeitsleben auf dem allgemeinen Arbeitsmarkt zu ermöglichen, zu erleichtern oder zu sichern.

II. Leistungen an Arbeitgeber

§ 26 Leistungen zur behinderungsgerechten Einrichtung von Arbeits- und Ausbildungsplätzen für schwerbehinderte Menschen

(1) [1]Arbeitgeber können Darlehen oder Zuschüsse bis zur vollen Höhe der entstehenden notwendigen Kosten für folgende Maßnahmen erhalten:

1. die behinderungsgerechte Einrichtung und Unterhaltung der Arbeitsstätten einschließlich der Betriebsanlagen, Maschinen und Geräte,
2. die Einrichtung von Teilzeitarbeitsplätzen für schwerbehinderte Menschen, insbesondere wenn eine Teilzeitbeschäftigung mit einer Dauer auch von weniger als 18 Stunden, wenigstens aber 15 Stunden, wöchentlich wegen Art oder Schwere der Behinderung notwendig ist,
3. die Ausstattung von Arbeits- oder Ausbildungsplätzen mit notwendigen technischen Arbeitshilfen, deren Wartung und Instandsetzung sowie die Ausbildung des schwerbehinderten Menschen im Gebrauch der nach den Nummern 1 bis 3 geförderten Gegenstände,
4. sonstige Maßnahmen, durch die eine möglichst dauerhafte behinderungsgerechte Beschäftigung schwerbehinderter Menschen in Betrieben oder Dienststellen ermöglicht, erleichtert oder gesichert werden kann.

$_2$Gleiches gilt für Ersatzbeschaffungen oder Beschaffungen zur Anpassung an die technische Weiterentwicklung.

(2) Art und Höhe der Leistung bestimmen sich nach den Umständen des Einzelfalls, insbesondere unter Berücksichtigung, ob eine Verpflichtung des Arbeitgebers zur Durchführung von Maßnahmen nach Absatz 1 gemäß § 164 Absatz 3 Satz 1, Absatz 4 Satz 1 Nummer 4 und 5 und Absatz 5 Satz 1 des Neunten Buches Sozialgesetzbuch besteht und erfüllt wird sowie ob schwerbehinderte Menschen ohne Beschäftigungspflicht oder über die Beschäftigungspflicht hinaus (§ 154 des Neunten Buches Sozialgesetzbuch) oder im Rahmen der Erfüllung der besonderen Beschäftigungspflicht gegenüber bei der Teilhabe am Arbeitsleben besonders betroffenen schwerbehinderten Menschen (§ 154 Absatz 1 Satz 2 und § 155 des Neunten Buches Sozialgesetzbuch) beschäftigt werden.

(3) § 15 Abs. 2 Satz 1 und 2 gilt entsprechend.

§ 26a Zuschüsse zu den Gebühren bei der Berufsausbildung besonders betroffener schwerbehinderter Jugendlicher und junger Erwachsener

Arbeitgeber, die ohne Beschäftigungspflicht (§ 154 Absatz 1 des Neunten Buches Sozialgesetzbuch) besonders betroffene schwerbehinderte Menschen zur Berufsausbildung einstellen, können Zuschüsse zu den Gebühren, insbesondere Prüfungsgebühren bei der Berufsausbildung, erhalten.

§ 26b Prämien und Zuschüsse zu den Kosten der Berufsausbildung behinderter Jugendlicher und junger Erwachsener

Arbeitgeber können Prämien und Zuschüsse zu den Kosten der Berufsausbildung behinderter Jugendlicher und junger Erwachsener erhalten, die für die Zeit der Berufsausbildung schwerbehinderten Menschen nach § 151 Absatz 4 gleichgestellt sind.

§ 26c Prämien zur Einführung eines betrieblichen Eingliederungsmanagements

Arbeitgeber können zur Einführung eines betrieblichen Eingliederungsmanagements Prämien erhalten.

§ 27 Leistungen bei außergewöhnlichen Belastungen

(1) $_1$Arbeitgeber können Zuschüsse zur Abgeltung außergewöhnlicher Belastungen erhalten, die mit der Beschäftigung eines schwerbehinderten Menschen verbunden sind, der nach Art oder Schwere seiner Behinderung im Arbeits- und Berufsleben besonders betroffen ist (§ 155 Absatz 1 Nummer 1 Buchstabe a bis d des Neunten Buches Sozialgesetzbuch) oder im Anschluss an eine Beschäftigung in einer anerkannten Werkstatt für behinderte Menschen oder bei einem anderen Leistungsanbieter im Sinne des § 60 des Neunten Buches Sozialgesetzbuch oder in Teilzeit (§ 158 Absatz 2 des Neunten Buches Sozialgesetzbuch) beschäftigt wird, vor allem, wenn ohne diese Leistungen das Beschäftigungsverhältnis gefährdet würde. $_2$Leistungen nach Satz 1 können auch in Probebeschäftigungen und Praktika erbracht

6

werden, die ein in einer Werkstatt für behinderte Menschen beschäftigter schwerbehinderter Mensch im Rahmen von Maßnahmen zur Förderung des Übergangs auf den allgemeinen Arbeitsmarkt (§ 5 Abs. 4 der Werkstättenverordnung) absolviert, wenn die dem Arbeitgeber entstehenden außergewöhnlichen Belastungen nicht durch die in dieser Zeit erbrachten Leistungen der Rehabilitationsträger abgedeckt werden.

(2) Außergewöhnliche Belastungen sind überdurchschnittlich hohe finanzielle Aufwendungen oder sonstige Belastungen, die einem Arbeitgeber bei der Beschäftigung eines schwerbehinderten Menschen auch nach Ausschöpfung aller Möglichkeiten entstehen und für die die Kosten zu tragen für den Arbeitgeber nach Art oder Höhe unzumutbar ist.

(3) Für die Zuschüsse zu notwendigen Kosten nach Absatz 2 gilt § 26 Abs. 2 entsprechend.

(4) Die Dauer des Zuschusses bestimmt sich nach den Umständen des Einzelfalls.

III. Sonstige Leistungen

§ 27a Leistungen an Integrationsfachdienste

Träger von Integrationsfachdiensten im Sinne des Kapitels 7 des Teils 3 des Neunten Buches Sozialgesetzbuch können Leistungen nach § 196 des Neunten Buches Sozialgesetzbuch zu den durch ihre Inanspruchnahme entstehenden notwendigen Kosten erhalten.

§ 28 Leistungen zur Durchführung der psychosozialen Betreuung schwerbehinderter Menschen

(1) Freie gemeinnützige Träger psychosozialer Dienste, die das Integrationsamt an der Durchführung der ihr obliegenden Aufgabe der im Einzelfall erforderlichen psychosozialen Betreuung schwerbehinderter Menschen unter Fortbestand ihrer Verantwortlichkeit beteiligt, können Leistungen zu den daraus entstehenden notwendigen Kosten erhalten.

(2) $_{1}$Leistungen nach Absatz 1 setzen voraus, daß

1. der psychosoziale Dienst nach seiner personellen, räumlichen und sächlichen Ausstattung zur Durchführung von Maßnahmen der psychosozialen Betreuung geeignet ist, insbesondere mit Fachkräften ausgestattet ist, die über eine geeignete Berufsqualifikation, eine psychosoziale Zusatzqualifikation und ausreichende Berufserfahrung verfügen, und
2. die Maßnahmen
   a) nach Art, Umfang und Dauer auf die Aufnahme, Ausübung oder Sicherung einer möglichst dauerhaften Beschäftigung schwerbehinderter Menschen auf dem allgemeinen Arbeitsmarkt ausgerichtet und dafür geeignet sind,
   b) nach den Grundsätzen der Wirtschaftlichkeit und Sparsamkeit durchgeführt werden, insbesondere die Kosten angemessen sind, und
   c) aufgrund einer Vereinbarung zwischen dem Integrationsamt und dem Träger des psychosozialen Dienstes durchgeführt werden.

$_{2}$Leistungen können gleichermaßen für Maßnahmen für schwerbehinderte Menschen erbracht werden, die diesen Dienst unter bestimmten, in der Vereinbarung näher zu regelnden Voraussetzungen im Einvernehmen mit dem Integrationsamt unmittelbar in Anspruch nehmen.

(3) $_{1}$Leistungen sollen in der Regel bis zur vollen Höhe der notwendigen Kosten erbracht werden, die aus der Beteiligung an den im Einzelfall erforderlichen Maßnahmen entstehen. $_{2}$Das Nähere über die Höhe der zu übernehmenden Kosten, ihre Erfassung, Darstellung und Abrechnung bestimmt sich nach der Vereinbarung zwischen dem Integrationsamt und dem Träger des psychosozialen Dienstes gemäß Absatz 2 Satz 1 Nr. 2 Buchstabe c.

§ 28a Leistungen an Inklusionsbetriebe

Inklusionsbetriebe im Sinne des Kapitels 11 des Teils 3 des Neunten Buches Sozialgesetzbuch können Leistungen für Aufbau, Erweiterung, Modernisierung und Ausstattung einschließlich einer betriebswirtschaftlichen Beratung und besonderen Aufwand erhalten.

§ 29 Leistungen zur Durchführung von Aufklärungs-, Schulungs- und Bildungsmaßnahmen

(1) 1Die Durchführung von Schulungs- und Bildungsmaßnahmen für Vertrauenspersonen schwerbehinderter Menschen, Beauftragte der Arbeitgeber, Betriebs-, Personal-, Richter-, Staatsanwalts- und Präsidialräte sowie die Mitglieder der Stufenvertretungen wird gefördert, wenn es sich um Veranstaltungen der Integrationsämter im Sinne des § 185 Absatz 2 Satz 6 des Neunten Buches Sozialgesetzbuch handelt. 2Die Durchführung von Maßnahmen im Sinne des Satzes 1 durch andere Träger kann gefördert werden, wenn die Maßnahmen erforderlich und die Integrationsämter an ihrer inhaltlichen Gestaltung maßgeblich beteiligt sind.

(2) 1Aufklärungsmaßnahmen sowie Schulungs- und Bildungsmaßnahmen für andere als in Absatz 1 genannte Personen, die die Teilhabe schwerbehinderter Menschen am Arbeitsleben zum Gegenstand haben, können gefördert werden. 2Dies gilt auch für die Qualifizierung des nach § 185 Absatz 1 des Neunten Buches Sozialgesetzbuch einzusetzenden Personals sowie für notwendige Informationsschriften und -veranstaltungen über Rechte, Pflichten, Leistungen und sonstige Eingliederungshilfen sowie Nachteilsausgleiche nach dem Neunten Buch Sozialgesetzbuch und anderen Vorschriften.

3. Unterabschnitt Leistungen für Einrichtungen zur Teilhabe schwerbehinderter Menschen am Arbeitsleben

§ 30 Förderungsfähige Einrichtungen

(1) 1Leistungen können für die Schaffung, Erweiterung, Ausstattung und Modernisierung folgender Einrichtungen erbracht werden:

1. betriebliche, überbetriebliche und außerbetriebliche Einrichtungen zur Vorbereitung von behinderten Menschen auf eine berufliche Bildung oder die Teilhabe am Arbeitsleben,
2. betriebliche, überbetriebliche und außerbetriebliche Einrichtungen zur beruflichen Bildung behinderter Menschen,
3. Einrichtungen, soweit sie während der Durchführung von Leistungen zur medizinischen Rehabilitation behinderte Menschen auf eine berufliche Bildung oder die Teilhabe am Arbeitsleben vorbereiten,
4. Werkstätten für behinderte Menschen im Sinne des § 219 des Neunten Buches Sozialgesetzbuch,
5. Blindenwerkstätten mit einer Anerkennung auf Grund des Blindenwarenvertriebsgesetzes vom 9. April 1965 (BGBl. I S. 311) in der bis zum 13. September 2007 geltenden Fassung,
6. Wohnstätten für behinderte Menschen, die auf dem allgemeinen Arbeitsmarkt, in Werkstätten für behinderte Menschen oder in Blindenwerkstätten tätig sind.

2Zur länderübergreifenden Bedarfsbeurteilung wird das Bundesministerium für Arbeit und Soziales bei der Planung neuer oder Erweiterung bestehender Einrichtungen nach Satz 1 Nr. 4 bis 6 beteiligt.

(2) 1Öffentliche oder gemeinnützige Träger eines besonderen Beförderungsdienstes für behinderte Menschen können Leistungen zur Beschaffung und behinderungsgerechten Ausstattung von Kraftfahrzeugen erhalten. 2Die Höhe der Leistung bestimmt sich nach dem Umfang, in dem der besondere Beförderungsdienst für Fahrten schwerbehinderter Menschen von und zur Arbeitsstätte benutzt wird.

(3) 1Leistungen zur Deckung von Kosten des laufenden Betriebs dürfen nur ausnahmsweise erbracht werden, wenn hierdurch der Verlust bestehender Beschäftigungsmöglichkeiten für behinderte Menschen abgewendet werden kann. 2Für Einrichtungen nach Absatz 1 Nr. 4 bis 6 sind auch Leistungen zur Deckung eines Miet- oder Pachtzinses zulässig.

§ 31 Förderungsvoraussetzungen

(1) Die Einrichtungen im Sinne des § 30 Abs. 1 können gefördert werden, wenn sie

1. ausschließlich oder überwiegend behinderte Menschen aufnehmen, die Leistungen eines Rehabilitationsträgers in Anspruch nehmen,

6

2. behinderten Menschen unabhängig von der Ursache der Behinderung und unabhängig von der Mitgliedschaft in der Organisation des Trägers der Einrichtung offenstehen und
3. nach ihrer personellen, räumlichen und sächlichen Ausstattung die Gewähr dafür bieten, daß die Rehabilitationsmaßnahmen nach zeitgemäßen Erkenntnissen durchgeführt werden und einer dauerhaften Teilhabe am Arbeitsleben dienen.

(2) Darüber hinaus setzt die Förderung voraus bei

1. Einrichtungen im Sinne des § 30 Abs. 1 Nr. 1:
   Die in diesen Einrichtungen durchzuführenden Maßnahmen sollen den individuellen Belangen der behinderten Menschen Rechnung tragen und sowohl eine werkspraktische wie fachtheoretische Unterweisung umfassen. Eine begleitende Betreuung entsprechend den Bedürfnissen der behinderten Menschen muß sichergestellt sein. Maßnahmen zur Vorbereitung auf eine berufliche Bildung sollen sich auf mehrere Berufsfelder erstrecken und Aufschluß über Neigung und Eignung der behinderten Menschen geben.
2. Einrichtungen im Sinne des § 30 Abs. 1 Nr. 2:
   a) Die Eignungsvoraussetzungen nach den §§ 27 bis 30 des Berufsbildungsgesetzes oder nach den §§ 21 bis 22b der Handwerksordnung zur Ausbildung in anerkannten Ausbildungsberufen müssen erfüllt sein. Dies gilt auch für Ausbildungsgänge, die nach § 66 des Berufsbildungsgesetzes oder nach § 42m der Handwerksordnung durchgeführt werden.
   b) Außer- oder überbetriebliche Einrichtungen sollen unter Einbeziehung von Plätzen für berufsvorbereitende Maßnahmen über in der Regel mindestens 200 Plätze für die berufliche Bildung in mehreren Berufsfeldern verfügen. Sie müssen in der Lage sein, behinderte Menschen mit besonderer Art oder Schwere der Behinderung beruflich zu bilden. Sie müssen über die erforderliche Zahl von Ausbildern und die personellen und sächlichen Voraussetzungen für eine begleitende ärztliche, psychologische und soziale Betreuung entsprechend den Bedürfnissen der behinderten Menschen verfügen. Bei Unterbringung im Internat muß die behinderungsgerechte Betreuung sichergestellt sein. Die Einrichtungen sind zur vertrauensvollen Zusammenarbeit insbesondere untereinander und mit den für die Rehabilitation zuständigen Behörden verpflichtet.
3. Einrichtungen im Sinne des § 30 Abs. 1 Nr. 3:
   Die in diesen Einrichtungen in einem ineinandergreifenden Verfahren durchzuführenden Leistungen zur medizinischen Rehabilitation und zur Teilhabe am Arbeitsleben müssen entsprechend den individuellen Gegebenheiten so ausgerichtet sein, daß nach Abschluß dieser Maßnahmen ein möglichst nahtloser Übergang in eine berufliche Bildungsmaßnahme oder in das Arbeitsleben gewährleistet ist. Für die Durchführung der Maßnahmen müssen besondere Fachdienste zur Verfügung stehen.
4. Werkstätten für behinderte Menschen im Sinne des § 30 Abs. 1 Nr. 4:
   Sie müssen gemäß § 225 des Neunten Buches Sozialgesetzbuch anerkannt sein oder voraussichtlich anerkannt werden.
5. Blindenwerkstätten im Sinne des § 30 Abs. 1 Nr. 5:
   Sie müssen auf Grund des Blindenwarenvertriebsgesetzes anerkannt sein.
6. Wohnstätten im Sinne des § 30 Abs. 1 Nr. 6:
   Sie müssen hinsichtlich ihrer baulichen Gestaltung, Wohnflächenbemessung und Ausstattung den besonderen Bedürfnissen der behinderten Menschen entsprechen. Die Aufnahme auch von behinderten Menschen, die nicht im Arbeitsleben stehen, schließt eine Förderung entsprechend dem Anteil der im Arbeitsleben stehenden schwerbehinderten Menschen nicht aus. Der Verbleib von schwerbehinderten Menschen, die nicht mehr im Arbeitsleben stehen, insbesondere von schwerbehinderten Menschen nach dem Ausscheiden aus einer Werkstatt für

behinderte Menschen, beeinträchtigt nicht die zweckentsprechende Verwendung der eingesetzten Mittel.

§ 32 Förderungsgrundsätze

(1) Leistungen sollen nur erbracht werden, wenn sich der Träger der Einrichtung in einem angemessenen Verhältnis an den Gesamtkosten beteiligt und alle anderen Finanzierungsmöglichkeiten aus Mitteln der öffentlichen Hände und aus privaten Mitteln in zumutbarer Weise in Anspruch genommen worden sind.

(2) 1Leistungen dürfen nur erbracht werden, soweit Leistungen für denselben Zweck nicht von anderer Seite zu erbringen sind oder erbracht werden. 2Werden Einrichtungen aus Haushaltsmitteln des Bundes oder anderer öffentlicher Hände gefördert, ist eine Förderung aus Mitteln der Ausgleichsabgabe nur zulässig, wenn der Förderungszweck sonst nicht erreicht werden kann.

(3) Leistungen können nur erbracht werden, wenn ein Bedarf an entsprechenden Einrichtungen festgestellt und die Deckung der Kosten des laufenden Betriebs gesichert ist.

(4) Eine Nachfinanzierung aus Mitteln der Ausgleichsabgabe ist nur zulässig, wenn eine Förderung durch die gleiche Stelle vorangegangen ist.

§ 33 Art und Höhe der Leistungen

(1) 1Leistungen können als Zuschüsse oder Darlehen erbracht werden. 2Zuschüsse sind auch Zinszuschüsse zur Verbilligung von Fremdmitteln.

(2) Art und Höhe der Leistung bestimmen sich nach den Umständen des Einzelfalls, insbesondere nach dem Anteil der schwerbehinderten Menschen an der Gesamtzahl des aufzunehmenden Personenkreises, nach der wirtschaftlichen Situation der Einrichtung und ihres Trägers sowie nach Bedeutung und Dringlichkeit der beabsichtigten Rehabilitationsmaßnahmen.

§ 34 Tilgung und Verzinsung von Darlehen

(1) 1Darlehen nach § 33 sollen jährlich mit 2 vom Hundert getilgt und mit 2 vom Hundert verzinst werden; bei Ausstattungsinvestitionen beträgt die Tilgung 10 vom Hundert. 2Die durch die fortschreitende Tilgung ersparten Zinsen wachsen den Tilgungsbeträgen zu.

(2) Von der Tilgung und Verzinsung von Darlehen kann bis zum Ablauf von zwei Jahren nach Inbetriebnahme abgesehen werden.

Dritter Abschnitt Ausgleichsfonds

1. Unterabschnitt Gestaltung des Ausgleichsfonds

§ 35 Rechtsform

1Der Ausgleichsfonds für überregionale Vorhaben zur Teilhabe schwerbehinderter Menschen am Arbeitsleben (Ausgleichsfonds) ist ein nicht rechtsfähiges Sondervermögen des Bundes mit eigener Wirtschafts- und Rechnungsführung. 2Er ist von den übrigen Vermögen des Bundes, seinen Rechten und Verbindlichkeiten getrennt zu halten. 3Für Verbindlichkeiten, die das Bundesministerium für Arbeit und Soziales als Verwalter des Ausgleichsfonds eingeht, haftet nur der Ausgleichsfonds; der Ausgleichsfonds haftet nicht für die sonstigen Verbindlichkeiten des Bundes.

§ 36 Weiterleitung der Mittel an den Ausgleichsfonds

1Die Integrationsämter leiten zum 30. Juni eines jeden Jahres 20 vom Hundert des im Zeitraum vom 1. Juni des vorangegangenen Jahres bis zum 31. Mai des Jahres eingegangenen Aufkommens an Ausgleichsabgabe an den Ausgleichsfonds weiter. 2Sie teilen dem Bundesministerium für Arbeit und Soziales zum 30. Juni eines jeden Jahres das Aufkommen an Ausgleichsabgabe für das vorangegangene Kalenderjahr auf der Grundlage des bis zum 31. Mai des Jahres tatsächlich an die Integrationsämter gezahlten Aufkommens mit. 3Sie teilen zum 31. Januar eines jeden Jahres das Aufkommen an Ausgleichsabgabe für das vorvergangene Kalenderjahr dem Bundesministerium für Arbeit und Soziales mit.

§ 37 Anwendung der Vorschriften der Bundeshaushaltsordnung

Für den Ausgleichsfonds gelten die Bundeshaushaltsordnung sowie die zu ihrer Ergänzung und Durchführung erlassenen Vorschriften entsprechend, soweit die Vorschriften dieser Verordnung nichts anderes bestimmen.

§ 38 Aufstellung eines Wirtschaftsplans

(1) Für jedes Kalenderjahr (Wirtschaftsjahr) ist ein Wirtschaftsplan aufzustellen.

(2) $_{1}$Der Wirtschaftsplan enthält alle im Wirtschaftsjahr

1. zu erwartenden Einnahmen,
2. voraussichtlich zu leistenden Ausgaben und
3. voraussichtlich benötigten Verpflichtungsermächtigungen.

$_{2}$Zinsen, Tilgungsbeträge aus Darlehen, zurückgezahlte Zuschüsse sowie unverbrauchte Mittel des Vorjahres fließen dem Ausgleichsfonds als Einnahmen zu.

(3) Der Wirtschaftsplan ist in Einnahmen und Ausgaben auszugleichen.

(4) Die Ausgaben sind gegenseitig deckungsfähig.

(5) Die Ausgaben sind übertragbar.

§ 39 Feststellung des Wirtschaftsplans

$_{1}$Das Bundesministerium für Arbeit und Soziales stellt im Benehmen mit dem Bundesministerium der Finanzen und im Einvernehmen mit dem Beirat für die Teilhabe behinderter Menschen (Beirat) den Wirtschaftsplan fest. $_{2}$§ 1 der Bundeshaushaltsordnung findet keine Anwendung.

§ 40 Ausführung des Wirtschaftsplans

(1) $_{1}$Bei der Vergabe der Mittel des Ausgleichsfonds sind die jeweils gültigen Allgemeinen Nebenbestimmungen für Zuwendungen des Bundes zugrunde zu legen. $_{2}$Von ihnen kann im Einvernehmen mit dem Bundesministerium der Finanzen abgewichen werden.

(2) Verpflichtungen, die in Folgejahren zu Ausgaben führen, dürfen nur eingegangen werden, wenn die Finanzierung der Ausgaben durch das Aufkommen an Ausgleichsabgabe gesichert ist.

(3) $_{1}$Überschreitungen der Ausgabeansätze sind nur zulässig, wenn

1. hierfür ein unvorhergesehenes und unabweisbares Bedürfnis besteht und
2. entsprechende Einnahmeerhöhungen vorliegen.

$_{2}$Außerplanmäßige Ausgaben sind nur zulässig, wenn

1. hierfür ein unvorhergesehenes und unabweisbares Bedürfnis besteht und
2. Beträge in gleicher Höhe bei anderen Ausgabeansätzen eingespart werden oder entsprechende Einnahmeerhöhungen vorliegen.

$_{3}$Die Entscheidung hierüber trifft das Bundesministerium für Arbeit und Soziales im Benehmen mit dem Bundesministerium der Finanzen und im Einvernehmen mit dem Beirat.

(4) Bis zur bestimmungsmäßigen Verwendung sind die Ausgabemittel verzinslich anzulegen.

2. Unterabschnitt
Förderung der Teilhabe schwerbehinderter Menschen am Arbeitsleben aus Mitteln des Ausgleichsfonds

§ 41 Verwendungszwecke

(1) Die Mittel aus dem Ausgleichsfonds sind zu verwenden für

1. Zuweisungen an die Bundesagentur für Arbeit zur besonderen Förderung der Teilhabe schwerbehinderter Menschen am Arbeitsleben, insbesondere durch Eingliederungszuschüsse und Zuschüsse zur Ausbildungsvergütung nach dem Dritten Buch Sozialgesetzbuch, und zwar ab 2009 jährlich in Höhe von 16 vom Hundert des Aufkommens an Ausgleichsabgabe,
2. befristete überregionale Programme zum Abbau der Arbeitslosigkeit schwerbehinderter Menschen, besonderer Gruppen von schwerbehinderten Menschen (§ 155 des Neunten Buches Sozialgesetzbuch) oder schwerbehinderter Frauen sowie zur Förderung des Ausbildungsplatzangebots für schwerbehinderte Menschen,
3. Einrichtungen nach § 30 Abs. 1 Nr. 1 bis 3, soweit sie den Interessen mehrerer Länder dienen; Einrichtungen dienen den Interessen mehrerer Länder auch dann, wenn sie Bestandteil eines abgestimmten Plans sind, der ein länderübergreifendes Netz derartiger Einrichtungen zum Gegenstand hat,
4. überregionale Modellvorhaben zur Weiterentwicklung der Förderung der Teilhabe

schwerbehinderter Menschen am Arbeitsleben, insbesondere durch betriebliches Eingliederungsmanagement, und der Förderung der Ausbildung schwerbehinderter Jugendlicher,

5. die Entwicklung technischer Arbeitshilfen und
6. Aufklärungs-, Fortbildungs- und Forschungsmaßnahmen auf dem Gebiet der Teilhabe schwerbehinderter Menschen am Arbeitsleben, sofern diesen Maßnahmen überregionale Bedeutung zukommt.

(2) Die Mittel des Ausgleichsfonds sind vorrangig für die Eingliederung schwerbehinderter Menschen in den allgemeinen Arbeitsmarkt zu verwenden.

(3) Der Ausgleichsfonds kann sich an der Förderung von Forschungs- und Modellvorhaben durch die Integrationsämter nach § 14 Abs. 1 Nr. 4 beteiligen, sofern diese Vorhaben auch für andere Länder oder den Bund von Bedeutung sein können.

(4) Die §§ 31 bis 34 gelten entsprechend.

3. Unterabschnitt Verfahren zur Vergabe der Mittel des Ausgleichsfonds

§ 42 Anmeldeverfahren und Anträge

1Leistungen aus dem Ausgleichsfonds sind vom Träger der Maßnahme beim Bundesministerium für Arbeit und Soziales zu beantragen, in den Fällen des § 41 Abs. 1 Nr. 3 nach vorheriger Abstimmung mit dem Land, in dem der Integrationsbetrieb oder die Integrationsabteilung oder die Einrichtung ihren Sitz hat oder haben soll. 2Das Bundesministerium für Arbeit und Soziales leitet die Anträge mit seiner Stellungnahme dem Beirat zu.

§ 43 Vorschlagsrecht des Beirats

(1) 1Der Beirat nimmt zu den Anträgen Stellung. 2Die Stellungnahme hat einen Vorschlag zu enthalten, ob, in welcher Art und Höhe sowie unter welchen Bedingungen und Auflagen Mittel des Ausgleichsfonds vergeben werden sollen.

(2) Der Beirat kann unabhängig vom Vorliegen oder in Abwandlung eines schriftlichen oder elektronischen Antrags Vorhaben zur Förderung vorschlagen.

§ 44 Entscheidung

(1) Das Bundesministerium für Arbeit und Soziales entscheidet über die Anträge aufgrund der Vorschläge des Beirats durch schriftlichen oder elektronischen Bescheid.

(2) Der Beirat ist über die getroffene Entscheidung zu unterrichten.

§ 45 Vorhaben des Bundesministeriums für Arbeit und Soziales

Für Vorhaben des Bundesministeriums für Arbeit und Soziales, die dem Beirat zur Stellungnahme zuzuleiten sind, gelten die §§ 43 und 44 entsprechend.

Vierter Abschnitt Schlußvorschriften

6

§ 46 Übergangsregelungen

Abweichend von § 41 können Mittel des Ausgleichsfonds verwendet werden zur Förderung von Inklusionsbetrieben und -abteilungen nach Kapitel 11 des Teils 3 des Neunten Buches Sozialgesetzbuch, die nicht von öffentlichen Arbeitgebern im Sinne des § 154 Absatz 2 des Neunten Buches Sozialgesetzbuch geführt werden, soweit die Förderung bis zum 31. Dezember 2003 bewilligt worden ist, sowie für die Förderung von Einrichtungen nach § 30 Absatz 1 Satz 1 Nummer 4 bis 6, soweit Leistungen als Zinszuschüsse oder Zuschüsse zur Deckung eines Miet- oder Pachtzinses für bis zum 31. Dezember 2004 bewilligte Projekte erbracht werden.

§ 47 Inkrafttreten, Außerkrafttreten

1Diese Verordnung tritt am Tage nach der Verkündung in Kraft. 2Gleichzeitig tritt die Ausgleichsabgabeverordnung Schwerbehindertengesetz vom 8. August 1978 (BGBl. I S. 1228), zuletzt geändert durch § 12 der Kraftfahrzeughilfe-Verordnung vom 28. September 1987 (BGBl. I S. 2251), außer Kraft.

Werkstättenverordnung (WVO)

Vom 13. August 1980 (BGBl. I S. 1365)

Zuletzt geändert durch
Gesetz zum Abbau verzichtbarer Anordnungen der Schriftform im Verwaltungsrecht des Bundes vom 29. März 2017 (BGBl. I S. 626)[1])

Inhaltsübersicht

6

---

[1]) Die am 1. Januar 2018 in Kraft tretenden Änderungen durch das Bundesteilhabegesetz vom 23. Dezember 2016 (BGBl. I S. 3234) sind eingearbeitet.

Auf Grund des § 55 Abs. 3 des Schwerbehindertengesetzes in der Fassung der Bekanntmachung vom 8. Oktober 1979 (BGBl. I S. 1649) verordnet die Bundesregierung mit Zustimmung des Bundesrates:

Erster Abschnitt Fachliche Anforderungen an die Werkstatt für behinderte Menschen

§ 1 Grundsatz der einheitlichen Werkstatt

(1) Die Werkstatt für behinderte Menschen (Werkstatt) hat zur Erfüllung ihrer gesetzlichen Aufgaben die Voraussetzungen dafür zu schaffen, daß sie die behinderten Menschen im Sinne des § 219 Absatz 2 des Neunten Buches Sozialgesetzbuch aus ihrem Einzugsgebiet aufnehmen kann.

(2) Der unterschiedlichen Art der Behinderung und ihren Auswirkungen soll innerhalb der Werkstatt durch geeignete Maßnahmen, insbesondere durch Bildung besonderer Gruppen im Berufsbildungs- und Arbeitsbereich, Rechnung getragen werden.

§ 2 Fachausschuß

(1) 1Bei jeder Werkstatt ist ein Fachausschuß zu bilden. 2Ihm gehören in gleicher Zahl an

1. Vertreter der Werkstatt,
2. Vertreter der Bundesagentur für Arbeit,
3. Vertreter des überörtlichen Trägers der Sozialhilfe oder des nach Landesrecht bestimmten örtlichen Trägers der Sozialhilfe.

2Kommt die Zuständigkeit eines anderen Rehabilitationsträgers zur Erbringung von Leistungen zur Teilhabe am Arbeitsleben und ergänzende Leistungen in Betracht, soll der Fachausschuß zur Mitwirkung an der Stellungnahme auch Vertreter dieses Trägers hinzuziehen. 3Er kann auch andere Personen zur Beratung hinzuziehen und soll, soweit erforderlich, Sachverständige hören.

(1a) Ein Tätigwerden des Fachausschusses unterbleibt, soweit ein Teilhabeplanverfahren nach den §§ 19 bis 23 des Neunten Buches Sozialgesetzbuch durchgeführt wird.

(2) Der Fachausschuss gibt vor der Aufnahme des behinderten Menschen in die Werkstatt gegenüber dem im Falle einer Aufnahme zuständigen Rehabilitationsträger eine Stellungnahme ab, ob der behinderte Mensch für seine Teilhabe am Arbeitsleben und zu seiner Eingliederung in das Arbeitsleben Leistungen einer Werkstatt für behinderte Menschen benötigt oder ob andere Leistungen zur Teilhabe am Arbeitsleben in Betracht kommen, insbesondere Leistungen der Unterstützten Beschäftigung nach § 55 des Neunten Buches Sozialgesetzbuch.

§ 3 Eingangsverfahren

(1) 1Die Werkstatt führt im Benehmen mit dem zuständigen Rehabilitationsträger Eingangsverfahren durch. 2Aufgabe des Eingangsverfahrens ist es festzustellen, ob die Werkstatt die geeignete Einrichtung zur Teilhabe behinderter Menschen am Arbeitsleben und zur Eingliederung in das Arbeitsleben im Sinne des § 219 des Neunten Buches Sozialgesetzbuch ist, sowie welche Bereiche der Werkstatt und welche Leistungen zur Teilhabe am Arbeitsleben und ergänzende Leistungen oder Leistungen zur Eingliederung in das Arbeitsleben in Betracht kommen und einen Eingliederungsplan zu erstellen.

(2) 1Das Eingangsverfahren dauert drei Monate. 2Es kann auf eine Dauer von bis zu vier Wochen verkürzt werden, wenn während des Eingangsverfahrens im Einzelfall festgestellt wird, dass eine kürzere Dauer ausreichend ist.

(3) Zum Abschluß des Eingangsverfahrens gibt der Fachausschuß auf Vorschlag des Trägers der Werkstatt und nach Anhörung des behinderten Menschen, gegebenenfalls auch seines gesetzlichen Vertreters, unter Würdigung aller Umstände des Einzelfalles, insbesondere der Persönlichkeit des behinderten Menschen und seines Verhaltens während des Eingangsverfahrens, eine Stellungnahme gemäß Absatz 1 gegenüber dem zuständigen Rehabilitationsträger ab.

(4) 1Kommt der Fachausschuß zu dem Ergebnis, daß die Werkstatt für behinderte Menschen nicht geeignet ist, soll er zugleich eine Empfehlung aussprechen, welche andere Einrichtung oder sonstige Maßnahmen für den behinderten Menschen in Betracht kommen. 2Er soll sich auch dazu äußern, nach welcher Zeit eine Wiederholung des Eingangsverfahrens zweckmäßig ist und welche

6

Maßnahmen und welche anderen Leistungen zur Teilhabe in der Zwischenzeit durchgeführt werden sollen.

§ 4 Berufsbildungsbereich

(1) $_1$Die Werkstatt führt im Benehmen mit dem im Berufsbildungsbereich und dem im Arbeitsbereich zuständigen Rehabilitationsträger Maßnahmen im Berufsbildungsbereich (Einzelmaßnahmen und Lehrgänge) zur Verbesserung der Teilhabe am Arbeitsleben unter Einschluss angemessener Maßnahmen zur Weiterentwicklung der Persönlichkeit des behinderten Menschen durch. $_2$Sie fördert die behinderten Menschen so, dass sie spätestens nach Teilnahme an Maßnahmen des Berufsbildungsbereichs in der Lage sind, wenigstens ein Mindestmaß wirtschaftlich verwertbarer Arbeitsleistung im Sinne des § 219 Absatz 2 des Neunten Buches Sozialgesetzbuch zu erbringen.

(2) Das Angebot an Leistungen zur Teilhabe am Arbeitsleben soll möglichst breit sein, um Art und Schwere der Behinderung, der unterschiedlichen Leistungsfähigkeit, Entwicklungsmöglichkeit sowie Eignung und Neigung der behinderten Menschen soweit wie möglich Rechnung zu tragen.

(3) Die Lehrgänge sind in einen Grund- und einen Aufbaukurs von in der Regel je zwölfmonatiger Dauer zu gliedern.

(4) $_1$Im Grundkurs sollen Fertigkeiten und Grundkenntnisse verschiedener Arbeitsabläufe vermittelt werden, darunter manuelle Fertigkeiten im Umgang mit verschiedenen Werkstoffen und Werkzeugen und Grundkenntnisse über Werkstoffe und Werkzeuge. $_2$Zugleich sollen das Selbstwertgefühl des behinderten Menschen und die Entwicklung des Sozial- und Arbeitsverhaltens gefördert sowie Schwerpunkte der Eignung und Neigung festgestellt werden.

(5) Im Aufbaukurs sollen Fertigkeiten mit höherem Schwierigkeitsgrad, insbesondere im Umgang mit Maschinen, und vertiefte Kenntnisse über Werkstoffe und Werkzeuge vermittelt sowie die Fähigkeit zu größerer Ausdauer und Belastung und zur Umstellung auf unterschiedliche Beschäftigungen im Arbeitsbereich geübt werden.

(6) $_1$Rechtzeitig vor Beendigung einer Maßnahme im Sinne des Absatzes 1 Satz 1 hat der Fachausschuss gegenüber dem zuständigen Rehabilitationsträger eine Stellungnahme dazu abzugeben, ob

1. die Teilnahme an einer anderen oder weiterführenden beruflichen Bildungsmaßnahme oder
2. eine Wiederholung der Maßnahme im Berufsbildungsbereich oder
3. eine Beschäftigung im Arbeitsbereich der Werkstatt oder auf dem allgemeinen Arbeitsmarkt einschließlich einem Inklusionsbetrieb (§ 215 des Neunten Buches Sozialgesetzbuch)

zweckmäßig erscheint. $_2$Das Gleiche gilt im Falle des vorzeitigen Abbruchs oder Wechsels der Maßnahme im Berufsbildungsbereich sowie des Ausscheidens aus der Werkstatt. $_3$Hat der zuständige Rehabilitationsträger die Leistungen für ein Jahr bewilligt (§ 57 Absatz 3 Satz 2 des Neunten Buches Sozialgesetzbuch), gibt der Fachausschuss ihm gegenüber rechtzeitig vor Ablauf dieses Jahres auch eine fachliche Stellungnahme dazu ab, ob die Leistungen für ein weiteres Jahr bewilligt werden sollen (§ 57 Absatz 3 Satz 3 des Neunten Buches Sozialgesetzbuch). $_4$Im übrigen gilt § 3 Abs. 3 entsprechend.

§ 5 Arbeitsbereich

(1) Die Werkstatt soll über ein möglichst breites Angebot an Arbeitsplätzen verfügen, um Art und Schwere der Behinderung, der unterschiedlichen Leistungsfähigkeit, Entwicklungsmöglichkeit sowie Eignung und Neigung der behinderten Menschen soweit wie möglich Rechnung zu tragen.

(2) $_1$Die Arbeitsplätze sollen in ihrer Ausstattung soweit wie möglich denjenigen auf dem allgemeinen Arbeitsmarkt entsprechen. $_2$Bei der Gestaltung der Plätze und der Arbeitsabläufe sind die besonderen Bedürfnisse der behinderten Menschen soweit wie möglich zu berücksichtigen, um sie in die Lage zu versetzen, wirtschaftlich verwertbare Arbeitsleistungen zu erbringen. $_3$Die Erfordernisse zur Vorbereitung für eine Vermittlung auf dem allgemeinen Arbeitsmarkt sind zu beachten.

(3) Zur Erhaltung und Erhöhung der im Berufsbildungsbereich erworbenen Leistungsfähigkeit und zur Weiterentwicklung der Per-

sönlichkeit des behinderten Menschen sind arbeitsbegleitend geeignete Maßnahmen durchzuführen.

(4) $_{1}$Der Übergang von behinderten Menschen auf den allgemeinen Arbeitsmarkt ist durch geeignete Maßnahmen zu fördern, insbesondere auch durch die Einrichtung einer Übergangsgruppe mit besonderen Förderangeboten, Entwicklung individueller Förderpläne sowie Ermöglichung von Trainingsmaßnahmen, Betriebspraktika und durch eine zeitweise Beschäftigung auf ausgelagerten Arbeitsplätzen. $_{2}$Dabei hat die Werkstatt die notwendige arbeitsbegleitende Betreuung in der Übergangsphase sicherzustellen und darauf hinzuwirken, daß der zuständige Rehabilitationsträger seine Leistungen und nach dem Ausscheiden des behinderten Menschen aus der Werkstatt das Integrationsamt, gegebenenfalls unter Beteiligung eines Integrationsfachdienstes, die begleitende Hilfe im Arbeits- und Berufsleben erbringen. $_{3}$Die Werkstatt hat die Bundesagentur für Arbeit bei der Durchführung der vorbereitenden Maßnahmen in die Bemühungen zur Vermittlung auf den allgemeinen Arbeitsmarkt einzubeziehen.

(5) $_{1}$Der Fachausschuss wird bei der Planung und Durchführung von Maßnahmen nach den Absätzen 3 und 4 beteiligt. $_{2}$Er gibt auf Vorschlag des Trägers der Werkstatt oder des zuständigen Rehabilitationsträgers in regelmäßigen Abständen, wenigstens einmal jährlich, gegenüber dem zuständigen Rehabilitationsträger eine Stellungnahme dazu ab, welche behinderten Menschen für einen Übergang auf den allgemeinen Arbeitsmarkt in Betracht kommen und welche übergangsfördernden Maßnahmen dazu erforderlich sind. $_{3}$Im Übrigen gilt § 3 Abs. 3 entsprechend.

§ 6 Beschäftigungszeit

(1) $_{1}$Die Werkstatt hat sicherzustellen, daß die behinderten Menschen im Berufsbildungs- und Arbeitsbereich wenigstens 35 und höchstens 40 Stunden wöchentlich beschäftigt werden können. $_{2}$Die Stundenzahlen umfassen Erholungspausen und Zeiten der Teilnahme an Maßnahmen im Sinne des § 5 Abs. 3.

(2) Einzelnen behinderten Menschen ist eine kürzere Beschäftigungszeit zu ermöglichen, wenn es wegen Art oder Schwere der Behinderung oder zur Erfüllung des Erziehungsauftrages notwendig erscheint.

§ 7 Größe der Werkstatt

(1) Die Werkstatt soll in der Regel über mindestens 120 Plätze verfügen.

(2) Die Mindestzahl nach Absatz 1 gilt als erfüllt, wenn der Werkstattverbund im Sinne des § 15, dem die Werkstatt angehört, über diese Zahl von Plätzen verfügt.

§ 8 Bauliche Gestaltung, Ausstattung, Standort

(1) $_{1}$Die bauliche Gestaltung und die Ausstattung der Werkstatt müssen der Aufgabenstellung der Werkstatt als einer Einrichtung zur Teilhabe behinderter Menschen am Arbeitsleben und zur Eingliederung in das Arbeitsleben und den in § 219 des Neunten Buches Sozialgesetzbuch und im Ersten Abschnitt dieser Verordnung gestellten Anforderungen Rechnung tragen. $_{2}$Die Erfordernisse des Arbeitsschutzes und der Unfallverhütung sowie zur Vermeidung baulicher und technischer Hindernisse sind zu beachten.

(2) Bei der Wahl des Standorts ist auf die Einbindung in die regionale Wirtschafts- und Beschäftigungsstruktur Rücksicht zu nehmen.

(3) Das Einzugsgebiet muß so bemessen sein, daß die Werkstatt für die behinderten Menschen mit öffentlichen oder sonstigen Verkehrsmitteln in zumutbarer Zeit erreichbar ist.

(4) Die Werkstatt hat im Benehmen mit den zuständigen Rehabilitationsträgern, soweit erforderlich, einen Fahrdienst zu organisieren.

§ 9 Werkstattleiter, Fachpersonal zur Arbeits- und Berufsförderung

(1) Die Werkstatt muß über die Fachkräfte verfügen, die erforderlich sind, um ihre Aufgaben entsprechend den jeweiligen Bedürfnissen der behinderten Menschen, insbesondere unter Berücksichtigung der Notwendigkeit einer individuellen Förderung von behinderten Menschen, erfüllen zu können.

(2) $_{1}$Der Werkstattleiter soll in der Regel über einen Fachhochschulabschluß im kaufmännischen oder technischen Bereich oder einen gleichwertigen Bildungsstand, über ausreichende Berufserfahrung und eine sonderpädagogische Zusatzqualifikation verfügen. $_{2}$Entsprechende Berufsqualifikationen aus dem sozialen Bereich reichen aus, wenn die zur Leitung einer Werkstatt erforderlichen Kenntnisse und Fähigkeiten im kaufmännischen und technischen Bereich anderweitig erworben worden sind. $_{3}$Die sonderpädagogische Zusatzqualifikation kann in angemessener Zeit durch Teilnahme an geeigneten Fortbildungsmaßnahmen nachgeholt werden.

(3) $_{1}$Die Zahl der Fachkräfte zur Arbeits- und Berufsförderung im Berufsbildungs- und Arbeitsbereich richtet sich nach der Zahl und der Zusammensetzung der behinderten Menschen sowie der Art der Beschäftigung und der technischen Ausstattung des Arbeitsbereichs. $_{2}$Das Zahlenverhältnis von Fachkräften zu behinderten Menschen soll im Berufsbildungsbereich 1 : 6, im Arbeitsbereich 1 : 12 betragen. $_{3}$Die Fachkräfte sollen in der Regel Facharbeiter, Gesellen oder Meister mit einer mindestens zweijährigen Berufserfahrung in Industrie oder Handwerk sein; sie müssen pädagogisch geeignet sein und über eine sonderpädagogische Zusatzqualifikation verfügen. $_{4}$Entsprechende Berufsqualifikationen aus dem pädagogischen oder sozialen Bereich reichen aus, wenn die für eine Tätigkeit als Fachkraft erforderlichen sonstigen Kenntnisse und Fähigkeiten für den Berufsbildungs- und Berufsbildungsbereich anderweitig erworben worden sind. $_{5}$Absatz 2 Satz 3 gilt entsprechend.

(4) Zur Durchführung des Eingangsverfahrens sollen Fachkräfte des Berufsbildungsbereichs und der begleitenden Dienste eingesetzt werden, sofern der zuständige Rehabilitationsträger keine höheren Anforderungen stellt.

§ 10 Begleitende Dienste

(1) $_{1}$Die Werkstatt muß zur pädagogischen, sozialen und medizinischen Betreuung der behinderten Menschen über begleitende Dienste verfügen, die den Bedürfnissen der behinderten Menschen gerecht werden. $_{2}$Eine erforderliche psychologische Betreuung ist sicherzustellen. $_{3}$§ 9 Abs. 1 gilt entsprechend.

(2) Für je 120 behinderte Menschen sollen in der Regel ein Sozialpädagoge oder ein Sozialarbeiter zur Verfügung stehen, darüber hinaus im Einvernehmen mit den zuständigen Rehabilitationsträgern pflegerische, therapeutische und nach Art und Schwere der Behinderung sonst erforderliche Fachkräfte.

(3) Die besondere ärztliche Betreuung der behinderten Menschen in der Werkstatt und die medizinische Beratung des Fachpersonals der Werkstatt durch einen Arzt, der möglichst auch die an einen Betriebsarzt zu stellenden Anforderungen erfüllen soll, müssen vertraglich sichergestellt sein.

§ 11 Fortbildung

Die Werkstatt hat dem Fachpersonal nach den §§ 9 und 10 Gelegenheit zur Teilnahme an Fortbildungsmaßnahmen zu geben.

§ 12 Wirtschaftsführung

(1) $_{1}$Die Werkstatt muß nach betriebswirtschaftlichen Grundsätzen organisiert sein. $_{2}$Sie hat nach kaufmännischen Grundsätzen Bücher zu führen und eine Betriebsabrechnung in Form einer Kostenstellenrechnung zu erstellen. $_{3}$Sie soll einen Jahresabschluß erstellen. $_{4}$Zusätzlich sind das Arbeitsergebnis, seine Zusammensetzung im Einzelnen gemäß Absatz 4 und seine Verwendung auszuweisen. $_{5}$Die Buchführung, die Betriebsabrechnung und der Jahresabschluß sind in angemessenen Zeitabständen in der Regel von einer Person zu prüfen, die als Prüfer bei durch Bundesgesetz vorgeschriebenen Prüfungen des Jahresabschlusses einschließlich der Ermittlung des Arbeitsergebnisses, seine Zusammensetzung im Einzelnen gemäß Absatz 4 und seiner Verwendung (Abschlußprüfer) juristischer Personen zugelassen ist. $_{6}$Weitergehende handelsrechtliche und abweichende haushaltsrechtliche Vorschriften über Rechnungs-, Buchführungs- und Aufzeichnungspflichten sowie Prüfungspflichten bleiben unberührt. $_{7}$Über den zu verwendenden Kontenrahmen, die Gliederung des Jahresabschlusses, die Kostenstellenrechnung und die Zeitabstände zwischen den Prüfun-

gen der Rechnungslegung ist mit den zuständigen Rehabilitationsträgern Einvernehmen herzustellen.

(2) Die Werkstatt muß über einen Organisations- und Stellenplan mit einer Funktionsbeschreibung des Personals verfügen.

(3) Die Werkstatt muß wirtschaftliche Arbeitsergebnisse anstreben, um an die im Arbeitsbereich beschäftigten behinderten Menschen ein ihrer Leistung angemessenes Arbeitsentgelt im Sinne des § 219 Absatz 1 Satz 2 und § 221 des Neunten Buches Sozialgesetzbuch zahlen zu können.

(4) $_1$Arbeitsergebnis im Sinne des § 221 des Neunten Buches und der Vorschriften dieser Verordnung ist die Differenz aus den Erträgen und den notwendigen Kosten des laufenden Betriebs im Arbeitsbereich der Werkstatt. $_2$Die Erträge setzen sich zusammen aus den Umsatzerlösen, Zins- und sonstigen Erträgen aus der wirtschaftlichen Tätigkeit und den von den Rehabilitationsträgern erbrachten Kostensätzen. $_3$Notwendige Kosten des laufenden Betriebs sind die Kosten nach § 58 Absatz 3 Satz 2 und 3 des Neunten Buches Sozialgesetzbuch im Rahmen der getroffenen Vereinbarungen sowie die mit der wirtschaftlichen Betätigung der Werkstatt in Zusammenhang stehenden notwendigen Kosten, die auch in einem Wirtschaftsunternehmen üblicherweise entstehen und infolgedessen nach § 58 Absatz 3 des Neunten Buches Sozialgesetzbuch von den Rehabilitationsträgern nicht übernommen werden, nicht hingegen die Kosten für die Arbeitsentgelte nach § 221 Absatz 2 des Neunten Buches Sozialgesetzbuch und das Arbeitsförderungsgeld nach § 59 des Neunten Buches Sozialgesetzbuch.

(5) $_1$Das Arbeitsergebnis darf nur für Zwecke der Werkstatt verwendet werden, und zwar für

1. die Zahlung der Arbeitsentgelte nach § 221 Absatz 2 des Neunten Buches Sozialgesetzbuch, in der Regel im Umfang von mindestens 70 vom Hundert des Arbeitsergebnisses,
2. die Bildung einer zum Ausgleich von Ertragsschwankungen notwendigen Rücklage, höchstens eines Betrages, der zur Zahlung der Arbeitsentgelte nach § 221 des Neunten Buches Sozialgesetzbuch für sechs Monate erforderlich ist,
3. Ersatz- und Modernisierungsinvestitionen in der Werkstatt, soweit diese Kosten nicht aus den Rücklagen auf Grund von Abschreibung des Anlagevermögens für solche Investitionen, aus Leistungen der Rehabilitationsträger oder aus sonstigen Einnahmen zu decken sind oder gedeckt werden. Kosten für die Schaffung und Ausstattung neuer Werk- und Wohnstättenplätze dürfen aus dem Arbeitsergebnis nicht bestritten werden.

Abweichende handelsrechtliche Vorschriften über die Bildung von Rücklagen bleiben unberührt.

(6) $_1$Die Werkstatt legt die Ermittlung des Arbeitsergebnisses nach Absatz 4 und dessen Verwendung nach Absatz 5 gegenüber den beiden Anerkennungsbehörden nach § 225 Satz 2 des Neunten Buches Sozialgesetzbuch auf deren Verlangen offen. $_2$Diese sind berechtigt, die Angaben durch Einsicht in die nach Absatz 1 zu führenden Unterlagen zu überprüfen.

6

§ 13 Abschluß von schriftlichen Verträgen

(1) $_1$Die Werkstätten haben mit den im Arbeitsbereich beschäftigten behinderten Menschen, soweit auf sie die für einen Arbeitsvertrag geltenden Rechtsvorschriften oder Rechtsgrundsätze nicht anwendbar sind, Werkstattverträge in schriftlicher Form abzuschließen, in denen das arbeitnehmerähnliche Rechtsverhältnis zwischen der Werkstatt und dem Behinderten näher geregelt wird. $_2$Über die Vereinbarungen sind die zuständigen Rehabilitationsträger zu unterrichten.

(2) In den Verträgen nach Absatz 1 ist auch die Zahlung des Arbeitsentgelts im Sinne des § 219 Absatz 1 Satz 2 und § 221 des Neunten Buches Sozialgesetzbuch an die im Arbeitsbereich beschäftigten behinderten Menschen aus dem Arbeitsergebnis näher zu regeln.

§ 14 Mitbestimmung, Mitwirkung, Frauenbeauftragte

Die Werkstatt hat den Menschen mit Behinderungen im Sinne des § 13 Absatz 1 Satz 1 eine angemessene Mitbestimmung und Mitwirkung durch Werkstatträte sowie den Frauenbeauftragten eine angemessene Interessenvertretung zu ermöglichen.

§ 15 Werkstattverbund

(1) Mehrere Werkstätten desselben Trägers oder verschiedener Träger innerhalb eines Einzugsgebietes im Sinne des § 8 Abs. 3 oder mit räumlich zusammenhängenden Einzugsgebieten können zur Erfüllung der Aufgaben einer Werkstatt und der an sie gestellten Anforderungen eine Zusammenarbeit vertraglich vereinbaren (Werkstattverbund).

(2) Ein Werkstattverbund ist anzustreben, wenn im Einzugsgebiet einer Werkstatt zusätzlich eine besondere Werkstatt im Sinne des § 220 Absatz 1 Satz 2 Nummer 2 des Neunten Buches Sozialgesetzbuch für behinderte Menschen mit einer bestimmten Art der Behinderung vorhanden ist.

§ 16 Formen der Werkstatt

Die Werkstatt kann eine teilstationäre Einrichtung oder ein organisatorisch selbständiger Teil einer stationären Einrichtung (Anstalt, Heim oder gleichartige Einrichtung) oder eines Unternehmens sein.

Zweiter Abschnitt
Verfahren zur Anerkennung als Werkstatt für behinderte Menschen

§ 17 Anerkennungsfähige Einrichtungen

(1) $_1$Als Werkstätten können nur solche Einrichtungen anerkannt werden, die die im § 219 des Neunten Buches Sozialgesetzbuch und im Ersten Abschnitt dieser Verordnung gestellten Anforderungen erfüllen. $_2$Von Anforderungen, die nicht zwingend vorgeschrieben sind, sind Ausnahmen zuzulassen, wenn ein besonderer sachlicher Grund im Einzelfall eine Abweichung rechtfertigt.

(2) Als Werkstätten können auch solche Einrichtungen anerkannt werden, die Teil eines Werkstattverbundes sind und die Anforderungen nach Absatz 1 nicht voll erfüllen, wenn der Werkstattverbund die Anforderungen erfüllt.

(3) $_1$Werkstätten im Aufbau, die die Anforderungen nach Absatz 1 noch nicht voll erfüllen, aber bereit und in der Lage sind, die Anforderungen in einer vertretbaren Anlaufzeit zu erfüllen, können unter Auflagen befristet anerkannt werden. $_2$Abweichend von § 7 genügt es, wenn im Zeitpunkt der Entscheidung über den Antrag auf Anerkennung wenigstens 60 Plätze vorhanden sind, sofern gewährleistet ist, daß die Werkstatt im Endausbau, spätestens nach 5 Jahren, die Voraussetzungen des § 7 erfüllt.

§ 18 Antrag

(1) $_1$Die Anerkennung ist vom Träger der Werkstatt schriftlich oder elektronisch zu beantragen. $_2$Der Antragsteller hat nachzuweisen, daß die Voraussetzungen für die Anerkennung vorliegen.

(2) $_1$Die Entscheidung über den Antrag ergeht schriftlich oder elektronisch. $_2$Eine Entscheidung soll innerhalb von 3 Monaten seit Antragstellung getroffen werden.

(3) Die Anerkennung erfolgt mit der Auflage, im Geschäftsverkehr auf die Anerkennung als Werkstatt für behinderte Menschen hinzuweisen.

Dritter Abschnitt
Schlußvorschriften

§ 19 Vorläufige Anerkennung

Vorläufige Anerkennungen, die vor Inkrafttreten dieser Verordnung von der Bundesanstalt für Arbeit ausgesprochen worden sind, behalten ihre Wirkung bis zur Unanfechtbarkeit der Entscheidung über den neuen Antrag auf Anerkennung, wenn dieser Antrag innerhalb von 3 Monaten nach Inkrafttreten dieser Verordnung gestellt wird.

§ 20 (weggefallen)

§ 21 Inkrafttreten

Diese Verordnung tritt am Tage nach der Verkündung in Kraft.

Stichwortverzeichnis

Die Seitenangaben in fetter Schrift beziehen sich auf die Kommentierung (Seiten 11 bis 67). Die Angaben mit § beziehen sich auf die gesetzlichen Grundlagen sowie die Verordnungen (Seiten 71 bis 206).

7

7

7

7